县级职教中心服务乡村振兴 "五链合一"融合行动模式研究

刘华 / 著

西南交通大学出版社
·成都·

图书在版编目（CIP）数据

县级职教中心服务乡村振兴"五链合一"融合行动模式研究 / 刘华著. —成都：西南交通大学出版社，2023.5

ISBN 978-7-5643-9288-8

Ⅰ.①县… Ⅱ.①刘… Ⅲ.①县–职业教育–教育中心–发展模式–研究–中国 Ⅳ.①G719.21

中国国家版本馆 CIP 数据核字（2023）第 087624 号

Xianji Zhijiao Zhongxin Fuwu Xiangcun Zhenxing "Wulianheyi" Ronghe Xingdong Moshi Yanjiu
县级职教中心服务乡村振兴"五链合一"融合行动模式研究

刘　华　著

责 任 编 辑	李　欣
封 面 设 计	原谋书装
出 版 发 行	西南交通大学出版社 （四川省成都市金牛区二环路北一段 111 号 西南交通大学创新大厦 21 楼）
发行部电话	028-87600564　028-87600533
邮 政 编 码	610031
网　　　址	http://www.xnjdcbs.com
印　　　刷	成都蜀通印务有限责任公司
成 品 尺 寸	170 mm × 230 mm
印　　　张	23.25
字　　　数	357 千
版　　　次	2023 年 5 月第 1 版
印　　　次	2023 年 5 月第 1 次
书　　　号	ISBN 978-7-5643-9288-8
定　　　价	98.00 元

图书如有印装质量问题　本社负责退换
版权所有　盗版必究　举报电话：028-87600562

前 言　Preface

中华民族是有百万年人类史，一万年文化史，五千年文明史的民族。中华文明是人类历史上唯一绵延至今，从未中断过的文明形态。从古至今，在璀璨的华夏文明中，有两个显著的特征值得我们关注。一是以"农耕"为典型特征的乡村属性。中华社会五千年的文明中，只有近三十年算得上工业化、城市化的社会，其余都是乡村社会，而且至今乡村仍然是我国生产、发展的坚实土壤。可以说，过去，乡村是中华民族的本色；现在，乡村是中华民族的底色。这个特征得到了普遍认同。二是拥有伴随乡村发展过程的世界最悠久的职业教育历史。从古代传说的燧人氏教人钻木取火、有巢氏教人构木为巢、伏羲氏教人以猎、神农氏教人稼穑，到后来的传统学徒制、手工作坊或店铺的师徒制，再到近代的船政学堂、中华职业学校，一直到现代的中专学校、技工学校、职业院校，我国以"有意识有组织的技术技能传授"为典型特征的职业教育从未中断，并且建成了今天世界上规模最大、体系最完善的职业教育体系。以上两个特征相互联系，相互支撑。乡村是我国职业教育最丰厚的土壤，最浓厚的底色；职业教育为我国乡村建设发展提供了最直接、最庞大的技术技能人才支撑，是我国乡村生产生活技术技能、民族文化传承的主要形式之一。

县级职教中心就是联系以上两个中华民族重要特征的典型教育类型，是我国为发展乡村、建设乡村的新的职业学校模式。县级职教中心的产生不是偶然的，而是中华民族数千年以乡村为主要社会形态的文明史、中华民族伟大复兴的历史使命，以及中华民族和衷共济、和合共生的历史基因共同作用下的必然产物。县级职教中心"因农而生""为农而存"，"服务乡村"是其初心，"发展乡村"是其使命。因此，研究县级职教中心服务乡村振兴这一主题具有重要的历史意义和现实意义。基于此，我们申报了重庆市教育规划重点课题，本书就是该课题研究的重要成果。

县级职教中心服务乡村振兴有两个重要理念，一是"双促进"，即学校通过服务乡村振兴促进学校自身健康可持续发展，促进乡村健康有效发展，这种服务不是单向输出，是双向促进；二是"全面融合"，即学校服务乡村振兴是学校要全面、立体、融合地服务乡村五大振兴，是系统化、体系化地服务乡村振兴，只有这样才是效率最高、效益最大的服务模式，不是学校单一要素服务乡村单项振兴。基于以上理念，本书提出了县级职教中心服务乡村振兴"五链合一"融合行动模式，期望引导县级职教中心在服务乡村振兴中实现自身可持续发展，同时促进县域乡村全面振兴，实现"双发展"。

本书围绕县级职教中心服务乡村振兴融合行动模式的结构研究、县级职教中心服务乡村振兴融合行动模式的实践机制研究两大主题，论述了县级职教中心服务乡村振兴的意义、现状、困境及对策，提出了县级职教中心服务乡村振兴的实践机制、"五链合一"融合行动模式，揭示了当前县级职教中心服务乡村振兴的运作模式、实践困境、实际成效及制约因素，建立了县级职教中心服务乡村振兴融合行动模式的框架体系，构建了县级职教中心服务乡村振兴的融合路径和行动模式，为县级职教中心承担服务乡村振兴新使命提供了理论和实证依据，为县级职业教育服务乡村振兴行动模式提供了理论和实践支撑。

本书由刘华进行整体构思设计，提出核心思想，拟定题目、提纲，并撰写。李敏瑜、薛琳之、邬月野、龚孟春、于场、彭超、李绪寨对书稿的完善提供了宝贵的资料和有益的建议。本书得到了西南大学职业教育与成人教育研究所林克松博士的指导，特此一并致谢！

由于作者水平所限，加之我国县级职教中心样态复杂，素材、资料有限，因此本书观点难免有偏颇之处，论述难免有不严谨的地方，在此，敬请各位专家学者、读者朋友批评指正，特向被本书采纳、引用的学校、作者致谢！

作　者

2022 年 11 月 23 日

目录 Contents

第一章 县级职教中心服务乡村振兴的意义 ⋯⋯⋯⋯⋯⋯⋯⋯ 001

    第一节 国家社会意义 ⋯⋯⋯⋯⋯⋯⋯⋯⋯⋯⋯⋯⋯⋯⋯⋯ 001

    第二节 职业教育意义 ⋯⋯⋯⋯⋯⋯⋯⋯⋯⋯⋯⋯⋯⋯⋯⋯ 018

    第三节 学校发展意义 ⋯⋯⋯⋯⋯⋯⋯⋯⋯⋯⋯⋯⋯⋯⋯⋯ 029

第二章 县级职教中心服务乡村振兴的现状 ⋯⋯⋯⋯⋯⋯⋯⋯ 045

    第一节 县级职教中心服务乡村振兴的历程 ⋯⋯⋯⋯⋯⋯⋯ 045

    第二节 县级职教中心服务乡村振兴的做法 ⋯⋯⋯⋯⋯⋯⋯ 060

    第三节 县级职教中心服务乡村振兴的成效 ⋯⋯⋯⋯⋯⋯⋯ 091

第三章 县级职教中心服务乡村振兴的困境 ⋯⋯⋯⋯⋯⋯⋯⋯ 108

    第一节 县级职教中心服务乡村振兴的机制困境 ⋯⋯⋯⋯⋯ 108

    第二节 县级职教中心服务乡村振兴的行动困境 ⋯⋯⋯⋯⋯ 138

    第三节 县级职教中心服务乡村振兴的成效困境 ⋯⋯⋯⋯⋯ 150

第四章 县级职教中心服务乡村振兴的策略：实践机制 ……………… 161

第一节 动力提升机制 …………………………… 161

第二节 能力提升机制 …………………………… 179

第三节 效力提升机制 …………………………… 193

第五章 县级职教中心服务乡村振兴的策略："五链合一"融合行动模式

………………………………………………………………………… 205

第一节 "五链合一"融合行动模式内涵 ……………… 205

第二节 学校治理体系与乡村振兴融合策略 …………………… 297

第三节 学校文化建设与乡村振兴融合策略 …………………… 308

第四节 学校专业结构与乡村振兴融合策略 …………………… 324

第五节 学校人才培养与乡村振兴融合策略 …………………… 338

第六节 学校社会服务与乡村振兴融合策略 …………………… 351

后　记 ……………………………………………………………… 366

Chapter 1
第 一 章
县级职教中心服务乡村振兴的意义

第一节 国家社会意义

一、服务乡村振兴是国家发展的必然要求

（一）乡村振兴的内涵

1. "乡村""农村""三农""县域""县镇"的概念辨析

《辞源》中解释乡村的含义是指从事农业且人口分布较分散的地方。在传统的认识里，乡村就是农村，乡村就是"三农"（农村、农业、农民），是农林牧副渔的"栖息地"，是相对于城市、城镇而言的地方。中共中央、国务院印发的《乡村振兴战略规划（2018—2022年）》第一篇第一章对"乡村"有了新的定义："乡村是具有自然、社会、经济特征的地域综合体，兼具生产、生活、生态、文化等多重功能，与城镇互促互进、共生共存，共同构成人类活动的主要空间。"在这里，乡村则以"空间"形式出现。在具体实践中，我国脱贫攻坚以县为单位，乡村振兴则更以县为单位。2022年3月《人民论坛》杂志及人民论坛网评论说：脱贫地区乡村振兴要以县域为单位，以县城为中心节点，大力发展比较优势明显、带动能力强、就业容量大的产业，加快形成县城、中心镇、乡村三级梯度的县域产业发展体系。[1]事实上，我国乡村振

---

1 《人民论坛》杂志及人民论坛网（rmltwz），2022-03-28。

兴的主要任务、执行者、实施主体都在县级，以县城为中心的县域乡村全面振兴是我国乡村振兴的主要策略，也是几千年中国历史发展赋予"县"的特殊地位。

因此，现在的乡村有了更广阔的意义，狭义的乡村是指乡镇所辖的地域实体，其外延是以镇为中心的人类各种形式的居住场所。而在乡村振兴中，则采用了广义的乡村含义，即以县为单位的县域地区，包括县镇、乡镇、村社。其最大变化表现为：一是地域的广阔，县域内的地区都是"乡村"，包括农村区域、非农村区域，是一个具有明显乡村特色的综合空间；二是产业的升级，乡村产业由纯粹的农业向农业、工业、商贸服务业融合发展，也就是由第一产业向一二三产业融合发展，产业结构出现明显的转型升级；三是功能的丰富，除了基本的农业功能，如今的乡村还强调政治、文化、教育、商贸、服务等多种功能。

农村是主要从事农业生产的劳动者聚居的地方，是不同于城市、城镇的人群聚居地。传统上我国常把"乡村"与"农村"两词混用，认为"农村"就是"乡村"。现在提出了新农村概念，在原有"农村"基础上赋予了我国社会主义发展对农村的定位、愿景，以及乡村振兴的要求。新农村是新的历史背景下，在全新理念指导下的以农业经济发展为基础、各项全面发展的环境优美、生活富裕、文化发达的劳动者聚居地。新农村较之于过去内涵更加丰富，定位得到提升。这表现在：（1）科学性，体现了"创新、协调、绿色、开放、共享"的新发展理念，是科学发展观、以人为本、构建和谐社会在农村的具体体现；（2）综合性，新农村物质文明、政治文明、精神文明、社会文明、生态文明的综合协调发展，是中华民族伟大复兴的农村复兴，是中国式现代化的农村现代化，是富强民主文明和谐美丽的社会主义现代化强国在"三农"的综合体现；（3）联动性，新农村建设的内容是城乡融为一体，农民、市民融为一体，农业、工业、商贸服务业融为一体，不再是过去的就农村谈农村，就农业搞农业。

"三农"。在过去，指的是与土地密切捆绑的特定的农村、农民、农业。21世纪以来，中央对"三农"作出新的要求。"三农"的意义出现了扩大化，即通过乡村振兴战略将农村、农业、农民三者统一起来，统筹规划、同步发展。"三农"中的新农村不再是区别于城市的地域范围,是指实行乡村建设统筹推进,生产发展、生活富裕、乡风文明、村容整洁、管理民主的新型农村。新农业不仅是传统的农业耕种,还融合了二三产业的发展。新农民不再是传统意义上区别城市户口的"农民",是一种新时代背景下出现的新职业,是一批爱农业、懂技术、会管理的新型职业人。新农民包括市民、职业经理人、海外留学生、大学生、企业家、科技工作者等,只要在农村从事与农业有关的生产、加工、销售、服务工作的,都称为"新农人"。"三农"的变化可以概括为农村城镇化、农业产业化、农民职业化。

县域。在我国传统文化中,"县"可以指城镇,也可以指乡村,但"县域"一定是乡村。而今县域是在"县"这一行政单位管辖范围内的区域的统称,现在常说的县域经济是以县城为中心、乡镇为纽带、农村为腹地的区域经济。县镇的意义发展至今,其区域范围明显扩大,它包括农村、乡镇和县级城镇。

县镇。秦朝将"县制"在全国推行后,县的行政级别小于郡,但其辖区面积很大,其行政等级接近如今的地级市。"镇"在古代主要指的是有军事意义的城。现在的"县镇"指的是地级市管辖下(直辖市是市级直接管辖)的县级行政政府所在的城镇、乡镇。与古代相比,县镇的管辖范围明显缩小,行政等级显著降低。如今,县镇的功能有了重新定义,即连接城市、服务乡村的载体。

2. 乡村振兴的基本内涵

乡村振兴战略是习近平同志2017年10月18日在党的十九大报告中提出的。报告指出,农业、农村、农民问题是关系国计民生的根本性问题,必须始终把解决好"三农"问题作为全党工作的重中之重,实施乡村振兴战略。2018年1月2日中共中央和国务院发布的《中共中央国务院关于实施乡村振兴战略的意见》中指出要"按照产业兴旺、生态宜居、乡风文明、治理有效、生活富裕的总要求","统筹推进农村经济建设、政治建设、文化建设、社会建设、生态文明建设和党的建设"。从此纲领文件可以看出,乡村振兴就是形成产业兴旺、生态宜居、乡风文明、治理有效、生活富裕的乡村建设战略。它既包括经济、社会与文化振兴,又包括治理体系创新与生态文明进步,是一个全面振兴的综合概念。

乡村振兴，顾名思义是乡村的振兴。社会对乡村振兴的内涵达成了共识：乡村振兴是农业农村发展到新阶段提出的新目标、新要求；是新时期做好"三农"工作的重要路径。它以人民为中心，让广大农民生活在美丽乡村有幸福感、获得感。

各位专家学者对习近平关于乡村振兴的重要论述进行了深入研究，对乡村振兴的丰富内涵进行一系列解读。如北京师范大学的张琦、庄甲坤、李顺强、孔梅认为乡村振兴与共同富裕存在密切联系，乡村振兴具有共同富裕目标之内涵[1]；北京林业大学的钟姝、李雄、张云路认为乡村振兴体现了绿色发展理念[2]；西安交通大学的燕连福、李晓利认为乡村振兴是对马克思、恩格斯城乡思想的发展，指明了乡村的发展目标、城乡关系的发展方向、乡村发展的方法遵循[3]。

（二）乡村振兴的意义

1. 民族复兴的重要支撑

民族要复兴，乡村必振兴。习近平总书记在《坚持把解决好"三农"问题作为全党工作重中之重，举全党全社会之力推动乡村振兴》[4]中提出："从中华民族伟大复兴战略全局看，民族要复兴，乡村必振兴。"他说，我国自古以农立国，创造了源远流长、灿烂辉煌的农耕文明，长期领先世界。他阐述了三个观点。一是，纵览历朝历代，农业兴旺、农民安定，则国家统一、社会稳定；农业凋敝、农民不稳，则国家分裂、社会动荡。二是，"农，天下之本，务莫大焉"，"务农重本，国之大纲"，稳住农业基本盘、守好"三农"基础是

---

1 张琦，庄甲坤，李顺强，孔梅. 共同富裕目标下乡村振兴的科学内涵、内在关系与战略要点[J]. 西北大学学报（哲学社会科学版），2022, 52（3）: 44-53.DOI: 10.16152/j.cnki.xdxbsk.2022-03-05.

2 钟姝，李雄，张云路. 绿色发展理念引领下的乡村振兴内涵解读、实现机制和实施路径研究[J]. 中国园林，2022, 38（6）: 35-39.DOI: 10.19775/j.cla.2022.06.0035.

3 燕连福，李晓利. 习近平乡村振兴重要论述的丰富内涵与理论贡献探析[J/OL]. 北京工业大学学报（社会科学）.

4 《求是》杂志发表习近平总书记重要文章：坚持把解决好"三农"问题作为全党工作重中之重，举全党全社会之力推动乡村振兴[J]. 前进论坛，2022（6）: 12.

应变局、开新局的"压舱石"。三是，历史和现实都告诉我们，农为邦本，本固邦宁，全面建设社会主义现代化国家，实现中华民族伟大复兴，最艰巨最繁重的任务依然在农村，最广泛最深厚的基础依然在农村。

可见，农村、农业、农民是中华民族的血脉之源、文化之根、稳固之基，农业兴则基础牢，农村稳则天下安，农民富则国家富。乡村振兴是中华民族走向兴盛的重中之重，是实现中华民族伟大复兴的重要支撑。

2. 国家现代化建设的重要部分

党的二十大提出：从2020年到2035年基本实现社会主义现代化，从2035年到本世纪中叶把我国建设成富强、民主、文明、和谐、美丽的社会主义现代化强国。这里的现代化是中国式现代化，中国式现代化的基本特征之一是：全体人民共同富裕，人与自然和谐共生。全体人民中生活地域最广的是乡村，最需要实现现代化的是乡村人民，实现现代化最困难的是乡村人民。人与自然和谐共生的关键在乡村，最大体现在乡村。从某个角度说，乡村能否振兴是事关我国现代化建设能否实现的关键因素。

习近平总书记要求："举全党全社会之力推动乡村振兴，促进农业高质高效、乡村宜居宜业、农民富裕富足。"乡村振兴战略总目标是实现农业农村现代化，没有农业农村现代化就没有国家的现代化。我国已成为世界第二大经济体，但巨大的人口规模决定了仍有四亿多人口在乡村，超级农业决定了最广地域是乡村。城乡将长期共生共存，这是客观事实，也是客观规律。若忽视乡村现代化建设，乡村经济凋敝，乡村人口失业流动，现代化进程必然受阻。只有同步推进农业农村现代化，让广大农民参与到现代化建设的进程中，共同分享现代化成果，才能使现代化强国之路越走越宽阔，越走越顺畅。

3. 解决当下社会主要矛盾的重要抓手

习近平总书记在十九大报告中强调，中国特色社会主义进入新时代，我国社会主要矛盾已经转化为人民日益增长的美好生活需要和不平衡不充分的发展之间的矛盾。而我国发展最大的不平衡在乡村，发展最不充分的是乡村。同时，对美好生活需要最强烈的是乡村人民。因此，乡村是我国当前一段时期内社会矛盾的集中体现点、焦点，处理不好就会成为社会矛盾的集中爆发点。可以说，处理好乡村的发展问题，是解决我国社会主要矛盾的关键点，也是最佳切入点。实施乡村振兴战略，就是解决人民日益增长的美好生活需要和不平衡不充分的发展之间矛盾的重要抓手，是实现第二个"一百年"奋斗目标的必然要求，更是实现全体人民共同富裕的必然要求。

（三）服务乡村振兴的国家要求

1. 党和国家领导人高度重视

党中央高度重视职业教育，习近平总书记多次作出明确指示。乡村振兴是习近平在党的十九大报告中提出的国家战略，习近平总书记指出："在社会发展过程中，我们务必把教育作为经济社会发展的头等大事来抓。"他说，"越穷的地方越难办教育，但越穷的地方越需要办教育，越不办教育就越穷"。县级职教中心就是在"越穷的地方办教育"。2020年11月24日，习近平总书记在全国劳动模范和先进工作者表彰大会上明确要求，"要完善现代职业教育制度，创新各层次各类职业教育模式，为劳动者成长创造良好条件"。国务院总理李克强多次在《政府工作报告》中提出，要大力实施乡村振兴战略，并要求加快推动工作重心转移，全面推进乡村振兴，造就一支懂农业、爱农村、爱农民的工作队伍。

2021年习近平总书记对职业教育作出重要指示，指出职业教育大有可为，要优化职业教育类型定位。他强调，要增强职业教育适应性，加快构建现代职业教育体系，培养更多高素质技术技能人才、能工巧匠、大国工匠，职业教育要为全面建设社会主义现代化国家、实现中华民族伟大复兴的中国梦提供有力的人才和技能支撑。李克强总理指出，要瞄准技术变革和产业优化升级的方向，推进产教融合、校企合作，吸引更多青年接受职业技能教育，促进教育链、人才链与产业链、创新链有效衔接。要努力培养数以亿计的高素质技术技能人才，为全面建设社会主义现代化国家提供坚实的支撑。

中等职业教育在职业教育中占据基础性地位，乡村人口集中的县级职教中心又是我国中等职业教育的重要组成部分，其在我国职业教育中的地位非常关键，是中国特色职业教育的重要体现。因此，大力推动县级职教中心发展，建设与县域以乡村为主的经济社会发展相适应的职业教育类型、模式，是在新时代背景下贯彻落实党和国家领导人指示、要求的重要举措。

2. 国家政策法规要求倡导

党的十九大之后，党中央先后颁布一系列政策文件，为职业教育助力乡村振兴指明了方向，提出了要求，提供了指南。2018年党中央发布1号文件《关于实施乡村振兴战略的意见》明确提出，"优先发展农村教育事业"，"加强职业教育"。2019年，中央1号文件《关于坚持农业农村优先发展做好"三农"工作的若干意见》进一步指出，以实施乡村振兴战略为总抓手，把乡村人才纳入各级人才培养计划予以重点支持，"大力发展面向乡村需求的职业教育"。2019年印发的《国家职业教育改革实施方案》明确了职业教育与普通教育具有同等重要的地位，提出：建好办好一批县域职教中心，重点支持集中连片特困地区每个地（市、州、盟）原则上至少建设一所符合当地经济社会发展和技术技能人才培养需要的中等职业学校。要求服务乡村振兴战略，为广大农村培养以新型职业农民为主体的农村实用人才。2021年通过的《中华人民共和国乡村振兴促进法》第二十六条提出：各级人民政府应当采取措施，加强职业教育和继续教育，组织开展农业技能培训、返乡创业就业培训和职业技能培训，培养有文化、懂技术、善经营、会管理的高素质农民和农村实用人才、创新创业带头人。2021年中共中央办公厅、国务院办公厅印发《关于推动现代职业教育高质量发展的意见》提出："支持办好面向农村的职业教育，强化校地合作、育训结合，加快培养乡村振兴人才，鼓励更多农民、返乡农民工接受职业教育。"2022年颁布施行的《中华人民共和国职业教育法》明确规定"支持举办面向农村的职业教育，组织开展农业技能培训、返乡创业就业培训和职业技能培训，培养高素质乡村振兴人才"。《国家乡村振兴战略规划（2018—2022年）》提出"大力发展面向农村的职业教育"，"加强县级职业教育中心建设"。职业教育尤其是县级职教中心服务乡村振兴成为国家政策热点。

3. 部委文件具体要求

在国家进行职业教育和乡村振兴顶层设计的同时，各部委出台了大量的指南性、实施性、行动性文件，对职业教育服务乡村振兴，特别是农村职业教育服务乡村振兴提出了具体要求。

比如，教育部办公厅发布《关于开展职业教育教师队伍能力提升行动的通知》（教师厅函〔2022〕8号）提出：做好国家乡村振兴重点帮扶县中职学校教育人才"组团式"帮扶工作。教育部等九部门印发《职业教育提质培优行动计划（2020—2023年）》（教职成〔2020〕7号）提出：加大对农业农村等人才急需领域的职业教育供给，建设100所乡村振兴人才培养优质学校，发挥好"国家级农村职业教育和成人教育示范县"等在服务乡村振兴战略中的重要作用。

又如：教育部、国家发展改革委、财政部、国家乡村振兴局、四部门发布《关于实现巩固拓展教育脱贫攻坚成果同乡村振兴有效衔接的意见》（教发〔2021〕4号）提出：加大脱贫地区职业教育支持力度。支持建好办好中等职业学校，作为人力资源开发、农村劳动力转移培训、技术培训与推广、巩固拓展脱贫攻坚成果和高中阶段教育普及的重要基地。推动职业院校发挥培训职能，与行业企业等开展合作，丰富培训资源和手段，广泛开展面向"三农"、面向乡村振兴的职业技能培训。

这样的政策文件很多，涉及的部委也很多。这些政策话语揭示了在乡村振兴的进程中，职业教育的发展将被赋予新时代特征，中等职业教育的效能将直接作用于乡村振兴，县域中等职业教育将承担起不可替代的时代使命。

（四）服务乡村振兴的社会责任

1. 人心所向

乡村振兴是我国全社会的共同心声。乡村振兴了，乡村人可以过上美好生活，城里人的美好生活也才能持续；乡村振兴了，老百姓的饭碗才有了保障，国家才能实现平衡发展、充分发展；乡村振兴了，大家才能享受共同的蓝天白云、绿水青山，全社会才能实现环境优美、生态安全。乡村振兴是全国共同富裕的必要条件，是国家兴旺发达的关键基础。服务乡村振兴，就是服务国家，服务民族，服务每个人自己。因此，乡村振兴是人心所向，服乡村振兴就是服务人心所向。

2. 民之所需

乡村振兴的总要求是"产业兴旺、生态宜居、乡风文明、治理有效、生活富裕",这给农村发展指明了方向。国家现代化建设不能忽视农村,不能忽视农业,不能忽视农民。扎实推进乡村振兴战略,能让乡村真正成为大有可为之地,真正成为希望的田野、幸福的家园,成为城里人向往、乡村人依恋的地方。乡村振兴是解民忧、惠民生工程。服务乡村振兴就是组织群众、服务群众、凝聚群众、引导群众,着力解民忧、暖民心、惠民生。因此,服务乡村振兴就是在为老百姓谋利益、谋幸福,这正是民之所需。

3. 教之所为

人心所向的事、民之所需的事,就是职业学校该做的事。服务乡村振兴,就应该是教育,特别是职业教育、县级职教中心应该主动作为的事。职业教育承担着培养人才、传承技术、促进就业创业的重要职能,职业院校70%以上的学生来自农村,帮助他们以一技之长成就立身立业之本,是教育之责。打破学历偏见,打破职业歧视,培养人人尊重劳动、人人尊重技能的职业价值观,通过赋能乡村振兴的行动,提升乡村振兴效果,进而深入人心,是教育之德。乡村振兴以县域为单位进行,县级职教中心作为推动乡村振兴的重要力量,因地制宜,与时俱进,深化产教融合,在区域服务中实现教育改革,是教育之效。总之,服务乡村振兴是县级职教中心应有作为、大有可为的责任田。

从上可见,服务乡村振兴既是国家要求,又是中国社会发展的必然要求,也是全社会的共同责任,更是县级职教中心的职责。

二、服务乡村振兴是历代教育的主动作为

(一)古代私塾在乡村建设发展中的主要作用

1. 教化作用

私塾是我国古代开设在家庭、宗族或乡村的民间教育机构。农村经济社

会发展，乡民或多或少都有学习文化的要求，因此农村私塾办得相当普遍。一般来说，过去乡村的私塾就是这一带文化高点、人群聚点。它既与"上层社会"有紧密的联系，也与农村生活紧密相连。农村私塾主要教授儿童、少年日常生字、书写阅读、洒扫应对、简单的算数[1]，教导他们为人、礼仪、行事之道，从而向乡村群众传导礼义廉耻，普及基本文化道德，传承和进一步建设乡村良好风气。所以，在整个古代社会，私塾对村民的教化作用是非常明显的，也是不可替代的。比如，明清政府认识到乡村私塾的教化作用，在各地建立了社学、义学，厉行教化，化民为俗，进一步强化私塾社会教化的职责。

2. 育才作用

私塾使平民子女享有了受教育的权利，打破了官师合一的旧教育体制。私塾为乡村、为中国社会底层培养了大量能"识文断字"的文化人，这些人成为乡村社会书写、计算、治理的主要人才，是我国民间文化、民族文化的主要传承人，是乡村社会事务的重要处理人。乡村私塾主要对乡民子女做基础启蒙，不能入仕的占据大多数，但正是这些人成为了中国社会发展的重要力量。

3. 治理作用

古代私塾除了"教书育人"外，往往扮演着乡村文化活动中心的角色，塾师在乡间威望极高，成为制定宣讲乡约、举行乡饮酒礼的首选，往往也是乡村多种事务处理、纠纷调解的必然人选。塾师还利用其文化权力和文化资源，通过制乡约、写乡村戏曲、撰碑文等形式，间接和直接参与、影响乡村治理，改变乡村风气。同时，私塾一般也是当地重要的社会活动场所，村民集会、议事、活动很多都借私塾场地进行。因此，私塾在我国古代对乡村的治理作用是非常明显的。在有的朝代，政府甚至赋予了私塾一定的"公权力"和社会责任，成为政府治理在乡村的延伸。在近代，梁漱溟在山东实施的"以教统政，政教合一"的村学和乡学，就是沿袭了私塾乡村治理的传统。

---

1 蔡娜. 中国传统私塾教育的特点及其对现代初等教育的启示[J]. 新课程研究（基础教育），2010（1）：23-24.

（二）近代教育家服务乡村建设发展的基本做法

在近代，我国长期处于社会动乱、民不聊生、积贫积弱的状态，乡村更是所有社会矛盾、社会贫弱的集中地。在这样的背景下，大量有识之士奔赴乡村，以建设乡村作为拯救国家民族的着力点，陶行知、黄炎培等教育家就在其中。在如何服务乡村建设发展的思考和实践中，近代教育先驱者们对乡村建设如何进行、乡村教育如何开展、乡村学校与乡村发展如何融合等问题进行了身体力行的深入探索，为当下职业教育服务乡村振兴提供了经验启示。

1. 办学兴教

（1）黄炎培与徐公桥试验区。

20世纪，黄炎培针对农村出现的弊病，提出实用主义与大职业教育思想。1926年，黄炎培在江苏徐公桥设计乡村改造试验区。针对文盲率高的问题，大力兴办学校，建立流动教室，保障未成年人的教育普及；结合农民劳作时间，开设民众夜校、农民教育馆，设书报室、陈列室，实行奖惩机制，让农民接受学习。1928年到1934年，徐公桥试验区的学校数量增加到试验前的3倍，为当地输送了大批乡村发展所需的人才。[1]

（2）陶行知与晓庄学校试验。

1914年，陶行知从金陵大学毕业后赴美留学，1917年归国。他一直心怀乡村教育梦想，提出乡村教育是立国的根本大计。1923年与晏阳初等人发起成立中华平民教育促进会总会，后赴各地开办平民识字读书处和平民学校，推动平民教育运动。1926年发表了《中华教育改进社改造全国乡村教育宣言》。1927年毅然辞去大学教授职位，到南京北郊晓庄创办乡村学校。晓庄学校的培养目标为：有农夫的身手、科学的头脑、改造社会的精神。陶行知结合中国农村实际情况，紧紧围绕农村农业的实际问题，制定了以乡村生活为中心的教学课程，实行"教学做合一"的教学方法，不仅传授学生科学知识，还注重培养学生农事技能，教授科学农业生产的方法，用以指导实际的农业生产。陶行知的乡村教育，让学生在农事劳动中学习和实践，使学生树立为农

---

[1] 陈娉娉. 20世纪二三十年代中国乡村教育实践研究[D]. 陕西师范大学，2018.

服务的意识，促进了当时农村社会的进步，达到改造社会的教育目的。

（3）梁漱溟与邹平试验区。

"末代硕儒"梁漱溟认为"乡村建设"是解决中国问题的唯一出路，而建设乡村，教育为先。他主张乡村建设教育是个人与社会结合的教育，是学校教育与社会教育为一体的教育，是知识分子与农民结合的教育。[1]1931年，梁漱溟到山东邹平筹办了邹平乡村建设试验区。他成立的乡村建设研究院作为进行乡村建设实践的研究机构，承担建设乡村、培养乡村人才的责任。他设立的"以教统政，政教合一"的村学和乡学，以一乡一村的全体民众为对象，因才施教，兼顾需求，除进行蒙学、文化知识教授外，还开设以农业、农民为主的职业课程，根据农民生活劳动情况灵活安排课程，使之宜农、益农、促农。

（4）卢作孚与北碚乡村建设实验区。

近代著名实业家卢作孚指出，乡村第一重要的建设是教育。为了实践其"乡村现代化——国家现代化"的建设理念，在北碚进行乡村建设实验。结合北碚实际，针对学校数量严重不足的问题，他倡导乡镇和居民联合办学，增设小学，普及义务教育；利用社会力量和企业捐资，创办中学和巴县县立女子职业学校。为了改造乡民混沌的思想，他把民众教育作为中心运动，创办民众学校，引入"传习教育法"和"小先生制"，通过民众中的优秀分子带头，采取"面授+远程"的形式对乡民进行扫盲和职业培训。到1949年10月，北碚已扫除的文盲占失学人总数的60%，人民通过教育获得职业必需能力，从而促进社会经济发展，而社会经济的发展也为下一代接受教育奠定了坚实基础，这样相互促进，实现了经济与教育的良性循环。[2]

2. 文化兴风

黄炎培在徐公桥试验区制定了《普及义务教育办法大纲》，规定适龄儿童必须上学，制定了一系列奖惩制度，积极送孩子上学的可优先贷款，少交粮食；不送孩子上学的会受到警告和惩罚。同样，在民众教育上同样实行这样

---

[1] 胥仕元. 教育：梁漱溟乡村建设之途径[J]. 当代世界社会主义问题，2005（3）：46-52.DOI：10.16012/j.cnki.88375471.2005.03.006.

[2] 刘来兵. 卢作孚北碚乡村教育建设探析[D]. 西南大学，2008.

的制度，按时学习者，除了贷款优先，还在碾米打水等方面享受优惠。他广设学习场所，举办演讲活动，为农民创设一切可以学习的条件。通过黄炎培的不断努力，徐公桥有300多个农民接受夜校学习，教育得到有效普及。

陶行知提出终身教育思想，晓庄学生学习时间灵活，知识传授机动，以其独特的特点和卓越的成效吸引了国内外的关注，许多组织和个人前来参观学习，学习得到的经验又在其他地方推行实验，可以说为当时乡村教育改革树立典范。受此影响，全国乡村文化教育活动开展得如火如荼。

梁漱溟对当时邹平社会风气进行了改造。劝说村民剪长辫，革除缠足陋习，禁止早婚，开展禁赌工作，通过教育劝导，举办文娱活动丰富农民的业余生活，引导高尚的审美情操。其次，还进行卫生教育宣传，提高乡民各方面素质。村民精神意志积极向上，乡村风气得到极大改观，乡村自卫能力显著增强。

卢作孚强调乡村建设的社会动员。为了让民众接受现代文明，他拆除庙宇，开放企业、博物馆、学校、机关等，让当地农民参观，亲自感受现代文明的优越性。为鼓励识字，他实行奖励制度，让识字的人免费看电影、看戏，识字的人甚至看病不用挂号。公共场所一草一木皆用文字引导，利用一切节日，进行新文化宣传，用优良的教育环境包围浸润民众，多种手段促进农民学习。在卢作孚的大力推动下，北碚学习蔚然成风，当时的北碚随处可见手里拿着书本的人。

3. 技术兴农

黄炎培针对农作物产量低的问题，在徐公桥试验区创立试验田，选择农民与专家共同改良农作物，优良的农作物通过"高价"收购得到有效推广。为了提高农民收入，倡导农民养猪养鸡，让他们参观学习纺织技术，推广使用新式农具。农民获得科学的农业生产技术，提升了干农活的效率，全区农业发展水平显著提升。

陶行知认为乡村教育必须在乡村实际生活的基础上开展，而农业生产没有教育的支持，就不会改变落后的状态，无法脱离贫困。他认为，教育与农业生产相结合，才是活的乡村教育，才是乡村教育发展的正确道路。陶行知积极主张要随着人民群众生活的不断变化，赋予乡村教育新的目标和内涵，在不同的时期按照社会的需要，给予农民不同的教育。陶行知创办了用于劳动实践的试验场，如开辟试验鱼塘、修建试验农场、养鸡场、养猪场等，学生在实践中活学活用，习得劳动技能，应用农业生产。

梁漱溟认为乡村建设的主要任务之一是促兴农业带动工业。在邹平试验区，他引进科学技术，依据因地制宜的原则，分区推广。通过举行各种技术培训班，教授农民优良品种的相关知识和种植技术，增加了农业产量，农业生产也呈现多样化和科学化的特点。

卢作孚在北碚进行乡村教育建设期间，针对不同职业的乡民因材施教，为船夫举办船夫学校，在力夫休息的茶舍举办力夫学校，为妇女培训职业技能，甚至为赶场的乡民举办期场学校，为受教育群众免费发放书籍。他特别重视青年的职业教育，教给青年生产劳动技能，在比赛和竞技中坚定青年职业发展的决心。

（三）当代教育服务乡村建设发展的基本做法

中华人民共和国成立后，国家高度重视教育与乡村的融合发展问题，当代教育为乡村建设发展做了大量工作，其中影响最大、时间最长的有"扫盲""支农""助农"。

1. "扫盲"运动——文化助农

1950 年开始，全国扫盲运动大规模开展。全国扫盲运动先后出现过三次高潮。第一次高潮从 1950 年至 1953 年。1950 年召开了第一次全国教育工作会议，提出了"推行识字教育，逐步减少文盲"的口号，速成识字法在这时期风行。1953 年发出《关于扫盲标准、扫盲毕业考试等暂行办法的通知》，规定农民能识 1000 个常用字，大体上能阅读通俗书报，能写常用的便条、收据的扫盲标准。1954 年至 1955 年，认识到扫盲运动要适应农业合作化运动的发展，在社会主义工业化和农业集体化的大背景下，农民的文化工作和经济目的紧密结合，着眼于推进社会主义建设，为以后农村进一步实现技术改革创造条件，扫盲运动出现了第二次高潮。第三次高潮是从 1956 年至 1958 年。

1956年，周恩来总理号召全国人民向现代科学文化进军，于是，扫盲运动又掀起高潮。

农村扫盲，根据农村实际、结合农民生活采用了灵活多样的方法，采取"以民教民"形式，广大农民摆脱了旧社会的噩梦，打开了知识文化的大门，从而实现了自身的解放，而且为广大人民通过技术革命改变城乡的落后面貌，缩小"三大差别"[1]提供了重要条件，打下了文化基础。

2. "支农"运动——人力助农

20世纪五六十年代，国家"以粮为纲"，支持农业生产成为各部门单位的自觉行动。当时学校的墙上写着"教育必须为无产阶级政治服务，教育必须同生产劳动相结合"的教育方针。小学到高中的老师和学生都有半个月的农忙假参与农业劳动，一方面缓解家里的劳动压力，一方面接受劳动教育，这一做法一直延续到20世纪80年代。

"支农"运动的另一种形式是"文艺支农"，各地的县城学校、乡村学校每年都派出大量的教师、学生到农村开展扫盲运动、文艺下乡、冬学活动，组织开展群众运动、榜样教育、文化墙，对农民群众进行文化教育，在文化观念上对他们进行帮助改造，帮助农民破除封建思想，接受新文化。

3. 技能服务——技术助农

新中国成立后，土地改革使农村气象焕然一新，农民生产热情高涨。但由于多年战争的破坏，农具还很匮乏，落后的农具严重制约着农业生产力的恢复和发展。对农村农具进行大量增补并改良升级，成为新中国农业发展中至关重要的一步。于是教育部门、相关学校组织招收中学毕业生举办短期培训班，在最短时间内培养出能堪当重任的技术干部，指导农具改良。与此同时，专门实施农业教育的农业中学和农业中专学校在全国各地蓬勃发展，培养了大量农业技术骨干，这些技术员回到乡村，指导农民革新技术，扩充了农村干部队伍。

---

[1] "三大差别"，即工农差别、城乡差别、脑力劳动和体力劳动差别。

三、服务乡村振兴是社会发展的现实需求

（一）乡村振兴需要技能人才的支撑

乡村振兴关键在人。《中共中央国务院关于实施乡村振兴战略的意见》提出，要把人力资本开发放在首要位置，造就更多乡土人才，聚天下人才而用之。技能人才是其中非常重要的组成部分。现在的乡村是产业化、现代化的乡村，现在的农民是职业化的新型农民，科学技术、信息技术、机械化、自动化逐渐融入种植、养殖等生产劳动的各个环节，没有技术就没有产量、没有品质、没有效益。"功以才成，业由才广"，实现乡村现代化，需要多元化人才对农业技术进行革新，对农业经营进行指导，对农村资源进行整合，乡村建设需要丰富的人力资源作保障。技能人才是支撑中国制造、中国创造的重要力量，同样也是支撑乡村振兴的重要力量。

乡村振兴需要的技能人才包括生产经营型人才、创新创业型人才、社会服务型人才、公共发展型人才、乡村治理型人才等。生产经营型人才包括种植、养殖、加工、家庭农场经营、专业合作组织、农业龙头企业经营、农业经纪等多个种类，是技术技能并重的人才。社会服务型人才包括婴幼儿保育、卫生健康、文化旅游、乡村规划建设、乡村金融、乡村保险、乡村电商、乡村物流等人才。

当农民有了技能，就业创业门路就更加宽广，在农村的劳动价值就会提升，幸福生活就有了保障。同时，城里的技能人才也可以到乡村创业发展，创造属于自己的天空。到那时，留在农村、扎根乡村就会成为很多人的愿望。

（二）乡村振兴需要产业文化的支撑

农业产业化是大势所趋，也是乡村现代化的必然要求。产业化有几个重要条件：一是规模化，生产、加工、经营从数量上要形成一定的规模；二是集约化，同一产业在地域上、空间上要相对集中；三是系统化，要形成产业链条，同一产业里面各个部分要组成有机体系。产业化还有几个重要特征：一是市场化，经营必须以国内外市场为导向，改变传统的小农经济自给自足、自我服务的封闭式状态；二是区域化，农副产品生产要在一定区域范围内相

对集中连片，形成比较稳定的区域化的生产基地；三是专业化，即生产、加工、销售、服务专业化；四是社会化，要建立社会化的服务体系，改变过去家庭化、个体化的服务模式。

农业要实现产业化，达到上述要求，其中最重要的条件就是要培育、建立产业文化，只有通过产业文化的普及，才能改变"小农意识""小农经济""作坊式生产"，推动乡村由"刀耕火种"向"智慧化农业"迈进，推动乡村由"田园"向"公园"转变。乡村振兴，文化是根本，产业是载体。发展产业文化，不能单纯地只发展现代农业，必须要做到文化和经济的同步发展，赋予乡村产业经济文化特色与文化优势，这是促进产业融合，经济稳步发展的有效路径。同时，在挖掘产品文化价值的过程中，提高乡民素质，增强创收能力，使乡村留得住人。用文化滋养产业，产业促兴文化，让传统文化焕发新机，让人民在传承传统文化中增强文化自信。

普及产业文化将对乡村产业整体发展起着巨大推动作用，既有物质方面的推动，也有精神方面的推动；既推动产业发展，又推动村民素质的提升，还推动乡村文化的发展。产业文化主要由企业文化、产业意识、产业理念组成，这些都是职业教育在产教融合中汲取的重要精神文化。因此，职业院校完全可以为乡村产业文化的建立提供多方位服务。

（三）乡村振兴需要职业文化的支撑

农业产业化、农民职业化、农村城镇化是乡村振兴的必由之路，而支撑它们的核心是人，若想实现农民职业化、专业化，必须培育职业文化。通过职业文化转变其思想，改变其认识，规范其行为，使其实现蜕变。职业文化对于提升农民的民主素养、治理能力、法治水平和道德水准具有重要作用，为实现乡村有效治理，切实推进乡村自治、法治、德治提供了社会导向。[1]因此，乡村振兴需要职业文化。

职业文化，是人在长期的职业实践中形成的职业态度、职业精神、职业追求、职业规范等各种职业文化样式的总和。职业文化能够凝聚职业人精神，

---

[1] 李明. 职业教育发展助推乡村振兴战略的文化支撑研究[J]. 现代商业，2018（16）：160-161. DOI：10.14097/j.cnki.5392/2018.16.081.

建立特有的职业活动样法，让职业人认同职业、认同岗位。乡村培育职业文化的主要对象是新型农民和乡村基层工作者，其核心是职业精神、职业意识、职业规范。新型农民是乡村现代化的重要人才支撑，是乡村振兴的主体。乡村振兴需要大批不仅具备科学的劳动技能，还具有绿色发展、无私奉献、敬业乐业等职业文化的新型农民，保护青山绿水，同时兴旺产业，带动乡村富裕起来。乡村基层工作者是乡村政策的推动者、执行者、宣讲者，是乡村发展的引路人、带领者、实践者。[1]乡村振兴需要有坚定的理想信念、崇高的追求、爱农助农的基层干部，能够在基层组织中形成态度端正、品位高尚、不断学习的职业文化风气，促进党的建设改革，从而实现乡村的有效治理。县级职教中心作为县域职业文化传播前线的主要力量，对文化帮扶有着得天独厚的优势。一是可以在教学过程中将职业文化与本地乡村文化融合，培养大批新型职业农民；二是可以将职业文化推广到乡村，直接助力乡风文明建设、优秀民族文化传承、良好家风民风村风建立，进而对建设利于生态循环、生态保护、生态友好型的产业体系产生不可或缺的助推作用。

综上所述，乡村振兴需要职业教育的支撑。

第二节　职业教育意义

一、服务乡村振兴是国家对职业教育的基本要求

国家、各部委、各行业都重视职业教育服务乡村振兴工作，对职业教育服务乡村振兴的要求在很多文件中都有提及，有的从发展农村职业教育的角度进行阐述，有的从职业教育服务乡村振兴的角度阐述，下面对部分重要文件进行介绍。

---

[1] 石献记，朱德全. 民族地区职业教育服务乡村振兴的文化共生场域[J]. 教育研究与实验，2021（3）：43-52.

（一）国家文件要求

2005 年国务院发布《国务院关于大力发展职业教育的决定》（国发〔2005〕35 号）中指出："职业教育要为建设社会主义新农村服务"，"充分发挥农村各类职业学校、成人文化技术学校以及各种农业技术推广培训机构的作用，大范围培养农村实用型人才和技能型人才，大面积普及农业先进实用技术，大力提高农民思想道德和科学文化素质"。

2010 年，《国家中长期教育改革和发展规划纲要（2010—2020）》提出，发展职业教育是解决"三农"问题的重要途径，要加快发展面向农村的职业教育，把加强职业教育作为服务社会主义新农村的重要内容。

2018 年初，党中央发布 1 号文件《中共中央 国务院关于实施乡村振兴战略的意见》明确提出，走中国特色社会主义乡村振兴道路，让农业成为有奔头的产业，让农民成为有吸引力的职业，让农村成为安居乐业的美丽家园，要"优先发展农村教育事业"，"加强职业教育"。

2018 年 5 月，《国务院关于推行终身职业技能培训制度的意见》（国发〔2018〕11 号）出台，划定了"建立并推行覆盖城乡全体劳动者、贯穿劳动者学习工作终身、适应就业创业和人才成长需要以及经济社会发展需求的终身职业技能培训制度"的目标任务。

2019 年，中央 1 号文件《中共中央 国务院关于坚持农业农村优先发展做好"三农"工作的若干意见》进一步指出，以实施乡村振兴战略为总抓手，对标全面建成小康社会"三农"工作必须完成的硬任务，"大力发展面向乡村需求的职业教育"。

2020 年，中央 1 号文件《中共中央 国务院关于抓好"三农"领域重点工作确保如期实现全面小康的意见》提出"扩大职业教育学校在农村招生规模，提高职业教育质量"。

2021 年，中央 1 号文件《中共中央 国务院关于全面推进乡村振兴加快农业农村现代化的意见》强调"发展职业技术教育与技能培训，建设一批产教融合基地"。

同年国务院印发《国家职业教育改革实施方案》（"职教 20 条"），直接指出"服务乡村振兴战略，为广大农村培养以新型职业农民为主体的农村实用人才"。

2021年10月，中共中央办公厅、国务院办公厅印发《关于推动现代职业教育高质量发展的意见》特别指出，"支持办好面向农村的职业教育，强化校地合作、育训结合，加快培养乡村振兴人才，鼓励更多农民、返乡农民工接受职业教育"。

2022年，《中共中央 国务院关于做好2022年全面推进乡村振兴重点工作的意见》要求"支持办好涉农高等学校和职业教育""培养乡村规划、设计、建设、管理专业人才和乡土人才"。

职业教育助力乡村振兴是新时期国家对职业教育的基本要求。

（二）部委文件要求

2011年，教育部、国家发改委、科学技术部等九部门联合发布《关于加快发展面向农村的职业教育的意见》（教职成〔2011〕13号），明确提出农村职业教育服务现代农业产业发展的重点领域和主要工作内容，"使农村职业教育深度融入当地产业链"。

2014年教育部办公厅、农业部办公厅下发关于《中等职业学校新型职业农民培养方案试行》的通知，以服务现代农业发展和社会主义新农村建设为宗旨，以促进农业增效、农民增收、农村发展为导向，以全面提升务农农民综合素质、职业技能和农业生产经营能力为目标，深入推进面向农村的职业教育改革，加快培养新型职业农民。

2018年教育部等六部门联合制定发布《职业学校校企合作促进办法》，职业学校组织开展社会服务、文化传承等活动，鼓励职业学校与企业开展跨区校企合作，带动贫困地区、民族地区和革命老区职业教育的发展。

2021年教育部等四部门发布《关于实现巩固拓展教育脱贫攻坚成果同乡村振兴有效衔接的意见》提出，加大脱贫地区职业教育支持力度。其中重点强调了三个方面：一是加强职业院校基础能力建设，特别是办好中等职业学校，使之作为人力资源开发、农村劳动力转移培训、技术培训与推广、巩固拓展脱贫攻坚成果和高中阶段教育普及的重要基地；二是对于未设中等职业学校的乡村振兴重点帮扶县，应采取新建中等职业学校等多种措施，使乡村适龄人口和劳动力能接受职业教育和培训；三是推动职业院校发挥培训职能，广泛开展面向"三农"、面向乡村振兴的职业技能培训。

2022年教育部《中国职业教育发展白皮书》指出，"把职业教育定位于国民教育体系和人力资源开发的重要组成部分"，要发挥"发展经济与服务民生相结合、教育与产业相结合"，为中国式现代化道路注入强劲的职教力量。

新时期国家许多部委，特别是教育部、农业农村部、乡村振兴局、财政部等部委对职业教育助力乡村振兴都提出了具体要求。

（三）行业文件要求

2020年，中华职教社与重庆市委统战部签署《共同推进重庆产教融合发展试验区建设战略合作协议》，中华职教社将支持重庆市建设"职业教育产教融合服务乡村振兴试验区"，支持在重庆北碚开展乡村建设路径探索、在万州区开展职业教育服务三峡库区产业绿色发展路径探索、在江津区开展富硒产业发展路径探索，形成职业教育服务乡村振兴的工作品牌。

《纺织行业"十四五"发展纲要》提出要"优化高等职业教育、中等职业教育、继续教育课程设置及实操训练，提升教育教学能力，强化复合型、创新型、实用型人才输出"，"继续发挥产业富民功能，助力乡村振兴，激活经济欠发达地区增长潜力"的目标任务。

中国电子劳动学会主办"产教融合、校企合作"教育改革发展论坛，会上深入交流"产教融合、校企合作"教育改革经验，指出要提升教育教学改革研究能力、教学成果总结凝练能力、教学成果奖申报水平和全面提高人才培养质量的方略，助力乡村振兴。

2022年《重庆市文化和旅游发展"十四五"规划（2021—2025年）》指出，"加快发展文化旅游高等教育和职业教育，支持和引导各大专院校、职业学校根据文化和旅游新产品新业态发展需求，进一步拓展专业设置领域，优化教学方案、课程设置和办学方式，将文化旅游培训纳入行政学院和劳动技能人才培训计划培育乡村公共文化空间"，推进"中国民间文化艺术之乡"建设，开展"艺术乡村"建设试点。实施"百乡千村"示范工程，以点带面推进乡村文化振兴；结合美丽乡村建设，开展民族民俗文化旅游示范区建设试点。

2021年，中国职业技术教育学会现代农业职业技术教育专业委员会，举办"赋能乡村振兴新发展 开启职教改革新征程"学术论坛。鲁昕会长做了题为《职教新版专业：瞄准农业科技进步和乡村振兴》的主旨报告，深入阐释了职业教育新版专业目录对我国职业教育改革创新发展，特别是农业科技进步和乡村振兴的重要意义和落地路径。该会54家会员单位入选2021年"全国百所乡村振兴人才培养优质校"。同年，中国职业技术教育学会乡村振兴与城市可持续发展工作委员会成立，通过了《乡村振兴与城市可持续发展工作委员会筹备工作报告》《乡村振兴与城市可持续发展工作委员会工作条例（审议稿）》等文件，对职业教育服务乡村振兴进行了系统规划。

同时，全国成立了多个职业教育服务乡村振兴的专门行业组织。2018年12月15日全国职业院校乡村振兴协作联盟在长沙成立。该联盟由湖南商务职业技术学院牵头发起，成员包括中国27个省（市、自治州）的62所职业院校（高职院校50所，中职院校12所）。2022年3月18日，全国乡村振兴产教融合联盟（乡村振兴职教集团）成立。

这些行业组织分别从各自的行业板块提出了职业教育服务乡村振兴的想法、做法、要求，开展了系列促进职业教育服务乡村振兴的活动。

二、服务乡村振兴是职业教育存在的功能性体现

职业教育具有职业性和教育性的双重特征，功能类别归属服务类，其服务主体主要是人与社会，为人提供学习服务，为社会提供综合服务。因此，职业教育具有育人功能和社会功能两种属性。根据《中等职业教育国家资助政策落实效果评估报告》，职业教育尤其是中职教育具有促进经济增长、促进就业、促进人力资本素质提升和促进城镇化的作用。相比普通教育，职业教育与区域社会经济、生产力的关系更为紧密，尤其在就业、城镇改造方面关系尤为密切。职业教育面向的群体是广大平民，尤其是社会低阶层群体，随着经济发展产业升级对人才资源的需求不断提升，职业教育肩负着培养新型

农民，助力乡村振兴、建设美丽乡村的重要责任，其民生功能尤为突出。[1]从职业教育育人、社会、民生的功能来看，职业教育服务区域经济、服务"三农"、服务乡村振兴有着深厚的教育理论基础和社会理论基础。

（一）民本主义教育观

我国民本主义由来已久，"民本"即"民为邦本，本固邦宁"（《尚书》）。孔子"爱人"教育，孟子"民为贵"，墨子重视劳动和科学技术教育，形成了中国教育思想"重民"的特色，对职业教育的发展具有借鉴意义。这体现了从古代开始，我国教育显现了"社会性""民生性"功能。

孙中山吸收发展新民本主义思想，指出"民生是社会一切活动的原动力"，民生的核心是人民的生存、发展问题。蔡元培提出"健全人格教育心理理论"，认为教育是"帮助人给他能发展自己的能力"，"于人类文化上尽一分子的责任"，在全国临时教育会议上通过的系列教育法令法规，明确规定了教育应以培养学生的应用技能为主要内容。民国时期湖南地方充分反映了教育服务区域社会经济的方针，学生在课堂上学习知识立即在工厂企业实习运用，提高操作技能的同时，加快实用技能人才的培养，这些实用型人才学成后到各事业单位工作任职，促进了湖南地区实业的振兴和经济的发展。在民国时期，教育"经世致用"、育人为国、学技为民的功能直接作用于实业经济。

（二）马克思关于人的全面发展理论

马克思充分肯定人的主观能动性，认为人是社会的产物，人与社会是一个整体。社会的生产方式与经济发展始终与人的活动相匹配；在实践活动中人不断改造和发展自己，产生新观念，能力不断提升。教育与生产劳动结合，不仅是增加社会生产的方法，并且也是培养全面发展的人的唯一方法。这一理论是制订社会主义新中国教育方针的重要依据，是教育服务社会、服务乡村的理论萌芽。

---

[1] 徐晔. 现代职业教育体系下中等职业教育功能定位研究[D]. 天津大学, 2019.DOI：10.27356/d.cnki.gtjdu.2019.000291.

（三）毛泽东为无产阶级服务的教育思想

毛泽东教育思想是马克思主义与中国教育具体实践相结合的产物，是对马克思教育学说的继承与发展，具有鲜明的职业教育基本特征。毛泽东强调，教育与经济的关系要求教育与生产力相结合。"实践出真知"，人的认识依赖于实践。教育与实践的结合，是认识发展的过程，是促进生产力发展的过程。因此，教育须与实践劳动结合。

毛泽东认识到在不同年代，教育都是为特定时期阶级的政治经济服务的，我国是社会主义国家，社会主义的主体是无产阶级，社会主义社会的根本任务是解放和发展生产力，我国教育的作用是为无产阶级服务，培养与经济发展适应的"劳动者"，最大限度地为劳动者和社会生活服务。同时他认为，人的全面发展需要脑力和体力相互协调和配合，与生产实践结合，有利于人身心与智力的全面发展。

（四）黄炎培实用主义及大职教教育思想

黄炎培看到了当时的教育"习理科略知植物科名矣，而庭除之草不辨其为何草也，家具之材不辨其为何木也"，学生毕业后"习农则畏勤动之多劳，习商则感起居之不适"，他断言"学""做""用"分离，将会"学校普而百业废，社会生计绝矣"，于是提出实用主义教育思想。"教育者，教之育之使备人生处世不可少之件而已。人不能舍此家庭绝此社会也，则亦教之育之，俾处家庭间、社会间，于己具有自立之能力，于人能为适宜之应付而已"，换言之，就是教育应加强与社会生活的联系，学校的各种教学都应以实用为目的，以现实生活所需为内容，教给学生社会生存之能力。他从教育的育人功能出发，强调了教育是为社会生存奠基。

黄炎培的职业教育思想由此教育思想而来，具有社会性、平民性和科学性三大特点。面对民族资本主义大力发展的用人矛盾，黄炎培认为职业教育的任务：一是授无业者以技术，从而谋工作立身；二是对有业者进行再教育，使其技术水平提升，从而促进社会发展。后来，他又提出"大职业教育思想"，"办职业学校的，须同时和一切教育界、职业界沟通和联络"，职业教育"须分一部分精神，参加全社会的运动"，其基本内涵就是职业教育要沟通职业，顾及劳动人民的需要，为社会发展服务。他完全肯定职业教育的社会功能，反映了职业教育的育人功能与社会功能是互相促进的关系。

（五）陶行知乡村教育思想

乡村教育思想的实践者——陶行知认为"生活即教育、社会即学校"。他看到中国的农村教育完全脱离了农民的需要，违背了农村教育的发展规律，他提出"乡村生活就是乡村教育"，乡村生活就是乡村教育的内容，要用与农村生产、生活相联系的内容来培养学生改造乡村的活的能力，乡村教育的目标就是培养学生"要有农夫的身手，科学的头脑，改造社会的精神"。这是陶行知乡村教育思想，实践证明这也是适合中国国情的乡村教育之路。

在他的晓庄学校，专门开设农事教学课程，培养学生农事技能，参加农业生产，进行科学种田，在把改造社会、改造乡村融入平时的教学中，让学生树立服务乡村的意识。陶行知要求学校、工场、社会打成一片，让教育走向生活，教学做合一，以乡村教师作为乡村教育的主体，主张学生走向乡村，走向社会，从花草树木、飞禽走兽、田地水塘中去读"活书"。

他身体力行地践行教育服务"三农"，明确指出教育必须与农业结合，"知识必须给予农民"，在晓庄学校成立了科学社，开展了大量科学教育试验，从而养成能够改造社会的学生，培养科学自立的农民，谋划乡村发展，农业进步。

（六）梁漱溟乡村教育思想

梁漱溟指出把人们培养成有能力、有本领的人才是教育的本身意义所在。他看到乡村建设的关键点在教育，"乡村建设也就是民众教育。民众教育不归到乡村建设就要落空；乡村建设不取道于民众教育将无法可办"。中国社会就是乡村社会，中国的出路在乡村建设，通过乡村教育的方法，由乡村建设引发社会工商业发展，实现经济改造和社会改造。

他的邹平试验区，男女老少一起接受教育，还专门针对农村18~40岁的成年农民开设了职业训练部，为他们传授农业技术、教授乡建理论，提升他们农业劳动技术。为他们推广优良农作物，使之成为有科学技艺的新农民，从而促兴农业，发展农村。他的乡村教育反映了教育的根本目的就是促兴经济，改造社会。

（七）习近平关于职业教育赋能乡村振兴的论述

习近平总书记对职业教育工作作出重要指示强调，在全面建设社会主义现代化国家新征程中，职业教育前途广阔、大有可为。我国社会的主要矛盾已经转化为人民日益增长的美好生活需要和不平衡不充分的发展之间的矛盾，而我国发展不平衡不充分问题在乡村最为突出。实施乡村振兴战略，是新时代做好"三农"工作的总抓手。

因此，在新时代背景下实施乡村振兴战略的一项重要举措，就是要大力发展教育特别是职业教育，"要注重学习科学技术，用知识托起乡村振兴"，以不同地区的实际需要，采取务实有效的举措，才能激发职业教育新活力，赋能乡村振兴。

三、服务乡村振兴是职业教育发展的适应性要求

职业教育具有教育性质与经济性质。不断适应产业发展，切实服务经济建设是职业教育发展最基本的要求。[1]适应性一直是国际社会职业教育政策中的关键词，[2]众多研究者也从多个维度对职业教育适应性进行了解构。

习近平总书记在教育文化卫生体育领域专家代表座谈会上指出："人力资源是构建新发展格局的重要依托。要优化同新发展格局相适应的教育结构、学科专业结构、人才培养结构。"职业教育适应性，归根结底要适应循环经济发展新格局的需要和人民群众对多样化、高质量教育的需要，以促进自身体制机制及制度格局更成型，专业结构更优化，产教融合协同创新贡献率更大。

（一）文件要求

《教育部 2022 年工作要点》提出，要统筹推进乡村教育振兴和教育振兴乡村工作，增强职业教育适应性是其中重要的工作任务。该要点提出了七个

---

1 潘海生，林晓雯. 新发展格局下职业教育的适应性发展[J]. 职业技术教育，2021，42（15）：15-20.
2 李玉静. 新发展格局下增强职业教育适应性：内涵与定位[J]. 职业技术教育，2021，42（13）：1.

方面要求，一是要研制教育系统乡村振兴指导性文件，贯穿打通县域基础教育、市域职业教育和省域高等教育，形成具有教育特色、发挥教育优势的乡村振兴工作法；二是要引导中职学校多样化发展，培育一批优质中职学校；三是要深化产教融合、校企合作，推动职业教育股份制、混合所有制办学，推动职业教育集团（联盟）实体化运作，支持校企共建"双师型"教师培养培训基地、企业实践基地；四是要印发新版专业简介和一批专业教学标准，加强实习管理；五是要发展中国特色学徒制，推进岗课赛证综合育人；六是要实施先进制造业现场工程师培养专项计划，加强家政、养老、托育等民生紧缺领域人才培养；七是要积极推动技能型社会建设，大力营造国家重视技能、社会崇尚技能、人人享有技能的社会环境。

教育部等九部门印发《职业教育提质培优行动计划（2020—2023年）》，从职业教育适应经济社会的角度出发，提出深化职业教育产教融合、校企合作的重点任务要求。一是建立产业人才数据平台，发布产业人才需求报告，促进职业教育和产业人才需求精准对接。研制职业教育产教对接谱系图，指导优化职业学校和专业布局，加大对农业农村等人才急需领域的职业教育供给，建设100所乡村振兴人才培养优质校。二是深化校企合作协同育人模式改革，支持职业学校根据自身特点和人才培养需要，主动与具备条件的企业在人才培养培训、技术创新、就业创业、社会服务、文化传承等方面开展合作。尤其提到了职业教育"服务民生需求、服务绿色发展"。从适应学生发展出发，提出实施职业教育治理能力提升行动任务：健全职业教育标准体系，加强职业教育教材建设，提升专业和课程教学质量。

中共中央办公厅、国务院办公厅发布的《关于推动现代职业教育高质量发展的意见》中明确了职业教育的责任是"培养多样化人才、传承技术技能、促进就业创业"。该意见要求：完善职业教育产教融合办学体制，优化供给结构；积极培育市场导向、供需匹配、服务精准、运作规范的产教融合服务组织；加快紧缺专业建设，撤并淘汰适应性不强的专业，"支持办好面向农村的职业教育，强化校地合作、育训结合，加快培养乡村振兴人才，鼓励更多农民、返乡农民工接受职业教育。支持行业企业开展技术技能人才培养培训，推行终身职业技能培训制度和在岗继续教育制度"。同时，深化教育教学改革，通过强化双师型教师队伍建设，创新教学模式与方法，改进教学内容与教材，完善质量保证体系，"让更多青年凭借一技之长实现人生价值"。

（二）文献梳理

（1）2004年，《国务院关于加快发展现代职业教育的决定》提出到2020年职业院校布局和专业设置更加适应经济社会需求的目标。

（2）2005年，国务院颁布《关于大力发展职业教育的决定》提出职业教育要"以服务社会主义现代化建设为宗旨"，促进职业教育与经济社会的发展从被动式适应关系向以社会发展需求为主的"需求"与"服务"的主动式适应关系转变。

（3）2013年，颁发《中共中央关于全面深化改革若干重大问题的决定》，明确提出"深化产教融合、校企合作"的要求。

（4）2014年，全国职业教育工作会议，明确了产教融合在职业教育中的主体地位。

（5）2017年，《国务院办公厅关于深化产教融合的若干意见》明确"深化产教融合，促进教育链、人才链与产业链、创新链有机衔接，是当前推进人力资源供给侧结构性改革的迫切要求"。

（6）2019年，《国务院办公厅关于印发职业技能提升行动方案（2019—2021年）》明确职业教育"增量供给"。

（7）2020年10月，中共中央、国务院印发《深化新时代教育评价改革总体方案》对职业教育评价模式进行改革，坚持科学有效，改进结果评价，强化过程评价，探索增值评价，健全综合评价，要求学生全面发展的评价办法更加多元，社会选人用人方式更加科学。

（8）2020年10月，《关于推动现代职业教育高质量发展的意见》强调切实增强职业教育适应性，加快构建现代职业教育体系，建设技能型社会，弘扬工匠精神，培养更多高素质技术技能人才、能工巧匠、大国工匠，为全面建设社会主义现代化国家提供有力人才和技能支撑。

（9）教育部等九部门印发《职业教育提质培优行动计划（2020—2023年）》，提出"职业教育与经济社会发展需求对接更加紧密、同人民群众期待更加契合、同我国综合国力和国际地位更加匹配，中国特色现代职业教育体系更加完备、制度更加健全、标准更加完善、条件更加充足、评价更加科学"的建设目标。

（10）2020年11月，党的十九届五中全会审议通过《中共中央关于制定国民经济和社会发展第十四个五年规划和二〇三五年远景目标的建议》：增强职业技术教育适应性，深化职普融通、产教融合、校企合作，探索中国特色学徒制，大力培养技术技能人才。推进职业教育和培训改革，发挥职业教育优势，面向退役军人、下岗失业人员、农民工、新型职业农民、社区群众等不同群体社会人员，开发职业培训、继续教育等项目，满足社会多元、个性、弹性的终身学习需求，有效促进充分就业。

（11）2022年9月，教育部发布新版《职业教育专业简介》，要求"深度匹配新技术和产业变革需要"，突出职业岗位能力培养，更新课程体系，升级专业内涵，强调"科学精神、工程思维"等的培养，强调全面贯彻质量、安全、绿色等现代产业理念要求，强化实习实训等实践性教学环节，推动技术技能人才供给侧改革。

第三节　学校发展意义

一、服务乡村振兴是县级职教中心的本能体现

（一）县级职教中心产生的背景、历史及过程

县级职教中心是农村教育与农村经济社会发展结合的产物。县级职教中心的最初产生，不是国家要求，没有明确的时间、文件支撑，可以说，县级职教中心是政府和教育人实践探索的产物。现有文献表明，县级职教中心最初产生于河北省。[1]20世纪80年代末，河北省为建立农村教育综合改革实验

---

[1] 葛玉刚. 县级职教中心建设的河北模式[J]. 职业技术教育，1994（8）：1.

区，大力发展农村职业教育事业和提高农村职业教育整体效益，提出了集中县域职业学校资源建立县级职教中心的设想。河北省获鹿县（现石家庄市鹿泉区）率先创办了第一所职教中心，改变了农村职业学校办学规模小、条件差以及专业重复设置等问题，有效承担了技能人才培养、生产示范、技术推广和社会服务等多种功能，提高了农村职教为县域经济建设服务的能力和水平。此后，这种模式逐步在河北全省及全国推广，目前全国有1 900多所。

2002年8月，国务院明确提出"县级以上地方各级人民政府要在发展职业教育中发挥主导作用，重点办好起骨干和示范作用的职业学校和职业培训机构"。2004年6月，教育部等七部委《关于进一步加强职业教育工作的若干意见》强调，"要发挥县级中等职业技术学校或职业教育中心的龙头作用"。2005年6月，教育部、国家发改委在陕西省宝鸡市召开全国县级职教中心改革与发展座谈会，同年10月国务院印发《国务院关于大力发展职业教育的决定》（国发〔2005〕35号），正式明确提出"每个县（市、区）都要重点办好一所起骨干示范作用的职教中心（中等职业学校）"，并强调"继续实施县级职教中心专项建设计划，国家重点扶持建设1 000个县级职教中心，使其成为人力资源开发、农村劳动力转移培训、技术培训与推广、扶贫开发和普及高中阶段教育的重要基地"。

可见，县级职教中心是我国创造的一种新型的农村职业教育办学模式，承载着为县域经济社会发展培养实用人才和提供综合服务等多种功能。

（二）国家对县级职教中心的基本要求

2002年8月，《国务院关于大力推进职业教育改革与发展的决定》（国发〔2001〕16号）明确提出"县级以上地方各级人民政府要在发展职业教育中发挥主导作用"，"要加强对本行政区域内职业教育工作的领导和统筹协调，结合当地经济建设和社会发展实际，制定促进职业教育发展的政策和措施，研究解决工作中的实际问题"；要"重点办好起骨干和示范作用的职业学校和职业培训机构"。

2004年6月，教育部等七部委发布《关于进一步加强职业教育工作的若干意见》,指出"要发挥县级中等职业技术学校或职业教育中心的龙头作用"。

2005年10月,《国务院关于大力发展职业教育的决定》(国发〔2005〕35号)中明确提出:"每个县(市、区)都要重点办好一所起骨干示范作用的职教中心(中等职业学校)",要求"继续实施县级职教中心专项建设计划",重点扶持建设1000个县级职教中心,使其成为人力资源开发、农村劳动力转移培训、技术培训与推广、扶贫开发和普及高中阶段教育的重要基地",同时县级职教中心的办学条件要改善。

2010年7月,《国家中长期教育改革和发展规划纲要(2010—2020年)》要求"根据需要办好县级职教中心"。

2013年,《教育部职业教育与成人教育司2013年工作要点》要求,"推动县级职教中心转型发展,发挥职业教育、社区教育、继续教育、技能培训等功能,遴选一批试点院校,探索建立高职院校与县级职教中心对口合作机制"。

2019年1月,国务院发布的《国家职业教育改革实施方案》明确提出"建好办好一批县域职教中心"。

从文件要求来看,国家对县级职教中心服务区域、振兴经济的作用日益重视,强调县级职教中心的建设和发展要因地制宜,增强适应性。在县域深化产教融合,深化课程改革,力在打造一批服务乡村振兴的县级职教精品。

(三)县级职教中心的"乡村"事实

县级职教中心"因农而生""为农而存",是我国职业教育服务乡村发展的创新性举措。"农"是县级职教中心的典型特征和基本属性,"农"归属乡村,扎根乡村、服务乡村是县级职教中心的"初心与使命"。

县级职教中心从地理和行政上均归属县域,是统筹县域职业教育资源,服务县域农业、农村和农民的重要载体。"县"在我国行政架构(中央、省市、地、县、乡)中处于第四级,是乡村的直接对接者和管理者,地域决定了作为基层教育组织的县级职教中心与乡村有着天然的密切联系。

从县级职教中心的形成发展轨迹来看,它是探索农村教育与农村经济社会发展紧密结合路径的产物。许多县域地区是把地方区域内的所有职业学校及一些农村中学并入,形成专业综合的职业教育中心。[1]县级职教中心是新农村建设中人力资源开发、农村劳动力转移培训、技术推广培训、劳动力转移培训的重要基地,它为促进农村劳动力转移,帮助农民就业创业,增加农民收入,提高农业生产力发挥了不可替代的作用。

县级职教中心的教育对象大体可分为两类:一是本县域为主的初中毕业生。据教育部职业教育与成人教育司司长陈子季介绍职业院校 70%以上的学生来自农村。多年来,我国县级职教中心来自农村的学生比例超过 90%,招收本县(市)初中毕业生为 30%~60%,有的还招收了外县(市)一些农村初中毕业生,县级职教中心作为连接城乡的"中间人",承担着本县绝大多数农村未成年人的教育工作。二是本县有就业培训需求的农民。随着城乡人口流动性增强,一些县级职教中心除了办好学历性中等职业教育,还承担着非学历职业教育,对县域内的进城农民工和农民进行岗位培训、农民技能培训。一些县级职教中心面向回乡退伍军人和返乡农民工大力开展创业教育和培训,有的还和高等职业教育合作,成为高等职业院校的函授点。从县级职教中心的教育对象来看,县级职教中心是乡村教育的主力军,是提升农民技术素质、促进本区域农村人力资源升级的主阵地。

县级职教中心的教师来源复杂多样:有合并前原职业技术学校的教师;有从高校毕业参加考试录用的专业课教师或师范院校毕业的文化课教师;有从各乡镇抽调来的文化课教师;有来自企业的实习指导教师;也有来自各行各业的岗位能手的兼职教师。从教师的户籍来看,县级职教中心的教师大多来自本县域或周边地区,有部分教师本身来自农村,他们对本地的情况相对熟悉。在日常的教学工作中,他们不仅培养本地技能人才,还参与技能培训、科研课题研究、编写校本教材或乡土教材、提供本地在职培训等,为县域农业发展做了很多工作。可以说,县级职教中心的教师直接面向农村学生、农村农业,和"三农"有着直接联系。是农村教育进步、农业技术革新、农村发展的直接推动者。

县级职教中心的教学场所除本校教室、实训室外,还有校外的实训基地。

---

[1] 袁顶国,代丽玲. 论区县级职业教育中心的功能定位与结构转换[J]. 职教论坛,2012(9):33-36.

校外实训基地的建设主要是通过和当地政府、企业及社会结合,实现既满足学生实践教学又能实现经济效益的目的。这些校外实训基地大多设在当地工厂、产业园或乡村,学生在企业或行业师傅的带领下在此进行岗位实习、技能训练,成为企业人才或乡村人才的"后备军",扎根县域,充实"两懂一爱"的"三农"人才队伍。一些校外实训基地不断升级改造,引进先进的科学技术和设备,特别是在乡村振兴战略大背景下,一些校外实训基地成为当地"旅游+生产+研学"的示范阵地,有力地服务于乡村教育,服务于乡村经济,加快了乡村建设现代化的步伐,实现产教融合、产学研合一的效益成果化。

总之,县级职教中心的教学主体、对象、场所都与乡村密不可分,在乡村振兴,助力"三农"上有着天然优势。

二、服务乡村振兴是县级职教中心的生存之道

(一)县级职教中心的生存基础

县级职教中心"因农而生""为农而存"。县域以乡村为主的经济社会是县级职教中心赖以生存的土壤,县级职教中心的学生来自乡村,县级职教中心的主要经济物质基础来自县级财政,县级职教中心的校园在乡村,县级职教中心被县域乡村的环境、文化、人群所包围,乡村是县级职教中心的根脉。如果脱离乡村,县级职教中心就失去了"自我",没有存在的价值,与一般职业学校无异。事实正是如此,我们大量的县级职教中心多年"离农",没有了涉农专业、涉农课程、涉农教师,面向工业企业、城市、商圈、工业园培养人才成为县级职教中心追求的目标和事实上的行为,如办学模式、人才培养模式、专业、课程等,都模仿城市职业学校。结果是大量县级职教中心发展滞后,陷入了追随城市职业学校却永远追赶不上的境地,画虎不成反类犬,有的甚至逐步走向了"升学模式",成了普教的翻版。一是 2021 年重庆市中职"双优"建设立项名单中,A 类 10 所学校,B 类前 10 所学校,没有一所县级职教中心;20 所排名最后的 C 类学校中县级职教中心占了 9 所,接近 50%。二是 2021 年重庆市职业院校技能大赛教学能力比赛,中职学校一等奖 27 个,这说明县级职教中心只有 1 个,占比 3.7%,中心城区学校 14 个,占比 51.9%。

这说明县级职教中心与中心城区学校的差距进一步拉大。

县级职教中心因"三农"而生,因乡村而存续,也应该因"三农"、乡村而发展。立足县域经济社会以乡村为主的现实,在服务乡村振兴中实现自我生存发展,这才是县级职教中心的生存之道。

(二) 县级职教中心的功能定位

县级职教中心从产生开始就具有了多重定位,但服务"三农"和现在的服务乡村振兴是其主要功能。

当年河北省委省政府提倡举办县级职教中心的时候,就明确提出不按传统习惯叫职业技术学校,而叫职教中心,就是要办成经济的中心、人才的中心、文化的中心、科学实验和科技推广的中心,具有多种功能,既进行职业技术培训,又进行成人教育和农业技术推广、优秀传统文化传播等,使职前职后教育有机结合,发挥综合性多功能作用。

《教育部等七部门关于进一步加强职业教育工作的若干意见》(教职成〔2004〕12号)提出:要统筹农村基础教育、职业教育和成人教育的发展,发挥县级中等职业技术学校或职业教育中心的龙头作用,有效整合并充分利用农村中小学、乡镇成人文化技术学校、农业广播电视学校和农业推广、培训机构资源,大力开展农民实用技术培训。继续组织实施"绿色证书培训工程"和"青年农民科技培训工程",造就适应农业结构调整和农业产业化经营需要的新型农民和技术骨干,加快农业科技的进村入户。

《国务院关于大力发展职业教育的决定》(国发〔2005〕35号)提出:加强县级职教中心建设。继续实施县级职教中心专项建设计划,国家重点扶持建设1000个县级职教中心,使其成为人力资源开发、农村劳动力转移培训、技术培训与推广、扶贫开发和普及高中阶段教育的重要基地。各地区要安排资金改善县级职教中心办学条件。

可见,面向县域的人才培养、社会培训、人力资源开发、技术推广、就业创业服务、文化传播等都是县级职教中心的应有功能,而不单是技术技能人才的学历教育、社会培训。下面以几个县级职教中心的功能具体发挥说明县级职教中心应用的功能定位。

（1）秀山职教中心。

秀山职教中心在推进服务乡村振兴工作中，将专业育人和非遗文化相结合，将"龙凤花烛""秀山花灯"等非遗技艺带入课堂，推进非遗文化的商业化发展。在秀山电商孵化园建立的电商平台，形成以"龙凤花烛""秀山花灯"为核心元素的文旅产品"学—研—产—销"一体化的链条。在民俗旅游景区进行"线下"产品售卖，不仅传承了非遗文化还带动了创业增收。学校联合企业建立生产车间。在校内开发和加工民族服饰，充分利用"线上+线下"营销模式和"学—研—产—销"的一体化链条共同为职业教育的发展服务。秀山职教中心立足本地文化特色，充分开发其育人功能、服务功能、文化功能等多种综合性功能，不仅培养了大批工匠，促进了非遗文化的传承，还带动了创业就业，增强社会服务能力，为乡村振兴增值赋能。

（2）彭水职教中心。

彭水职教中心"政产学研用"，为当地农村建设红色文化长廊、共建党建基地，共同打造"兴隆苗寨"，与九黎城、工业园区、庙池农庄等乡村文旅企业共建学生校外实习基地和教师企业实践基地，派遣教师深入企业提供民族技艺指导，共同开发文创产品，共获得专利9项，知识产权保护21项。2020年创新创业实现产值50余万元，创新创业就业200余人，为企业提供人才保障。彭水职教组建民族文化专业群，利用人才和专业资源优势，依托特色乡镇传统文化，打造乡村文旅样板，助力乡村文化振兴，每年开展全域旅游、电子商务、物流配送等培训20 000余人次。彭水职教的办学成功在于将学校的育人功能和社会服务相结合，实现自身、企业、乡村、县域的共发展、齐并进。

（3）云阳职教中心。

云阳职教中心在青龙街道白云社区、盘龙街道活龙社区、江口镇马乐村和双义村建立党建共驻共建点，设立电子商务服务站，开展了送技术技能下乡、送便民服务下乡、送乡风文明下乡、送产业发展下乡"四送"活动。发挥其社会服务功能，组织电子专业骨干师生免费为村民维修家电200余件。发挥技术推广功能，学校聘请专家指导猕猴桃、红心柚、柑橘种植和管护技术。在推动乡村文化建设方面，学校编写《"美丽乡村，幸福农民"乡村振兴读本》，制定乡风文明公约，开展文明宣传培训。

（三）县级职教中心的迷失之路

县级职教中心作为"乡村"的直接对接者，在革新技术、职业培训、促进劳动力转移、培养新型农民方面有着天然的优势和不可推卸的责任。然而，随着城市化的推进，面对大城市职教中心的招生冲击，导致一些县级职教中心盲目攀比、定位不清，使得县级职教既追赶不上大城市职教的发展水平，又逐步脱离"乡土"，失去自身办学特色，陷入发展危机。

贵州是有名的农业大省，但近十年时间里，涉及农业教育的职校从13所减少到4所，涉农专业严重萎缩，种植业专业严重缺乏，涉农专业的招生人数仅占全省招生总数的3%左右。

贵州某县一职教中心开设了电子、计算机、机械等专业课程，"与时俱进"地"跟风"其他城市的职教学校，加紧申报了"智能机器人"等新兴热门专业，唯独没有与所在县乡特色农业相关的课程。但由于受本地条件的制约，该校面临专业教师人才引进困难的问题，一些新兴专业无师资教学，于是该校组织本校与之相关专业的教师通过到企业集中培训、自学等方式短暂培训后临时组建师资队伍上岗教学，其教学效果可想而知。由于本地无此类型的公司、行业，毕业的学生服务当地农业发展的能力并不高，最后只得背离家乡，奔赴远方。本该服务本县域的学生，却被推着"赶"往城市。

像这种没有立足本地所需的县级职教中心不是个例。

在贵州另一个蓝莓大县，据分管农业的副县长介绍，他所在的县因有利的气候水土条件，蓝莓种植形成了一定规模。他和村民最希望做的一件事，就是能把蓝莓种植的规模继续扩大，同时发展蓝莓深加工产业。但很快，他就发现这是一个难以完成的心愿。原来蓝莓的种植需要科学技术，稍微不注意，蓝莓的产量就上不去，县里别说蓝莓种植，就是果树种植的人才都极度匮乏，县里的职校没有开设蓝莓种植专业，农业企业和农户都用不上职校出来的学生。这位副县长说，如果当地职校能保留涉农专业，甚至结合本地的蓝莓种植能开设相关课程，请县里几个种得好的技术能手做老师，学生们毕业后一定不愁赚不到钱。这是县级职业教育和当地农业产业发展不匹配的典型例子。

县级职教中心的教育和大城市职教中心的教育定位应有所不同，如何不迷失茫然于城市化进程，扎根"乡村"，守住"初心"，联系实际，发展特色，是县级职教中心谋求生存和发展的永久课题。

三、服务乡村振兴是县级职教中心的发展要求

（一）县级职教中心的价值追求

一般中职学校的追求成为县级职教中心的当然追求。县级职教中心因"三农"而产生，服务乡村、服务"三农"是必然之举。但在 2000 年左右，我国正处于大规模工业化、城镇化时期，也是我国中等职业教育崛起的"第二个春天"，在这个时候发展壮大起来的县级职教中心同城市职业学校一样，将人才培养的方向对准了城市、工厂，将校企合作、面向第二、三产业的专业建设作为了重点，将服务工业企业、服务城市化建设作为了追求。有一段时期，县级职教中心大量的学生输送到长三角、珠三角、北上广，为我国工业化进程作出了积极贡献。与城市职业学校同向、同质发展的趋势一直延续至今。

以 2020 年重庆市县级职教中心为例，详见表 1-1。12 所县级职教中心（区级职教中心除外）只有 3 个学校开办了涉农专业，占比 25%；12 所学校共开办专业 142 个，其中服务的第一产业的（涉农专业）5 个，占比 3.5%；服务第二产业的 59 个，占比 41.5%；服务第三产业的 78 个，占比 55%。从专业开办情况可以明显发现，县级职教中心的人才培养方向主要面向第二、三产业，面向第一产业的很少。如果再仔细对比县级职教中心与城市职业学校的人才培养方案、课程体系，就会发现，其人才培养目标、规格，开设的课程都基本相同。事实上，近二十年来县级职教中心基本是跟随城市职业学校的发展步伐前行，按照国家统一的《专业教学标准》开设课程、开展人才培养，很难从专业、课程、培养模式、文化建设等方面区分出县级职教中心与城市职业学校的差别。

表 1-1 重庆市 12 个县级职教中心专业设置情况

序号	学校	专业大类（个数）	专业个数（个数）	第一产业专业（个数）	第二产业专业（个数）	第三产业专业（个数）
1	巫山县职业教育中心	7	10	0	4	6
2	云阳县职业教育中心	8	18	0	10	8
3	垫江县职业教育中心	6	15	0	6	9
4	秀山土家族苗族自治县职业教育中心	7	11	2（现代农艺技术、农村环境监测）	3	6
5	奉节县职业教育中心	9	17	0	7	10
6	彭水苗族土家族自治县职教中心	8	11	0	5	6
7	酉阳县职业教育中心	8	16	2（园林技术、畜牧兽医）	5	9
8	忠县职业教育中心	7	9	0	3	6
9	巫溪县职业教育中心	5	8	1（现代农艺技术）	4	3
10	石柱县职业教育中心	9	18	0	8	10
11	丰都县职业教育中心	4	5	0	3	2
12	城口县职业教育中心	3	4	0	1	3
	合计	81	142	5	59	78

县级职教中心毕竟姓"农"，其初心是"为农"，其使命是"促农"，因此，除一般职业学校的价值追求外，服务县域经济社会发展是县级职教中心的必然追求。

国务院《国家职业教育改革实施方案》（国发〔2019〕4号）提出：加强

省级统筹，建好办好一批县域职教中心，重点支持集中连片特困地区每个地（市、州、盟）原则上至少建设一所符合当地经济社会发展和技术技能人才培养需要的中等职业学校。

新修订的《中华人民共和国职业教育法》第二十二条规定：县级人民政府可以根据县域经济社会发展的需要，设立职业教育中心学校，开展多种形式的职业教育，实施实用技术培训。教育行政部门可以委托职业教育中心学校承担教育教学指导、教育质量评价、教师培训等职业教育公共管理和服务工作。

可见，服务县域经济社会发展是国家对县级职教中心的基本要求。而相当长一段时期，乡村振兴将是县域经济社会发展的主要任务，因此服务"三农"、服务乡村是县级职教中心的重要责任，也是必然追求。从 2013 年 11 月习近平在湖南湘西考察首次提出"精准扶贫"以来，特别是 2017 年 10 月 18 日，习近平同志在十九大报告中指出"要坚持精准脱贫""实施乡村振兴战略"后，县级职教中心把服务"精准扶贫"、乡村振兴作为自己的重要工作。而这一工作主要体现在社会培训和社会服务两个方面。

还是以重庆市 12 所县级职教中心为例（详见表 1-2），从 2020 年质量年度报告数据可以看出：在社会培训方面，12 所县级职教中心共培训 36 550 人次，其中直接涉农培训 12 936 人次，占比 35.4%；12 所县级职教中心共开设培训项目 100 个，其中直接涉农培训 48 个，占比 48%。这 12 所学校中酉阳职教中心是一个特殊情况，从年度质量报告看，直接涉农培训为零，这在县级职教中心中是非常少见的。如果排除酉阳职教中心这一特殊情况，其他 11 所县级职教中心社会培训中涉农培养占比为 52.7%，其中云阳职教中心占比 92.5%、丰都职教中心占比 89.3%、巫山职教中心占比 69.3%，分列第一、二、三位。在实际培训中，其他没有直接涉农的培训，其中农村学员占比都在 70% 以上。由此可以估算出，县级职教中心的社会培训 80% 以上的学员来自农村，以社会培训服务"三农"、服务乡村振兴是县级职教中心的基本形式。

表 1-2 重庆市 12 所县级职教中心社会培训情况

序号	学校名称	社会培训（人次）	其中直接涉农培训（人次）	占比（%）	社会培训项目	其中直接涉农培训项目（个数）	占比（%）
1	巫山县职业教育中心	3 039	2 106	69.3	9	8	88.9
2	云阳县职业教育中心	2 513	2 325	92.5	6	4	66.7
3	垫江县职业教育中心	4 054	2 094	51.7	6	2	33.4
4	秀山土家族苗族自治县职业教育中心	312	200	64.1	2	1	50
5	奉节县职业教育中心	2 550	1 329	52.1	6	2	33.3
6	彭水苗族土家族自治县职教中心	2 722	317	11.6	18	3	16.7
7	酉阳县职业教育中心	12 000	0	0	3	0	0
8	忠县职业教育中心	2 989	622	20.8	19	11	
9	巫溪县职业教育中心	2 815	1 575	55.9	11	4	57.9
10	石柱县职业教育中心	350	100	28.6	2	1	36.4
11	丰都县职业教育中心	932	832	89.3	7	6	50
12	城口县职业教育中心	2 274	1 436	63.1	11	6	85.7
	合计	36 550	12 936	35.4	100	48	48

再看重庆市 12 所县级职教中心 2020 年质量年度报告中社会服务的基本

情况（详见表1-3），在对口支援中，12所学校都将精准扶贫放在了首位，且都有具体的做法、数据及事实支撑。在典型案例中，共有5所学校将服务"三农"、乡村振兴的典型做法作为典型案例，共有6个，占全部24个的25%。可见，重庆市12所县级职教中心在2020年社会服务的主要工作就是"精准扶贫"，有5所学校当年最典型的做法就是服务"三农"、乡村振兴。

表1-3 重庆市12所县级职教中心2020年年度质量报告中典型案例撰写情况

序号	学校名称	涉农典型案例名称	涉农典型案例个数	对口支援
1	巫山县职业教育中心	1."校校、校企合作"劳务输出助力脱贫致富 2. 职教助力 扶贫帮扶路上一个都不能少	2	精准扶贫
2	云阳县职业教育中心		0	精准扶贫
3	垫江县职业教育中心		0	精准扶贫
4	秀山土家族苗族自治县职业教育中心		0	精准扶贫
5	奉节县职业教育中心	助力教育扶贫，家访情暖人心	1	精准扶贫
6	彭水苗族土家族自治县职教中心		0	精准扶贫
7	酉阳县职业教育中心	建共享基地 助乡村振兴	1	精准扶贫
8	忠县职业教育中心		0	精准扶贫
9	巫溪县职业教育中心	职业教育服务乡村振兴的探索实践	1	精准扶贫
10	石柱县职业教育中心		0	精准扶贫
11	丰都县职业教育中心		0	精准扶贫
12	城口县职业教育中心	城口县职业教育中心社会培训助力精准脱贫	1	精准扶贫
	合计		6	

（二）县级职教中心适应性提升的必然要求

《中共中央关于制定国民经济和社会发展第十四个五年规划和二〇三五年远景目标的建议》明确指出，要"增强职业技术教育适应性"。职业教育适应性是对职业教育与社会关系的一种更高要求，要职业教育必须与社会经济互相支持、互相促进。其内在要求是职业教育通过体制建设、专业体系构建、人才培养模式、文化思政等内在因素的改革，积极主动应对产业升级、人口转移、职业换代、经济转型等外在因素的变化。

《国家职业教育改革实施方案》规定职业学校每五年修订一次职业院校专业目录；每年调整一次专业；每三年修订一次教材，其目的就是要求职教中心不断增强其适应性，这是新时代背景下职业教育改革的必然要求。

职业教育是普惠性、基础性、兜底性的民生建设，县级职教中心是面向县域经济、县域人员的教育，对于促进教育资源与产业资源、人才资源与创新资源的有效链接有着推动作用。县级职教中心通过校企合作等方式深化产教融合，做到专业设置与产业需求对接、教学内容与岗位标准对接、教学过程与生产过程对接，及时将新技术、新工艺、新规范，纳入专业教学，使学生达到岗位技能标准，成功就业，从而不断扩大招生影响力。这是县级职教中心生存的必要因素。因此，增强适应性是县级职教中心立身发展之本。

政府、企业、学生、家长、社会等县域主体的共同要求，倒"逼"县级职教中心优化定位，推进办学模式、管理体制、保障机制、合作机制等方面改革，增强适应性是县级职教中心教育提质培优的关键。

而今，不仅是在县域，在全国都存在着招工难、就业难的矛盾。一方面毕业生找不到合适的工作，另一方面是用人单位找不到合适的人才，这样的矛盾说明当前职业教育与社会经济存在着需求误差，职业教育与行业职业不匹配，这也成为职业教育社会认可度不高、招生困难的重要原因。在县域内同样如此，县域企业、乡村振兴需要大量技能人才，但社会上难招，学校供给严重不足。职教中心作为企业、社会人员的中间教育机构，是解决企业与人才需求矛盾的平台。县级职教中心以服务县域经济为导向，县域企业、乡村产业为县域经济的主体，需要县级职教中心培养与岗位高度适配的人才，而学生也需要学校培养增强自身的适应性实现就业、创业。因此，县级职教中心增强适应性是解决社会矛盾，促进县域企业立业、乡村产业发展，学生就业创业的有力抓手。

例如，重庆彭水职教中心增强民族地区职业教育的适应性。学校聚焦服务重庆"一区两群"协同发展，积极开展特色社会服务。联系本地少数民族文化及"非遗"文化，开设民族文化旅游专业和民族工艺品紧缺骨干专业。通过深化校企合作，加大民族文化专业技术技能人才供给，与旅游景区合作开发具有民族地区特征的文创产品，获得实用专利 9 项、知识产权保护 21 项，年产值近 1 000 万元。彭水职教正是通过增强适应性实现自身教育的成果化，助推当地旅游经济，实现教育成果的商业化。

（三）县级职教中心高质量发展的必然要求

质量是职业教育长久发展的根基，在新时代背景下，国家制定了一系列法律政策以推动职业教育的高质量发展。县级职教中心高质量发展的要求有据可依，有理可循。

《国家职业教育改革实施方案》（"职教 20 条"）提出职业教育须"服务建设现代化经济体系和实现更高质量更充分就业需要"，"以促进就业和适应产业发展需求为导向"，"提高中等职业教育发展水平"。文件还专门强调了中等职业教育高水发展的做法，要求"建好办好一批县域职教中心"，提出高质量发展的目标："精准服务区域发展需求""服务乡村振兴"。

中共中央办公厅、国务院办公厅印发的《关于推动现代职业教育高质量发展的意见》要求"增强职业教育适应性，加快构建现代职业教育体系"，"推动形成产教良性互动"，"推动学校布局、专业设置、人才培养与市场需求相对接"，提出"到 2035 年，职业教育整体水平进入世界前列""职业教育供给与经济社会发展需求高度匹配"的总目标。职业教育高质量发展的要求是基于我国当前形势和未来的发展目标提出的，高质量发展理念融入职业教育体制、机制及教育教学改革过程，从而满足经济社会发展的需要。这也是实施现代化教育的重要内容。

《中国教育现代化 2035》重点部署了面向教育现代化的战略任务，提出"推进中等职业教育和普通高中教育协调发展","健全职业教育人才培养质量标准",发展"中国特色世界先进水平的优质教育"。文件以新发展理念为引领,推进职业教育的质量改革。

新修订的《职业教育法》为职业教育高质量发展提供了法律支撑。秉持"大职教观",从管理机制、办学格局、人才培养等方面,阐释职业教育高质量发展的基本内涵及做法。

教育部等九部门联合发布的《职业教育提质培优行动计划（2021—2023年）》中更是直接明确要"强化中职教育的基础性作用",提出中职教育的任务是"控辍保学""继续教育""提高效益",要求职业教育深化供给侧结构性改革,深化校企合作协同育人模式改革,完善校企合作激励约束机制,提出职业教育重点服务"现代制造业、现代服务业和现代农业"。一系列的改革都指向一个目标：职业教育须提质培优,高质量发展。

县级职教中心作为我国职业教育体系中的最基层组织,作为面向我国社会发展最底层的教育组织,作为服务我国最大区域、最贫困区域的学校类型,在新时代背景下承担着新的重要使命。县级职教中心服务乡村振兴,实现自身高质量发展既是深化改革,服务发展的要求,也是永葆自己的"初心",实现自己的"使命",促进中国式现代化建设的重要举措。

Chapter 2
第 二 章
县级职教中心服务乡村振兴的现状

第一节 县级职教中心服务乡村振兴的历程

一、县级职教中心服务"三农"的历程

(一)中华人民共和国成立前职业教育服务乡村发展的情况

这里首先对我国现代职业教育发展历史做一个简单的回顾。

中国的现代职业教育可以说始于清朝末期。当时,鸦片战争打开了国门,西方文化、技术大量涌入,"新学"开始兴起。这时,以洋务运动兴办的江南制造局附设机械学校、天津电报学堂、天津北洋水师学堂、福州船政学堂为代表的一批"职业学校"出现,拉开了中国现代职业教育的序幕。

光绪二十八年(1902),清政府第一次确立了职业教育的体制,并在《钦定学堂章程》中做了具体规定。《钦定学堂章程》称职业教育的学堂为实业学堂,同时构建了职业教育三级体系:简易实业学堂、中等实业学堂和高等实业学堂,分别修业三年、四年、四年。

光绪二十九年(1903)清政府又颁布了《奏定实业学堂章程》《奏定实业学堂通则》《奏定艺徒学堂章程》《奏定实业补习普通学堂章程》等系列规章制度,对实业学堂(职业学校)的办学宗旨、学制、课程、入学资格和学校管理等都做出了明确的规定。当时,"职业学校"的地位很高,凡是通过考试进入这类学堂学习的青年,学成后一般都由相关衙门安排工作,成为国家各

领域的骨干人物。

以安徽为例。光绪二十九年，安徽省大学堂内附设有农、工、商实业学堂，开安徽职业教育先河。光绪三十一年，阜阳县知县刘昌彝在阜阳城南办起一所中等蚕桑学堂，这是安徽历史上的第一所独立设置的职业学校。光绪三十四年，安徽提学使沈曾植创办了省立中等工业实业学堂，设染织科。次年改为安徽省中等实业学堂，增设农、商两科。从光绪三十一年（1905）到宣统三年（1911），安徽先后办起实业学堂14所，其中初等实业学堂11所，中等实业学堂1所，高等实业学堂2所。

中华民国建立后，由于"实业救国""教育救国"等思潮的影响和推动，以实业学校为代表的职业学校在全国各地陆续兴办。当时，政府颁布了"壬子、癸丑学制"，改实业学堂为实业学校。实业学校以教授农工商业必需之知识技能为目的，均为三年毕业。其中，有省立、县立、公立、私立等各种实业学校。民国时期，在一大批有识之士的倡导和实业界人士的支持下，全国各地陆续创办起了众多实业学校。

为促进职业教育的发展，民国二十年（1931）八月当时的教育部发出"通令"："自二十年度起，各省应酌量情形，添办高初级农工科职业学校"，"各县立中学应逐渐改组为职业学校，或乡村师范学校。其办法即自二十年度起，停招普通中学学生，改招职业或乡师学生"，同时规定，"各县市及私人呈请设立普通中学者，应分别督促或劝令改办农工科职业学校"。民国二十一年（1932），教育部分别颁布《职业学校法》《职业学校规程》《职业补习学校规程》等法规，规定职业学校独立设校，分为初级职业学校和高级职业学校两级，初高两级合设的则称职业学校。随后颁布的《职业学校法》对职业学校的教育教学进行了规定："初级职业学校授予青年较简易之生产知识与技能，以养成其从事职业之能力"，"高级职业学校授予青年较高深之生产知识与技能，以养成其实际生产及管理能力，并培养其向上研究之基础"。关于入学资格，是这样规定的：初级职业学校必须是小学毕业或具有相当文化程度，年龄在12岁到18岁之间者方可入学；高级职业学校入学资格为两种：如果是初中毕业或具有相当文化程度，年龄在15岁到22岁者可以入学；如果是小学毕业，或具有相当小学的文化程度，年龄在12岁到20岁者可以入学。另外,这些法规还对职业学校的设置、管理、经费、设备、编制、专业设置、课程设置、实习等做了明确的规定。

民国时期对职业教育还是比较重视的。民国二十一年（1932）底，教育部通令全国各省市，要求逐年增加职业学校在中等学校中的经费比重，以民国二十六年（1937）为限，职业学校经费在中等教育中的比重不得低于 35%（师范 25%，普通中学不高于 40%）。当时规定：一是从民国二十三年起，新增加经费首先满足职业教育之需；二是逐年缩减普通中学的经费，扩充职业学校经费。民国二十九年（1938）以后，鉴于职业教育在抗战时期的重要作用，国民政府要求各地积极恢复和发展职业教育。规定到民国三十一年（1942），普通高中、师范、高职三类学校班级总数的比例应达到 2∶1∶1；初级中学、简师、初职三类学校班级总数的比例应达到 6∶3∶2，职教经费的比重在中等教育经费中应占 35%。

由上可见，从清末我国职业教育兴起，到民国时期职业学校的遍地开花，职业教育对国家、社会的作用和贡献是巨大的。而且，其中重点以农业方面的职业学校为主，其次是师范学校，然后才是工业、商业学校。从史料看，当时最有名的是"蚕桑学校""商科学校"和"师范学校"，这三类学校几乎遍布全国。我国近代著名的教育家陶行知、梁漱溟、黄炎培、晏阳初、傅葆琛、黄质夫等都是身体力行投入我国乡村教育、乡村建设的先行者。

职业教育是在欧洲工业革命的背景下产生的，也是在历经第一次工业革命、第二次工业革命的影响与推动下逐渐发展成熟并得以广泛推广的。当工业革命席卷欧洲的时候，欧洲经济得到快速发展，拥有更多的技术、更熟练的技术成为推动工业革命和经济快速发展的重要力量，因此对人进行规模化、规范化的技术技能培养培训就非常必要。这时正规的职业教育开始出现正规的院校、正规的目标、正规的大纲，这也是职业教育真正建立的标志。在欧洲，推动职业教育发展的主要是三股力量：一是由工业革命引起的大规模技术创新和使用；二是工业的规模化生产推动了职业的进一步细分，于是职业教育的专业（工种）、在校生规模大幅增加；三是政府主导，对职业教育进行了制度化、法治化和规范化的管理。

但在当时的中国，工业化程度几乎为零，农业占绝对主体，这一基本事实决定了职业教育的价值取向,那就是以服务农业生产、服务农村发展为主,以服务工业、商业为辅。

(二)中华人民共和国成立后 50 年职业教育服务乡村发展的情况

中华人民共和国成立后,国家对旧有的职业教育进行了整顿、改造,建立了与中华人民共和国发展相适应的"中等专业教育"制度体系,开办了系列"中等专业学校",取消了"实业学堂"的称呼和体系。从 1949 年到 1956 年的 7 年间,是我国中等专业教育体系重构的时期,虽然学校数量变化不是很大,但在校生人数却取得了突破性增长。数据显示,我国中等专业学校数,1949 年是 561 所,1956 年为 755 所,增加了 194 所;我国中等专业学校在校生人数,1949 年是 7.6 万人左右,1956 年为 53.85 万人,数量增加了近 7 倍。显然,这一时期我国的中等职业教育得到了快速发展。

在随后的 20 年时间,由于"文化大革命"等多种因素影响,我国中等职业教育起起伏伏,受到了较大冲击,整个体系一度遭到近乎毁灭性破坏。总的来看,伴随着中华人民共和国的诞生和成长,中等职业教育也在不断发展壮大,但由于"大跃进"的逆规律而行、"文化大革命"的严重破坏,导致中华人民共和国成立近 30 年的时间里,我国中等职业教育培养的人才十分有限,1949 年到 1978 年,30 年的时间共培养了 264.04 万人,与经济社会发展对技术技能人才的需求极不相称。

1978 年十一届三中全会是我国中等职业教育发展的转折点,这时,中国经济社会进入了以经济建设为中心的新的历史发展时期。国家改革开放,国民经济快速增长,整个社会对人才的需求大幅增长,于是中等职业教育进入一个快速发展时期,数量、规模等多方面都得到快速增长。1978 年到 1998 年间,我国中等职业教育在规模上取得了长足发展,为国民经济快速发展培养了大量的人才,20 年培养的人才是前 30 年的 4 倍。到 1998 年,我国中等职业学校数量和在校生数都创下历史新高,全国中等职业学校达到 4 109 所,在校生达到 498.1 万人。[1]

---

[1] 卢金燕. 我国中等专业学校教育六十年发展历程回顾[J]. 职教通讯,2011(3):11-17.

从中华人民共和国成立到 1998 年期间，由于我国处于社会主义改造、社会主义制度探索构建时期，社会主义市场经济并没有完全建立。因此，当时中等职业教育培养的人才大部分都是国家干部身份，虽然很多人从事的是技术技能工作，但其身份并没有鲜明的市场化的"职业"特色，与今天的职业教育的还是存在很大的区别。

在中华人民共和国成立到县级职教中心出现这一历史时期，我国的中等职业教育大量、大规模存在，其中以服务乡村建设、"三农"发展的中等职业学校很多，最典型的就是全国各地存在的"农校"（农业专业学校），他们面向农业、农村、农民开设的专业非常齐全，教学深入"三农"一线的程度很高，可以说那时的农校比现在的职业院校服务"三农"的能力和成效强了太多，是现在的县级职教中心不可比拟的。

从上述县级职教中心产生前我国职业教育的发展历程可以看出，服务乡村建设、服务"三农"发展是中国职业教育的基本功能和优良传统，而其中培养"三农"技术技能人才是主要方式。

中华人民共和国成立以来，前半段时间基本是以农业发展为国民经济的支柱，后半段时间则以工业发展为支柱、以农业发展为基础。整体看，建国以来我国农业发展可分为"吃饭阶段""温饱阶段""小康阶段"三个阶段，每一阶段都有职业教育服务"三农"发展的影子，而县级职教中心出现前职业教育服务"三农"发展的作用主要体现在第一、第二阶段。

1. 吃饭阶段

第一阶段是中华人民共和国成立初期 30 年左右的时间段。这一阶段的主要任务是解决中国人的吃饭问题，有吃的、不饿肚子是主要目标。在这一历史时期，百废待兴，农民受教育程度低，农业生产技术落后，农作物产量偏低，加之自然灾害、抗美援朝、"集体公社"等诸多因素的影响，吃饭问题成为国家重要且非常具有挑战性的问题。

在这一阶段，虽然没有县级职教中心，但其前身——中专（中等专业学校）起了非常重要的作用。这一时期，农业中专学校为我国培养了一批又一批农业技术人员，为我国农业生产的恢复和发展作出了极大贡献。

2. 温饱阶段

第二阶段是改革开放后大约 35 年的时间段。这一阶段实施了农村土地联产承包责任制政策，结束了原来国家集中管理土地的制度。这样的改革极大地激发了中国农民的生产积极性，农业在短时间内取得了很大的成效。农业科学技术、小规模的农业机械化得到普及和推广。中国粮食产量不断得到提高，中国农业实现了全国性的连续多年大丰收，吃饭问题基本得到解决。

在这一阶段，由于农村、农业快速发展对技术技能人才的需要，除原有的农业中专学校外，在全国各地出现了大量的农业职业学校，比如农业初级中学、农业高级中学，或者在职业中学开设涉农专业，一般一个县都有多所这样的涉农职业中学。这些学校的兴起为当时的农业生产快速发展提供了大量的技术人员，新的农业技术、农业机械得到快速推广。

（三）县级职教中心出现后十五年服务乡村发展的情况

县级职教中心是在 2000 年前后开始大规模出现，从 2000 年到 2015 年，大量农民进城务工，或者弃农经商，农田土地荒芜成为很多地方的普遍现象，农业产量增长到顶，农民收入难以提升，给国民经济整体高质量发展和社会稳定造成了极大隐患。因此国家进行了第三次土地改革，实行土地所有权、使用权、经营权三权分立，推动土地流转，对土地再次进行集中管理，把大多数农民从土地上解放出来，提高土地的集约化使用水平，推动农业进入高效、高科技发展阶段。

这一阶段农业的特点是："土地国有+农民使用权出让+资本投资+农业科学技术+供产加销"一条龙。在这一模式下，农业机械化、自动化、科技化、一二三产业融合化成为大趋势。家禽畜牧养殖基本上实现了规模化、工厂式，种植也逐渐走向农场化生产，农旅融合、农商融合成为普遍现象，这促使中国农业走上了一个新的台阶。在这种模式下，农机使用与维护技术技能、种植养殖技术技能、农业经营技术技能成为农业发展的重要力量。而县级职教中心的产生为这一土地改革及随后的乡村发展作出了积极贡献。

县级职教中心从成立以来，就成为当地政府的人才培养中心、文化传播中心、经济咨询服务中心、农业科学实验和技术推广中心，这从学校的简介中就可以看得出来。比如：××县职业教育中心简介，是一所集职业技术学历教育、成人学历教育、继续教育、农村剩余劳动力转移培训、农村实用技术推广培训等多种职能为一体的综合性国家级重点学校；××县职教中心简介，是一所以学历教育为主，短期培训为辅的职业技术学校，是国家级新型农民工培训联系点、农民工万人培训转移基地、半工半读示范试点学校之一；××县职教中心简介，是县委县政府于2007年斥巨资新建的一所具有中等学历教育招生资格的综合性学校，学校除中职教育外还承担县教师继续教育、卫生系统继续教育、农村劳动力转移培训、下岗工人再就业培训等任务，还是师范、医护、涉农等专业大专函授点。

在这一阶段，县级职教中心服务乡村发展的主要功能体现在以下方面。

一是人才培养，包括培养培训新型农民、农村剩余劳动力转移培训、农村新增劳动力转移培训、高素质劳动大军孵化等。比如，为适应农村经济社会发展的需要，学校充分利用网络资源，积极配合有关部门大力开展农民实用技术、农村劳动力转移、农村党员干部培训和面向农村党员干部的学历教育。

二是技术传播，包括农村实用技术推广的培训、提供种养殖产业发展技术咨询等。比如，选派专业课教师或者聘请兼职教师分赴各乡镇开展中药材种植、食用菌栽培、畜禽养殖等实用技术培训。

三是信息传播，包括传播农业实用信息、提供产供销信息等。比如，建成县、乡、村三级网络信息系统，搭建农村现代远程教育信息平台，为农民提供充分的学习机会和良好的学习条件。

四是综合服务，包括产业服务与产业带动、区域先进文化培育、教育普及和提高、就业创业服务等。比如：广泛开展农村党员干部和致富带头人市场经济知识、经营管理知识和政治思想理论等方面的专题培训和农民政策、法治宣传教育活动；学校、协会、农户互动，提高农业科技水平，由学校牵头，以专业教师和毕业生为主体，组织专业协会，通过协会把农户组织起来，参与引种试验、品种改良、技术攻关等农业科研；校、企互动，提高涉农工业科技水平，由企业牵头，专业教师和学生参与，进行技术攻关，研发新型深加工农特产品。

实践表明，县级职教中心的建立和发展，是农村职业教育服务农村经济建设和社会发展的重要举措，是"三教统筹"及"农科教结合"的思想和经验不断深化的必然结果，是县域各类国有职业教育资源整合和效能提升的必由之路。

二、县级职教中心服务精准脱贫的历程

县级职教中心服务精准脱贫大致时间是从 2015 年国家提出实施精准脱贫到 2020 年底全面脱贫之间的五年时间，全程深度参与，整体上可以分为服务精准脱贫、服务全面脱贫攻坚两个阶段。

（一）服务精准脱贫阶段

这一阶段，县级职教中心服务精准脱贫基本上采用的是职业教育服务精准脱贫的普遍做法，只不过服务的力度、深度、广度、体量比一般的职业院校大得多。基本做法主要有以下三个方面。

1. 加强贫困子女培养，助力精准脱贫

主要加强了对农村贫困家庭孩子的教育、培养、帮扶，使职业教育成为贫困家庭孩子通过读书学技术实现就业的重要途径。主要做法有三个：一是动员贫困家庭孩子就读职业学校，确保快速就业脱贫；二是给予就读职业学校的贫困家庭孩子学费、生活费、住宿费、书本费补助，提供学校有偿劳动岗位，确保不失学且生活学习有保障；三是教师与学生结对，从学习、身心、生活上给予多方面的帮扶照顾，确保其健康成长。这一做法突出职业教育扶贫的"造血"功能，唱响了"培养一人、就业（创业）一人、脱贫一户"的旋律。

2. 加强中短期技能培训，助力精准脱贫

县级职教中心是本县域中短期技能培训的主力军，与一般私立性质的培训学校、机构相比，培训管理规范，有质量保证。因此，在精准脱贫期间往往承担了大量政府的脱贫培训，主要是加强农村实用技术培训、贫困家庭新增劳动力转移培训，通过培训拓宽就业渠道。培训的主要类型有：一是县级以上政府部门的有偿培训项目，包括致富带头人培训、农村劳动力转移培训、

"雨露计划"等；二是县级政府的精准脱贫专项培训，主要是特色种养殖培训，一般都有一定的经费补助；三是学校应村社要求设置的专项实用技术培训，一般是没有经费支持的。

案例1：

开展实用技术培训

××职教中心选派专业课教师同各涉农部门聘请的兼职教师，分赴各乡镇开展中药材种植、食用菌栽培、畜禽养殖等实用技术培训。

案例2：

开展劳动力转移就业培训

根据本县外出劳务人员相对集中于建筑、机械维修、加工、家政服务等行业的实际，××职教中心针对性组班开展劳动力转移就业培训。

3. 加强社会服务，助力精准脱贫

开展各类社会服务一直是县级职教中心服务"三农"的优良传统，在服务精准脱贫中同样如此。社会服务的种类主要包括三类：一是师生自愿服务下乡活动，包括家用电器维修服务、文化宣传服务、农忙助力活动等；二是农特产品销售服务活动，包括直播带货、宣传推广等；三是一般性技术服务，包括种养殖指导、咨询等。

案例3：

开展针对性服务

××乡政府买了1 000株优质杨梅树苗送给当地农民，由于缺乏栽种和管理知识，种一年就死去多半；组织专项扶贫资金买了400头猪仔发放给农户饲养，2个月死了70多头。××职教中心针对这种情况开展了产业发展宣传、算收入账、针对性培训、种植养殖过程指导，使农民改变了传统种养殖习惯，掌握了种植、养殖的基本技术技能，存活率大幅提升。

（二）服务全面脱贫攻坚阶段

这一阶段，除上述服务举措外，县级职教中心在县级政府动员全社会全力攻坚中，加大了服务精准脱贫的力度和强度，除承担政府分配的帮扶任务外，还积极主动开展了其他多种服务。普遍采取的服务措施有以下四点。

1. 学校村社对接，定点帮扶

一般是在政府主导下，学校定点帮扶几个固定村社，将脱贫攻坚的任务直接与学校考核挂钩，形成政府考核式任务，也可以说是政治任务。学校一般会派驻第一书记和驻村工作队，吃住在村，工作在村，接受乡镇的管理和考核，实质性地、系统性地按照政府部署开展精准脱贫工作。

在这种帮扶形式中，学校除提供固定、长期的人员外，一般会承担一定的帮扶经费，比如"两不愁三保障"中的住房修缮、生活用水设施修建等费用。有的学校还会帮扶村社产业发展，指导、参与特色产业的论证、建设、发展。

总之，这种帮扶几乎就是全方位的、立体式的帮扶，力度大、强度高、参与深，效果显著。

2. 教师农户对接，定户帮扶

在精准脱贫的攻坚阶段，定户帮扶是各地普遍采用的手段，据调查，大部分县级职教中心都有几十到几百户的定户帮扶任务，于是学校就将帮扶任务分配给干部、党员、教师，搭建"一对一""一对多"结对帮扶关系。建立帮扶关系后，干部教师要定期入户，完成规定的帮扶任务，如一月（一季度）一看望活动、"两不愁三保障"检查、收入算账、扶贫档案整理、环境卫生打扫，等等。

这种帮扶形式密切了学校干部教师与贫困户的关系，促进干部教师深度参与到扶贫工作中，但同时也给学校正常的教育教学带来了一定程度的负面影响。

3. 社会综合培训，群体帮扶

精准扶贫的攻坚阶段，县级职教中心的培训帮扶除了技能培训外，更多的是综合培训，如政策培训、移风易俗培训、村社干部组织管理培训、思想教育培训等，主要作用是帮助贫困户建立法治意识，树立自立自强的信心和勇气，传播文明新风，进行思想引导和教育等。

4. 其他综合服务，整体帮扶

县级职教中心服务精准脱贫全面攻坚的形式和内容很多，不同的地方、不同的学校有很多不同，下面举几个案例进行说明。

案例4：

搭建了农村实用技术服务平台

××职教中心搭建了农村实用技术服务平台，网站及时发布农特产品信息，建立农户、商家供求沟通渠道，实时互动，互通信息，使产、供、销形成良性循环，推动农特产品走向市场的步伐。同时，农户通过网上查询、资料下载、在线咨询等方式，学习收集农业科技信息和产业发展信息。该网络辐射到多个村社，提供了包括食用菌开发技术和信息在内的服务指导，推动了当地食用菌种植产业发展，使每户年收入净增2 000多元。

案例5：

组建宣讲团

××职教中心结合实施"双培双带"工程，协同党校、司法、农委、人社等部门抽调的业务骨干组成了"法制、科普流动宣讲团"，深入村社广泛开展政治思想理论、市场经济知识、经营管理知识、农业科技知识等方面宣传教育活动。

案例6：

开展励志教育

××村地处海拔1 000余米的山区，人均收入不到300元，过去是典型的"三缺"（缺粮、缺钱、缺水）、"三靠"（吃粮靠政府、花钱靠政府、穿衣靠政府）村。××职教中心协助村党支部对村民开展励志教育，培养农民的竞争意识和拼搏精神，鼓励他们自力更生，打造致富榜样。短短两年人均纯收入增长1 000余元。

三、县级职教中心服务乡村振兴的历程

从2017年国家正式提出乡村振兴战略至今，县级职教中心充分发挥自身优势，在服务县域乡村振兴方面发挥了巨大作用。但总体来看还处于起步阶

段和探索阶段，或者说是由服务精准脱贫向脱贫巩固、再向乡村振兴过渡的阶段，因此很难用时间来划分县级职教中心服务乡村振兴的历程。这里从服务内容、服务对象、服务主体、服务方式等几个维度来说明短短几年间县级职教中心服务乡村振兴的变化历程。

（一）服务内容：由单一转向融合

在服务脱贫攻坚阶段，县级职教中心服务乡村的主要内容有农村孩子接受职业教育的学历教育技能人才培养、面向乡村的中短期技能培训、产业发展的技术服务、乡村建设的志愿服务等，这些内容都具有相对的独立性。

在经过服务大扶贫、服务精准脱贫、服务脱贫攻坚几个阶段后，县级职教中心逐渐摸索出了服务"三农"的有效路径，初步形成了自己服务乡村振兴的策略，在服务内容方面就出现了由单一向融合发展的趋势。这一趋势主要表现在以下方面。

1. 以产业为牵引，多要素融合

产业是乡村振兴的主要牵引力。要实现农村产业的快速发展，就必须补齐该产业发展必需的短板，集中配置产业发展需要的政策、人才、技术、产销渠道和资本等资源。乡村振兴的目标是要实现乡村整体振兴，在具体振兴过程中所需要的资源远远大于脱贫攻坚时期，对各种资源要素的广度和深度也有更高的要求。同时，各项产业需要的这些资源是多方向的甚至是立体流动的，不再是单向流动，其中主要涉及政府、学校、企业、行业、科研机构、乡镇等多个主体，要保障有效调集、高效运转就必须协调统筹，并且与时俱进，跟上时代发展的节奏。针对这种需求，县级职教中心逐步摸索出了集中打造产业，以专业服务产业，以专业、产业整合资源（政策、技术、人才、信息等），从而构建产、供、销多要素融合的一体化服务模式。

案例 7：

实施产业发展计划

××职教中心在固定帮扶的村实施产业发展计划，他们首先是调研了该村的地理环境、气候特点、种植习俗，然后组织相关行业人员进行研讨，最后确定发展西瓜产业。帮扶人员与村干部一起物色了几个有干劲的农民，帮他们进行了土地流转整合，然后培训西瓜种植技术，制订种植计划，并且以驻村队员个人的名义入股，以资金支持西瓜产业发展。西瓜种出来后，学校帮助定价、打造品牌、联系买家，全程帮助西瓜销售。

分析：

该校通过针对特定产业的整体项目化帮扶，实现了区域产业精准化扶持，在此过程中将相关要素、资源打包输入，帮扶贫困群众的快速脱贫。可见，服务乡村振兴需要顶层设计，需要整体谋划，需要重构产教融合顶层设计，需要把握乡村发展本土特色，需要搭载产业优化科技资源，这些都是县级职教中心可为之事。可以说，县级职教中心承载着服务乡村产业可持续发展的新期待。

2. 以项目为动力，多要素融合

项目是我国特有的政府支持、鼓励社会建设发展的有效模式。县级职教中心在服务乡村振兴过程中，经常以项目为载体整合多种要素开展服务工作。

一种是学校自身的项目，如重点专业建设、品牌专业建设、优质学校建设等项目。很多县级职教中心在项目申报之初就将服务乡村振兴纳入了项目建设规划，作为专业建设、学校建设中社会服务能力、特色打造、产教融合的内容，这样就有效整合了资金、技术、人力、政策等多种要素融合服务乡村振兴。

另一种是政府的项目，如文旅融合、田园综合体、产业发展示范园等政府支持乡村振兴的项目。县级职教中心主动出击参与项目建设。

职业教育对农村产业进行常态化帮扶，必然会带动教育资源中的教师、技术和基础设施流向农村地区。产业发展离不开经济基础的支撑、公共设施的完善以及政策的扶持，虽然在常态化帮扶背景下，各项要素能够不断汇集到乡村产业上，但产业和职业教育的各项要素在相互匹配时容易出现配置错位的问题。乡村需要发展的产业，得不到职业教育的人才输送。职业教育一方面未能及时将文化资本转化为产业所需要的职业技能，另一方面乡村地区的适龄人群也未能成为发展产业所急需的劳动力。因此，要素配置错位成为影响农村产业发展的不稳定因素。

影响脱贫可持续性的关键在于产业，产业是经济发展的支撑和群众脱贫的根本。在精准扶贫阶段成长起来的产业，多呈现出项目难度大、实施周期长、成果产出慢等特点。这些产业自身想要长期接续发展，不容易从外力资源性的扶持中走出来，大多会忽视产业自身生命活力的挖掘和激发，同时在乡村产业面临残酷的市场竞争时，很容易发展受挫，进而导致经营不善。因此，产业的可持续发展是实现职业教育常态化帮扶的现实需求。

乡村产业振兴的落脚点，在于产业的成功转型，主要是由传统产业向绿色产业转型。刚刚实现脱贫的广大农村，产业发展的重心更多地放在能够快速变现的传统行业，并未将绿色产业的培育列为重点。绿色产业的培育前期需要大量的资金投入，这恰恰是农村的短板，所以传统产业依旧占据着农村产业的主导地位。广大农村地区现有产业不仅未能做到节能减排、绿色生产，同时还存在对本土资源的不合理利用甚至浪费现象，因此产业转型是当前乡村振兴的难点之一。

（二）服务对象：由指定转向选择

从脱贫攻坚战略转向乡村振兴战略，首先要聚焦于帮扶对象。只有了解帮扶对象的特点，把握帮扶对象的特质，以及明晰战略转变中帮扶对象的变化，职业教育才能做相应的调整，更有效地服务乡村振兴。在脱贫攻坚阶段，需要做到对"特殊"对象的重点帮扶，目的是解决问题，帮助特困对象走出贫困。在此基础上，将精准扶贫的对象由贫困地区细化到贫困村再到贫困户，呈现出具体性和单一化的特点。职业教育主要是帮助需要"造血式"扶贫的适龄劳动力贫困人口学习技能、知识，促进稳定就业，最终摆脱贫困状态。转向乡村振兴后，目标是提升乡村的整体水平，需要激发全体村民建设乡村的内生动力，因此帮扶对象的范围比脱贫攻坚时期有所扩大。相应地，职业教育也要扩大帮扶范围，及时回应乡村振兴过程中日益扩大的人才培养诉求，培植一部分不仅掌握一技之长，还能扎根乡土的精英人才，发挥引领和示范作用，带动民众巩固脱贫攻坚成果，全面实现乡村振兴。

（三）服务主体：由分散转向协同

我国农村职业教育的产生与发展很大程度上是计划经济、教育体制改革的产物，其主导力量是政府的政策推动，是一种"外源性"的发展，与自下而上推进截然不同。从治理主体上看，脱贫攻坚阶段由党政部门统一领导，凭借强大的经济支持和政治保障，极大地促进了农村职业教育和农村经济社会的双线共同发展，确保脱贫攻坚能够顺利完成。迈入乡村振兴阶段，面对外部环境的变化，要实现乡村建设的现代化发展，农村职业教育就不能仅仅依靠政府部门的强势带动，而需要动员学校、市场和社会力量自下而上地推进，让多主体在参与过程中顺势而为，从独立走向协同。从治理主体的行动场域上看，脱贫攻坚阶段，我国依据贫困标准筛选出了各种类型的贫困地区，而这些特定的地区就是脱贫攻坚最主要的行动场域，实现重点场域的脱贫摘帽是我国精准扶贫的重要成就，但在特定历史条件下所形成的城乡二元发展模式，惯性地使农村职业教育的行动场域被限制在农村地区，局限于传统农业范畴；转向乡村振兴阶段后，要顺利实现职业教育的常态化帮扶，主体行动场域的拓展需要被重点关注。

（四）服务方式：由模仿转向自主

一方水土养育一方人才，文化兴旺，生态文明，生活质量才能全面提高。无论是在哪一个阶段，乡村文化建设都不容忽视。脱贫攻坚时期倡导建设美丽乡村，在生活方式上革除旧有的陈规陋习，在思想上引导转变固有的"跳龙门"思维，在文化上增强乡村文化自信，通过树立典型形成模范和带动效应，以完善基础设施建设来浸润乡村文化底色，更多的是从制度上进行乡村文化氛围的营造，为乡村文化建设打下基础。而步入乡村振兴阶段后，需要更多地挖掘乡村文化的深层内涵，一方面要继续传承中华民族优秀传统农耕文化，另一方面要用发展的眼光推动传统农耕文化的创造性转化和创新性发展。乡村振兴要形成新的文化风貌，不仅文化需要更新，整体环境也需要面向现代化，要更加符合绿色生态要求，更能推动人与乡村实现和谐共生。农村职业教育在传统农耕文明与现代乡风建设的衔接过程中起到了吸收、调和、转化的作用，随着乡村振兴的常态化推进，对其内涵和外延应该有更全面的理解。

（五）服务行为：由被动转向主动

在脱贫攻坚阶段，县级职教中心提供的服务，一方面，更多是政府分配的任务，或者是应当地乡镇村社的请求，或者是同类学校的影响带动而提供的服务；另一方面，服务行动是针对乡村的现实需求提供的服务，服务追求的是达到国家规定的脱贫标准。总之，带有明显的被动特点。在乡村振兴中，县级职教中心的服务明显转向了主动：一是主动作为，为了学校特色发展、影响力扩大而主动服务；二是主动创新，在服务中引导乡村向未来发展，主动构建新的服务内容、服务模式；三是主动研究，主动开展服务乡村振兴系列研究的学校越来越多。

第二节　县级职教中心服务乡村振兴的做法

县级职教中心服务乡村振兴的做法、成果成效各式各样，很难用具体准确的数字进行统计分析，也很难找到一批典型的学校进行详细调研。但考虑县级职教中心具有定位的一致性、功能的趋同性，因此本书中选取了 15 所中等职业学校作为样本进行调研，其中重庆市 12 所，包含了重庆市所有县级职教中心；其他省市 3 所，其中四川省 2 所，这两所虽然不是县级职教中心，但在当地履行了县级职教中心的功能（当地没有县级职教中心），河北省 1 所，是服务"三农"的典型学校。因此，所选取的 15 所学校在全国具有一定的代表性，在重庆则具有完全的代表性。

受新冠疫情的影响，本次调研主要采用了文献调研、网络调研等方式进行，调研的资料主要来自三个方面：一是 2020 年各校的年度质量报告（2021年无公开资料可查询）；二是各校服务乡村振兴的典型案例；三是媒体对各校服务"三农"、服务乡村振兴的报道；四是各县人民政府的政府工作报告。同时，我们对其中部分学校进行了实地考察、调研，获得了大量第一手资料。因此，本书中的调研情况只能反映出趋势、现象，可以看出县级职教中心的整体概况，而不能准确地、具体地反映出全国县级职教中心服务乡村振兴的详细情况。

综上所述，本书关于县级职教中心服务乡村振兴的调研分析，是基于重庆市县级职教中心的具体情况，适当结合全国其他地方县级职教中心的具体情况进行的一个"概括性""现象性"的调研分析，反映的是趋势、是典型，具有一定的代表性和典型性，总体上是可信的，但落实到每个地方则需要结合实际进行具体分析。

一、县级职教中心服务乡村振兴的机制

县级职教中心服务乡村振兴的机制包括县级党委政府建立的县级统筹协调机制、学校自身建立的组织管理落实机制两个方面。

（一）县级党委政府建立统筹协调机制情况

一般的县级党委政府都建立了包括县级职教中心在内的统筹协调机制，主要包括统一政策口径、统一分配任务、统一行动实施、统一考核评价等方面。

下面通过对全国15个县级党委政府给县级职教中心下达服务乡村振兴任务、出台服务乡村振兴政策、鼓励支持县级职教中心服务乡村振兴三个方面的情况进行调研分析，以此管窥县级党委政府建立县级职教中心服务乡村振兴统筹协调机制的大致情况。

1. 县级政府给县级职教中心下达服务乡村振兴任务情况分析

从文献调研、网络资源分析看，全国大部分县级党委政府都给县级职教中心下达了服务乡村振兴的具体任务。表2-1是15所县级职教中心接受县级党委政府下达服务乡村振兴任务的调研情况。

表2-1 县级政府给县级职教中心下达服务乡村振兴任务情况

序号	区域	学校	是否下达服务乡村振兴任务	主要任务内容
1	重庆市	秀山土家族苗族自治县职业教育中心	是	1. 派驻工作队，实行对口帮扶 2. 培训任务

续表

序号	区域	学校	是否下达服务乡村振兴任务	主要任务内容
2	重庆市	酉阳县职业教育中心	是	1. 对口帮扶任务 2. 培训任务
3	重庆市	彭水苗族土家族自治县职业教育中心	是	1. 建立脱贫家庭新成长劳动力就读职业院校意愿清单、在读生清单和即将毕业生就业意愿清单,落实学费减免、助学补助等政策。组建就业联盟,建立稳定的就业渠道,提升脱贫家庭接受职业教育子女稳岗就业质量 2. 积极参与第五届中国农民丰收节有关活动,支持举办乡村丰收节庆活动 3. 培训任务
4	重庆市	垫江县职业教育中心	是	1. 下达培训任务 2. 下达帮扶任务
5	重庆市	丰都县职业教育中心	是	1. 派驻工作队,实行对口帮扶 2. 培训任务
6	重庆市	忠县职业教育中心	是	1. 对口帮扶任务 2. 培训任务
7	重庆市	石柱土家族自治县职业教育中心	是	1. 下达培训任务 2. 下达帮扶任务
8	重庆市	云阳县职业教育中心	是	1. 派驻工作队,指定帮扶村 2. 要求派驻第一书记1名,工作队成员3名 3. 下达培训及具体服务任务
9	重庆市	奉节县职业教育中心	是	1. 派驻工作队,实行对口帮扶 2. 培训任务

续表

序号	区域	学校	是否下达服务乡村振兴任务	主要任务内容
10	重庆市	巫山县职业教育中心	是	1. 帮扶任务 2. 培训任务
11	重庆市	巫溪县职业教育中心	是	1. 派驻工作队，实行对口帮扶 2. 培训任务
12	重庆市	城口县职业教育中心	是	1. 派驻工作队队员3名，实行对口帮扶 2. 培训任务
13	四川省	开江县职业中学	是	1. 帮扶任务 2. 贫困户监管任务 3. 培训任务
14	四川省	南江县小河职业中学	是	1. 下达培训任务 2. 下达帮扶任务 3. 办好村政学院
15	河北省	巨鹿职业教育中心	是	1. 下达培训任务 2. 下达帮扶任务

分析：

由以上调研数据看出，县级职教中心中100%的学校有县级党委政府下达的服务乡村振兴具体任务，在下达的任务中有培训任务的占100%，有具体帮扶任务的占80%，其他任务占40%。在调研中我们也发现，政府给县级职教中心下达乡村振兴任务，在文件中一般都是下达给县教育主管部门，并不是直接下达给学校，但在对接村的帮扶责任单位中有县级职教中心。这反映出一个现实矛盾，即县政府在服务乡村振兴中需要县级职教中心，但县级职教中心又不属于其直接管理部门，因此县级职教中心在服务"三农"、服务乡村振兴中常常出现"时有时无"的尴尬境地。

重庆市内县级职教中心100%的学校有任务下达；在下达任务中有培训任

务的占 100%，有帮扶任务的占 93%。

以上调研虽然不完全、不充分，但整体情况是可信的。通过以上分析可以看出，一般县级党委政府都会给县级职教中心下达服务乡村振兴的具体任务，且任务主要集中在培训，包括中短期技能培训和社会培训。这一方面说明县级党委政府重视县级职教中心在服务乡村振兴中的作用，建立了相关机制；另一方面可以看出县级党委政府对县级职教中心服务乡村振兴的作用认识不够充分，下达的任务较单一。

2. 县级政府给县级职教中心出台服务乡村振兴政策情况分析

综合各方面情况可以看出，县级党委政府为县级职教中心出台专门的服务乡村振兴政策的很少，但在所出台的部分政策文件中包含了职业教育。表2-2 是 15 个县级党委政府出台县级职教中心服务乡村振兴政策的调研情况。

表 2-2　县级政府出台县级职教中心服务乡村振兴政策情况

序号	区域	学校	是否出台服务乡村振兴政策	是否有专门政策	主要政策内容
1	重庆市	秀山土家族苗族自治县职业教育中心	是	否	1. 培训政策 2. 帮扶政策 3. 考核政策
2	重庆市	酉阳县职业教育中心	是	否	1. 培训政策 2. 帮扶政策 3. 考核政策
3	重庆市	彭水苗族土家族自治县职业教育中心	是	否	1. 培训政策 2. 帮扶政策 3. 考核政策
4	重庆市	垫江县职业教育中心	是	否	1. 培训政策 2. 帮扶政策 3. 考核政策

续表

序号	区域	学校	是否出台服务乡村振兴政策	是否有专门政策	主要政策内容
5	重庆市	丰都县职业教育中心	是	否	1. 培训政策 2. 帮扶政策 3. 考核政策
6	重庆市	忠县职业教育中心	是	否	1. 培训政策 2. 帮扶政策 3. 考核政策
7	重庆市	石柱土家族自治县职业教育中心	是	否	1. 培训政策 2. 帮扶政策 3. 考核政策
8	重庆市	云阳县职业教育中心	是	否	1. 培训政策 2. 帮扶政策 3. 考核政策
9	重庆市	奉节县职业教育中心	是	否	1. 培训政策 2. 帮扶政策 3. 考核政策
10	重庆市	巫山县职业教育中心	是	否	1. 培训政策 2. 帮扶政策 3. 考核政策
11	重庆市	巫溪县职业教育中心	是	否	1. 培训政策 2. 帮扶政策 3. 考核政策
12	重庆市	城口县职业教育中心	是	否	1. 培训政策 2. 帮扶政策 3. 考核政策

续表

序号	区域	学校	是否出台服务乡村振兴政策	是否有专门政策	主要政策内容
13	四川省	开江县职业中学	是	否	1. 培训政策 2. 帮扶政策 3. 考核政策
14	四川省	南江县小河职业中学	是	否	1. 培训政策 2. 帮扶政策 3. 考核政策 4. 举办村政学院政策
15	河北省	巨鹿职业教育中心	是	否	1. 培训政策 2. 帮扶政策 3. 考核政策

分析：

首先说明，这项调研的本意是判断县政府出台县级职教中心服务乡村振兴专项政策的情况，但从现场调研、网络调研、文献调研均未找到相关支撑资料。也就是说，至少从调研情况看，一般的县政府都没有为县级职教中心服务乡村振兴出台专项政策，也没有将县级职教中心作为服务乡村振兴的责任主体，在文件中涉及职教中心的任务、政策基本都是下达给"县教委"。上面表格中列举的政策都是从学校完成服务乡村振兴任务的情况倒推回去形成的，是主观推断。

由以上调研数据看出，所调研的15个县级党委政府均给管辖的县级职教中心出台了服务乡村振兴的政策，但都没有专门政策。在已出台政策中，有培训政策的占100%（各学校有培训任务体现），有帮扶政策的占100%（各学校有具体帮扶村社体现），有考核政策的占100%（县政府对学校服务乡村振兴人员、学校有年度表彰性考核），其他政策占7%。这里有一个特例就是四川省南江县小河职业中学，县政府授权其举办了县村政学院，现已升级为巴中村政学院，有培训村干部的专项政策支持。

通过以上分析看出，一般县级党委政府都会出台县级职教中心服务乡村振兴相关政策，但政策主要集中在培训，其次是对口帮扶。同时，很少发现一个县有专门针对职教中心服务乡村振兴的政策。以上事实说明，一方面县级党委政府对县级职教中心在社会培训方面的功能、作用认识充分，且高度重视；另一方面县级党委政府对县级职教中心认识有限，对县级职教中心的功能定位、管理权限存在模糊不清的问题，这就导致学校不能充分发挥服务乡村振兴的功能、作用。

3. 县级政府鼓励支持县级职教中心服务乡村振兴情况分析

前面主要从县级党委政府给县级职教中心服务乡村振兴任务、压力方面进行分析，这里对县级党委政府鼓励县级职教中心服务乡村振兴的情况进行分析。表 2-3 是对 15 个县级党委政府鼓励支持县级职教中心服务乡村振兴情况的调研分析。

表 2-3　县级政府鼓励支持县级职教中心服务乡村振兴情况

序号	区域	学校	是否出台服务乡村振兴专门政策	事实上的主要鼓励办法
1	重庆市	秀山土家族苗族自治县职业教育中心	否	1. 对学校、个人有相关评奖评先等荣誉支持 2. 县级政府批准了学校二期扩建工程
2	重庆市	酉阳县职业教育中心	否	对学校、个人有相关评奖评先等荣誉支持
3	重庆市	彭水苗族土家族自治县职业教育中心	否	1. 对学校、个人有相关评奖评先等荣誉支持 2. 学校空编人员经费按照本科毕业转正定级人员工资和津贴标准予以补贴，学校包干使用，并划拨 270 万元作为外聘教师专项资金，包括非物质文化传承教师

续表

序号	区域	学校	是否出台服务乡村振兴专门政策	事实上的主要鼓励办法
4	重庆市	垫江县职业教育中心	否	1. 支持建成服务"三农"信息化培训平台 2. 支持建有学校"三农"特色的门户网站和"三农"学习资源库 3. 对学校、个人有相关评奖评先等荣誉支持
5	重庆市	丰都县职业教育中心	否	对学校、个人有相关评奖评先等荣誉支持
6	重庆市	忠县职业教育中心	否	1. 中央财政投入2 000万元，市级财政投入500万元的新修"产教融合大楼" 2. 对学校、个人有相关评奖评先等荣誉支持
7	重庆市	石柱土家族自治县职业教育中心	否	对学校、个人有相关评奖评先等荣誉支持
8	重庆市	云阳县职业教育中心	否	1. 支持开展乡村培训，给项目 2. 县政府与高职院校共建乡村振兴学院，具体交由学校实施 3. 对学校、个人有相关评奖评先等荣誉支持
9	重庆市	奉节县职业教育中心	否	1. 在县政府支持下创办乡村振兴学院 2. 对学校、个人有相关评奖评先等荣誉支持
10	重庆市	巫山县职业教育中心	否	1. 县政府给予培训项目、指标 2. 已建立12个"乡村旅游校村共建示范点" 3. 对学校、个人有相关评奖评先等荣誉支持

续表

序号	区域	学校	是否出台服务乡村振兴专门政策	事实上的主要鼓励办法
11	重庆市	巫溪县职业教育中心	否	对学校、个人有相关评奖评先等荣誉支持
12	重庆市	城口县职业教育中心	否	对学校、个人有相关评奖评先等荣誉支持
13	四川省	开江县职业中学	否	对学校、个人有相关评奖评先等荣誉支持
14	四川省	南江县小河职业中学	否	1. 中央专项资金——中职学校质量提升工程1 530万元 2. 对学校、个人有相关评奖评先等荣誉支持 3. 支持创办村政学院
15	河北省	巨鹿职业教育中心	否	1. 县政府投入相应经费支持职业教育发展，其中教育附加费30%的比例用于职业教育，2021年拨付资金250万元 2. 建设一幢面积9 804平方米的综合实训大楼，投资2 400万元

分析：

在调研中我们发现，县级党委政府出台鼓励支持县级职教中心服务乡村振兴专门政策的几乎没有，出台鼓励政策的也基本没有，只是在年终或者某个阶段评选服务乡村振兴的先进单位、个人时会将县级职教中心考虑进去。

由以上调研数据可以看出，县级党委政府出台了鼓励支持县级职教中心服务乡村振兴政策的有100%，事实上进行了一定鼓励的为100%，主要是在评优评先方面给予荣誉性鼓励。

通过以上分析看出，一般县级政府没有出台鼓励县级职教中心服务乡村振兴的专门政策，说明县级党委政府对县级职教中心服务乡村振兴的功能、责任认识还有待提升。

（二）县级职教中心自身建立服务乡村振兴机制情况

县级职教中心一般都建立了服务乡村振兴的相关组织和管理制度，这里主要从成立服务乡村振兴组织的情况、制定服务乡村振兴制度的情况、将服务乡村振兴纳入教职工考核情况三个方面进行调研分析。

1. 县级职教中心成立服务乡村振兴组织的情况

从现实情况和文献调研等情况可以看出，县级职教中心一般都建立了服务乡村振兴的相关组织，有的学校设置了专门部门，有的学校设置的是兼职部门，成体系的则很少。表2-4是对15个县级职教中心成立服务乡村振兴组织的调研情况。

表2-4　县级职教中心成立服务乡村振兴组织情况

序号	区域	学校	是否成立服务乡村振兴组织	主要内容
1	重庆市	秀山土家族苗族自治县职业教育中心		暂无相关资料
2	重庆市	酉阳县职业教育中心		暂无相关资料
3	重庆市	彭水苗族土家族自治县职业教育中心	是	1. 乡村振兴领导小组 2. 专职负责乡村振兴培训的处室 3. 培训实训基地
4	重庆市	垫江县职业教育中心	是	1. 新型职业农民培养领导小组 2. 专职负责新型职业农民的处室 3. 新型职业农民培训实训基地
5	重庆市	丰都县职业教育中心	是	1. 乡村振兴领导小组 2. 乡村振兴服务工作队 3. 重庆轻工职业学院乡村振兴学院丰都分院

续表

序号	区域	学校	是否成立服务乡村振兴组织	主要内容
6	重庆市	忠县职业教育中心	是	1. 乡村振兴服务工作队 2. "三农"培训处室 3. 重庆轻工职业学院乡村振兴学院忠县分院
7	重庆市	石柱土家族自治县职业教育中心		暂无资料显示
8	重庆市	云阳职业教育中心	是	1. 乡村振兴学院 2. 专门培训处室
9	重庆市	奉节县职业教育中心	是	1. 乡村振兴领导小组 2. 乡村振兴服务工作队 3. 乡村振兴学院
10	重庆市	巫山县职业教育中心	是	1. 2个"乡村旅游农家乐示范点"，实施"战区负责制" 2. 乡村振兴学院
11	重庆市	巫溪县职业教育中心	是	1. 培训领导小组、安全保卫组和后勤保障组 2. 重庆轻工职业学院乡村振兴学院巫溪分院
12	重庆市	城口县职业教育中心	是	将服务乡村振兴各项任务落实到处室、系部
13	四川省	开江县职业中学	是	1. 乡村振兴服务队 2. "三农"培训处室 3. 直播服务队
14	四川省	南江县小河职业中学	是	1. 巴中村政学院 2. 巴山土鸡研究院
15	河北省	巨鹿职业教育中心	是	1. 新型职业农民培养领导小组 2. 专职负责新型职业农民的处室 3. 新型职业农民培训实训基地

分析：

由以上调研数据可以看出（有3所学校没有查到相关资料），县级职教中心成立服务乡村振兴组织的至少有12所学校，占比80%以上；建立了服务乡村振兴阵地（乡村振兴学院、示范点、基地等）的至少有10所，占比67%以上。

通过以上分析发现，大部分县级职教中心都会成立服务乡村振兴的组织，有的学校成立了从学校层面的领导小组，到处室层面的专门部门，再到具体负责的专干，体系相对完整独立。但更多的学校是由处室兼职负责，没有专门的负责部门和专门的人员。有部分学校则成立了一些具有特色，或者特定功能的专门机构，专门从事服务乡村振兴的某项工作，比如乡村振兴学院、新农学校、新农人培训基地、黄羊研究中心、乡村振兴服务队、"三农"双创中心、农村电商服务中心、农机具维修中心、乡村振兴技能人才培养研究中心、村镇学院等，各具特色，体现了县级职教中心在服务乡村振兴行动中的创造力、行动力。

2. 县级职教中心制定服务乡村振兴制度的情况

服务乡村振兴工作是否制度化是衡量县级职教中心服务乡村振兴工作是否用心、是否经常化的重要指标。从现实看，制定专门的服务乡村振兴制度的县级职教中心很多，但每所学校所制定的制度数量不多，不够完善，没有体系化。表2-5是对15个县级职教中心制定服务乡村振兴制度的调研情况。

表2-5 县级职教中心制定服务乡村振兴制度情况

序号	区域	学校	是否制定服务乡村振兴制度	主要制度名称
1	重庆市	秀山土家族苗族自治县职业教育中心	是	1. 帮扶制度 2. 职称制度 3. 经费制度 4. 制定了《校企合作运行机制》专项制度
2	重庆市	酉阳县职业教育中心	是	1. 帮扶制度 2. 经费制度

续表

序号	区域	学校	是否制定服务乡村振兴制度	主要制度名称
3	重庆市	彭水苗族土家族自治县职业教育中心	是	1. 帮扶制度 2. 职称制度 3. 经费制度
4	重庆市	垫江县职业教育中心	是	1. 帮扶制度 2. 职称制度 3. 经费制度
5	重庆市	丰都县职业教育中心	是	1. 人事与分配制度改革 2. 学校改革发展政策支持 3. 帮扶制度 4. 职称制度 5. 经费制度
6	重庆市	忠县职业教育中心	是	1. 帮扶制度 2. 职称制度 3. 经费制度
7	重庆市	石柱土家族自治县职业教育中心	是	1. 帮扶制度 2. 职称制度 3. 经费制度
8	重庆市	云阳县职业教育中心	是	1. 帮扶制度 2. 职称制度 3. 经费制度
9	重庆市	奉节县职业教育中心	是	1. 帮扶制度 2. 职称制度 3. 经费制度
10	重庆市	巫山县职业教育中心	是	1. 帮扶制度，推行"战区负责制" 2. 职称制度 3. 经费制度

续表

序号	区域	学校	是否制定服务乡村振兴制度	主要制度名称
11	重庆市	巫溪县职业教育中心	是	1. 社会培训管理制度 2. 建立了多方联动、农科教综合服务乡村振兴战略的长效运行机制
12	重庆市	城口县职业教育中心	是	1. 帮扶制度 2. 职称制度 3. 经费制度
13	四川省	开江县职业中学	是	1. 帮扶制度 2. 经费使用制度
14	四川省	南江县小河职业中学	是	1. 帮扶制度 2. 职称制度 3. 经费制度
15	河北省	巨鹿职业教育中心	是	1. 帮扶制度 2. 职称制度 3. 经费制度

分析：

以上调研数据显示，所有县级职教中心都制定了服务乡村振兴制度，占比100%。

上述情况可以看出，一般的县级职教中心都制定了服务乡村振兴的制度，数量大多在2~3个，制度的内容主要涉及帮扶管理、职称优先、经费管理等三个方面。

结合考察调研情况看，一般的县级职教中心都制定了三类制度：一是乡村振兴帮扶制度，基本都是沿用了精准脱贫时期的规定，主要内容是划分帮扶责任，确定分工，对帮扶中的请假、任务完成情况的考核、帮扶人的具体职责任务等进行了明确和规定；二是服务乡村振兴奖励制度，主要内容是对服务乡村振兴工作完成、表现突出的部门、人员进行奖励的规定，一般有年度评优评先的奖励、绩效考核奖励、职称评聘奖励等；三是服务乡村振兴的经费管理制度，主要内容是经费支出、报销的审批程序，常用经费的开支额度、项目、使用等规定，经费开支中的监督管理办法等。

从县级职教中心服务乡村振兴制度制定情况可以看出一个学校服务乡村振兴的基本态度和主要做法，所以值得分析和借鉴。

3. 县级职教中心将服务乡村振兴纳入教职工考核的情况

在服务精准脱贫期间，因为有政府下达的具体帮扶任务，所以一般的县级职教中心都会将相关帮扶情况纳入教职工的考核。在服务乡村振兴中，有的学校沿用了以前的做法，有的学校则做了适当修改，有的学校直接取消了相关考核。表2-6是对15个县级职教中心将服务乡村振兴纳入教职工考核的调研情况。

表2-6 县级职教中心将服务乡村振兴纳入教职工考核情况

序号	区域	学校	是否纳入考核	主要考核内容
1	重庆市	秀山土家族苗族自治县职业教育中心	是	1. 评职晋级 2. 帮扶差旅补贴
2	重庆市	酉阳县职业教育中心	是	1. 评职晋级 2. 驻村补贴 3. 帮扶差旅补贴
3	重庆市	彭水苗族土家族自治县职业教育中心	是	帮扶差旅补贴
4	重庆市	垫江县职业教育中心	是	帮扶差旅补贴
5	重庆市	丰都县职业教育中心	是	帮扶差旅补贴
6	重庆市	忠县职业教育中心	是	1. 评职晋级 2. 驻村补贴 3. 帮扶差旅补贴

续表

序号	区域	学校	是否纳入考核	主要考核内容
7	重庆市	石柱土家族自治县职业教育中心	是	1. 评职晋级 2. "智志"双扶工作考核
8	重庆市	云阳县职业教育中心	是	1. 评职晋级 2. 驻村补贴 3. 帮扶差旅补贴
9	重庆市	奉节县职业教育中心	是	1. 评职晋级 2. 驻村补贴 3. 帮扶差旅补贴
10	重庆市	巫山县职业教育中心	是	1. 评职晋级 2. 驻村补贴 3. 帮扶差旅补贴
11	重庆市	巫溪县职业教育中心	是	社会培训课时补贴
12	重庆市	城口县职业教育中心	是	社会培训课时补贴
13	四川省	开江县职业中学	是	对有帮扶任务的教师有一定成果成效、帮扶次数考核
14	四川省	南江县小河职业中学	是	1. 评职晋级 2. 驻村补贴 3. 帮扶差旅补贴
15	河北省	巨鹿职业教育中心	是	1. 评职晋级 2. 驻村补贴 3. 帮扶差旅补贴

分析：

以上数据显示，将服务乡村振兴工作纳入教职工考核的县级职教中心有15所，占100%；其中有10所学校有2项以上考核，占67%。

以上调研数据虽然不够准确和完善，但仍然可以看出，县级职教中心对服务乡村振兴工作基本都会纳入教职工的考核，这也是一般学校的工作方法。从具体考核内容看，主要有两种类型。首先，以差旅费报销进行考核的最多，估计一是因为服务乡村振兴一般会下乡入村，所以列支差旅费合理；二是因为现行经费管理制度非常严格，很难有专门的经费对教职工服务乡村振兴工作进行考核，而报销差旅费合规合法。其次是以工作补贴形式考核，有的是专项补贴，有的是纳入课时计算，有的是对驻村队员等专职帮扶人员进行专项补贴，对一般教职工进行课时补贴，因人而异。从具体实施中发现，有的学校很少有经费方面的考核，而以评职晋级替代经费考核，这种考核方式受到很多老教师的欢迎，解决了他们在评职方面的困难。

二、县级职教中心服务乡村振兴的内容

县级职教中心服务乡村振兴的内容很多，这里从建立"三农"文化服务乡村振兴、开设涉农专业服务乡村振兴、开设涉农课程服务乡村振兴、开展"三农"培训服务乡村振兴等四个方面对县级职教中心服务乡村振兴的内容情况进行分析说明。

（一）县级职教中心建设"三农"文化的情况

学校文化的主要功能是育人和引领，在服务乡村振兴过程中，以"三农"文化培养技术技能人才、培养具有"两爱一懂"情怀的新农人是职业院校的普遍做法，也是县级职教中心的基本做法。其文化服务的对象包括在校学生、培训学员、教职工、乡村人民，服务的方式主要是文化熏陶、思想引领。这里主要从县级职教中心自身"三农"文化的建设情况进行调研分析。表 2-7 是对 15 个县级职教中心建设"三农"文化的调研情况。

表 2-7 县级职教中心建设"三农"文化情况

序号	区域	学校	是否建设了"三农"文化	主要内容
1	重庆市	秀山土家族苗族自治县职业教育中心	是	1. 建设与非遗文化、革命文化相结合的非遗文化长廊和非遗文化景观 2. 将"龙凤花烛""秀山花灯"等非遗技艺带入课堂

续表

序号	区域	学校	是否建设了"三农"文化	主要内容
2	重庆市	酉阳县职业教育中心	是	1. 在校内网站和微信公众号宣传"三农"文化 2. 在校内有"三农"宣传标语
3	重庆市	彭水苗族土家族自治县职业教育中心	是	1. 制定民族民间文化进校园规划，将民族民间文化融入课程体系、教学体系、教材体系 2. 建立了非物质文化遗产传承工作室
4	重庆市	垫江县职业教育中心	是	将"三农"文化与学校"时"文化有机融合，在校园内有横幅宣传标语
5	重庆市	丰都县职业教育中心	是	建设非物质遗产文化"职教神鼓"
6	重庆市	忠县职业教育中心	是	深挖地方传统"忠·信"文化，与"三农"文化相互交融，通过开展征文比赛、主题教育活动、中华魂读书活动，实现文化育人
7	重庆市	石柱土家族自治县职业教育中心	是	1. 改造、美化校园环境 2. 在校园内、教学楼走廊、教室外等醒目地方，张贴名言警句、名人字画，推进"墙壁文化、橱窗文化"落实落地
8	重庆市	云阳县职业教育中心	是	1. 改造"予仁而巧"主题文化公园、新建传统文化展示墙、工匠精神主题雕塑墙 2. 开设了"乡村振兴讲坛"，邀请乡镇长进校举办讲座 3. 开发了乡村振兴读本

续表

序号	区域	学校	是否建设了"三农"文化	主要内容
9	重庆市	奉节县职业教育中心	是	学校以"诗润匠心"为校园文化，建设了诗词文化长廊、古今诗人雕像
10	重庆市	巫山县职业教育中心	是	校园内镌刻了文化石，墙壁有三峡移民精神浮雕
11	重庆市	巫溪县职业教育中心	是	1. 请民间艺人走进校园，与民间艺人对话 2. 开展传统文化大讨论
12	重庆市	城口县职业教育中心	是	1. 在学校行政楼前新建中国古代经典故事浮雕 2. 改建学校主席台背景浮雕墙，结合城口的历史人文和自然生态，形成"山区特色职教新时代"的主题景观
13	四川省	开江县职业中学	是	1. 有"三农"展板 2. 有"三农"宣传标语 3. 有"三农"相关的展馆，如农特产品农村电商展馆
14	四川省	南江县小河职业中学	是	1. 有"三农"展板 2. 有"三农"宣传标语 3. 有"黄羊"研究中心 4. 校史馆中有"三农"专题
15	河北省	巨鹿职业教育中心	是	1. 有"三农"展板 2. 有"三农"宣传标语

分析：

以上数据显示，调研的 15 所县级职教中心 100%都在校内建有相关的"三农"文化。其中，以非物质遗产文化为载体的有 3 所，分别是重庆市的秀山土家族苗族自治县职业教育中心、彭水苗族土家族自治县职业教育中心、丰都县职业教育中心，占比 20%。彭水苗族土家族自治县职业教育中心还同时加强了民族文化的传承和创新，在校内校外都独立或者参与了苗族文化的建设。由于民族文化、非物质文化遗产都来自远古的乡村生活，与乡村发展紧密相关，因此国家也把非物质文化遗产、民族文化的传承、弘扬、创新作为乡村振兴的内容之一。

由于文化建设的复杂性、多样性、特殊性，因此难以用比较明显的指标进行分类统计，下面以举例的方式进行分析说明。重庆市酉阳县职业教育中心在校内网站和微信公众号宣传"三农"文化，"三农"文化上网；重庆市彭水苗族土家族自治县职业教育中心将民族民间文化融入课程体系、教学体系、教材体系，文化体系化育人；重庆市忠县职业教育中心深挖地方传统"忠·信"文化，与"三农"文化相互交融；重庆市云阳职业教育中心开设了"乡村振兴讲坛"，邀请乡镇长进校举办讲座，开发乡村振兴读本；重庆市巫山县职业教育中心将"三农"文化与三峡移民精神融合；重庆市巫溪县职业教育中心请民间艺人入校，将传统文化与"三农"文化融合；四川省开江县职业中学建有农特产品展馆，农产品进校；四川省南江县小河职业中学在校史馆中建有"三农"专题，展示当地乡村发展历史。

从上面情况可以看出，县级职教中心在乡村文化、"三农"文化建设中用心、用力，有大量的创新举措，充分挖掘了当地文化特色，打造了各具特色的"三农"文化，可谓五彩缤纷。而设立经常性"三农"展板、标语则是普遍性、习惯性做法。以上做法，既展示了县级职教中心文化育人的能力、实力，也体现了他们服务乡村振兴、重视"三农"、扎根乡村的决心。

（二）县级职教中心开设"涉农"专业的情况

开设"涉农"专业是县级职教中心服务乡村振兴、服务"三农"最直接、最得力、最拿手的手段，也是最应该做的事。但事实上，由于各种政策、评价的全国趋同化、城市化导向，以及行业、企业、社会的工业化发展，家长、学生的城市化就业等因素影响，县级职教中心开设"涉农"专业的学校很少，这成了县级职教中心共同的"痛点"。

表2-8是对15个县级职教中心开设"涉农"专业的调研情况。

表 2-8 县级职教中心开设"涉农"专业情况

序号	区域	学校	是否开设了"涉农"专业	专业名称
1	重庆市	秀山土家族苗族自治县职业教育中心	是	1. 现代农艺技术 2. 农村环境监测
2	重庆市	酉阳县职业教育中心	是	1. 园林技术 2. 畜牧兽医
3	重庆市	彭水苗族土家族自治县职业教育中心	否	无
4	重庆市	垫江县职业教育中心	否	无
5	重庆市	丰都县职业教育中心	否	无
6	重庆市	忠县职业教育中心	否	无
7	重庆市	石柱土家族自治县职业教育中心	否	无
8	重庆市	云阳职业教育中心	否	无
9	重庆市	奉节县职业教育中心	否	无
10	重庆市	巫山县职业教育中心	否	无
11	重庆市	巫溪县职业教育中心	是	现代农艺技术
12	重庆市	城口县职业教育中心	否	无
13	四川省	开江县职业中学	否	无
14	四川省	南江县小河职业中学	是	畜牧兽医
15	河北省	巨鹿职业教育中心	是	1. 中草药种植专业 2. 现代农艺专业

分析：

以上数据显示，15 所调研学校中，开设"涉农"专业的学校有 5 所，占 33.3%，近 67%的县级职教中心没有开设"涉农"专业。其中，开设有两个"涉农"专业的学校有 3 所，占 5 所开设"涉农"专业学校的 60%，占所有 15 所调研学校的 20%；开设种植专业的有 4 所，开设养殖专业的学校有 2 所。

从上述分析中可以看出：一是县级职教中心开设"涉农"专业的学校较少，仅占三分之一；二是县级职教中心开设"涉农"专业的专业数量很少，范围很窄，仅有 5 个；三是县级职教中心开设种植专业的数量比开设养殖专业的数量要多很多，开设养殖专业的学校只有两所。

以上现象值得高度关注和重视，因为这与县级职教中心本身因"农"而生、为"农"而存的特性矛盾。产生以上问题的原因很多，包括政策导向、学校追求、专业实力、社会需求等。

（三）县级职教中心开设"涉农"课程的情况

"涉农"课程包括"涉农"专业的"涉农"课程，也包括非"涉农"专业的"涉农"课程和培训课程中的"涉农"课程。"涉农"课程是县级职教中心服务"三农"、服务乡村的重要途径，它可以反映出一个学校服务乡村发展建设的基本水平。表2-9是对15个县级职教中心开设"涉农"课程的调研情况。

表 2-9 县级职教中心开设"涉农"课程情况

序号	区域	学校	是否开设了"涉农"课程	课程名称
1	重庆市	秀山土家族苗族自治县职业教育中心	是	1. 中药材的检测（培训课程） 2. 种养殖技术（培训课程） 3. 现代农艺技术相关课程 4. 农村环境监测相关课程
2	重庆市	酉阳县职业教育中心	是	1. 园林技术相关课程 2. 畜牧兽医相关课程
3	重庆市	彭水苗族土家族自治县职业教育中心	是	1. 餐饮服务（培训课程） 2. 手工刺绣（培训课程） 3. 郁山酥肉（培训课程）
4	重庆市	垫江县职业教育中心	是	1. 农业休闲旅游观光（培训课程） 2. 计时机械加工制造（培训课程） 3. 农村种植养殖与经营（培训课程） 4. 闲置劳动力服务外包（培训课程） 5. 农村电子商务（培训课程）

续表

序号	区域	学校	是否开设了"涉农"课程	课程名称
5	重庆市	丰都县职业教育中心	是	1. 农村实用种植技术（培训课程） 2. 现代农业知识（培训课程） 3. 花椒种植（培训课程）
6	重庆市	忠县职业教育中心	是	1. 新型农民科技实用技术（培训课程） 2. 种植技术（培训课程） 3. 餐厅服务员（培训课程） 4. 客房服务员（培训课程）
7	重庆市	石柱土家族自治县职业教育中心	是	1. 果树的种植技巧（培训课程） 2. 病虫害的防治（培训课程） 3. 家庭用电安全（培训课程） 4. 农村电商（培训课程）
8	重庆市	云阳职业教育中心	是	1. 餐饮服务（培训课程） 2. 景区讲解服务（培训课程） 3. 电子电器维修（培训课程） 4. 服装制作工艺（培训课程） 5. 农产品直播推广（培训课程）
9	重庆市	奉节县职业教育中心	是	暂无资料显示具体培训课程，但建有"面向新农村，培育新农民，发展新农业，建设新农村"的新型农民成人培训学校
10	重庆市	巫山县职业教育中心	是	农村电商实用技术（培训课程）
11	重庆市	巫溪县职业教育中心	是	1. 乡村餐旅服务（培训课程） 2. 现代农艺技术相关课程
12	重庆市	城口县职业教育中心	是	1. 乡村旅游服务（培训课程） 2. 农村电商直播（培训课程） 3. 特色种植养殖（培训课程）

续表

序号	区域	学校	是否开设了"涉农"课程	课程名称
13	四川省	开江县职业中学	是	1. 农村电商直播（培训课程） 2. 农机维护（培训课程） 3. 种养殖技术（培训课程）
14	四川省	南江县小河职业中学	是	1. 巴山土鸡养殖（培训课程） 2. 黄羊养殖（培训课程） 3. 畜牧兽医相关课程
15	河北省	巨鹿职业教育中心	是	1. 金银花种植技术（培训课程） 2. 克瑞森葡萄种植（培训课程） 3. 食用菌种植（培训课程） 4. 野菜（蒲公英、曲曲菜、荠菜等）种植（培训课程） 5. 大棚蔬菜种植（培训课程） 6. 家禽（肉鸡、肉兔、奶山羊）养殖（培训课程） 7. 中草药种植专业相关课程 8. 现代农艺专业相关课程

分析：

以上调研情况显示，在所调研的15所学校中，全部开设了"涉农"课程。课程种类很多，约有上百门，但主要集中在六大类：种植课程、养殖课程、经营性课程（农村电子商务等）、服务性课程（餐饮服务等）、加工性课程（刺绣等）、生活性课程（农村家庭用电安全）。

其中，95%以上是培训课程，只有开设了"涉农"专业的5所学校开设了学历教育"涉农"课程。课程开设最多的是河北省巨鹿职业教育中心，开设了金银花种植技术、克瑞森葡萄种植、食用菌种植、野菜（蒲公英、曲曲菜、荠菜等）种植、大棚蔬菜种植、家禽（肉鸡、肉兔、奶山羊）养殖、中草药种植专业相关课程、现代农艺专业相关课程。这个学校的课程也是最有特色、最接地气的，金银花种植技术、克瑞森葡萄种植是定向课程，野菜（蒲公英、曲曲菜、荠菜等）种植是特别开发的特色课程。

以上情况显示：一是县级职教中心都非常重视"三农"中短期技能培训，开设了大量"涉农"培训课程；二是县级职教中心的"涉农"培训针对性强，很接地气，特色种植养殖是重点；三是县级职教中心"涉农"培训的课程内容很广，包括了种植、养殖、现代农业生产经营、农村家庭生活等多个方面；四是各个学校之间"涉农"课程开设差异很大，很难找到两个学校课程完全相同；五是部分县级职教中心不太重视"涉农"课程的开设，调研资料很难找到具体课程，但有"涉农"培训，甚至有专门的培训学校。

（四）县级职教中心开展"涉农"培训的情况

前面资料显示，县级职教中心开设"涉农"专业的不多，以专业服务乡村振兴的力度不大，但开展"涉农"培训则是普遍现象。这反映出县级职教中心非常矛盾的办学心态，一方面想像城市职业学校一样走现代化、城市化、工业化道路，一方面又有非常浓厚的乡村情结、"三农"情怀。表2-10是对15个县级职教中心开展"涉农"培训的调研情况。

表2-10 县级职教中心开展"涉农"培训情况

序号	区域	学校	年培训人次	培训项目名称
1	重庆市	秀山土家族苗族自治县职业教育中心	200/人次	1. 中药材检测人员培训 2. 种养殖培训
2	重庆市	酉阳县职业教育中心	135/人次	1. 送技术下乡（果树种植）
3	重庆市	彭水苗族土家族自治县职业教育中心	185/人次	1. 餐厅服务员培训 2. 苗族刺绣 3. 烹饪技术
4	重庆市	垫江县职业教育中心	1 132/人次	1. 丹皮种植 2. 农业种养殖技术
5	重庆市	丰都县职业教育中心	632/人次	1. 农村实用技术培训 2. 东西部协作扶贫培训 3. 三建乡石龙门村扶贫技能培训

续表

序号	区域	学校	年培训人次	培训项目名称
6	重庆市	忠县职业教育中心	622/人次	1. 新型农民科技培训 2. 致富带头人培训 3. 乡村旅游 4. 种植技术
7	重庆市	石柱土家族自治县职业教育中心	不详	1. "服务乡村振兴"培训 2. 电子商务进农村
8	重庆市	云阳职业教育中心	2 385/人次	1. 餐厅服务员培训 2. 景区讲解员培训 3. 电子电器维修 4. 服装制作工艺 5. 农产品直播推广
9	重庆市	奉节县职业教育中心	6 000/人次	1. 雨露计划培训 2. 扶贫创业培训
10	重庆市	巫山县职业教育中心	1 000/人次	农村电商人才培训
11	重庆市	巫溪县职业教育中心	100/人次	残疾人乡村餐旅培训
12	重庆市	城口县职业教育中心	1 436/人次	1. 农村电商人才培训 2. 乡村旅游人员服务 3. 特色种养殖培训
13	四川省	开江县职业中学	1 350/人次	1. 农机维护、种植养殖技术培训 2. 商务局电商培训 3. 就业局电商培训 4. 供销社电商培训
14	四川省	南江县小河职业中学	2 764/人次	1. 巴山土鸡养殖 2. 黄羊养殖 3. 乡村旅游

续表

序号	区域	学校	年培训人次	培训项目名称
15	河北省	巨鹿职业教育中心	876/人次	1. 金银花种植技术 4. 克瑞森葡萄种植 5. 食用菌种植 6. 野菜（蒲公英、曲曲菜、荠菜等）种植 7. 大棚蔬菜种植 8. 家禽（肉鸡、肉兔、奶山羊）养殖

分析：

以上资料显示，15 所调研学校均开设了"涉农"培训，培训项目多达 42 种，培训项目最多的是河北省巨鹿职业教育中心，有 8 种；培训项目最少的只有 1 种（据现有调查资料显示）。年培训人次最多的是重庆市奉节县职业教育中心，达 6 000 人次，最少的是重庆市巫溪县职业教育中心，只有 100 人次；年培训在 1 000 人次以上的有 7 所学校，占 47%，大部分学校集中在 600 至 2 000 之间。

结合其他相关资料可以看出：一是县级职教中心都开展了"涉农"培训，说明中短期技能培训是县级职教中心服务乡村振兴的基本途径，主要手段，也是其主要功能；二是县级职教中心开展"涉农"培训规模较大，如果算上各类"涉农"培训，年培训规模基本都在 1 000 人次以上，而实际上可能更多，因为很多公益性培训、临时性培训、一天之内的培训都没有统计；三是各学校之间开展"涉农"培训的差异较大，培训项目不同、培训规模不等、培训范围不同，这反映出重视程度、基础条件、师资水平、组织能力等实际状况的巨大差异；四是县级职教中心"涉农"培训的规范性不够，项目来源、培训管理、培训数量都是"各自为政"，说明政府在这方面的引导和统筹还有很多工作可以做。

三、县级职教中心服务乡村振兴的活动

活动是服务乡村振兴的重要载体，活动具有影响力大、实施性强、灵活可控、效果显著的特点。县级职教中心在服务乡村振兴的过程中，开展、参与各类活动一直是大家喜欢的形式。表2-11是对15个县级职教中心开展服务乡村振兴活动的调研情况。

表2-11 县级职教中心开展服务乡村振兴活动情况

序号	区域	学校	是否开展了服务乡村振兴活动	主要活动内容
1	重庆市	秀山土家族苗族自治县职业教育中心	是	1. 在秀山电商孵化园建立电商销售平台进行"线上"营销活动 2. 在秀山微电影城、川河盖等旅游景区建立门店，开展"线下"营销活动
2	重庆市	酉阳县职业教育中心	是	1. 到花田乡与何家岩村党支部开展支部党建共建活动 2. 开展民族传统文化进校园活动 3. 举办酉阳县职业技能大赛
3	重庆市	彭水苗族土家族自治县职业教育中心	是	1. 西北农林科技大学农民发展学院彭水分院揭牌仪式 2. 开展"我为群众办实事"实践活动，送教下乡、民族技艺培训、生态旅游培训及餐饮培训等
4	重庆市	垫江县职业教育中心	是	1. 开展农业科技培训讲座 2. 成渝地区双城经济圈东部服务"三农"助力乡村振兴职教联盟成立大会暨研讨会
5	重庆市	丰都县职业教育中心	是	1. 开展送技术下乡活动 2. 落实送培训到人 3. 践行送服务到村

续表

序号	区域	学校	是否开展了服务乡村振兴活动	主要活动内容
6	重庆市	忠县职业教育中心	是	1. 开展主题党日活动 2. 与帮扶村开展联建活动,与贫困户结对帮扶 3. 举办"忠信杯"第11届职业技能大赛 4. 开展职业教育体验活动
7	重庆市	石柱土家族自治县职业教育中心	是	1. 开展乡村实践主题党日活动 2. 开展各类服务乡村社团活动
8	重庆市	云阳职业教育中心	是	1. 乡村振兴"四送"活动:送"服务进村"、送"技术进村"、送"文化进村"、送"产业进村" 2. 农产品直播活动 3. 校村党建共驻共建活动
9	重庆市	奉节县职业教育中心	是	1. 开展送文化下乡、志愿者服务、乡村支教等活动 2. 为广大村民宣传党的创新理论,宣讲解读与农村农民相关的政策法规
10	重庆市	巫山县职业教育中心	是	1. "我为群众办实事"实践活动 2. 百名教师进千家""送课下乡""职业体验""职教五晒"等宣传展示活动 3. 参与巫山国际红叶节青年教师志愿服务

续表

序号	区域	学校	是否开展了服务乡村振兴活动	主要活动内容
11	重庆市	巫溪县职业教育中心	是	1. 请民间艺人走进校园，与民间艺人对话 2. 开展传统文化大讨论 3. 开展"我与传统文化的故事"演讲比赛 4. 开展"我眼中的民间艺术"主题班会 5. 开展电商直播农产品销售活动 6. 组织政策宣讲活动 7. 开展"教师进农户"活动，进行现代农艺技术、家庭用电实用技术培训
12	重庆市	城口县职业教育中心	是	1. 帮扶活动 2. 培训活动
13	四川省	开江县职业中学	是	1. 帮扶活动 2. 培训活动 3. 直播活动 4. 农旅策划 5. 文旅短视频拍摄宣传 6. 线上商城搭建活动 7. 直播技能大赛、创业大赛活动
14	四川省	南江县小河职业中学	是	1. 承办第二届"巴山工匠杯"暨巴中首届农民工技能大赛 2. 承办南江县专业课教学研讨会
15	河北省	巨鹿职业教育中心	是	1. 2019年新型职业农民培养、实训基地揭牌仪式 2. 2018年开展了新型农民培养参观学习活动 3. 为巨鹿县第三届旅游产业发展大会暨农民丰收节提供产品服务

分析：

以上调研资料显示：调研的 15 所学校均开展了服务乡村振兴的活动，调研获得的活动类型有 51 个；开展活动类型最多的是重庆市巫溪县职业教育中心、四川省开江县职业中学，都有 8 个；开展雷同活动最多的是"农产品电商营销活动"，有 5 所学校。

结合实地考察，可以看出：一是县级职教中心普遍重视以活动形式服务乡村振兴，开展的活动形式丰富多样，参与活动的人数也多，举办活动的次数也多；二是县级职教中心开展的服务乡村振兴活动质量参差不齐，有相当部分有"作秀"的嫌疑，形式上轰轰烈烈，实际效果差强人意；三是县级职教中心开展服务乡村振兴活动的规范性不够，目的意义、计划安排、后续跟踪往往被忽略，活动的延续性不强，更谈不上体系性活动。因此，规范、引导县级职教中心开展服务乡村振兴活动是今后应该重视的工作。

第三节　县级职教中心服务乡村振兴的成效

一、乡村获得的成果成效

（一）助力乡村完成脱贫攻坚任务

县级职教中心在全国脱贫攻坚中所起的作用是显著的，可以说，我国全面完成脱贫攻坚任务离不开县级职教中心。教育部职业教育与成人教育司副司长谢俐指出，职业教育在阻断贫困代际传递中发挥了主力军作用、在直接帮扶贫困人群脱贫中发挥了攻坚队作用、在助力贫困地区产业脱贫方面发挥了排头兵作用。

县级职教中心在全国脱贫攻坚中所起的作用主要体现在三个方面：一是"培养培训一人，成功就业一人，脱贫一家"的技术技能人才培养培训；二是定点帮扶村社，对口帮扶农户，紧密对接承担直接脱贫攻坚任务；三是提供技术、信息、资源，开展送文化、志愿者、技术咨询指导等综合服务。

案例 8：

助力脱贫攻坚

重庆市云阳职业教育中心 2013 年 3 月起，在"国家中等职业教育改革发展示范学校建设"项目的推动下，学校立足云阳县作为重庆传统农业大县、务农人口大县、外出务工人口大县的实际情况，开始探索建设三峡库区教育移民技能型人才培养基地，开启服务"三农"的探索与实践，并且采取边探索边行动的基本方法。近五年，参与教师 1 500 余人，参与学生 6 万余人，涉及区县 13 个，直接帮扶 76 个乡镇脱贫，间接助推 300 个乡镇脱贫，产生了广泛的社会影响。

（二）培养大批乡村各类实用人才

县级职教中心是县域内培养乡村实用人才的绝对主力。他们的主要生源来自乡村，学生毕业后就业效益主要用于乡村，可以说，让一个农村学生掌握一门技术实现成功就业，一个人一个月几千元的收入就保证了这个家庭脱贫。从这个意义上说，县级职教中心每年毕业多少人，就基本保证了多少个家庭脱贫，其意义之大不言而喻。

案例 9：

持续培养乡村实用人才

重庆市云阳职业教育中心在脱贫攻坚期间总结形成了培养乡村实用人才经验，近三年在学校 18 个专业 230 个班级 10 000 余学生中应用，近 5 万名"三农"培训学员受益，学生、学员提升了"三农"素养。几年来，学校学历生回乡创业就业人数达 300 余人，学生学员中 1 300 余人做了"三农"老板，近 80 名做了村社干部。

（三）助力乡村多方面工作有效提升

由于县级职教中心基本都承担着与其他政府部门同样的对村对户帮扶任务，并且组织师生开展、参与了大量服务乡村的活动，因此除了人才培养外，还在文化传播、产业发展、组织建设等多个方面助力乡村的发展建设。

案例 10：

构建以县职业教育中心为主体的服务乡村发展体系

甘肃省教育厅在"我为群众办实事"实践活动中，着力构建"一县一校一中心"县域职业教育机构框架，建立了县职业教育中心为主体的助力乡村发展的体系。

各县职教中心立足牛、羊、菜、果、薯、药等六大特色产业需要，优化专业设置，建设一批乡村振兴急需专业。2021 年，开展涉农领域培训共计32 415 人次。主要培训类型有：面向农民工、农村富余劳动力、脱贫劳动力群体开展焊工、电工、中式烹调、果蔬种植、药材种植、保育员等项目培训10 640 人次，让劳动力具备"一技之长"；面向新型职业农民群体开展花卉果树种植、家禽家畜养殖等项目培训 4 554 人次，培育种植养殖"技术能手"；把握"三新一高"要求，开展农村电商、新媒体运行等培训 928 人次，应对互联网经济新模式；面向"两后生"群体开展家政服务、拉面等项目培训 637 人次，实现"成功一人，致富一家"。面向农产品公司职工开展企业管理、农产品深加工等项目培训 1 304 人次，为农企发展"保驾护航"；提高干部治理能力，开展县乡村干部农村实用技术推广应用能力提升等项目培训 3 232 人次，培养一批"广视野、懂经营"的乡村振兴干部。

各县级职教中心创新职业教育模式，增强职业教育吸引力，为劳动者成长成才创造更好条件、提供更多机会，为乡村振兴输送更多技术技能型人才，为巩固脱贫攻坚成果、助力乡村振兴注入更持久的动力。

二、学校获得的成果成效

（一）产生了一批教育教学成果

服务是双向的，在服务别人的同时，自己也会获得收获。在服务脱贫攻坚、乡村振兴的过程中，县级职教中心也获得了众多成果，包括各种荣誉、教学成果奖、课题、论文等。这些成果大部分都是在服务乡村振兴的实践过程中产生的，有的是因为付出、取得成效，政府进行了表彰奖励；有些是对服务过程的经验总结、理论提升，形成了可供推广的模式、经验等；有的是用服务改革、改善教育教学、学校管理，促进了教育教学、学校管理的提升。这些成果有大有小，有标志性成果，也有一般性成果；有个人成果，也有学校成果。这里通过对县级职教中心在服务脱贫攻坚、乡村振兴中取得的标志性成果的不完全分析，来说明学校在服务过程中自身取得的成果成效。

表 2-12 是对 15 个县级职教中心打造服务乡村振兴标志性成果的调研情况。

表 2-12　县级职教中心打造服务乡村振兴标志性成果情况

序号	区域	学校	是否打造服务乡村振兴成果	主要成果名称
1	重庆市	秀山土家族苗族自治县职业教育中心	是	1.《"非遗+乡村振兴"探索与实践》成功入选教育部典型案例集 2.《实施"秀山花灯"育人创新实践项目研究助推精准扶贫》案例在市中职教育案例遴选中荣获"职教精准扶贫典型案例" 3."三农"创新参加重庆市第五届"渝创渝新"中华职业教育创新创业大赛获一等奖
2	重庆市	酉阳县职业教育中心	是	1. 市级比赛中得了 1 个二等奖（农林牧渔-动植物细胞切片制作）和 2 个三等奖 2. 成功申报了 2 项国家专利
3	重庆市	彭水苗族土家族自治县职业教育中心	是	1.《"校城联动"助推乡村文旅产业振兴的实践探索》入选教育部《职业教育助力乡村振兴研究》课题的典型案例 2. 全国教师教学能力大赛一等奖
4	重庆市	垫江县职业教育中心	是	"全国脱贫攻坚先进集体"

续表

序号	区域	学校	是否打造服务乡村振兴成果	主要成果名称
5	重庆市	丰都县职业教育中心	是	省级行业职业院校技能大赛一等奖 1 人次
6	重庆市	忠县职业教育中心	是	1. 参加教育部和联合国儿基会举办的中职生"生活技能开发项目",电子专业曾磊揭的励志短视频,在联合国儿基会官网巡回展播 2. 市职教学会重点课题"中职学生生活技能教育资源建设实践研究" 3. 获得国家职业院校技能大赛二等奖1项
7	重庆市	石柱土家族自治县职业教育中心	是	1. 国家教学成果二等奖1项 2. 市级课题《中职学校"校村互动,产教融合,育训乡村振兴人才"研究》 3. 市级重点课题《基于现代学徒制的人才培养模式改革实践研究》
8	重庆市	云阳县职业教育中心	是	1.《农村电商"短视频拍摄与处理"》市级二等奖。 2.《农耕文化研学旅行》市级二等奖 3. "三农"实用新型专利17个 4. 服务乡村振兴案例入选市职教学会案例集 5. "三农"创新参加重庆市第五届"渝创渝新"中华职业教育创新创业大赛获二等奖2个、三等奖1个
9	重庆市	奉节县职业教育中心	是	市级教师教学能力大赛二等奖 1 项,三等奖 1 项

续表

序号	区域	学校	是否打造服务乡村振兴成果	主要成果名称
10	重庆市	巫山县职业教育中心	是	市级教师教学能力大赛二等奖 2 项，三等奖 2 项
11	重庆市	巫溪县职业教育中心	是	市级技能大赛二等奖 6 人，三等奖 11 人
12	重庆市	城口县职业教育中心	是	1. 省级行业职业院校技能大赛二等奖 5 个，三等奖 9 个 2. 教师参加市级技能大赛获三等奖 2 个
13	四川省	开江县职业中学	是	1.《农村中职学校电商直播助力乡村振兴的策略研究与实践》入选教育部《职业教育助力乡村振兴研究》课题的典型案例 2. 近三年，省级教师教学能力大赛一等奖 10 个
14	四川省	南江县小河职业中学	是	1. 省级技能大赛一等奖 1 个、二等奖 4 个、三等奖 4 个和优秀指导教师奖 1 个 2. 学校主研的《基于多元文化教育理论的四川"9+3"学校教育改革创新与实践》获得教育部表彰的国家级教学成果二等奖 3. 畜牧兽医专业师生共同参研的《南江黄羊新品系选育研究》获国家科技进步二等奖
15	河北省	巨鹿职业教育中心	是	1. 河北省教学成果三等奖 2. 国家级优秀论文教研成果一等奖 3. 省级微课大赛中二等奖

分析：

以上调研情况显示：所调研的 15 所学校在服务乡村振兴过程中都取得了

成果成效。其中，服务脱贫攻坚、乡村振兴典型案例入选省市、国家级的有 4 个，涉及 3 所学校；获省市、国家级教学成果奖的有 2 个，涉及 2 所学校；获全国脱贫攻坚先进集体的 1 个，是重庆市垫江县职业教育中心；以"三农"素材、资源、案例开展课题研究、教学能力比赛、论文撰写获奖、申请专利的最多，几乎每个学校都有。

在调研不完全、不充分的情况，上述情况依然可以看出：

一是县级职教中心服务乡村振兴取得的成果是显著的，综合荣誉等级最高的是重庆市垫江县职业教育中心，获得了全国脱贫攻坚先进集体；教学荣誉最高的是四川省南江县小河职业中学，他们的《基于多元文化教育理论的四川"9+3"学校教育改革创新与实践》获得教育部表彰的国家级教学成果二等奖、畜牧兽医专业师生共同参研的《南江黄羊新品系选育研究》获国家科技进步二等奖；数量最多的是四川省南江县小河职业中学、重庆市云阳职业教育中心等学校，数量都在 20 项以上。

二是县级职教中心服务乡村振兴取得的成果类型丰富，包括政府表彰、典型案例、创新创业比赛、教学能力比赛、教学成果奖、专利、论文、课题、科技创新，等等。如四川省南江县小河职业中学有技能大赛奖、教学成果奖、科技进步奖，重庆市云阳职业教育中心有教学能力大赛奖、实用新型专利、典型案例、创新创业大赛奖。

结合实地调研考察，我们发现，县级职教中心服务乡村振兴取得的成果主要集中在教育教学方面，也就是将服务脱贫攻坚、乡村振兴与人才培养、学校治理、教育教学结合起来，在促进乡村建设发展的同时，学校的教育教学也得到了发展，取得了丰硕成果。这是值得我们关注、思考的，这也与我们对县级职教中心在服务乡村中实现自我发展的定位是一致的。

（二）打造了学校办学特色

办学特色是指学校办学中与其他学校相比突出的、耀眼的、有明显区别的做法、风格、习惯等。县级职教中心在服务脱贫攻坚、乡村振兴过程中，在长期深入乡村的实践中，逐步形成了自己的经验、做法、风格，并将之凝练成了典型的、可推广、可复制的模式，是一般城市职业学校、其他职业院校难有的，这就成了其自己的办学特色。

办学特色是一个宽泛的概念，涵盖的内容、范围很广，为了更聚焦、更有说服力和典型性，这里我们选取产生"服务脱贫攻坚、乡村振兴模式"这个视角进行调研分析，虽有以偏概全之嫌，但也有典型性、借鉴性之长。

表 2-13 是对 15 个县级职教中心构建服务乡村振兴模式的调研情况。

表 2-13　县级职教中心构建服务乡村振兴模式情况

序号	区域	学校	是否构建服务模式	主要模式名称
1	重庆市	秀山土家族苗族自治县职业教育中心	是	"非遗+乡村振兴"探索与实践模式
2	重庆市	酉阳县职业教育中心		暂无资料显示
3	重庆市	彭水苗族土家族自治县职业教育中心	是	"校城联动"助推乡村文旅产业振兴实践模式
4	重庆市	垫江县职业教育中心	是	"互联网+服务三农"模式
5	重庆市	丰都县职业教育中心	是	"校企合作、产教融合、工学结合"订单式培养合作模式
6	重庆市	忠县职业教育中心		暂无资料显示
7	重庆市	石柱土家族自治县职业教育中心		暂无资料显示
8	重庆市	云阳县职业教育中心	是	县级职教中心服务乡村振兴"五链合一"融合行动模式

续表

序号	区域	学校	是否构建服务模式	主要模式名称
9	重庆市	奉节县职业教育中心		暂无资料显示
10	重庆市	巫山县职业教育中心		暂无资料显示
11	重庆市	巫溪县职业教育中心	是	涉农专业校外实训基地建设模式
12	重庆市	城口县职业教育中心		暂无资料显示
13	四川省	开江县职业中学		暂无资料显示
14	四川省	南江县小河职业中学	是	"办好一体两翼三所学校，助力乡村振兴"模式
15	河北省	巨鹿职业教育中心	是	"一一一三"培训模式

分析：

本调研资料主要来源于《2020年年度质量报告》和网络文献，有部分学校查不到相关资料，我们认为有三种可能：一是没有形成典型模式，所以无资料可查；二是形成了模式，但做法不够典型，因此没有对外推广；三是形成了模式，也比较典型，但还想进一步打造提升，因此暂时没有对外推广。因此，凡是没有查阅到相关资料的，我们均按"暂无"处理。

以上调研资料显示：所调研的15所学校有8所产生了"典型模式"，占53%；直接服务乡村的模式有5个，涉及5所学校，如"县级职教中心服务乡村振兴'五链合一'融合行动模式"，占所有8个模式的62.5%；其余3个是服务与教学融合模式，如"涉农专业校外实训基地建设模式"，占所有8个模式的37.5%。

从上述情况可以看出：一是在总结经验形成典型做法方面，县级职教中心出现了明显分化,几乎是一半重视,一半不重视;二是典型模式的类型明显倾向于直接服务乡村振兴,与教育教学、学校治理融合的较少。

结合实地调研考察,我们发现:

一是县级职教中心普遍都形成了服务脱贫攻坚、乡村振兴的特色,说明服务乡村、"三农"的成果成效是显著的,这项工作基本成了县级职教中心的中心工作、常规工作、特色工作,有继续做好做强的基础。

二是对特色的打造、提炼方面,部分县级职教中心做得不够。对典型模式的打造体现的是一个学校的价值观、发展方向,一个好的模式可以有效总结过去的经验做法,提升服务质量和水平,鼓舞士气,扩大影响,是学校继续做好此项工作的重要前提。

三是服务乡村振兴必须与学校本身的发展结合,也就是与学校治理、教育教学、人才培养结合。而现有的县级职教中心典型模式中,大部分是直接服务乡村振兴的。要实现县级职教中心在服务乡村振兴中实现学校与乡村的同进步、同发展,就必须重视服务乡村振兴与学校建设发展融合。

(三)提升了学校发展水平

县级职教中心在服务脱贫攻坚、乡村振兴中是否提升了学校发展水平,这是很难用具体指标、明确说法或者数字能作出判断的。判断一个学校是否提升了发展水平,可以从规模、基础设施、人才培养质量、获得的综合荣誉等进行说明,但要说明这些与服务脱贫攻坚、乡村振兴有关就比较困难,要进一步说明有多大关系就更难。因此,这里我们用两种方法来展示县级职教中心在服务脱贫攻坚、乡村振兴中实现自我发展提升的情况,一是学校近年来所取得的教育教学成果成效,以此展示学校整体发展水平;二是学校与服务脱贫攻坚、乡村振兴相关的典型案例、自我总结、媒体报道,以此展示学校发展与服务脱贫攻坚、乡村振兴的关系。这种论述虽然不够全面、严谨,但也有较强的说服力。

表 2-14 是对 15 所县级职教中心在服务乡村振兴期间所取得的主要成果成效的调研分析。

表 2-14 县级职教中心在服务乡村振兴期间的主要成果成效情况

序号	区域	学校	主要成果成效
1	重庆市	秀山土家族苗族自治县职业教育中心	1. 2020 年,获市级教师教学能力微课设计二等奖 1 个 2. 在市级技能大赛教师教学能力课堂教学项目获三等奖一个 3. 在市级小学课程德育精品课评选中,获二等奖 1 个 4. 获市高水平学校荣誉 5. 入选市双优校建设项目学校
2	重庆市	酉阳县职业教育中心	1. 在市级技能大赛中获 5 个二等奖,20 个三等奖 2. 入选市双优校建设项目学校
3	重庆市	彭水苗族土家族自治县职业教育中心	1. 2021—2022 年,获市级教学能力大赛二等奖 6 个,三等奖 4 个 2. 获市高水平学校荣誉 3. 入选市双优校建设项目学校
4	重庆市	垫江县职业教育中心	1. 典型案例《探索"互联网+服务'三农'"模式助力经济社会高质量发展》在重庆日报报道 2. 获市高水平学校荣誉 3. 入选市双优校建设项目学校
5	重庆市	丰都县职业教育中心	1. 在市级技能大赛中,获二等奖 8 人次,三等奖 28 人次 2. 在行业职业院校技能大赛中获一等奖 1 人次,二等奖 7 人次,三等奖 7 人次 3. 入选市双优校建设项目学校

续表

序号	区域	学校	主要成果成效
6	重庆市	忠县职业教育中心	1. 获市级教学能力大赛二等奖2个，三等奖2个 2. 获市级技能大赛三等奖1个 3. 获县级防疫期间线上教学优质课一等奖4个，二等奖6个，三等奖7个 5. 入选市双优校建设项目学校
7	重庆市	石柱土家族自治县职业教育中心	1. 获市级教师教学能力大赛三等奖5个 2. 入选市双优校建设项目学校
8	重庆市	云阳县职业教育中心	1. 近两年教学能力大赛获市级一等奖1个、二等奖8个 2. 获市级教学成果奖三等奖1个 3. 获县级教学成果奖一等奖1个、二等奖2个、三等奖1个 4. 获市教委党建先进组织1个 5. 获市高水平学校荣誉 6. 入选市双优校建设项目学校
9	重庆市	奉节县职业教育中心	1. 获市级教师教学能力大赛二等奖1项，三等奖1项 2. 获市级创新创业大赛二等奖1项，三等奖1项 3. 获市高水平学校荣誉 4. 入选市双优校建设项目学校
10	重庆市	巫山县职业教育中心	1.《职教助力，山区群众走上致富路——巫山职教中心"三步走"助力脱贫攻坚》在重庆日报报道 2. 在市级创新创业大赛中，荣获三等奖1个 3. 获市高水平学校荣誉 4. 入选市双优校建设项目学校

续表

序号	区域	学校	主要成果成效
11	重庆市	巫溪县职业教育中心	1. 参加行业职业技能大赛，获一等奖30人，二等奖45人，三等奖51人 2. 县级技能大赛154人，其中一等奖58人，二等奖43人，三等奖53人 3. 入选市双优校建设项目学校
12	重庆市	城口县职业教育中心	1. 获市级技能大赛三等奖3个 2. 入选市双优校建设项目学校
13	四川省	四川省开江县职业中学	1. 近三年，省级教师教学能力大赛一等奖10个 2. 学生梁承兴在"一带一路"金砖国家联盟国际焊接比赛中获得第一名 3. 开江县职业中学2020级计算机应用专业学生唐心怡团队带来的"赋农直播梦工厂"项目，被川内一家大型传媒企业一眼相中
14	四川省	四川省南江县小河职业中学	学校办学经验先后得到中央电视台、人民日报、四川日报、搜狐、新浪网、中国报道、四川教育报等28家媒体的宣传推介
15	河北省	河北省巨鹿职业教育中心	1. 典型案例《为乡村振兴贡献职教力量》在中国教育网络电视台报道 2. 学校新型职业农民培养工作在邢台市人民政府《要情快报》（5.27版）报道

分析：

以上调研资料显示：重庆市全部12所县级职教中心均进入了市级双优校建设项目，其中6所获得了市级高水平中等职业学校荣誉，也就是重庆市县级职教中心整体进入了全市前50位。由于评价体系、指标不同，因此对四川、河北的 3 所学校难以用同样的方式进行评价，这里暂不做分析。

由上述资料及分析可以看出，县级职教中心的整体实力较强，近年来的发展进步是非常明显的。

下面以案例（样本）的形式展示县级职教中心在服务脱贫攻坚、乡村振兴过程中学校发展水平提升情况。

案例 11：

深耕乡村 服务乡村 促进协调发展

几年来，重庆市云阳职业教育中心成功开发出"云之浓""云之绿"系列特色农产品 5 个，建区域电商服务中心一个、市职教学会"乡村振兴技术技能人才培养研究中心"一个，直接帮扶 5 个村、间接帮扶 30 个村精准脱贫走向乡村振兴，全部接受国家验收合格；与 4 个村社党支部建立了共驻共建关系，学校因此获得 2019 年重庆市教育系统先进基层党组织荣誉。

学校发起成立了"中职学校服务乡村振兴区域（川渝）协同创新联盟"，主办了重庆市两届"中职学校服务乡村振兴论坛"，两省市共 13 所学校参加；最近几年，全国来自贵州、云南、湖北等省的 20 多所学校 300 多人前来参观学习；《重庆日报》、重庆电视台、华龙网等媒体进行了 200 多次宣传报道；在《中国职业技术教育》《职业技术教育》等北大核心期刊发表相关主题论文，《以服务为核心的中职学校治理体系研究与实践》著述已出版。社会各界广泛关注，市教委、市职教学会、市电子商务协会及各地县（区）委县（区）府、各级政府部门，1 000 余个乡镇村社予以了直接关注，产生了较大社会影响。

案例 12：

立足世界苗乡，创办职教名校

近年来，彭水职教中心创新发展理念，"立足世界苗乡，创办职教名校"，依托彭水独有的旅游资源和历史文化，将民族民间文化技艺传承作为特色项目引入校园，建构了民族特色+"四化"建设体系，开设特色课程，聘请民间大师、非遗传承人 6 名，建立大师工作室 4 个，牵头成立了全国首家非物质文化遗产传承与保护产教联盟，共建非遗产品电商平台，走出了一条具有民族地区独有的职教发展之路，有效助力脱贫攻坚和乡村振兴。

做亮民族特色、推动乡村振兴是彭水职教中心师生共同的追求。学校培育出旅游、计算机等王牌专业，高考质量稳步上升，本科升学率排名全市第一，其中旅游专业三年蝉联全市综合排名第一。

近几年学校实现了学生规模化、高品质就业，毕业生就业率 98% 以上，专业对口率 85% 以上，高考升学率在重庆职业院校中排名第一。

三、师生获得的成果成效

（一）激发了"爱农"热情

职业院校服务乡村建设发展，不同类型的学校有不同的主体。县级职教中心的主体应该是师生，而不是管理者、干部、个别人，县级职教中心服务乡村建设发展是大规模的、持续性的，是学校的基本功能之一，是学校服务区域经济社会发展的着力点。因此，广大师生一定会经常性地深入服务乡村振兴的实践中，在这个实践中，一定会产生大量的、丰富的师生个人成果，促进自身发展和成长。产生"爱农"情怀便是其中之一。

县级职教中心服务乡村振兴的实践激发师生"爱农"热情集中体现在"两爱一懂"。一是爱农村，曾大量的人在逃离农村，而服务乡村振兴，能让师生懂得农村之于中国的宝贵，懂得农村对于中华民族的重要意义，也可以看懂农村的美好未来，由此实现由"逃离"到"爱"的转变。二是爱农民，在某些人眼中，农民是落后、无知的。但农民身上有着勤劳、勇敢、吃苦、慈爱等可贵品质，是农民种的粮食供养了十多亿人口，是农民的坚韧奠定了中国的底色，当师生了解了农民、走近农民，就会爱上农民。三是懂农业。城市化是今天的主旋律，大量生长在农村的孩子被"城市化"，干部、教师、学生"离农"现象严重，不识土香味，不知禾苗长。但经过深入乡村实践，师生了解、接触乡村，就逐渐懂得了农业生产、农村生活。

虽然服务脱贫攻坚、乡村振兴是县级职教中心对乡村的付出，但师生的成长也算是"意外收获"。

案例 13：

服务"三农"催生教师扎根情怀

重庆市云阳职业教育中心在服务脱贫攻坚中，催生教师扎根情怀，350

多名教职工投入到乡村振兴中,到村入户达 15 000 人次,对接帮扶 1 020 户农户脱贫走向振兴之路,涌现出重庆市五一劳动奖章获得者等一大批奉献乡村的教职工。

(二) 产生了"助农"成果

助农成果包括了师生因服务"三农"获得的荣誉、各类竞赛获奖、创新发明等。

案例 14:

多方位助农　成果丰硕

重庆市云阳职业教育中心在服务乡村振兴中,成功开发"云之浓""云之绿"系列特色农产品 5 个、建区域电商服务中心一个、市职教学会"乡村振兴技术技能人才培养研究中心"一个,产生了一批"涉农"专利,直接帮扶 5 个村、间接帮扶 30 个村精准脱贫走向乡村振兴,全部接受国家验收合格。

(三) 实现了"自我"成长

在服务脱贫攻坚、乡村振兴过程中,大量的师生实现了自我成长。教师的成长主要体现在获得提拔重用、产生教学教研成果、评优评先、个人影响力提升等方面。学生的成长主要体现在学历提升、技能提升、就业创业等方面。

案例 15:

服务"三农"　助力师生成长

重庆市云阳职业教育中心在服务脱贫攻坚、乡村振兴中,高度关注师生成长。

注入"三农"素养,促进学生/学员成长。该校从 2015 年开始大力开展服务乡村活动以来,全校共有 18 个专业 230 个班级 10 000 余学生、近 5 万名"三农"培训学员受益。"懂乡情、爱乡村、感乡恩"的青少年学生大幅增长,立志完成学业后回乡创业就业的人数占在校生的 60%以上,比过去增长 50%左右。"三农"培训质量明显提高,"有技术、懂经营"的"三农"学员较过去增加 70%以上。短短几年,本校学历生回乡创业就业人数已达 300 人,学生学员中 1 300 余人做了"三农"老板,近 80 名做了村社干部。

催生教师情怀，助力教师发展。近年来，"有技术、愿奉献"的教师群体大幅增长，本校有 350 多名教职工投入精准脱贫、乡村振兴中，到村入户达 15 000 人次，对接帮扶 1 020 户农户脱贫走向振兴之路，涌现出重庆市五一劳动奖章邹和平（驻村书记）这样一大批奉献乡村的教职工，有多位教师因服务乡村在评职上获益、被学校提拔重用。

案例 16：

深入乡村实践　　促进学生成才

广西昭平县职教中心坚持"三个全面""四个锻造"，面向县域经济社会培养技能人才，取得了良好成效，培养了一大批积极服务本地经济社会发展的优秀毕业生。

昭平县职业教育中心 1701 班茶叶生产与加工专业学生左宗龙，于 2018 年 9 月从职教中心升入广西职业技术学院深造，大学毕业后放弃在城市工作的机会，回到家乡就业，积极为家乡的茶产业发展贡献自己的力量。现在担任广西昭平县某茶叶公司担任总经理助理，他说"在县职教中心读书，我接受了很好的教育，学校还给我提供了升入大专的机会，让我现在有一份不错的工作"。

Chapter 3
第 三 章
县级职教中心服务乡村振兴的困境

第一节 县级职教中心服务乡村振兴的机制困境

机制是指各要素之间的结构关系和运行方式，包括相互支持和相互制约两个功能，是推动一个机构、一件事物、一个机器有效运转的基础。在这里，主要指做事的组织、制度及运行方式。在县级职教中心服务乡村振兴这件事情上，机制是前提和保证，没有良好的机制，服务的质量、效果就没有保证。机制的构成、要素、关系复杂，特别是涉及社会层面。为了有的放矢、清晰思路、把握关键，本书只从政策、体制和其他三个方面进行论述。

一、政策方面的困境

我国是一个政策性很强的国家，政策的导向是全国各级各类机关、事业单位、行业企业的走向。在县级职教中心服务乡村振兴过程中，主要涉及国家政策、地方政策和行业政策三个方面。

（一）国家政策

我国高度重视职业教育服务"三农"、服务乡村振兴。一是通过国家的战略引领推动职业教育服务乡村振兴，二是通过国家政策文件、法规法律、建立健全制度体系等方式，引导职业教育服务乡村振兴。

首先，近二十年来我国关于大力发展职业教育，引领中等职业学校服务乡村建设发展的重要决策有：每个县建立一所县级职教中心，建设国家中等职业教育改革发展示范学校，国家职业教育改革实施方案，国家职业教育提质培优行动。这些决策的实施，极大促进了中等职业学校的发展，增强了县级职教中心服务乡村振兴的信心和能力。

其次，我国更多是通过出台"决定""意见""纲要"等宏观制度的形式推动职业院校服务乡村发展。进入20世纪以来，我国涉及职业教育服务"三农"、服务乡村的主要政策有：

2002年，《国务院关于大力推进职业教育改革与发展的决定》提出，"大力推进职业教育的改革与发展，要为农业、农村和农民服务"。

2005年，中央1号文件提出，"全面开展农民职业技能培训工作"。同年，《国务院关于大力发展职业教育的决定》提出，职业教育要为农村劳动力转移服务，为建设社会主义新农村服务，实施国家农村劳动力转移培训工程，促进农村劳动力合理有序转移和农民脱贫致富，提高进城农民工的职业技能，帮助他们在城镇稳定就业。

2006年，中央1号文件提出，"大规模开展农村劳动力技能培训"。同年，《中共中央关于构建社会主义和谐社会若干重大问题的决定》提出，加快发展城乡职业教育和培训网络，努力使劳动者人人有知识、个个有技能。同年，《国务院关于解决农民工问题的若干意见》提出，"大力发展面向农村的职业教育"。

2007年，《国务院关于建立健全普通本科高校高等职业学校和中等职业学校家庭经济困难学生资助政策体系的意见》明确提出，"对中等职业学校，国家助学金资助所有全日制在校农村学生和城市家庭困难学生，资助标准为每生每年1 500元，国家资助两年，第三年实行学生工学结合、顶岗实习"。

2008年，党的十七届三中全会通过的《中共中央关于推进农村改革发展若干重大问题的决定》提出，"加快普及农村高中阶段教育，重点加快发展农村中等职业教育并逐步实行免费，健全县域职业教育培训网络"。

2010年，《国家中长期教育改革和发展规划纲要（2010—2020年）》提出，"发展职业教育是解决'三农'问题的重要途径，加快发展面向农村的职业教育，把加强职业教育作为服务社会主义新农村建设的重要内容"。

2011年，教育部等九部门联合发布《关于加快发展面向农村的职业教育的意见》，明确提出下一阶段农村职业教育服务现代农业产业发展的重点领域和主要工作内容，"根据县域主导产业、特色产业和现代农业发展需求，加强优势专业、特色专业和涉农专业建设，使农村职业教育深度融入当地产业链，优先扶持中等农业职业学校创建国家级中等职业教育改革发展示范学校"。

2019年，国务院关于印发的《国家职业教育改革实施方案》提出，"服务乡村振兴战略，为广大农村培养以新型职业农民为主体的农村实用人才"。

2021年，中共中央办公厅 国务院办公厅印发《关于推动现代职业教育高质量发展的意见》提出，"支持办好面向农村的职业教育，强化校地合作、育训结合，加快培养乡村振兴人才，鼓励更多农民、返乡农民工接受职业教育"。

2021年4月，《中华人民共和国乡村振兴促进法》提出，"人民政府应当采取措施，加强职业教育和继续教育，组织开展农业技能培训、返乡创业就业培训和职业技能培训，培养有文化、懂技术、善经营、会管理的高素质农民和农村实用人才、创新创业带头人"。

2022年4月通过修订的《中华人民共和国职业教育法》指出，"国家采取措施，支持举办面向农村的职业教育，组织开展农业技能培训、返乡创业就业培训和职业技能培训，培养高素质乡村振兴人才"。

以上政策的出台，有效提升了我国职业教育整体办学水平，在推动职业教育服务乡村振兴中起到了不可替代的重要作用。

但国家在县级职教中心服务乡村振兴方面的政策有待具体深化。国家具体涉及县级职教中心服务乡村振兴方面的政策不多，通过文献检索，我们发现有：

教育部等六部门印发的《现代职业教育体系建设规划（2014—2020年）》提出："推动县区职业教育中心（中等职业学校）成为区域学历教育、技术推广、扶贫开发、劳动力转移培训和社会生活教育的开放平台，将服务网络延伸到社区、村庄、合作社、农场、企业。"[1]

新修订的《职业教育法》提出：县级人民政府可以根据县域经济社会发展的需要，设立职业教育中心学校，开展多种形式的职业教育，实施实用技

---

[1] 教育部等六部门关于印发《现代职业教育体系建设规划（2014-2020年）》的通知，教发〔2014〕6号。

术培训。教育行政部门可以委托职业教育中心学校承担教育教学指导、教育质量评价、教师培训等职业教育公共管理和服务工作。

另外，也有一些重要人物关于县级职教中心的讲话。在全国县级职教中心联盟 2020 年年会暨新时代县级职教中心创新发展研讨会上，教育部职成司谢俐发表了讲话，他指出：县级职教中心在新形势下必须有新目标、新定位、新担当、新思路、新作为。他认为要坚决贯彻落实党中央"坚持农业农村优先发展""优先发展农村教育事业"的指示精神。他强调县级职教中心既是农业、农村和农民工作的重要组成部分，也是农村教育事业的重要组成部分，因此必须适应农业农村优先发展和农村教育事业优先发展的要求，确保优先发展。

一方面，我们看到了国家政策对推动职业教育服务"三农"、服务乡村振兴所起到的重要作用；另一方面，我们也看到国家具体针对县级职教中心的政策不多，在鼓励县级职教中心服务乡村振兴方面有一定的局限性，具体地说主要有以下几点：

一是宏观充分，具体实施有待细化。虽然国家已经出台了一系列旨在推进职业教育服务乡村振兴战略的相关政策和要求，但基本上都是从国家宏观层面提出的政策要求，有明显的鼓励性、导向性，要具体落地实施还需要很多配套政策支撑，具体落实到执行层面才是真正的难点所在。由于顶层政策的宏观性，导致县级职教中心在服务乡村振兴过程中行动目标不明确，途径不清晰，手段不确切，政策执行或多或少都打了折扣。

目前，国家出台的乡村振兴法和新职业教育法中关于农村职业教育的相关描述相对宏观，指导性意义更大，操作性不足，配套法规还未出台。因此，职业教育在服务乡村振兴时，缺乏清晰的指引和有效的驱动，职业院校服务乡村振兴要依靠由上而下的政策支持俨然成为关键问题。

二是普遍性充分，针对县级职教中心的有待细化。再看国家出台的职业教育法律法规、政策文件，很少有关于县级职教中心的专门描述。新修订的《职业教育法》有一个重大进步："第二十二条 县级人民政府可以根据县域经济社会发展的需要，设立职业教育中心学校，开展多种形式的职业教育，实施实用技术培训。"由于县级职教中心缺乏专门的、具体地服务"三农"、乡村的法律法规、政策文件支持，导致在服务乡村建设发展中县级职教中心与其他所有职业院校几乎是"平等"的，然而根据"因农而生"的事实，县级职教中心明显比一般职业院校负有更特殊的服务乡村的使命。同时，国家层面对于县级职教中心的考核评价、督导评估与一般职业院校是"一视同仁"，没有明显的区别。正是以上这些原因，导致部分县级职教中心"拼命"追赶城市职业学校的发展步伐，而逐渐失去了县级职教中心的本色，忘记了建立县级职教中心的"初心"。

（二）地方政策

按照我国的国情，地方政策基本是对标国家政策，然后有进一步的细化。因此，在县级职教中心服务乡村建设发展方面，地方政策与国家政策并没有实质性不同。

根据国家相关文件，各级地方政府制定了相应的鼓励职业教育服务乡村振兴的政策文件，有的还在相关重要文件中进行了专门强化，其中比较典型的就是重庆市。

2021年，教育部、重庆市人民政府《关于推动重庆市职业教育高质量发展 促进技能型社会建设的意见》中列了"推动职业教育全面融入乡村振兴"专题：推动职业教育全面融入乡村振兴。加强乡村地区职业院校建设，增强职业教育服务乡村振兴的能力，促进脱贫攻坚成果巩固提升。支持职业院校开展校际对口帮扶，推动优质高职院校与区县职业教育中心开展深度合作。支持具备条件的优质高职院校、优质中职学校与具备办学实力的优质企业共同组建乡村振兴学院，助力国家城乡融合发展试验区建设。鼓励中职学校招收农村初中高中毕业未升学人员、在乡农民和返乡农民工等，推动高职院校面向返乡农民工、回乡退伍转业军人等群体开展招生，培养一批扎根乡村的技能人才。构建服务乡村振兴战略的技能人才培养体系，依托各级各类职业院校、职业培训机构、公共实训基地，逐步建设覆盖全市的乡村职业教育和培训网络，推动农村居民职业素质和技能水平提升。面向家庭农场、农民合作社和农业社会化服务组织等新型主体，探索田间课堂、网络教室等方式，建设技能型乡村。

第三章 县级职教中心服务乡村振兴的困境

其中有一处专门提到了"区县职业教育中心",有多处提出了新的服务乡村振兴的说法,如"培养一批扎根乡村的技能人才""探索田间学院""建设技能型乡村"等,足见重庆市对职业教育服务乡村振兴的高度重视。

其他各省市出台了很多相似的政策文件。2020年,北京市《关于抓好"三农"领域重点任务确保如期高质量实现全面小康的行动方案》提出,"强化人才与科技支撑作用。制定农民培训计划,鼓励'半农半读'等职业教育和技能培训,年内组织公益性农民培训2万人次"。2020年,吉林省《贯彻落实〈中共中央办公厅 国务院办公厅关于促进劳动和人力社会性流动体制机制改革的意见〉任务工作方案》提出,"继续实施职业教育东西协作行动计划及技能脱贫千校行动,在贫困县对口支援建设一批中等职业学校"。陕西省《陕西省国民经济和社会发展第十四个五年规划和二〇三五年远景目标纲要》提出,"强化农业转移人口职业培训和职业教育,提升农业转移人口技能素质"。

从整体看,尽管各地政府之间存在着较大差异,但都高度重视职业教育服务乡村振兴工作。

但地方政府在出台县级职教中心服务乡村振兴的政策方面有待加强。地方政府重视职业教育服务乡村振兴是不争的事实,也出台了相关政策,但专门针对县级职教中心服务乡村振兴出台的政策较少。地方政府主要包括省级和县级,省级政府针对县级职教中心的政策本身就很少,针对县级职教中心服务乡村振兴的就更少。县级政府针对县级职教中心服务乡村振兴虽然很少有专门的政策,但是针对县级职教中心的相关政策还是有一些,主要体现在以下方面:一是在教育相关政策中有涉及职业教育的政策,很多会提及县级职教中心;二是在社会经济发展的相关政策中,有些会提及县级职教中心,主要是技能人才供给;三是在服务乡村振兴的相关政策中,大多会涉及县级职教中心,主要是帮扶任务的分配。

案例17:

《××省乡村振兴促进条例》选摘

扩大农村普惠性学前教育资源供给,发展面向农村的职业教育和继续教育,完善乡村特殊教育保障机制。

第二十三条 县级以上地方人民政府及其有关部门应当培养本土人才,鼓励和支持农民到高等学校、职业学校接受技能培训和学历教育，鼓励和支持农民参加职业技能评定和专业技术职称评审。

第二十四条　地方各级人民政府应当建立各类社会人才参与乡村建设的激励机制，引导支持乡贤等城市人才返乡入乡，参与乡村振兴。鼓励高等学校、职业学校毕业生到农村就业创业。建立健全乡村振兴人才服务平台，引导支持各类社会人才利用技术、资金、资源等优势服务乡村振兴。

分析：

这个省乡村振兴的促进条例提及职业教育的有一处，提及职业学校的有两处，没有提及县级职教中心、职教中心。

案例18：

×××县《2021年全面实施乡村振兴战略若干政策》选摘

3. 特色小吃发展。计划安排资金1 000万元，重点支持以新昌炒年糕为主打品牌的传统特色小吃产业发展，对品牌建设、标准管理、人员培训、原料生产、特色小吃加工企业培育、开设规范化门店（旗舰店）、举办美食节会、宣传推介等进行扶持和补助。（牵头单位：农业农村局；配合单位：商务局、财政局、市场监管局、人力社保局、教体局、文广旅游局、供销社、融媒体中心、各乡镇）

6. 加快农业科技创新。计划安排资金4 000万元（省级资金），重点支持智慧农业（农业大脑）和数字乡村建设。计划安排资金200万元（省资金），支持种业发展和种质资源保护、农业领域"机器换人"工作、农业科技重点基地建设、"五新"技术推广与研究等；支持农技人员素质提升工程、农业科技大师级人才培育等，探索"专家团队+服务小组+基地"模式，推动"三农"工作队伍不断壮大。计划安排资金80万元，深入实施农村归雁青春领航行动、诗画浙江青春创客行动等，引导大学毕业生从事现代农业和农产品电商、扶持农创客创业创新，大力发展农村新业态。（牵头单位：农业农村局；配合单位：人力社保局、相关乡镇）

7. 提升农民素质水平。计划安排资金300万元（含省资金），重点支持各类农民培训补助、农民培训基地建设和乡村振兴人才培育管理、师资队伍及

教材建设等，提升高素质农民和农村实用人才的比例，促进传统农民向现代农民转变。(牵头单位：农业农村局；配合单位：各乡镇)

分析：

这个县的乡村振兴政策中，上面这几条中很多都是县级职教中心能够做、应该做的事，但里面有些分配给了"教体局"，有些分配给了其他部门。这是县级人民政府在服务乡村振兴中的典型做法，有些任务明显是给县级职教中心的，但却没有相关的政策体现。

地方政府针对县级职教中心出台的政策稀少、零碎，无法满足县级职教中心服务乡村振兴的现实需要。有一个典型的例子，中国人民政治协商会议黔东南州委员会在《关于乡村战略下加强黔东南州农村职业教育的建议》中指出"黔东南州各级政府积极贯彻国务院和贵州省关于农村职业教育的相关政策，也制定了促进本地区农村职业教育的相关政策和措施，但在实施的过程中，有落实不到位、弄虚作假、敷衍塞责、监督不力等现象，影响农村职业教育政策和措施的落实"，提出"全州各级政府要坚决贯彻落实国务院、省政府关于农村职业教育所制定的相关政策，同时州政府也要根据黔东南州的实际情况制定符合本地区农村职业教育政策和帮扶措施"。政协黔东南州委员会这段话很有代表性，把其中的农村职业教育直接换成"县级职教中心"同样适用，现在各级地方政府关于县级职教中心服务乡村振兴的政策确实很少。因此，造成了县级职教中心服务乡村振兴陷入"合理"却难"合法"的境地。

(三) 行业政策

行业在我国社会建设发展中占有重要地位，是政府与各企事业单位、个体工商户联系的纽带，很多时候，行业组织就是政府的代言人。对于职业教育也是如此，比如各级职业教育学会等教育类行业协会、旅游协会、电商协会等各类专业性质的行业协会，它们也是职业教育发展的重要力量，是影响职业院校发展的重要因素。

与国家、地方政府一样，教育类的行业协会高度重视职业教育服务乡村振兴工作，成立了相关组织，开展了大量的研讨会、专题会、经验交流会，编撰了相关案例集。

案例 19：

中国职教学会成立乡村振兴与城市可持续发展工作委员会

2021年12月21日，中国职业技术教育学会成立了"乡村振兴与城市可持续发展工作委员会"，第一届委员会由北京市昌平职业学校教育集团党委书记、校长段福生任工委会主任；重庆工程职业技术学院副校长、乡村振兴学院院长吴再生任工委会常务副主任；甘南县职业教育中心学校校长于东泽、新疆农业职业技术学院副校长王山虎等33名同志任工委会副主任，黑龙江生物科技职业学院党委书记李东阳等49名同志任工委会常务委员，北京市昌平职业学校教育集团党委委员、副校长郑艳秋，重庆工程职业技术学院财经与旅游学院院长、乡村振兴学院副院长汤晓燕任工委会秘书长。成立会上，中国职业技术教育学会鲁昕会长指出：工委会要聚焦全面落实国家顶层设计规划、全面调研县级职教中心发展、发布县级职业教育发展报告、总结提炼职教助力振兴案例、组织乡村振兴产业技能培训、研究开发针对性区域性教材、积极参与高等院校助农联盟、面向现代农业提高职教质量、主动参与城乡一体战略实施、研究数字经济助力乡村振兴等十大任务，努力承担起促进城乡高质量融合发展的历史使命。

案例 20：

2022年6月11日，广东省职业技术教育学会在广东农工商职业技术学院召开了乡村振兴工作委员会成立大会暨乡村振兴工作研讨会。本次会议开展了工作委员会成立仪式、专题报告、乡村振兴成果展示及体验等多项活动。

案例 21：

2022年9月3日，由太和智库主办的第六届太和文明论坛教育文化分论坛在北京举行。来自中国职业技术教育学会、中国劳动和社会保障科学研究院、中国教育科学研究院、中国教育国际交流协会、中国发展研究基金会、教育部职业技术教育发展中心、教育部中外人文交流中心、北京百仁慈爱公益基金会等机构的40余位专家出席了线下分论坛。太和智库高级研究员刘京辉、芮立新代表主办方太和智库为分论坛致欢迎辞。刘京辉表示，本次分论坛主题为"职业教育与经济发展",着重探讨职业教育改革如何更好地促进就业、服务乡村振兴,进而为经济社会高质量发展提供人才支撑。

案例 22:

2022 年 10 月,重庆市职业教育学会评选了 50 篇职业院校服务乡村振兴典型案例。

分析:

以上案例足以说明各行业协会高度重视职业教育服务乡村振兴工作,出台了很多政策文件,开展了很多活动。但是,具体针对县级职教中心服务"三农"、服务乡村振兴的相关政策文件、活动却没有检索到。但也足以说明相关行业组织关于县级职教中心服务"三农"、服务乡村振兴的文件、活动确实不多。

由上可见,大家对县级职教中心服务"三农"、服务乡村振兴的特殊地位还没有形成共识,对县级职教中心"因农而生""为农而存"的属性还存在认识不到位的问题。

二、体制方面的困境

(一)管理体制不畅,分管部门各自为政

乡村全面振兴是一项复杂的系统工程,县级职教中心服务乡村全面振兴更是一项复杂的系统工程,需要建立互相协同、分工明确、共同推进的管理体制和运行机制。从管理体制上看,我国涉及农业、农村的教育资源、人力资源、资金经费、补助政策等由教育行政部门、人力资源部门、农业农村部门、乡村振兴局等机构管理,统筹力度不够,管理比较分散,有关部门仍旧各自为政的现象非常突出。教育部门与人社部门各有其道,农村劳动力转移培训、农村实用技术培训无法共享,效益低下;有关行业在技能鉴定、职业资格认证等方面互不协调,让受教育者和用人单位无所适从。各级职业教育联席会议不少有名无实,职能和作用基本上没有发挥;从运行机制上看,职业教育服务乡村全面振兴必然是一种结构化的行为过程,需要政府、企业、学校、社会组织等多元主体共同治理,但由于传统政府集权性和配套制度和

激励政策的缺乏，社会力量尤其是企业参与职业教育服务全面振兴的动力不足，难以形成合力。

某市政府官网显示，乡村振兴局共有 11 个处室部门，然而根据职能显示，未提及职业教育服务乡村振兴的相关介绍；农业农村委共 19 个委属单位，包含 1 所农业科学院、1 所畜牧科学院、1 所农业学校、1 所农业机械化学校，对县级职教中心也无暇顾及。

某县教育委员会职能部门职责显示，"承担中等职业教育、成人教育的管理指导工作；指导中等职业学校基础能力提升、教育质量提高、师资队伍建设、培训体系构建等工作；指导中等职业学校招生工作，负责职业学校学籍和学历证书管理工作；推进中等职业学校与行业、企业的结合"。主管部门除了对照市级主管部门的要求，也应结合县域本身的产业特点，联合相关部门，搭建更多的平台，为职业教育发展提供体制机制保障。

例如 2020 年 4 月，在县委领导重视，各部门联动协调下，云阳县人民政府与重庆城市管理职业学院签署战略合作协议，把县级乡村振兴学院建在云阳职教中心，充分发挥县级职教中心的功能，多层次、多形式、多维度开展校地合作，助推云阳乡村振兴，推动全县高质量发展之路越走越宽广。2021 年，为持续推进云阳县乡村振兴工作，县教育委员会领导又带领相关人员到重庆城市管理职业学院细化任务对接。然而，这样的事例没有成为系统化的、体制化的工作状态。

县级职教中心服务乡村振兴陷入体制困境的主要原因是分管部门各自为政。县级职教中心在行政管理体制中归属教育口，一般人都把它当成普通中小学校看待；乡村振兴归属农村农业口、乡村振兴局。这样的归口形成了"自留地"现象，一是边界清晰，二是互不交叉，三是"各自守好三分地"。部门的条块分割是造成县级职教中心服务乡村振兴难有更大作为的体制困境。

乡村振兴，关键在人，基础靠教育。其中，县级职教中心具有服务乡村振兴的独特优势。各级教育主管部门、农业农村部和乡村振兴局，以及其他地方政府部门应该联动协调，为县级职教中心服务乡村振兴提供体制机制保障。

（二）考核体制无力，考核部门各自为政

考核是我国行政治理体系的一大特色，在各级政府、事业单位、国有企业中具有举足轻重的地位，是推动工作的重要抓手和法宝。对县级职教中心而言，考核同样重要。学校工作成绩的认定、书记校长的提拔重用、各类创建的成功与否、各类项目的争取、各项评优评先，都要考核。因此，考核是学校工作的方向标、指明灯。

而现实是，国家、各级地方政府很少有关于县级职教中心的专项考核指标和考核办法。现有对县级职教中心的考核都是教育部门管理下的所有中职学校通用版本，对县级职教中心的考核与对城市职业学校的考核并无差别。这样的考核导向必然导致县级职教中心向城市职业学校看齐，并逐渐失去自己的特色和"乡村个性"。城市职业学校主要是服务城市区域的经济社会发展，县级职教中心主要是服务县域乡村经济社会发展，二者的区别是明显和确切的，也是大家所公认的，但各级关于县级职教中心的考核却没能体现这一差别，这就是造成县级职教中心在各项竞争、各类大赛、各个项目中始终处于劣势的重要原因之一，也是县级职教中心服务乡村振兴的主要障碍。相反，如果以县级职教中心为标准，以服务"三农"为重要内容来考核所有中职学校，那城市职业学校一定会处于劣势，很难再占领排名的前列。

全国人大代表、民建中央常委、吉林中华职教社主任车秀兰曾建议[1]：中央财政把支持县级职教中心建设作为加大转移支付的重点项目，形成长效机制，并明确省和市地方政府支持县级职业教育发展的主体责任，把对农村职业教育和县级职教中心的投入作为督导和考核的关键指标。这也是看到了现行考核体制、考核办法不利于县级职教中心的发展建设后提出的建议。

具体地说，现行考核体制对县级职教中心而言主要存在以下问题。

（1）考核主体错位。

县级职教中心由县级人民政府主办，县级人民政府一般将管理权限交给县级教育主管部门，而县级教育主管部门所管辖的主要是中小学，所承担的

---

[1] 车秀兰《关于服务乡村振兴战略办好县级职教中心的建议》，民建中央网站，2022年03月07日。

政府责任、社会责任都是教育，于是教育主管部门就按照"教育教学规律"对县级职教中心进行管理和考核，其中，涉及乡村振兴的自然就会很少，一般不会专门涉及县级职教中心服务乡村振兴的内容，因为这不是县级教育主管部门的主要职责，也不是它的管辖范围。相反，如果将县级职教中心交农村农业委或者乡村振兴局管理，那一定会将服务"三农"、服务乡村振兴的内容纳入学校的考核，当然，同时也会弱化对其教育教学的考核。

因此，考核主体是影响县级职教中心办学、服务方向的重要因素。一个多属性、跨行业的县级职教中心需要一个具有综合性管理权限的主管部门进行考核管理。县级职教中心的办学主体主要还是县级政府，县级政府是最大的主体和投资方，服务县域乡村为主的经济社会发展是县级职教中心的责任和使命。然而教育主管部门却在县级职教中心发展过程中扮演着最主要的角色，是质量评价的主要政策制订者、组织者和实施者，承担着"管、评"的双重职责。与职业教育密切相关的人力资源和社会保障部门、农业农村部、乡村振兴局等部门在职业教育评价主体中严重失位。甚至有的政协委员建议将职业教育培养乡村实用人才作为"五级书记抓乡村振兴"[1]的重要内容，纳入乡村振兴实绩考核指标体系。

案例23：

××省落实五级书记抓乡村振兴责任清单（试行）（摘要）

一、设区市市委书记抓乡村振兴的主要责任

（一）落实乡村振兴政治责任。

（二）建立"三农"统筹协调机制。

（三）谋划推进乡村振兴重大任务。

（四）确保底线工作任务落地。

（五）推进农民农村共同富裕。

（六）统筹农业农村数字化改革。

（七）落实乡村振兴要素保障。

（八）完成上级赋予的其他任务。

---

1 2022年2月22日，《中共中央 国务院关于做好2022年全面推进乡村振兴重点工作的意见》。

二、县（市、区）委书记抓乡村振兴的主要责任

（一）落实乡村振兴政治责任。

（二）建立"三农"统筹协调机制。

（三）谋划实施乡村振兴工作。

（四）严守农业农村底线任务。

（五）加快农民农村共同富裕。

（六）实施农业农村数字化改革。

（七）督促抓好工作落实。

（八）深入基层联系群众。

（九）加强农村基层党建。

（十）组织各界广泛参与。

（十一）强化乡村振兴要素保障。

（十二）完成上级赋予的其他任务。

三、乡镇（街道）党（工）委书记抓乡村振兴的主要责任

（一）落实乡村振兴政治责任。

（二）落实农业农村底线要求。

（三）推进农民农村共同富裕。

（四）运用好数字化应用成果。

（五）因地制宜推进乡村发展。

（六）乡村一体推进乡村建设。

（七）加强农村基层党建和乡村治理。

（八）完成上级赋予的其他任务。

四、村党组织书记抓乡村振兴的主要责任

（一）落实乡村振兴政治责任。

（二）千方百计推进强村富民。

（三）牢牢守住底线要求。

（四）因地制宜推进乡村建设。

（五）优化村组织治理服务。

（六）加强村（社）党组织建设。

（七）完成上级赋予的其他任务。

分析：

从上述"五级书记抓乡村振兴"责任清单我们可以看出，至少在市级、县级的多个责任项目中可以将职业教育、县级职教中心纳入其管理范围。比如：建立"三农"统筹协调机制，谋划推进乡村振兴重大任务，统筹农业农村数字化改革，落实乡村振兴要素保障，在这些项目中县级职教中心都可以"应有作为""大有作为"，特别是技能人才培养培训、数字化建设、文化传承与创新、产业技术服务等方面。

（2）考核内容缺位。

对县级职教中心的考核内容与一般中职学校的并无差异。我国对职业教育、中等职业教育的考核内容一直处于发展变化中，但其基本要素已经逐步形成相对固化的模式、标准，主要包括基础条件、师资队伍、专业建设、教育质量、校企合作、特色创新、社会服务、成果成效等（参见表 3-1）。从宏观方面说，考核的内容并无不妥，但从具体标准看，就没有针对县级职教中心的相关细则、条款。这样的考核内容好处是操作简便，便于统一评价、排位和实施，不好的是没能体现县级职教中心和一般中职学校的内在特点与内涵，从而产生了评价的局限性和缺陷，尤其是在评价目标的界定与设计上，在精准性和客观性上，不够凸显县级职教中心立足"乡村"、服务"三农"的功能，不利于其办学水平的提高、办学内涵的深化。总体来看，当前我国各级政府部门对于职业教育，包括高等职业教育、中等职业教育，以及中等职业教育中的一般职业学校和县级职教中心的考核评价指标体系缺乏特色和针对性，统揽有余，差异不足。这样的考核体系，不利于促进多样化、多元化的职业院校发展，不利于在地域广阔、产业种类齐全、经济形态多样的中国大地上发展百花齐放的职业教育样态。同样，也不利于县级职教中心的建设发展，以及其服务乡村振兴的工作开展。

案例24：

表3-1 某市中等职业学校教学质量评价指标体系的内涵和标准

一级指标	二级指标	三级指标
M1 专业建设水平	M1-1 专业设置（3）	M1-1-1 专业设置的适应性（2）
		M1-1-2 专业设置的规范性（1）
	M1-2 培养目标（2）	M1-2-1 目标指向（1）
		M1-2-2 培养规格（1）
	M1-3 专业特色（5）	M1-3-1 专业特色（2）
		M1-3-2 专业示范性（3）
M2 师资队伍建设	M2-1 师资结构（3）	M2-1-1 专任教师学历与职称结构（1）
		M2-1-2 企业兼职教师（1）
		M2-1-3 师生比（1）
	M2-2 "双师型"教师队伍建设（5）	M2-2-1 "双师型"教师比例（3）
		M2-2-2 教师企业实践制度（2）
	M2-3 教师业务培训（1）	M2-3-1 培训规划（0.5）
		M2-3-2 培训成效（0.5）
	M2-4 教学研究成果（3）	M2-4-1 教学改革项目（1）
		M2-4-2 教学论文（1）
		M2-4-3 教学课件（1）
	M2-5 课堂教学（3）	M2-5-1 优质课（1）
		M2-5-2 课堂教学即时效果（2）
M3 实训基地建设	M3-1 校内实训基地建设（10）	M3-1-1 实训设备（5）
		M3-1-2 实训工位数（3）
		M3-1-3 实训环境（1）
		M3-1-4 管理与运营（1）
	M3-2 校外实训基地建设（5）	M3-2-1 建设与布局（2）
		M3-2-2 实训岗位容量（2）
		M3-2-3 运行模式（1）

续表

一级指标	二级指标	三级指标
M4 课程与教材建设	M4-1 课程体系建设（4）	M4-1-1 课程设置（2）
		M4-1-2 教学大纲（2）
	M4-2 教材选用与建设（4）	M4-2-1 教材管理制度（0.5）
		M4-2-2 教材选用情况（3）
		M4-2-3 校本教材建设（0.5）
M5 人才培养模式	M5-1 工学结合（2）	M5-1-1 组织机构（0.5）
		M5-1-2 教学设计（0.5）
		M5-1-3 工学交替（1）
	M5-2 校企合作（2）	M5-2-1 合作机制（0.5）
		M5-2-2 教学合作（0.5）
		M5-2-3 实训基地建设合作（1）
	M5-3 顶岗实习（4）	M5-3-1 管理机制与实习制度（0.5）
		M5-3-2 责任保险（1）
		M5-3-3 专业与实习岗位的匹配度（2.5）
M6 教学组织与管理	M6-1 教学组织与管理（2）	M6-1-1 教学管理队伍（1）
		M6-1-2 教学管理制度（1）
	M6-2 学生组织与管理（2）	M6-2-1 学生管理制度（0.5）
		M6-2-2 学生管理队伍（0.5）
		M6-2-3 省级学籍管理系统应用（1）
	M6-3 教学资源信息化建设（2）	M6-3-1 数字化教学资源的开发与应用（1）
		M6-3-2 学校网站建设与应用（0.5）
		M6-3-3 教务管理信息化（0.5）
	M6-4 技能大赛制度（3）	M6-4-1 制度建设（1）
		M6-4-2 实施效果（2）

续表

一级指标	二级指标	三级指标
M7 教学实施过程	M7-1 德育课程教学（4）	M7-1-1 德育课程的开设（2）
		M7-1-2 德育活动的开展（2）
	M7-2 公共基础课程教学（3）	M7-2-1 文化课课程的开设（2）
		M7-2-2 体育与健康课和艺术课的开设(1)
	M7-3 专业技能课程教学（4）	M7-3-1 专业技能课程的开设（3）
		M7-3-2 教室环境（1）
	M7-4 教学模式和方法（2）	M7-4-1 教学模式的改革（1）
		M7-4-2 教学方法的改革（1）
	M7-5 教学监控（2）	M7-5-1 质量标准（1）
		M7-5-2 监控措施（1）
M8 学生发展水平	M8-1 日常行为规范与身心素质（4）	M8-1-1 日常行为规范（2）
		M8-1-2 心理健康（1）
		M8-1-3 身体素质（1）
	M8-2 基础文化素质（2）	M8-2-1 知识水平（1）
		M8-2-2 学习能力（0.5）
		M8-2-3 信息化应用能力（0.5）
	M8-3 专业知识与技能（4）	M8-3-1 技能竞赛成绩（1）
		M8-3-2 职业资格证书（2）
		M8-3-3 顶岗工作能力（1）
M9 办学绩效	M9-1 办学规模与效益（2）	M9-1-1 学历教育规模（1）
		M9-1-2 学生稳定率（0.5）
		M9-1-3 短期培训（0.5）
	M9-2 毕业生就业质量（5）	M9-2-1 当年就业率（含对口升学）（2）
		M9-2-2 对口就业率（1）
		M9-2-3 就业稳定率（1）
		M9-2-4 毕业生待遇（1）
	M9-3 社会与学生评价（3）	M9-3-1 用人单位评价（2）
		M9-3-2 毕业生评价（1）

分析：

从上述评价表中，我们可以看出，对职业院校的评价都是通用格式、条款，没有具有针对性的、个性化的、差异化的评价内容。这是典型的单一考核评价主体制定的考核评价指标，它适用于发展均衡的职业教育，不适合促进职业院校个性化、区域化、行业产业化发展。在统一通用的考核评价指标体系下，县级职教中心服务乡村振兴的行动受到了较大制约。

案例 25：

职业教育"双师型"教师基本标准（试行）（选摘）

第五条　中等职业学校教师申报各层级"双师型"教师，在满足第一至四条标准的基础上，还应具备以下条件。

（一）初级"双师型"教师

1. 具有较扎实的专业知识和技能，掌握所教课程的课程标准、教学原理，以及教学、生产实习实训方法等，教学经验比较丰富，教学效果好。

2. 具有一定的指导和开展教育教学研究的能力，积极参与并承担教学研究任务，在教学改革和专业建设实践中积累了一定经验。

3. 具有一定的企业相关工作经历或者实践经验，了解本专业工作过程或技术流程，积极承担实习实训教学和产教融合、校企合作等工作。获得相关的国家职业技能等级证书或职业资格证书，或具有本专业或相近专业非教师系列初级及以上职务（职称），或具有相应的能力水平。

分析：

这是教育部最新出台的双师型教师基本标准，是职业院校教师考核的重要文件，文件中要求"具有一定的企业相关工作经历或者实践经验"，"积极承担实习实训教学和产教融合、校企合作等工作"。这里将职业院校教师的行业实践经历限定于"企业"，对于很多县级职教中心的教师，或者从事涉农专业教学的教师而言，农村、农业、乡镇就是"企业"，田间地头就是"车间"。如果简单、机械地理解"企业"就不利于县级职教中心涉农专业教师的发展。因此，各地在制定具体的实施意见时，或者教育部在相关的解释文件中，应该将教师服务"三农"、在乡村的实践经历纳入"企业"范畴。

（3）考核办法失位。

现在对职业院校的考核主要有三种办法，一是资料上报式考核，主要方式是打包提交资料或者通过考核平台提交资料，如教学诊断与改进等，在疫情不止的现状下，这种考核办法逐渐增多；二是现场查阅式考核，主要方式是现场查看、听课、座谈等，这种方式用于年终综合考核、专项特殊检查居多，现在逐渐减少；三是综合式考核，主要是线上提供资料、线下查证，这种方式主要用于做得特别好的和做得比较差的，通过现场方式发展典型。

以上方式从表面上看没有问题，但具体到县级职教中心就存在较多问题。由于县级职教中心以服务乡村建设发展为己任，一是很多"三农"工作业绩难以用数据、资料来形成具有明显可比性、说服力的资料，不能像服务"工业企业"那么直观、标准化；二是服务"三农"的大量实绩、现场都在农村，分散，可观性低，亮点特色不突出，考核人员很难有"现场感"；三是不论什么考核办法，考核评价人员中对乡村、"三农"感兴趣的人多，但真正熟悉的人少，懂行的人少，考核很难做到真实、客观。

正是由于以上原因，县级职教中心在考核中失去了"先机"，自身的办学努力、办学成果很难被真实、客观地反映出来。久而久之，他们就会改变自己的办学方向、工作重心，追随"考核"而去，这极不利于县级职教中心服务乡村振兴工作的开展，当然更不利于县级职教中心自身的发展建设。

（4）考核取向高位。

"锦上添花"是多年来我国职业教育众所周知的考核评价价值取向，对于办得好的职业院校各级政府会加大投入、支持力度，给项目、给资金、给荣誉，这对于鼓励职业院校力争上游、办出一批高水平的职业院校无疑具有巨大的推动作用。事实证明，这样的考核确实促进了一批国家级优质中高职学校产生，促进了职业教育的整体水平提升。但同时我们也应该看到，在这样的考核评价导向下，一批职业院校逐渐衰落了。一次国家级、市级重大项目没有评上，往后很多项目、荣誉都没有了入门的资格，一旦失去了"先机"，以后再想翻身就非常困难了，而很多县级职教中心就属于这类。当前，政府对县级职教中心的教育经费投入相对欠缺，政府财政资金以及各类社会性投入安排给职业教育的经费相对较少,实施教育教学的办学条件较差,办学效益较低。县级职教中心教师薪酬普遍较低,教学及生活环境较差,难以借助于引进人才方式优化教师队伍,教育经费的相对不足,一定程度上势必会阻碍办学水平、人才培养质量、社会服务能力的提升,难以做好农业技术和文化的传承。相反,城市职业院校,相对发达地区的职业院校,职业教育主要围绕产业转型和服务中高端发展,政府投入大,社会资源多,师资水平高,办学水平、人才培养质量自然就高。以评促建、以奖代补的考核方式"锦上添花",促进了城市职业院校的良性循环发展,也造成了以县级职教中心为代表的薄弱学校的"非良性循环发展"。至少就目前而言,县级职教中心更需要"雪中送炭"的考核评价,而非"雪上加霜"。

三、其他方面的困境

(一)责任困境

责任是推动工作的主要动力,有责任与没有责任的工作状态完全是两回事,有责任会自觉地做,没有责任会自然地做,做到什么程度、什么样随心情而定。我们发现,县级职教中心几乎没有"法定意义"或者说"行政意义"上服务乡村振兴的责任。虽然在一些大的政策文件中有县级职教中心服务乡村振兴的宏观、原则性要求,但我们很难从文件、政策中找到县级职教中心服务乡村振兴的具体责任细则、条款(参见表3-2)。现有的责任基本上都是基于县级职教中心的"自我分析""自我认定""自我理想"下产生的自我感觉,几乎没有人"强迫",更没有人追责。

没有责任下的服务乡村振兴,就存在合理性问题,更存在动力问题,对社会、乡村开展服务不好解释,别人会怀疑你的动机;对学校内部也不好解释和发动,有人会认为是领导作秀、邀功。因此,责任成为县级职教中心服务乡村振兴对内对外的合理性解释的困境。

案例 26：

表 3-2 ××县"三农"高质量发展工作指标清单（2021 年）

序号	工作指标	计量单位	目标值	责任单位
1	农林牧渔业总产值同比增长	%	2.3	县农业农村局
2	农村居民人均可支配收入增长	%	8.5	县农业农村局
3	低收入农户人均可支配收入增长	%	>14	县农业农村局
4	村集体经济年总收入 30 万元、经营性收入 20 万元以上的村占比	%	100	县农业农村局 县委组织部
5	粮食播种面积及总产量	万亩/万吨	11.8/4.6	县农业农村局
6	生猪出栏量	万头	7.5	县农业农村局
7	建成年出栏万头以上规模猪场	家	1	县农业农村局
8	新培育单条年产值 10 亿元以上农业全产业链	条	1	县农业农村局
9	建设新时代美丽乡村（精品村/达标村）	个	75/36	县农业农村局
10	农村饮用水达标提标行动受益人口	万人	0.5	县水利局
11	农村饮用水达标人口覆盖率	%	95	县水利局
12	有效采摘茶园面积	万亩	15	县农业农村局
13	新昌小京生种植面积	万亩	2	县农业农村局
14	精品水果种植面积	万亩	3	县农业农村局
15	山地蔬菜种植面积	万亩	3	县农业农村局
16	新昌溪鱼（石斑鱼、马口鱼）养殖规模	万尾	3 800	县农业农村局
17	城乡最低生活保障标准	元/年	10 680	县民政局
18	省级机器换人示范点、示范乡镇	个	4/1	县农业农村局

续表

序号	工作指标	计量单位	目标值	责任单位
19	培育农业龙头企业	家	3	县农业农村局
20	培育农业综合体	家	1	县农业农村局
21	培育标准化家庭农场	个	9	县农业农村局
22	提升规范化农民专业合作社	个	21	县农业农村局
23	培育省级"青创农场"	家	1	团县委
24	培育农创客	人	10	县农业农村局
25	培育高水平农业科技示范基地	个	3	县农业农村局
26	建设省级"五园一场"基地	个	2	县农业农村局
27	主要农产品省级监测合格率	%	>98	县农业农村局
28	累计培育电子商务专业村	个	5	县商务局
29	培育省级精品民宿	家	3	县文广旅游局
30	乡村旅游人次	万人次	578	县文广旅游局
31	乡村旅游营业收入	亿元	1.85	县文广旅游局
32	发展产业农合联	家	2	县供销社
33	完成农民培训（高素质农民）	人	300	县农业农村局
34	新增炒年糕门店	家	100	县农业农村局
35	亩均耕地化肥使用强度	千克	26	县农业农村局
36	畜禽粪污资源化利用率	%	90	县农业农村局
37	农作物秸秆综合利用率	%	96	县农业农村局
38	农村清洁能源利用率	%	85	县农业农村局
39	建成美丽河湖	条/个	3	县水利局
40	集中式饮用水水源水质达标率	%	100	县生态环境局

续表

序号	工作指标	计量单位	目标值	责任单位
41	森林覆盖率	%	>66	县自然资源和规划局
42	永久基本农田保护任务	万亩	32	县自然资源和规划局
43	培育美丽庭院示范村	个	9	县妇联 县农业农村局
44	建成A级景区村	个	10	县文广旅游局、县农业农村局
45	建设美丽宜居示范村	个	3	县建设局
46	培育美丽乡村示范乡镇	个	2	县农业农村局
47	创建美丽城镇	个	1	县建设局
48	创建国家3A级旅游景区	个	1	县文广旅游局
49	建设历史文化村落重点村/一般村	个	1/4	县农业农村局
50	建设和改造提升农村公路	千米	30	县交通运输局
51	建设改造港湾式停靠站	个	30	县交通运输局
52	农村生活垃圾分类村覆盖率	%	90	县建设局
53	建设市农村生活垃圾分类示范村	个	12	县建设局
54	实施污水处理设施建设改造项目	个	35	县建设局
55	开展污水处理设施标准化运维	个	200	县建设局
56	农村公路优良中等路率	%	92	县交通运输局
57	农村村级卫生室规范化率	%	55	县卫生健康局
58	建设百姓健身房	个	14	县教体局
59	乡镇（街道）居家养老服务中心覆盖面	%	100	县民政局
60	全科网格建设达标率	%	95	县委政法委

续表

序号	工作指标	计量单位	目标值	责任单位
61	建成善治示范村	个	15	县农业农村局
62	建成省级民主法治村（社区）	个	5	县司法局
63	县级及以上文明村镇建成率	%	70	县委宣传部（文明办）
64	落实农民建房用地指标	亩	100	县自然资源和规划局
65	实施乡村全域土地综合整治和生态修复工程	个	1	县自然资源和规划局
66	建设（提升）村级农村物流服务点	个	232	县交通运输局
67	农产品网络零售额增幅	%	10	县商务局
68	农村网络覆盖率	%	100	县经信局
69	培育美丽乡村风景线	条	1	县农业农村局
70	建成农家乐集聚村	个	1	县文广旅游局
71	完成病险山塘整治	座	20	县水利局
72	建成气象防灾减灾标准化村	个	25	县气象局
73	建成规范化残疾人庇护机构	个	各乡镇（街道）全覆盖	县残联
74	新建农村文化礼堂	家	45	县委宣传部
75	避灾场所规范化建设	家	50	县应急管理局
76	农村漏电保护器安装覆盖率	%	100	县农业农村局
77	新建生态公益性墓地/新增墓穴	处/穴	15/10 000	县民政局
78	吸引新时代乡贤回乡投资兴业、建设家乡	人	60	县统战部
79	政策性农业水稻保险及生猪保险覆盖率	%	70/100	县农业农村局
80	农村公厕改造	座	220	县农业农村局

分析：

从这份清单中，我们可以看到很多县级职教中心可以做的事情，比如培育电子商务专业村、建成省级民主法治村（社区）、建成美丽河湖、建成美丽城镇，等等，学校都可以开展人员培训、技术服务、志愿者服务、文化宣传等工作，但是在责任单位里没有县级职教中心。在这种情况下，县级职教中心服务乡村振兴就有"师出无名"的感觉，也有"抢人饭碗"的嫌疑。

案例27：

《××县关于全面推进乡村振兴的实施意见》选摘

6.保障脱贫人口稳定就业。继续做好稳岗帮扶，支持脱贫村在基础设施等涉农项目建设和管护时广泛采取以工代赈方式，促进脱贫人口就地就近就业。继续发挥扶贫车间带动就业作用，对不适合外出就业的脱贫劳动力，积极协调相关企业吸纳就业，统筹用好乡村公益岗位，健全按需设岗、以岗聘任、在岗领补、有序退岗的管理机制，优先安排无法外出、无业可就的脱贫人口就业。继续强化技能培训，围绕市场劳务需求，立足地方特色产业，加大对脱贫人口和边缘人口的职业技能培训力度，积极开展订单式、定向式培训。继续组织开展脱贫人口中短期基础性岗前培训和实用技能培训，引导和鼓励脱贫家庭新成长劳动力接受中高等职业教育，着力提升就业能力。

分析：

这个县推进乡村振兴的整个实施意见中，只有一次提到了"职业教育"，有三次提到了"技能培训"，这些地方就集中在以上文本中。在实际工作中，县级职教中心服务乡村振兴完全可以有更大更多的作为，这不仅有利于乡村振兴，也有利于学校发展。失去了"县域以乡村为主的经济社会"这块沃土，县级职教中心就成了无本之木、无源之水，就不是县级职教中心，而是一所普通的中职学校。

（二）需求困境

前几年我们国家进行了大规模"供给侧改革"，就是因为有需求，但没有对应需求的供给，导致经济发展不畅。相反，如果没有需求，只有供给，那供给也是寂寞的，因此，不被需要是悲哀的。县级职教中心在服务乡村振兴中也出现了类似现象。虽然乡村振兴有巨大的需求，县级职教中心也有较丰富的供给，但是，乡村振兴的巨大需求没有与县级职教中心的供给对应，乡村振兴的巨大需求一般是对应的政府相关部门、企业行业，对应县级职教中心的则很少。

从道理分析，现实状况看，县级职教中心服务乡村振兴有巨大的"舞台"，应该被极大地需求。但现实中，往往不被需要。主要原因有三：一是乡村振兴是政府主导的战略行动，其巨大需求也是政府主导的，而在政府眼里县级职教中心主要是"学校"而非"具有综合功能"的"产科教"融合体；二是乡镇村社习惯行政思维，有事找政府这是一贯的做法，也是中国特色治理体系的体现，一般情况下，他们不会对县级职教中心提出直接"需求"；三是目前阶段，人们对于乡村振兴的做法、看法主要是经济、产业振兴，他们更需要的是直接的资金、物资、项目支持，要看得见、摸得着的实实在在的东西，对于技术、信息、文化等软性资源需求愿望不强。

不被需要造成了县级职教中心服务乡村振兴难以落地落实，限制了其积极性的发挥。

案例 28：

推动乡村振兴，各级在行动

《××省职业教育服务乡村振兴战略三年行动计划（2020—2022年）》提出：健全乡村振兴人才培养体系。改善县级职教中心基础能力，增强市属高职院校与区域发展的契合度，提高市域应用型本科院校人才培养质量，建立与区域产业发展相匹配、与乡村振兴相适应的技术技能人才培养体系，源源不断地输送"下得去、留得住、用得上"的实用型人才。

在陕西省某县，采取了三条乡村振兴主要举措：

一是守住底线，防止返贫。全面落实落产业就业、教育资助、医疗救助、兜底保障、安全饮水、金融帮助等各类保障帮扶政策，脱贫成果持续巩固。

二是抓住关键，助乡村发展。牢牢抓住"兴产业促就业"两个富民"关键"，坚持实行聚焦群众增收大抓产业、大促就业，以产业促就业，以就业促增收举措。

三是突出抓手，促乡村振兴。抓整体规划、抓典型示范、抓项目支撑。

从媒体报道可以看出，该县开展了轰轰烈烈的技能培训和教育助力乡村振兴活动。如：××职业技能培训中心计划培训 2 000 人次，涉及工种有养老护理、烹饪、手工凉皮、手工艺制作等，目前已培训八期 400 人次。通过技能培训让本县劳动力掌握一技之长，学到真正的本领，实现人人有技能，人人好就业，为乡村振兴提供人才支持。又如：由县农广校、教育科技体育局联合举办的助推乡村全面振兴宣传活动走进××。

分析：

从上述案例可以看出，省里专门制定了职业教育服务乡村振兴战略三年行动计划，特别提到了县级职教中心，文件有明确要求。同时，该县里有职教中心。但是，从该县里乡村振兴如火如荼开展的相关报道可以看出，乡村振兴成果丰硕，有相关的一些职业培训机构、院校参与，却没有县级职教中心服务乡村振兴的相关信息。

这种现象是有代表性的，虽然县里在轰轰烈烈开展乡村振兴，县里也有县级职教中心，相关职业教育机构、院校也大量参与了乡村振兴行动，但是县级职教中心却参与不多，服务乡村振兴的作用非常有限。这里面原因很多，有些原因具有一定的共性。一是服务乡村振兴很多是"有偿服务"，如技能培训，而这方面往往被一些私立培训机构"占领"，它们更灵活和主动；二是服务乡村振兴很多是由农业口、人社口等相关部门管理，很多任务就直接委托给与这些部门联系更紧密的职业院校、机构、企业，教育部门管理的县级职教中心往往连信息都无法获取；三是县级职教中心严格的绩效管理、关门办学自我封闭、办学方向追随城市职业学校等原因，导致它们服务乡村振兴不主动、不积极。

（三）发展困境

当自己的发展都困难的时候，帮扶他人的主动性、积极性就会明显不足。很多县级职教中心就是陷入了这种状态，由于自身发展困难，因此在服务乡村振兴中表现明显不力。

县级职教中心普遍发展困难这是不争的事实，主要表现在以下几个方面：一是学校办学基础薄弱，包括生均占地面积、生均建筑面积、实训设施设备、教学办公条件等，很多县级职教中心与城市职业学校相比落后很多，与国家标准相比差距巨大。二是师资力量不足，包括师资数量、结构、水平等重要指标均与国家标准相差甚远，当城市职业学校的教师进入研究生时代的时候，县级职教中心还在专科、本科之间徘徊，年龄结构、职称结构、双师结构、兼职结构很多都严重不合理。三是办学经费短缺，包括建设经费、办公经费、师资培训经费、专业建设经费等，特别重要的是由于经费短缺严重影响了课程开发、实训设备更新添置、教师入企实践、人才培养模式改革等对教学质量具有很大制约作用的因素有效实施。四是校企合作无力，包括联合办学、订单培养、实训基地建设、教师企业实践流动站建设等，对现代学徒制的实施、产教融合的落地、教育教学与行业企业接轨等都带来较大影响。

产生以上问题的原因很多，但基本上都与县级职教中心处于"县级"这一客观事实紧密相关。具体原因主要有：一是县级政府的财政普遍吃紧，县域内产业不发达，经济基础薄弱，很多靠上级财政转移支付维持运转，保运转成为县级政府的首要任务。在这种情况下，县级职教中心能够有经费维持日常运行已算不错，更别谈发展建设的事情了。事实上，县级职教中心争取上级项目的地方配套资金一般都没有到位，生均公用经费往往也不能全额满足。二是县级区域的职教资源供给普遍不足，包括专家资源、专业资源、企业资源、产业资源、技术技能资源等，这是县域以乡村为主的经济社会的基本现实，也是一时难以改变的事实。职业学校的办学与社会具有广泛的联系，需要大量的社会资源支撑，县级职教中心本身就资源匮乏，加之县域社会资源缺乏，因此办学更是雪上加霜。三是思想僵硬固化，由于县域经济社会发展的滞后，县域内思想比城市普遍落后，其中自然就包括职业教育办学、发展的思想。思想固化于"基于工业"的职教，眼睛始终盯着第二、三产业，不能将乡村产业当成"工业"，不能将田野当成"企业""车间"，不能把农民当成职业，这些都是大的方面的思想僵化固化。死抓学历教育，固守校园，抱守书本，死守课堂45分钟，甚至与普通高中比升学，这些都是小的方面的思想僵化固化。

因为这些原因，导致县级职教中心发展建设滞后，办学思路局限，甚至走向羸弱。在这样的情况下，根植"三农"，服务乡村振兴，就陷入了困境。

案例 29：

车秀兰：关于服务乡村振兴战略办好县级职教中心的建议[1]

全国人民代表大会教科文卫委员会委员、全国人大代表、吉林省中华职业教育社主任车秀兰通过调研发现，与城市中职学校的发展状况相比，县级职业教育中心在办学上还存在突出的短板，比如：投入严重不足，办学条件较差，缺乏对学生的吸引力；县级政府统筹办学缺位，农科教结合功能弱化，有"综合服务中心"向"单一升学通道"转变的发展取向；优秀教师特别是高水平的双师型教师难以进入中心，教师教学能力差，人才培养质量不高；紧跟时代发展的办学意识不强，专业特色不突出，毕业生愿意留、留得下、干得好的比例偏低，等等。

针对以上问题，车秀兰提出，要研判县级职教中心在实施乡村振兴战略中的基本功能和作用，提出符合新时代发展要求的办学思想。在修订职业教育法时，将县级职教中心的作用和办学定位列为法条，在法律上提供发展保障。要强化政府主要负责人第一责任人作用，把县级政府对职教中心的统筹作用和效果作为地方政府领导班子考核的重要指标。中央财政把支持县级职教中心建设作为加大转移支付的重点项目，形成长效机制，并明确省、市地方政府支持县级职业教育发展的主体责任。车秀兰具体提出了六条建议：一是全面总结县级职教中心办学经验，二是明确县级职教中心的法律地位，三是强化县级政府对职教中心的统筹，四是完善县级职教中心经费保障机制，五是推动县级职教中心更加灵活办学，六是支持县级职教中心教师队伍建设。

分析：

以上建议的核心是破解县级职教中心的发展困境，关键是地位困境、保障困境、资源困境、师资困境。县级职教中心作为县域内农科教结合的"综合性中心"，现在正逐渐偏离初衷，走向"升学为主的学历教育"通道，长此下去，县级职教中心将不再是"县级职教中心"，更别说服务乡村、服务"三农"。从某种程度说，发展县级职教中心，就是发展乡村，就是发展"三农"，就是发展县域经济社会。

---

[1] 详见车秀兰：服务乡村振兴战略要办好县级职教中心，2022-03-15，中华职业教育社网站。

第二节　县级职教中心服务乡村振兴的行动困境

行动关键在于自身，行动困境更多是自身的困境。因此，本节主要从县级职教中心自身服务乡村振兴的认识、做法等方面进行阐述。

一、来自认识方面的困境

（一）理念不新

1. 学校建设发展理念滞后

理念引领思想，思想决定行动。县级职教中心服务乡村振兴不仅是一项实践性很强的操作层面的工作，更是涉及思想理念、价值取向等观念层面的系统工程，是一个理念优先于行动、价值优先于工具、理性优先于感性的实践活动。当前，我国县级职教中心不论在自身发展还是在服务乡村振兴实践上都面临着诸多理念、价值观念方面的障碍。从县级职教中心的价值追求看，追随城市职业学校的发展步伐，以城市职业学校为发展标杆，导致发展方向错位，背离了县级职教中心"因农而生""为农而存"的基本属性，更背离了县域乡村振兴战略的需求。在当前巩固脱贫攻坚衔接乡村振兴战略背景下，县级职教中心的时代使命就是为县域农村经济社会发展和乡村全面振兴提供人才支撑、智力支持和农科教结合的综合服务。但目前绝大多数县级职教中心走向了"升学通道""城市方向"，将学生对口升学、发展非农专业作为办学的主要目标和主攻方向，"轻农、去农、离农"成为普遍现象。

2. 人才培养理念错位

职业学校核心是培养人才，服务社会的主要行动是人才培养。县级职教中心服务乡村振兴，理应面向乡村培养人才。而事实是，县级职教中心百分之九十以上的专业都是"离农"专业，培养的大量学生都走向了工厂企业、城市。这里的原因很多，有我国大力发展第二三产业、大力推进城市化进程的原因，有职业教育的政策导向原因，有经济为主的社会下家长学生需求的原因，有学校办学思想、经验、模式来自城市职业学校的原因，有学校管理团队价值取向的原因，等等。这些原因很多不是县级职教中心自身的原因，但也有学校自身不可忽视的原因存在。虽然有些原因是客观的，短时间难以改变，县级职教中心自身力量不能撼动的，但是，只有正视这些原因我们才有可能破解，才能更好地前行。

总体来看，我国县级职教中心人才培养方向整体偏离了乡村，至于基于校企合作的涉农实用型人才培养、基于校村乡共建的涉农人才培养基地建设等理想化的做法更是稀少。县级职教中心要实现人才培养方向的回归，要实施与乡镇村社联合协同培养涉农人才，关键在于学校自身的认识、意愿、基础和能力。然而，随着我国城镇化快速推进，信息化、数据化、智能化推动工业、商业等产业高速转型发展的到来，追寻"经济""现代""科技""集约"的价值偏好正在进一步重化县级职教中心人才培养的"离农"发展态势。

（二）认识不深

1. 对县级职教中心的功能定位认识不深

县级职教中心从建立到现在普遍都已经有二十年左右的时间了，一般县级职教中心更多是把自己当作普通中职学校看待，"三农"、乡村的影子逐渐消失。

×××县职教中心简介

学校坚持以能力为本位，以就业为导向，大力发展职业教育，以"扩规模，强内涵，塑特色，创品牌"为目标，积极调整中等职业教育专业设置、专业培养目标、课程设置和教学内容，建立学校教育与企业实践、行业实训相结合的培养制度，提高学生从业、转岗技能水平。学校培养学生学会生存、学会学习、学会创造、学会关心、学会负责、学会合作六种能力，倡导并贯彻"先成人、后成才"及"升学就业两条腿走路"的办学理念，以质量求生存，以效益求发展，逐渐形成了"以制度规范人，以教育感化人，以机制激励人"的管理模式。

毕业生除升学以外，大部分毕业生在本县域的工厂企业务工就业，如：县域内各大幼儿园、县域内部分会计事务所、机械加工企业等。

学校荣获市文明单位、市文明校园、市职成教工作先进单位、市安全卫生先进单位及县教育教学特殊贡献奖、德育工作先进单位、学校管理工作先进单位、教育系统宣传工作先进单位等多项荣誉称号。

×××县职教中心简介

××县职教中心是县委县政府于2007年斥巨资新建的一所具有中等学历教育招生资格的综合性学校。学校除中职教育外还承担县教师继续教育、卫生系统继续教育、农村劳动力转移培训、下岗工人再就业培训等任务，它还是师范、医护、涉农等专业大专函授点。设有机械加工、计算机应用、工民建、数控技术、护理、电工电子、财会等专业，拥有一支爱岗敬业的师资队伍，在校中职学生1 000多人，其他培训每年2 000多人次，近年来为社会输送大量合格人才。

×××县职教中心简介

××县职教中心是2003年8月由原县职业中学、教师进修学校、卫生技术学校合并组建的一所集职业教育、普通教育、成人教育和下岗职工、农民工培训及就业服务为一体的多功能的职业技术教育机构。

学校基础设施不断完善，教学设备日趋充盈。信息化建设和远程教育不断加强。学校新购微机200台，建有微机室3个、多媒体教室2个，购建了电大远程教育平台，成人教育尤其是电大开放教育实现了远程网络教学。不断添置理化实验器材及药品，扩充各类图书，建成一定规格的理化实验室、图书室。骨干专业建设初具规模，学校购置各类演出道具、服装、音响设备300多台（件），建成琴室、舞蹈室各1个，幼师、计算机等专业成为具备一定教学实力的骨干专业。学校除加强与原联办校企合作办学外，先后和天津、上海、深圳、江苏昆山等地的校企建立长期的联合办学关系，坚持走"校企结合、校校联合"的办学路子，先后开设电子与通信技术、计算机及应用、幼儿师范、酒店服务、电子电器、电焊、医疗、护理等10多个热门专业，为初中毕业生打开了便捷的就业之门。成人教育在搞好电大本专科27个专业57个教学班的教学辅导业务的基础上，先后设立秘书学、汉语言文学、音乐教育、体育教育、美术教育、资源环境与区域规划管理等六个本科专业，医学类本专科 13 个专业。近年来，短期培训主要以下岗职工再就业培训、农村劳动力转移培训、扶贫培训、"阳光工程"培训和公务员、寒暑期教师培训为主，累计举行培训 500 场次，受训人员 3 000 人次，取得了良好的社会经济效益。

经清华大学继续教育学院教育扶贫办公室实地考察，确定为清华大学新建教学站。

以上是三个县级职教中心对外公开的简介，很具代表性。第一份简介与其他职业学校相比，很难找到区别，看不到县级职教中心的影子，这样的县级职教中心为数不少。第二份简介能找到"农村劳动力转移培训""涉农专业大专函授"两个"涉农"点，看不到其他服务"三农"的功能，这样的县级职教中心为数较多。第三份简介能看到"农民工培训""农村劳动力转移培训、扶贫培训、阳光工程培训"等明显的涉农培训功能，还有清华大学继续教育学院教育扶贫办公室建立的教学站，不仅开展了大量的涉农培训，还有大学的扶贫教育站。至于真正具有"农科教融合的综合服务中心功能"的县级职教中心已经很少了，其根本原因还是在于学校自身对县级职教中心的功能定位认识不深，把自己当成了普通职业学校。

2. 对服务乡村振兴对学校和乡村的"双促进"作用认识不深

很多人认为，服务乡村振兴是学校对乡村的无偿付出，是学校教育教学之外的额外负担，会影响学校教育教学工作的正常开展，干扰教育教学。这也是很多县级职教中心领导干部、教师的普遍认识。基于这样的认识，服务乡村振兴自然就缺乏动力和积极性。事实上，如果是面向乡村培养人才，以服务县域经济社会发展为己任，职业学校的服务乡村振兴工作就是人才培养工作，就是教育教学的拓展延伸、实训实践，就是专业建设中的产教融合、校企合作，乡村是县级职教中心建设、发展、育人的广阔天地，服务乡村振兴是县级职教中心与乡村"双促进"的重要途径。

当然，如果学校本身没有立足"面向乡村培养人才"，没有"以服务县域经济社会发展为己任"，服务乡村振兴确实就是负担。

如今，在以城市为中心的经济社会发展模式引领下，加之职业院校服务乡村全面振兴具有活动的长期性、付出的单向性、效果的隐蔽性、价值的潜在性，导致行政、社会、职业教育都普遍关注城市发展而忽略了农村社会发展需求，将工作重心和资源更多地聚焦在能够快速凸显"政绩"的领域，从而削弱了职业教育服务乡村振兴的动力。这也是导致对县级职教中心服务乡村振兴对学校和乡村的"双促进"作用认识不深的重要原因。

（三）定位不准

1. 服务内容定位不准

县级职教中心服务乡村振兴、服务"三农"究竟服务什么？这在业界难有统一的说法。一般来说，培养乡村振兴实用人才、开展中短期涉农培训是大家的共识，其他就各有各的做法。但是，学历教育培养乡村振兴实用人才显然是"空头支票"，因为县级职教中心普遍没有开设涉农专业，有也是很少几个，学生也很少。中短期涉农培训倒是重头戏，开展规模大、数量多，但是涉农深度不够，主要是培训内容偏向通识、培训方式偏向讲授、培训效益偏向"有偿"，接地气的培训、有特色的培训、手把手的培训很少。其他方面大家就各有各的做法，有的出人，入住村社，进村入户；有的出钱，扶贫救助、捐资助农，修渠修堰；有的出技术，开展咨询服务、技术指导；有的购买农产品，助农消费，增加农民收入。但是，没有统一的、大家能普遍接受的、符合职业教育特点的服务内容，导致服务内容混乱、定位不准。

2. 服务方式定位不准

以什么方式服务是县级职教中心服务乡村振兴难以确定的另一个重要问题。从目前来看，主要方式是对农村孩子进行学历教育、对"三农"人员开展中短期技能培训，在这两种之外的做法就各有不同，有的接受政府安排包村入户，有的校村对接共建，有的参与政府组织的相关活动，有的组织"应景"支农活动。总之，没有一个比较统一的、固定的、形成共识的、能够长期坚持的服务形式，于是各个县级职教中心自由发挥、各自为政。并且这些服务方式是否与乡村需求吻合、是否能够有效发挥作用、是否能够促进学校乡村"双发展"，都难以确定，只是"凭感觉"在做，并没有认真地调查研究、仔细论证，这样的结果自然会导致服务乡村振兴质量不够、体系不够、动力不足、持续性不强。

产生上述问题的原因有二：一是对县级职教中心的价值、功能和需求认识不清，导致定位模糊。不知道县级职教中心从何处来、要到何处去，不清楚县级职教中心与其他中等职业学校的区别，没有搞懂国家要求每个县建立一所县级职教中心的真正含义。二是对县域乡村的现实、需求认识不清，导致定位模糊。在脱贫攻坚期间，或者说在过去二十年、三十年期间，把农村人口向城市转移，把农民培养成工人，把农村劳动力转移到城市，是乡村发展的主要方式，是以农村资源促进城市发展、以牺牲农业促进工业发展大背景下的乡村现实。而现在，是城市反哺农村，是以城市资源支持农村发展、以工业支援农业的新时代，把城市资金、技术、人力等资源引入乡村发展的时代。因此，县域乡村的现实、需求都发生了根本性变化，县级职教中心作为服务乡村振兴的主体，从认识上、定位上也应该发生相应变化。

针对以上原因，县级职教中心应该从以下两个方面加强自身观念上的改变。

一是重新审视自己。在乡村振兴作为重大国家战略的新时代，县级职教中心应该重新认识、定位自己的价值、功能和需求，不断夯实自身作为乡村振兴的人力资本的重要基础，提高促进县域经济社会发展保持动态适应性的能力，顺应新时代乡村的变化与要求，根据我国经济社会发展新的阶段特征审视自身存在的价值，不断调整、强化自身功能定位。

二是重新审视乡村。要梳理我国从脱贫攻坚到巩固脱贫攻坚再到乡村振兴的发展脉络，要认清我国乡村发展、"三农"发展新的时代特征、基于我国新型城镇化的发展趋势，要看清农民职业化、农村城镇化、农业产业化的大趋势。

在以上认识改变的基础上，县级职教中心要进一步为巩固脱贫成果，持续对相对贫困人口开展基于实用技能的全方位服务；要探索乡村振兴人才培养的途径内容，加强基于农民职业化、农业产业化的技能人才培养。根据新时代乡村振兴的新特征，县级职教中心可以从以下三个方面入手改变自己。

一是加强对返乡人员提供职业教育服务，改变过去以农村劳动力转移进城为服务重心的定位。在乡村振兴的大背景下，在国家不断强化"缩小城乡差距""共同富裕"的政策推动下，越来越多的农民工、转业军人、返乡大学生。他们在农村创业就业，过去的职业技能、文化知识已经不能适应今天的乡村建设，因此需要接受新的教育培训，其中重点是创业常识、素质与技能，以及相关种植养殖、农产品经营的知识、技术与技能。

二是加强为农民职业化、新农人成长提供职业教育服务，改变过去把农民培养为市民作为服务重心的做法。如今，社会主义新农村建设、新型城镇化建设、农业产业化建设，使得大量进城的农民返乡，不少的城市人口下乡，乡村人口素质参差不齐，亟待教育提升。村民、乡村干部的素质与"乡风文明""治理有效"要求相差甚远，文明素养、治理能力、科技种植养殖、绿色生产、电商经营等都亟待提升，新的生产劳动力需要开发，这些都是县级职教中心大有作为的地方。

三是加强对农村群众的继续教育，改变过去对农村人民群众幸福生活要求视而不见的状况。职业院校在服务城市市民的"老有所学""老有所乐"方面作出了不小贡献，开展了很多社区教育、继续教育、老年教育活动。如今，农村生活条件改善了，农民的生活要求提高了，未成年学生、老人、残疾人也需要快乐生活，他们对接受职业技能教育的需求不高，但对生活质量有一定的要求，县级职教中心完全可以以己之长开展"老有所学""老有所乐"的生活教育，为"乡风文明"提供有效服务。

二、来自机制方面的困境

（一）服务组织不健全

是否有组织、组织是否健全是衡量一个学校服务乡村振兴工作的首要因素。如果没有相应的组织，说明服务乡村振兴工作是随机的、应付式的、边缘化的；如果有相应的组织，但不够健全，说明服务乡村振兴工作处于学校整体工作的范围之内，是有意识地在开展，但不是重点工作，也不是中心工作。

从调研情况看，大部分县级职教中心都建立了服务乡村振兴的组织，但不够健全。从现场调研和文献调研我们发现，成立乡村振兴学院是最为普遍的专门化的服务乡村振兴组织，其他的有"蚕桑研究中心""黄羊研究所""农产品电商服务站"等各式各样的技术服务组织。以"县职教中心成立乡村振兴领导小组"进行百度检索，没有看到一所县级职教中心成立乡村振兴领导小组、乡村振兴工作小组的相关资料，出现的都是某个具体事项、某个工作方面、某个临时活动的领导小组、工作小组。这说明县级职教中心还没有将服务乡村振兴工作作为学校的中心工作、重点工作、系统性工作。但是，如果以"县职教中心成'三全育人'领导小组"进行百度检索，则会出现很多信息，因为这是国家有要求的系统性重点工作。

案例 30：

设立县乡村人才振兴工作中心

按照"党委领导、政府主导、建立统筹机制、优化资源配置、完善培训体系、提高整体效益"的要求，县级成立乡村人才振兴行动计划工作领导小组，建立联席会议制度，在县职业教育中心设立凤庆县乡村人才振兴工作中心，各乡镇依托基层党建办公室设立乡村人才振兴工作站，各村（社区）设立乡村人才振兴工作点，形成"领导小组+联席会议+乡村人才振兴工作中心、乡村人才振兴工作站、乡村人才振兴工作点"的"1+1+3"乡村人才振兴行动计划工作机制，上下联动，密切协作，高效推进乡村人才振兴行动计划实施。

成立"百家单位帮百村"行动工作领导小组

依据《中共神木市委办公室、神木市人民政府办公室关于印发〈神木市"百家单位帮百村"行动实施方案〉的通知》（神办发〔2021〕89号）精神，神木职教中心迅速召开"落实《神木市"百家单位帮百村"行动实施方案》"专题会议，拟定初步计划，组织成立了神木职教中心"百家单位帮百村"行动工作领导小组（以下简称"帮扶领导小组"）。

分析：

以上两个案例是做得比较好的县级职教中心服务乡村振兴组织建设情况，很多学校都没有这样的具体组织。但是，这样的具体到服务乡村振兴某一方面工作的组织还不足以领导学校开展全面的、系统的服务乡村振兴工作。

（二）服务制度不完善

没有规矩不成方圆，制度就是规矩。县级职教中心服务乡村振兴有没有制度、制度健不健全是衡量这个学校服务乡村振兴工作地位、看法、做法的基本标准。

以"县级职教中心服务乡村振兴制度""县级职教中心服务乡村振兴的制度建设"进行百度检索，没有出现紧密相关的信息。以"职业学校服务乡村振兴制度建设"进行百度检索，也没有出现紧密相关的信息。可见，包括县级职教中心在内的职业学校还没有将服务乡村振兴工作进行制度化、体系化的程度，这与前面的组织建设基本一致，都是县级职教中心对服务乡村振兴工作定位、态度、看法和做法的体现。如果以"县级职教中心 乡村振兴"进行百度检索，就会出现大量的紧密相关的信息，有事实、有数据、有总结、有经验、有模式，图文并茂、生动感人，但为什么却没有相关的组织建设和制度建设呢？一是服务乡村振兴工作在县级职教中心，在职业院校眼里不是中心工作，不是重点工作，是"添彩""增光"的工作，所以大力宣传报道是必须的，但扎扎实实做就没有必要了。可以说，县级职教中心，包括职业院校在内，大部分的学校服务乡村振兴都是"只见媒体笑"。二是调研的方式存在缺陷，我们主要是通过百度、知网检索进行调研，由于疫情影响，深度现场调研的学校不多，因此存在事实上有而媒体没有报道的情况。实际上，一般县级职教中心都有服务乡村振兴的制度，比如"下乡派遣制度""下乡经费补助制度""三农培训制度""农村学生资助制度"等，主要是涉及经费、财务方面的，因为巡视、审计必须要查这些资料。至于其他服务乡村振兴的活动开展、交流互动等工作没有上级检查的要求，没有国家、政府的制度要求，基本都是自己搭台自己唱戏的临时性安排，所以就没有必要制定相关制度。

我们国家是一个行政体制非常强大的国家，凡是重要工作、中心工作，一定要建立相应的组织，制定完善的制度，特别是成立领导小组和制定考核制度。对于县级职教中心，德育工作如此，教学工作也是如此。"三全育人""教学诊断与改进""信息化 2.0"，乃至各个大小项目建设，概莫例外。正因为如此，才导致服务乡村振兴工作没有完善的制度而陷入困境。

三、来自其他方面的困境

县级职教中心服务乡村振兴的困境很多，包括基础、专业、课程、方式、路径、人员、条件等，这里重点列举几个进行阐述。

（一）办学基础薄弱

县级职教中心办学基础薄弱是不争的事实，虽然经过多轮大规模投入和政策支持，但由于县级、乡村、产业、经济等多个关键要素的制约，与城市职业学校相比，始终处于劣势。县级职教中心的薄弱是方方面面的，与服务乡村振兴密切相关的主要包括涉农专业薄弱、农科教融合薄弱两个方面。

涉农专业薄弱是主要的，主要包括：一是涉农专业少，即使有，也不强，教师少，学生少，实训设备少，甚至没有；二是涉农专业人员少，甚至没有，有的多年没有从事专业工作，有的是半路改行，技术技能都不足以支撑乡村需求；三是涉农实训基础弱，很难开展相关实训实验，甚至没有；四是涉农技术实力弱，技术资料、技术设备、科研力量严重不足，甚至没有。在县级职教中心，一般来说，最薄弱的专业就是涉农专业，更不要谈涉农专业实训基地和为农服务示范基地建设等更高要求。

农科教融合本是县级职教中心的基础特色，但由于涉农专业的薄弱，导致涉农的科研、教学都很薄弱，很难发挥农村职业学校农教结合、农学结合、农科结合的特色做法，很难做到涉农"教学做一体化"的人才培养，很难做到对农业新技术新设备新做法的推广应用。

办学基础薄弱限制了县级职教中心服务乡村振兴，反过来又限制了其自身的建设发展，甚至步入"跟随城市职业学校发展"的"歧途"，如果长久这样恶性循环下去，县级职教中心这一中国特色职业教育形式将难以为继、不复存在。

（二）供需对接不紧密

服务是一方对另一方的付出，如果一方的付出另一方不接受，或者只接受很少的部分，服务的效果就会大打折扣，这种情况持续下去，服务终将成为双方的累赘。如今，县级职教中心服务乡村振兴就出现了类似的情况。县级职教中心提供的服务，乡村并没有充分认可、接受，有时甚至成为他们的负担。原因主要是双方对接不紧密，包括县级职教中心提供的服务内容、服务方式、服务时间、服务人员等，很多都不是乡村所需要的、认可的。这里原因有很多，没有充分调研、没有系统组织、没有实效保证是主要原因。

案例31：

以学历教育服务乡村振兴

围绕"××职教名校、××技工摇篮"的办学目标，××县职教中心始终坚持正确的职教办学方向，认真落实新修订的《中华人民共和国职业教育法》，将职教精神、工匠精神、劳模精神贯穿育人始终。学校先后制定《专业人才培养目标》《专业人才培养方向》《学生岗位实习管理制度》等管理制度，创新顶岗实习形式，为学生顺利就业创造各类条件。2022年毕业学生737人，其中通过分类招生考试升入高职院校516人，100余名学生通过职教高考向职业教育本科冲刺，西餐烹饪专业38名学生安置××食品有限公司就业，先进的办学理念和业绩得到了家长和社会各界的良好赞誉。

分析：

以上案例从内容看，是很多县级职教中心工作总结的基本样式，从中很难看出服务乡村振兴、服务"三农"的影子，但这个内容就是来自一篇这个学校服务乡村振兴工作报道的首要部分。我们可以看出，一是学校认为把农村孩子培养进入高职院校，送入城市就业是乡村最需要的，也是学校最主要的"功劳"；二是学校把"将职教精神、工匠精神、劳模精神"贯穿育人始终。学校先后制定《专业人才培养目标》《专业人才培养方向》《学生岗位实习管理制度》等管理制度作为培养乡村振兴人才的主要做法，说明他们并没有找到乡村振兴人才培养与一般技能人才培养之间的区别。而从乡村振兴的国家政策导向、乡村振兴的实际需求看，乡村目前最需要的人才是掌握一定种植养殖新技术的实用人才、乡村实体经济经营管理人才、乡村治理人才，而这些人才的培养内容、途径主要是来自"田间地头"。乡村振兴人才培养难以落实是大家面临的共同问题。

（三）服务能力羸弱

评判服务能力的强弱，首先是看服务的质量，其次是看服务过程。县级职教中心服务乡村振兴要看质量很难，因为基本都是"软性"服务，一时一事看不出质量。因此我们这里重点分析服务的过程，包括服务项目、服务时间、设施设备、服务质量标准、环境气氛等，主要看这些因素满足乡村需求的程度。

从服务项目看，县级职教中心服务乡村振兴有国家政府项目，主要是"涉农培训""涉农专业建设""涉农课题研究"。由于涉农专业太少，或者没有，因此"涉农专业建设"没有讨论的价值。"涉农课题研究"则更多是泛泛的研究，或者是基于学校教育教学的研究，与服务能力关系不大，因此也不做讨论。涉农培训是县级职教中心普遍、主要的服务乡村方式，从现状看，培训的次数多、规模大、涉及范围广，培训管理规范，这是好的一面。不好的方面很多，一是因为是"政府有偿培训项目"，因此完成任务获取补偿是主要目的，影响了培训的动机；二是培训教师要么是学校临时抓来充数的学校教师，要么是附近社会有一些"名头"的人员，由于真正合格的"专业教师"太少，而各个培训学校、机构都在争相邀请，因此"涉农"培训教师的水分很重；三是培训的学员大部分并不是真正需要培训的人，老人、学生居多，反复接受各类培训的居多，因为他们主要是冲着培训补助来的；四是培训内容不能很好满足需求，培训内容多是普适性的、空的、虚的，能解决实际问题的很少；五是培训形式不太符合乡村需求，讲授多实践少，教室里多田地里少。正是以上原因，导致县级职教中心服务乡村振兴的主要形式"社会培训"效果大打折扣，出现了从统计数字看、从资料看效果良好，从村民眼里看，从村民口里听，效果很一般的现象，因此，"社会培训"很难说明县级职教中心的服务能力强。

然后从服务的时间看，县级职教中心服务乡村振兴的时间点选择主要是根据自身的工作安排、政府的工作安排，再结合乡村生产的季节性进行统筹安排确定的，但大部分服务活动都是根据学校的工作安排确定的。至于服务时间的长短，则主要是依据"能短则短"的原则进行，而不是乡村的实际需求，因为要保证教育教学的正常进行。所以从服务的时间这个要素看，县级职教中心服务乡村振兴难有较强的服务能力体现。

再看服务的设施设备，县级职教中心服务乡村振兴很少有专门的设施设备，一般活动都不涉及专业设施设备，基本上都是学校的通用设施设备，并且以教学设施设备为主。比如，培训中用到的电脑、投影等教学设备，维修服务中用到的专业维修器具，文化宣传、技术咨询等服务一般都是常用设备。至于农业生产中要用到的专用机械、实验、检测、生产器具等设施设备基本没有用到，主要原因是县级职教中心没有相关设施设备，也没有使用相关设施设备的技术和人员。

服务质量标准就不用多说，因为没有。一是这种服务不是标准化服务，没有统一的行为、对象和规格，本身很难确定标准；二是没有强制性要求，也没有竞争和比拼，所以就没有制定标准的必要，也没有制定标准的部门或人。

关于环境气氛，这算是县级职教中心服务乡村振兴的"强项"。首先是学校一般都有服务乡村振兴的环境气氛，"三农"文化、相关标语、宣传展板时不时，或者是长期会出现在校园里，对师生"爱乡村、懂乡村、建设乡村"的相关宣传教育活动也经常开展。其次是乡村里学校服务乡村振兴的气氛，一般来说，只要学校开展了服务活动，都会有标语横幅，都会大张旗鼓宣传，都会在乡里引起关注，都能做到"人尽皆知"。这是学校的强项，也是学校开展服务乡村振兴活动的动力源泉之一。

从上述几个方面看，县级职教中心服务乡村振兴基本上还处在初级阶段，形式大于内容，活动大于实效，象征意义大于实际意义，宣传作用大于服务作用。总之，县级职教中心服务乡村振兴的服务能力弱是实实在在的现实问题，尽管造成这种现象的原因是多方面的，也不是学校自身能完全解决的，但服务能力羸弱给学校服务乡村振兴造成的困境却是摆在县级职教中心面前的一道难题。

第三节　县级职教中心服务乡村振兴的成效困境

一、作用有限的困境

县级职教中心服务乡村振兴的作用怎么来衡量、评判是一件非常困难的事。一是比较上的困难，作用的大小是通过纵向横向对比得出来的，或者是通过与标准的对比得出来，但这些都难以操作，既缺乏衡量工具，也缺乏可比对象；二是度量上的困难，县级职教中心服务乡村振兴，主要是技术、文化、人力方面的服务，很难有产值、价值、资金等能够度量的数据来衡量，就是技能培训，也只有人数上的体现，而没有质量上的体现。因此，要评判县级职教中心服务乡村振兴的作用只能用典型案例、用概述的方式来阐释，而不能用统计学意义上的方式来阐释。

县级职教中心服务乡村振兴的作用主要体现在实用人才的培养培训、产业发展的技术支持、文化建设的传承推广、组织建设的引导帮扶、生产活动的人力支援等五大方面，下面分别从五大方面来分析县级职教中心服务乡村振兴的作用。

（一）实用人才的培养培训作用有限

培养培训的前提是有人，现在的农村有人吗？这是一个很残酷却又很现实的问题，我们先看下面这则2021年的网络短文。

最近的全国人口普查报告出来后，有一个比较令人担心的问题是，农村人口减少得比较多。

那么有小伙伴就有疑问了，照这样的农村人口流出速度，未来农村会消失吗？

毫不危言耸听地说，现在很多农村已经开始消失了，生活在农村的人越来越少，一些农村只剩下破败不堪的农房。

谁常年在农村居住，发现很多经济落后、交通不是很便利的农村已经开始逐步消失。就拿我们村来说，我们村有3个自然村，现在有两个自然村已经消失了，只剩下一些行动不方便的老人，我家所处的整条巷子几十户人家，现在还剩下3户人家了，其他人家要不就外出打工生活在城市，要不就搬走了！

这则短文不敢说有多权威，但这种感受确实是每一个了解农村、深入过农村的人的真实体会。现在很多农村，除了因经济条件限制只能留守的老人、小孩外，很少有年轻人，20至50岁的人很少。有人说，现在的农村成了养老院、托育所，其实稍微有条件的家庭，老人小孩都离开了农村。人都去哪了？进了城。截至2021年年底，中国的城镇化率已经达到64.72%，从1978年到

2021年，中国的城镇常住人口从 1.72 亿人增加到 9.14 亿人。我国的城镇化成效非常显著，因为工业发展、经济发展、产业发展（特别是房地产业）都非常需要快速的、大力的城镇化。但城镇化也带来了另一个现象，就是农村的空虚化，大量的农村人口进城，大量的农村"消失"（村少了，地荒了）。

这里有一个"错觉"需要特别说明。从人口数据、户籍数据看，我国农村人口依然不少，就是召开选举会、发放补助金等大型活动的时候，也还有不少人，县级职教中心招收的学生也不少，其中大部分都是来自农村。从这个视角看，农村人口还是很可观。但事实是，这些人大部分都是在城里买了房，居住在城里，务工在城里，只是逢年过节、有重大活动、有利益分配的时候回农村，所以现在的农村经常出现"户户锁门，家家无人"的现象。据初步调查，在某个县的村干部中，有三分之二以上的人在城里买了房，家人生活在城里，自己周一到周五到村里上班，周末回城里，是典型的城乡候鸟。

案例 32：

社会培训

培训团队先后深入 8 个村、社区开展花椒、苹果、樱桃果树管理技术培训 11 场次，培训人数 549 人次。

分析：

上述报道显示，每次培训 50 人左右，每个村、社区 70 人左右，每个品种 180 人左右，每个村、社区平均培训 1.4 场次，这是一个县级职教中心一年的种养殖培训情况。相比那些一年培训数千人、数十场次，这是比较可信的，但如果每年都是这些人，还是参加相同内容或者不同品种的培训，那培训的作用就非常有限了。

农村缺人已成事实，因此县级职教中心以"实用人才的培养培训"服务乡村振兴的作用自然就非常有限了。虽然从总结报告里，从媒体报道里，我们看到了非常可观的"乡村振兴人才培养培训数据"，但深入分析就会发现真相。一是县级职教中心针对农村孩子的学历教育培养，专业学习、职业引导几乎百分之百都是面向城市、工厂的职业、岗位，因此毕业后回农村的人很少。二是县级职教中心开展的涉农中短期培训（其他机构、学校的培训基本相同），学员中大部分都是生活在城镇里的农村人，他们很少从事农业生产，并且大部分学员都是反复培训的"老学员"、培训专业户。这些真相是因为各级部门都要完成相关任务，都需要总结、宣传，都需要成绩单，因此被埋没了。但是，作为基层的人，作为县级职教中心的人，自己是清楚的。在这种情况下，在自己都没有底气的情况下，开展相关工作就自然没有勇气和信心。

（二）产业发展的技术支持的作用有限

支持产业发展需要一些关键要素，一是技术，二是资金，三是渠道，四是政策，五是信息。县级职教中心有什么？论技术，由于涉农专业缺乏，因此没有技术优势，需要用到相关技术的时候主要采取临时外聘的方式解决。论资金，学校本不是获利单位，都是靠政府拨款生存，再加上自身都发展困难，因此不可能有可观的资金支持，现有的一些资金支持都是迫不得已情况下挤牙缝挤出来的。论渠道，学校的校企合作企业基本都是城市里的工业企业，涉农产业的上下游渠道学校都没有优势，但"销售渠道"有一定优势，一是学校食堂、教师有一定的购买能力，二是可以向合作企业推销。论政策，学校是政策的执行者，不是制定者，因此不具有优势，但学校对于就读职教的农村学生有一定的奖励、补助，这方面是其他单位、企业所不具备的优势。论信息，由于县级职教中心本身的专业面向、教学主责等因素影响，在产业发展方面很难有有效的信息，但在个别产业上具有一定的优势。典型的如电商，对于电商行业的新技术、新做法、新趋势，县级职教中心往往比一般企业、单位，比乡镇掌握得更快、更多，因为他们有专门的团队，有多个层面的交流、比赛。

案例 33：

提供智力支持

学校乡村振兴学院通过搭建"培训导师库""科普辅导员库"，依托县内、校内名师资源，聘请重庆市、山东烟台等地合作高校知名专家，进一步充实学院培训导师与科普辅导员队伍，为开展多层次多门类"三农"培训与科普活动提供智力支持。同时抽派青年教师加强培训工作力量，打造出一支"甘奉献、能吃苦、擅服务"的专职班主任队伍。

分析：

从上述报道看，这个县级职教中心主要的技术专家都是来自校外，甚至县外省外，学校教师的主要作用是当"专职班主任"，负责组织和管理。可见，专业技术人才缺乏是这个学校服务乡村振兴的主要问题，也是几乎所有县级职教中心的普遍问题。

案例 34：

果树栽培技术指导

××县职教中心在县教育与体育局职业与成人教育发展中心的邀请下，派出园艺专业高级教师，深入农村进行为期两天的果树栽培技术指导，帮助果农科学种植。

在村委会组织的座谈会上，老师围绕病虫害防治、水肥管理、品质提升等专业技术问题，同当地果农进行了深入交流讨论，并提出具体指导意见。在枣树园区、核桃园区的栽培地头，老师手把手教授农户科学种植、春季修剪及施肥浇水等实用技术，现场解答果农提出的各种问题，并留下联系方式方便后续沟通。

分析：

这是我们希望看到的以技术支持产业发展的做法，学校的教师深入田间地头，手把手教授技术，现场解疑答惑。可惜的是，有这样的专业及专业教师的县级职教中心太少了。

因此，从产业发展的技术支持的作用看，县级职教中心在销售渠道、资助政策、个别产业的信息支持方面具有一定的优势，可以发挥积极有效的作用，在其他方面的作用就非常有限。所以，从总体看，县级职教中心支持乡村产业发展的技术支持作用非常有限。

（三）文化建设的传承推广作用有限

文化建设的传承推广应该是县级职教中心的强项，从目前看，做得出色的地方主要是校园"农耕文化""乡村文化"的建设，及民族文化的建设与传承。在很多县级职教中心或多或少都建设了一定的"农耕文化""乡村文化"，典型的如"二十四节气"、乡村振兴标语、扶贫助农活动等，这为培养学校师生的"三农"情感起到了重要作用。做得出彩的是部分县级职教中心的民族文化传承、非物质文化遗产传承，他们开设相关的工坊，开设相应的专题培训班、兴趣课，建有专门的展示、实训基地。

案例35：

科普进入乡村

××乡村振兴学院将着力打造高质量产业发展服务平台，构建科普教育云平台，加快知名餐饮服务研发基地落地，开发消防、地震、禁毒、心理健康4个乡村振兴科普研学基地，建设14个乡村旅游服务示范点。

分析：

这个学校将"构建科普教育云平台""开发消防、地震、禁毒、心理健康4个乡村振兴科普研学基地"作为服务乡村振兴的内容之一，就是加强了科学文化的传承与推广。这虽然不是来自乡村而是来自城市的文化，但科学文化也是乡村振兴必需、急需的文化内容。

案例36：

传承非遗　助力乡村文化振兴

长期以来，该校立足本县渝鄂湘黔毗邻地区中心城市和武陵山区文旅产业融合发展示范区建设，紧密对接区域文旅产业发展，深入开展"非遗+创新+创业"育人模式的探索与实践。一是采用"走出去+请进来"的方式，培育"非遗+"教师团队。建成了"陶艺、苗绣、龙凤花烛、秀山花灯"等7个大师工作坊，培养了13个县级非遗传承人，组建了20个"非遗+"教师团队。二是开展"通识+选修+拓展"课程改革，建构了"非遗+"课程体系。出版了1本非遗专著，9本非遗通识教材，开发"非遗"文创产品40余件，惠及学生和学员13 700多人。三是创建"校内+校外"文化传承培养基地。累计培养了40个校级非遗传承人，100余人次的学生先后获得市职业院校技能大赛、文体比赛等奖项。四是创设"学+做+创+秀+销""非遗"复合型人才培养模式，培养学生文化创新实践能力和创业意识，助力乡村振兴和民族团结。与团县委、民宗委、妙泉镇、官庄街道柏香村合作，开展培训，有效服务了地方经济的发展。提炼的《"非遗+乡村振兴"创新创业模式的探索与实践》案例获重庆市教育发展报告典型案例三等奖，提炼的《"非遗+乡村振兴"探索与实践》

案例成功入选教育部《职业教育助力乡村振兴研究》课题典型案例集。

分析：

该校在传承民族文化，打造"非遗"特色方面做了大量系统性工作，开发了课程、教材，建立了工作坊，培养了传承人，建设了传承培养基地，构建了育人模式，形成了典型经验，取得了初步成果。这是县级职教中心在文化建设方面服务乡村振兴的优秀案例。

以上两个案例都是县级职教中心服务乡村振兴在文化建设方面的典型代表，一个是以科普推广科学文化，一个是以非遗传承民族文化，但是，这样的学校只是县级职教中心中的极少数。大量的县级职教中心在乡村文化建设方面只做了点滴的、个别的事，如发放宣传单、手册，开展一些零星的宣传活动，张贴一些标语等，谈不上系统，谈不上广泛，更谈不上深入。同时，我们应该看到，在乡村文化振兴方面，更多的战场在乡村，而不是"网站"和学校，让乡村有文化，让村民有文化，让乡村文化产生生命力、产生效益，让文化提升乡村生活的品质，提升村民的幸福指数，这才是乡村文化振兴的主流。从这个角度看，县级职教中心服务乡村文化建设的作用就非常有限了。

（四）组织建设的引导帮扶的作用有限

从相关调研看，县级职教中心服务乡村组织振兴做得比较多的就是学校按照县级政府的要求，承担1~2个村的帮扶任务，每个村按要求派驻一个第一书记、两个驻村队员，这是普遍的组织帮扶的做法。这样的做法加强了乡村组织建设，使之更规范、更有力。但这种帮扶方式和作用与县级其他部门一模一样，并不是县级职教中心所特有的。因此，还不能算作县级职教中心的功能体现。

另一个比较多的做法就是校村联谊、联建，学校与村社自我建立一定的固定关系，定期开展一些活动，如主题党日活动、农耕农忙活动等。这种形式的象征意义大于实质意义。事实上，很少有县级职教中心在总结服务乡村振兴的经验成效时提到组织振兴，如果提到，大部分也就是培训了乡村干部之类。

由于组织建设并不是县级职教中心的强项，也不承担政府责任，所以在组织建设的引导帮扶方面，县级职教中心的作用是有限的。

（五）生产活动的人力支援的作用有限

为乡村生产活动提供人力支援这也是县级职教中心服务乡村振兴的一个普遍形式，因为学校有教师有学生，毕竟现在的农村首先是缺人。主要形式有：在农村农忙、收获季节，派出教师学生参加生产劳动，既是劳动教育，也是服务乡村；在农产品收获季节，帮助产品宣传营销，特别是电商营销；在农耕节庆，如"插秧节""乡村旅游节""赶年节"等，派出教师学生参加活动，增加人气，做些服务工作。由于现在的农村是承包到户，或者合作社经营，师生参加这些活动涉及个人利益，有"借师生之力为私人挣钱"的嫌疑，因此，真正的师生人力助农活动并不多。相对来说，参加节庆活动要多一些，主要是志愿者服务，但这些活动时间短，主要作用是"增加人气"，难有实质作用。

因此，县级职教中心以人力资源支撑乡村生产劳动的作用也非常有限。

案例 37：

助推县域经济社会发展，赋能乡村振兴

近年来，××县职教中心本着以"培养能工巧匠，成就幸福人生"为理念，以打造"职教名校、技工摇篮"为目标，抓内涵、提质量、促发展，依据现代职教发展规律和特点，科学规划，精心部署，不断创新，大力发展职业教育专业优势，助推县域经济社会发展，赋能乡村振兴。

企业进学校，课堂进车间。县职教中心结合县域产业园区重点企业、重点产业，积极开设适应社会发展人才需求的专业，促进地方经济发展。现已开设有计算机应用、汽车运用与维修、西餐烹饪、机电技术应用、中医养生保健、航空服务、绘画、电子商务等 8 大专业相关专业。先后与北京好利来、重庆足下、广州蓝海、京东信息以及渭南职院、西安海棠、宝鸡职院、西安航院等 9 大企业 6 所院校合作，引进教师 19 人、价值 700 余万元的实训设备，建设专业实训室 20 多个，真正实现了"教学与生产、理论与实践"的零对接，走出了产教融合与中高职衔接的特色发展之路。

分析：

这个学校在建设发展中做了大量有意义的工作，卓有成效。但从赋能乡村振兴的角度看,还是缺乏实质内容。说的是服务乡村振兴,实质是服务城市发展,服务二三产业。所开设的专业没有体现乡村特色,所合作的企业大量是县外的,基本是二三产业。整个材料,很难看到涉农的实质性内容。

二、质量不高的困境

(一)服务内容不实

县级职教中心服务乡村振兴的主要内容有技能人才培养、实用人才培训、技术咨询指导、产业发展引导、文化宣传等,但在具体的服务中,这些大都浮于表面。技能人才培养基本是面向城市、工厂,面向二三产业,实用技能人才培训主要是以完成政府培训任务,而其他的服务内容基本都是走走形式,与乡村的实际需求相差甚远,不实在、不实用。原因还是众所周知的那几个,一是人才培养方向主要是面向城市,二是人才培养内容主要是照搬城市职业学校,三是服务乡村振兴不是政府要求、上级考核的内容。因此,县级职教中心既无服务乡村振兴的实力,也无服务乡村振兴的强制责任,服务内容就很难做到"实"了。

(二)服务专业不强

服务的专业性包括服务的技术水平、精细化程度等方面,现实中的县级职教中心服务乡村振兴还远远谈不上专业性的问题,因为他们服务乡村振兴凭的是自愿、兴趣,是基于自我认识的自然行为。县级职教中心服务乡村振兴,整体上看,没有对应的教学专业,没有对应的专业教师,没有从事农村工作经验丰富的干部,没有参加过服务乡村振兴的相关学习培训,完全是"凭感觉"的自然行为,而不是基于责任的自觉行为。

从实际活动中我们也可以明显看出,涉农培训县级职教中心主要是做组织工作,乡村实践师生主要是走走看看,文化宣传主要是发放资料、张贴标语,等等。换句话说,就是县级职教中心服务乡村振兴的现有活动,换着普通高中学校去做,也基本能够完成,换着其他职业学校去做,一样可以做好。因此,县级职教中心提供的乡村振兴服务具有普通、普遍、好替代的特点,这就是"专业不强"的体现。

（三）服务程度不深

县级职教中心服务乡村振兴，服务程度不深是明显的，也是得到普遍认可的，主要体现在以下方面：

一是人才培养流向城市。县级职教中心的专业、专业方向几乎百分之百是面向城市的，面向二三产业的，以人才培养服务乡村振兴主要是将农村孩子培养出来到城市就业，而不是回到农村。

二是技能培训流于表面。县级职教中心开展相关技能培训主要是承接政府有偿任务，以讲为主，形式单一。在实践中，大部分农民参加培训的积极性不高，培训效果有限，不能解决农民技术受限的实际问题。

三是技术指导流于形式。县级职教中心对乡村的技术指导主要通过专家个别指导和开展技术培训两种方式进行。专家个别指导时间短，很难针对村民提出的具体问题进行解决和指导，缺乏系统性和长效性。

四是服务活动流于过场。县级职教中心服务乡村振兴的活动比较多，但是活动过程中收集图片、打标语、拉横幅，活动后写宣传报道、发简报是常态，而一旦活动陷入这种"资料收集整理""媒体宣传报道"就自然会流于过场。这是现实中非常真实的状况，也是大家知道但不说破的常态。

案例38：

深入开展技能培训　培育更多乡村振兴人才

2022年，县社区学院深入全县果树种植区域，了解地上地下管理技术、种植、施肥、灌溉和病虫害防治管理。通过调查分析，为掌握果农亟需解决的困惑，制定科学培训方案，培训团队先后深入乡村开展多种果树的管理技术培训。同时，实施跟踪服务，建立完善与个别果农长期信息联系制度，答疑解惑针对性帮扶，提高果树产品质量和技术含量，为果业可持续发展奠定基础。

分析：

这个培训前有调研，中间深入乡村开展针对性培训，后面建立联系跟踪答疑，这样的培训才是内容实在、专业性强、服务程度深的培训，只是开展这种培训的县级职教中心实在太少。

三、影响不大的困境

县级职教中心服务乡村振兴的影响应该从两个方面说，一方面是学校方面，一方面是乡村方面。

从学校方面看，县级职教中心服务乡村振兴的影响大。以"县级职教中心服务乡村振兴"检索，百度找到相关结果约 829 000 个；以"职教中心 乡村振兴"，百度找到相关结果约 4 280 000 个。可见，县级职教中心服务乡村振兴的社会影响力是很大的，但这些都是以学校的视角进行的宣传报道。同时，查找最近两年各级政府部门，特别是教育主管部门主导的课题研究，与县级职教中心服务乡村振兴相关的为数不少，县级职教中心服务乡村振兴典型案例入选国家、省市级的也很多。这些都反映出从学校视角的县级职教中心服务乡村振兴的社会影响力。

从乡村方面看，县级职教中心服务乡村振兴的社会影响力大小，只能凭农民的客观真实感受来说明，而不能采取网络、媒体、论文等公开形式进行说明。在走访乡村的过程中，对于县级职教中心服务乡村振兴，村民普遍是感恩的，他们认为这些师生从县城跑来农村不容易，哪怕是帮忙扫扫地、坐一坐、送一点礼品，他们都心存感激。但同时，他们会很主动、自觉地配合你照相、完成资料收集，因为师生完成任务走了，他们才能干活。师生不来，他们不盼；师生来了，他们不怨；师生走了，他们不留不念。这就是善良的村民。在他们眼中，县级职教中心的教师学生下乡服务，就是走一走、看一看，完成任务，并不能真正帮他们解决什么问题。

Chapter 4 第四章
县级职教中心服务乡村振兴的策略：实践机制

第一节 动力提升机制

县级职教中心服务乡村振兴的动力主要有三个来源，一是政府，二是学校，三是乡村。由于县级职教中心是县级人民政府主办、县教育主管部门主管的学校，其办学经费来自政府，学校校长、领导干部任命属于政府，其教师招录、去留属于政府管理，也就是说，县级职教中心的"生死存亡"主要由政府决定。因此，县级职教中心建设、发展，服务乡村振兴的主要动力来源是政府。这里，主要从政府方面的政策支持、部门协调、考核导向阐述县级职教中心服务乡村振兴的动力提升机制。

一、政策支持

政府的政策支持是县级职教中心服务乡村振兴的根本动力。国家有要求，人民有需求，我们有行动，国家有要求就是指的政策支持。这里的支持包括政府对学校的要求、鼓励、支持等相关政策，主要包括政府对县级职教中心的职能定位、县级职教中心服务乡村振兴的鼓励政策、协同各行各业对县级职教中心服务乡村振兴大力支持三个方面。

（一）明确职能定位

1. 明确职能定位的重要性

县级职教中心出现如今的发展困境、服务乡村振兴困境，其根本原因在于职能定位不清，主要表现是多重定位。

县级职教中心的多重定位主要体现在两个方面，一是办服务工业现代化、城市现代化的优质中等职业学校；二是办服务县域经济社会（乡村）发展的，具有人才培养、社会培训、技能鉴定等综合功能的优质中等职业学校。多重定位是导致县级职教中心出现现实困境的主要原因，具体体现在以下三个方面。

首先，多重定位导致了县级职教中心发展目标模糊。究竟是以建设服务现代城市、现代工业发展的优质中职学校为目标，还是以建设服务县域乡村发展的优质学校为目标，这是县级职教中心在发展目标上存在的普遍问题。

比如××县职业教育中心拟定的办学目标是"立足本地，服务乡村，创办名校"，但实际办学却存在明显矛盾。该校2020年质量年度报告显示，2020年开办的11个专业没有一个是服务农业的专业，同年全市中职学校高考排名第三，升本率全市第一；当年18个校企合作重点企业中，重庆市7个，其中县内1个，另外11个分别是广东、江苏、北京等地的企业。

这样的现象在县级职教中心普遍存在，这样的结果就是他们的办学目标一直处在摇摆不定中，或者总想在城市与乡村之间寻求平衡、想二者兼得。但二者的差异实在太大，很难"鱼和熊掌兼得"。

其次，多重定位导致了县级职教中心培养方向混乱。县级职教中心普遍存在两种培养方向，学历教育以第二、三产业为主要培养方向，社会培训以第一、二、三产业为培养方向，这就形成了学历教育面向城市培养人才、社会培训面向乡村培养人才的基本格局。

以××县职业教育中心为例，该校2020年质量年度报告显示，当年开办了15个专业，服务第二产业的6个，服务第三产业的9个；当年近1 300名毕业生中，1 100名升入高等学校；当年社会培训项目6个，其中直接涉农项目2个；当年社会培训4 000余人次，其中直接涉农2 000余人次。可见，该校学历教育主要是面向城市发展培养人才，社会培训主要面向县域乡村培养人才。

这样的人才培养方向在县级职教中心中具有代表意义，这样的格局导致了人才培养的资源分散、质量不高、服务能力不强等系列问题，严重制约了县级职教中心服务区域经济社会发展的能力。

再次，多重定位导致了县级职教中心办学策略不当。究竟是向城市职业学校看齐，还是走服务乡村的自我特色发展之路？这是县级职教中心一直徘徊不定的事。于是我们看到，在学校治理、专业建设、课程设置、培养模式等方面县级职教中心一直在向城市职业学校看齐，在师生技能大赛、校企合作等方面一直试图与城市职业学校一比高下。但另一方面，在社会服务、特色发展方面县级职教中心又努力在服务"三农"、服务乡村方面不停探索。以走城市职业学校办学模式为主、以打造服务乡村特色为辅的办学路径成为县级职教中心的普遍做法。

以××县职业教育中心为例，该校是国家中等职业教育改革发展示范学校第一批学校（全省排名前 10），在办学模式改革、人才培养模式改革、教学模式改革、评价模式改革、师资队伍建设、校企合作、实训环境建设等方面曾经与城市职业学校相差不大。后来在服务乡村振兴方面又做出了突出成绩，成立的乡村振兴学院产生了广泛社会影响，被众多国家级媒体报道。该校是典型的采取以城市职业学校办学模式为主、打造服务乡村特色为辅的策略，但是，在 2021 年全省优质学校建设立项名单中，他们位列 37 位。这种成绩与他们自身的付出、追求相差甚远。

这种"以城为主、以农为辅"的办学策略是县级职教中心中的普遍现象，这样的策略导致了"高不成低不就"、进退维谷的状况。

2. 明确职能定位的主体责任

明确职能定位主责在政府。

首先，国家对县级职教中心有明确的定位。2002 年 8 月，国务院明确提出"县级以上地方各级人民政府要在发展职业教育中发挥主导作用，重点办好起骨干和示范作用的职业学校和职业培训机构"。2004 年 6 月，教育部等七部委《关于进一步加强职业教育工作的若干意见》强调"要发挥县级中等职业技术学校或职业教育中心的龙头作用"。2005 年 6 月，教育部、国家发改委在陕西省宝鸡市召开全国县级职教中心改革与发展座谈会，同年 10 月国务院印发《关于大力发展职业教育的决定》，正式明确提出"每个县（市、区）都要重点办好一所起骨干示范作用的职教中心（中等职业学校）"，并强调，"继续实施县级职教中心专项建设计划,国家重点扶持建设1 000个县级职教中心,使其成为人力资源开发、农村劳动力转移培训、技术培训与推广、扶贫开发和普及高中阶段教育的重要基地。"国务院《国家职业教育改革实施方案》(国发〔2019〕4号)提出:加强省级统筹,建好办好一批县域职教中心,重点支持集中连片特困地区每个地(市、州、盟)原则上至少建设一所符合当地经济社会发展和技术技能人才培养需要的中等职业学校。新修订的《中华人民共和国职业教育法》第二十二条规定:县级人民政府可以根据县域经济社会发展的需要,设立职业教育中心学校,开展多种形式的职业教育,实施实用技术培训。教育行政部门可以委托职业教育中心学校承担教育教学指导、教育质量评价、教师培训等职业教育公共管理和服务工作。可以看出,农科教融合,培养面向乡村的实用技术技能人才,开展县域内职业教育公共管理和服务工作,是国家对县级职教中心的职能定位。

其次,各级政府部门对县级职教中心应该有具体明确的职能定位。在国家的定位已经很清楚的情况下,各级政府部门,包括教育主管部门也应该对县级职教中心有更具体、更明确的定位,而不是一边沿用国家的概念性定位,一边与其他中职学校同等对待。具体地说,各级政府可以根据国家设立职教中心的初衷、县域经济社会发展的现实需求、学校自身可持续发展的未来需要三个方面进行定位,应该与一般的中职学校有所区别。

3. 明确职能定位的主要做法

(1)立足乡村:以县域乡村现实为起点。

起点就是立足点,起点认识不清,把握不准,就会导致立足不稳、发展无力。县级职教中心因"三农"而生,因乡村而存续,也应该依靠"三农"、依靠乡村而发展。立足乡村,立足县域经济社会以乡村为主的现实,这就是县级职教中心的发展起点。

这里要厘清"县域""乡村""三农"等概念,否则就会给县域经济社会以乡村为主的现实的认识带来困惑。在我国传统文化中,"县"可以指城镇,也可以指乡村,但"县域"一定是乡村。在过去一个时期,我们常常把"乡村""三农"纯粹化,就是指与土地密切捆绑的特定的农村、农民、农业。而现在，一二三产业融合化发展，农村城镇化、农业产业化、农民职业化，"乡村""三农"的概念已经与过去有了很大的区别，县是乡村的纽带、节点，与乡村紧密联系的县域城镇、相关产业、相关人员都纳入了"乡村"，因此出现了"新三农""新农人"等概念。所以，我们把"乡村振兴"定位在"以县域为支撑、以现实为基点"的县域乡村经济社会全面振兴。

首先，立足乡村确定发展目标。学校的发展目标分为远期目标、中期目标、近期目标，是引导学校发展的重要指南。县级职教中心的发展目标要因地制宜、结合实际，不能盲目追求"高大全"，特别是中期、近期目标。从远期目标看，不能把服务二三产业、办成城市化职业学校等作为主要目标，而应该把"服务县域经济社会发展"、服务乡村振兴、促进一二三产业融合发展作为主要办学目标。从中近期看，不能把开办多少专业、技能大赛获多少奖、升学率多少、与多少个 500 强企业合作等城市职业学校的追求作为主要办学目标，而应该把"提升专业与县域产业的匹配度""培养大批多层次新农人""建立一大批乡村产教融合平台（实体）"等作为主要办学目标。

其次，立足乡村确定发展方向。学校的发展方向从不同的维度可以有多种划分方法。县级职教中心的发展方向可以从以下几个维度划分：从服务范围看，应该"以县域为主"，而不是"市、省、全国"；从专业设置看，应该以"直接涉农、间接涉农"为主，而不是"城市化的二产业、三产业"；从人才培养看，应该以"培养多层次新农人"为主，而不是"城市化的职业人"；从产教融合看，应该以"与乡村产业融合、与乡村企业合作"为主，而不是"现代制造企业、服务企业、商贸企业"。

最后，立足乡村确定发展路径。走什么路得什么果。县级职教中心的发展路径应该是：构建与服务乡村振兴相适应的学校治理体系，构建乡村文化与工匠文化融合的校园文化，培养以县域乡村学生学员为主体的"新农人"，构建直接涉农、间接涉农专业、课程为重点的课程体系，打造"田间学院""乡村振兴学院""新农学校"等实践教学阵地，开展师生服务乡村振兴系列实践活动，并伴随县域乡村的发展，螺旋式提升以上内容，从而实现学校可持续良性发展。

（2）回归初心：以服务县域经济社会发展为重点。

县级职教中心的发展重点主要包括基础建设、治理建设、文化建设、专业建设、队伍建设等五个方面。这五个方面，不同的初心有不同的定位。比如，城市职业学校的基础建设可能是现代化的，工业园区的职业学校的专业建设是与园区内的企业相适应的。县级职教中心应该以服务县域经济社会发展为目标确定自己的发展重点，而不能以服务城市化建设、现代化工商业为目标确定发展重点。由于县域经济社会主要以乡村为主，因此县级职教中心的发展重点也应该以乡村为主确定发展重点。县级职教中心因"三农"而产生，为乡村而发展，身居县域，其初心就是服务县域"三农"、服务乡村，因此其发展重点也应该体现这一特殊身份。

具体地说，基础建设方面，其重点是规模控制，其规模应该与县域经济社会水平一致，略有超前，要体现高中阶段普职比大体相当的要求；治理建设方面，其重点是打造"一体两面"的治理体系，使其具有学校治理与服务乡村的双重功能；文化建设方面，其重点是建设"乡村文化与工匠文化"融合的校园文化，使其具有培养"两爱一懂"师生的育人功能；专业建设方面，其重点是构建以直接涉农专业为根，以间接涉农专业为主的专业结构，使其具有培养"一二三产融合"的"新农人"的教学功能；队伍建设方面，其重点是培养一支"一专多能"的教师队伍，使其具有职业技能教学、乡村技能服务、乡村文化传播、乡村产业谋划等多种本领。

在以上重点中，又有要点、难点、关键点之分。

首先，回归初心明确发展要点。在学校发展的五个主要方面，县级职教中心的发展要点有五个：一是规模，主要包括基础设施规模和师生规模，其核心是"适应"，与县域经济社会水平适应，忌贪大求洋和凋敝落后；二是治理，主要包括治理理念和治理结构，其核心是"服务"，以人才培养、技术技能服务乡村，忌形式主义和抄袭主义；三是文化，主要包括精神文化和活动文化，其核心是"育人"，育爱农村、爱农民、懂农业的"两爱一懂"师生，忌工业化和城市化；四是专业，包括专业结构和课程体系，其核心是"涉农"，以"一、二、三产融合"涉农为主，忌纯农化和非农化；五是队伍，包括治理队伍和教师队伍，其核心是"多能"，既能胜任"职业教育"，又能胜任乡村振兴，避免厌农、烦农、离农现象发生。

其次，回归初心明确发展难点。在学校发展的五个主要方面，县级职教中心的发展难点有五个：一是规模难控，由于县级财政状况普遍不好，因此投入往往严重不足，极大制约了学校规模提升，这需要县级职教中心有足够的资源整合能力和发展韧劲；二是治理落后，由于县级职教中心一般是"孤立"的存在，县域内竞争小、视野窄，加之管理队伍多是与普教轮换，所以治理理念、方法往往比较落后，这需要县级职教中心的管理队伍加强学习、交流，快速提升管理能力；三是文化城市化，包括工业化、工匠化，或者普教化，缺少农耕文化、乡村文化元素，缺乏地域特色，这需要县级职教中心加强县域乡村文化的建设、传承和创造；四是专业非农化，由于招生需求、就业导向等因素影响，涉农专业难以存续，学校大量专业都是非农专业，这需要县级职教中心坚守初心，创新性地建设大量间接涉农专业；五是队伍"离农"化，由于学校现有的干部教师队伍基本都是非农专业大学毕业后直接进入学校，缺乏"三农"认知，缺乏乡村情感，缺少乡村实践，因此"离农"思想严重，这需要县级职教中心加强教育引导、学习宣传。

最后，回归初心明确发展关键点。在学校发展的五个主要方面，县级职教中心的发展关键点有五个：一是规模达标，对职业教育而言，没有规模难有质量，更谈不上服务，主要包括办学条件达到国家标准，学生数量达到普职比大体相当水平；二是治理理念先进，理念决定行动，以"服务"为核心的治理理念是引领县级职教中心以人才培养、技术技能等多手段服务乡村振兴的关键；三是文化多元融合，县级职教中心是产业文化、工匠文化、教育文化、乡村文化多元融合的统一体，缺一不可，而工匠文化和宣传文化又是核心；四是专业涉农，县级职教中心不以涉农专业为主就不能体现服务县域经济社会发展的功能，违背了县级职教中心产生的初心，由于乡村的现代化必然导致一、二、三产融合，因此涉农专业应该主要以间接涉农为主。

（3）打造特色：以促进县域乡村振兴为终点。

县级职教中心的发展有没有终点是一个非常复杂的问题，难有结论。但从二十年三十年来看，促进县域乡村振兴一定是县级职教中心的神圣使命和价值追求，因此可以看作终点。

县级职教中心在奔赴促进县域乡村振兴这个终点的过程中，有多种路径、策略可以选择，但由于我国地域辽阔，各地农村发展差异大，地理条件、产业种类、人文精神等诸多要素都不同，加之近几年"一村一品""一乡一特"的理念推广，所以县级职教中心在奔赴促进县域乡村振兴这个终点的过程中应该因地制宜、顺势而为，打造自己的特色。不能千篇一律，照搬照抄，盲目借鉴。

打造特色包括多个层次，主要包括学校建设发展特色、学校服务区域经济社会特色、学校服务乡村振兴特色等多个方面。

首先，打造县级职教中心建设发展的特色之路。县级职教中心的建设发展应该走自己的路，而不是跟随城市职业学校之路前行，或者简单照搬城市职业学校的做法。这条路就是扎根县域，对标乡村振兴要求，适应县域经济社会发展需求，遵循职业教育规律，学历教育、社会培训、社会服务并举，以培养"新农人"为主，在服务县域乡村振兴中实现学校发展，在学校发展中提升服务县域乡村振兴水平。只有这样才能走出"追赶城市职业学校越追越落后"的怪圈。

其次，打造服务县域经济社会发展的特色之路。职业学校服务区域经济社会发展的路径很多，包括多形式多层次的校企合作、多机构多主体的协作联盟、多样式多内容的研发实践基地等。但县级职教中心服务县域经济社会发展路径与一般职业学校有很大不同，县域的产业主要是"农业"，县域的企业大多是"合作社""农业综合体""农林牧渔园"，县域的资源主要集中在乡镇村社。因此校村党建共驻共建、校乡联盟、田间学院、乡村振兴学院、新农学校、对接帮扶、送教上门、"四送"下乡等就成为县级职教中心服务县域经济社会发展的特色之路。

最后，打造服务乡村振兴的特色之路。由于前面所述地域等多种差异，各个县级职教中心服务乡村振兴都应该有自己的特色路径。从目前看至少有以下几种，一是以学历教育、社会培训培养乡村人才服务乡村振兴；二是以"送技术、送服务、送产业、送文化"下乡服务乡村振兴；三是以校村共建服务乡村振兴；四是以"田间学院""乡村振兴学院""新农学校"等平台服务乡村振兴；五是以派员驻村入户服务乡村振兴；六是投资共建服务乡村振兴。

（二）出台相关政策

1. 多方政策支持，推动县级职教中心建设发展

《中共中央关于制定国民经济和社会发展第十四个五年规划和二〇三五年远景目标的建议》提出要增强职业技术教育适应性，为全面建设社会主义现代化国家提供有力人才和技能支撑。从职业教育与乡村振兴融合的视角思考，发展壮大县级职教中心，可以使乡村振兴最大限度得到人才和技能的支撑。而县级职教中心的建设发展需要政府多方政策支持。

政府通过出台政策文件、资金扶持、完善制度体系、试点改革、颁布法规法律、政策保障等方式，完善"政府主导、行企参与、部门协调"的农村职业教育办学体制，引导县级职教中心投入各类资源来服务乡村振兴。国家战略的引领是推动县级职教中心服务乡村振兴最直接的力量，能有效提升整体办学水平，取得长远的发展。

首先，要构建以政府为主，政府、学校、行业、企业、市场、社会、研究机构等责任主体分担的多方投入机制。有投入才有发展壮大，投入不足是县级职教中心目前面临的大问题。政府应在发展农村职业教育服务乡村振兴的治理体系中，承担起远景规划、资源整合、配置优化的重要责任，成立教育、人力、农业、财政、民政等多部门组成的机构，建立运行机制，加大对县级职教中心的投入，调高教育附加费用于农村职业教育的比例，改变现行县级职教中心单纯靠县级人民政府投入为主的机制，毕竟大部分县级财政是我国财政体系中最"困窘"的。政府要发挥融资主导作用，使各责任主体合理分担职业教育成本。

其次，要构建多级联动的县级职教中心专门管理机制。比如设立县级职教中心专项项目、课题、比赛，建立省市级县级职教中心联合组织、教研组织，制定县级职教中心专业设置、教学考核办法，制定县级职教中心办学标准、投入标准，通过管理机制的专门化促进县级职教中心建设发展、服务乡村振兴的专业化。

2. 加强县级统筹，发挥县级职教中心服务乡村振兴的主体作用

做好县级服务乡村振兴的顶层设计，把县级职教中心作为服务乡村振兴

的主要部门、人才支撑的关键环节。县级地方政府应以县级职教中心为核心，统筹安排乡村振兴人才培养和就业工作，做好区域经济社会的发展规划，因地制宜，明确目标、举措，配套出台相关扶持政策，加大涉农专业建设投入力度，提升人才供给数量、质量。改变现在乡村振兴人才培养各自为政、私立机构抢先、牟利挣钱为主的现象，积极推动县级职教中心统筹开展职业教育服务，统筹各类培训、学历教育，培养农业专业人才，使县级职教中心成为终身教育体系的重要组成部分。

3. 整合资金渠道，提升职业教育服务乡村振兴的实力

各级政府对职业教育的投入不少，对乡村振兴的投入不少，但投入发挥的效益却有限，主要原因是资金分散，没有形成合力。省市政府，特别是县级政府应该加强各类资金的整合，将职业教育服务乡村振兴的资金、用于乡村振兴人力资源建设的资金、部分用于乡村科技科普的资金进行整合，以县级职教中心为"枢纽"，建立统一的基地，设计统一的行动，有效、合理分配，避免重复、低效投入，一方面提升资金使用效能，一方面提升职业教育服务乡村振兴效能，两全其美，相得益彰。

4. 完善制度体系，建立县级职教中心服务乡村振兴的基本规范

借助国家新修订的《职业教育法》契机，提升县级职教中心在中等职业教育的战略地位，以及在县级层面的统筹功能和综合服务功能，为深入参与农村职业教育发展提供依据和保障。在地方层面上，在国家宏观制度设计下，结合自身特色，因地制宜推进地方立法，出台有针对性的鼓励县级职教中心发展的政策，做好县级职教中心与乡村振兴联动发展的顶层设计和制度安排。

出台类似"乡村职业教育教师计划""县级职教中心经费保障计划""县级职教中心服务乡村振兴战略"等专项计划，进行重点支持，加大对县级职教中心的扶持力度，提升县级职教中心为乡村振兴战略服务的能力。专项计划还可以针对县级职教中心服务乡村振兴战略的具体事宜，如人才培训、文化传承与文化发展、推动乡村有效治理、学校自身发展、专业建设、课程体系建设、资金有效使用等各个方面，加强监督、审查和评估，确保各种专项

计划得以有效实施。

可以建立县级职业教育集团，整合县级国企、大型企业、政府部门、县级职教中心、其他职业教育机构资源，推动人员互用、资源共享、责任共担、利益共享，从根本上解决县级职教中心资源不足、教师不足、能力不足的问题。

（三）强化行业支持

在我国，行业组织往往能发挥重要作用，有些有半官方甚至全官方性质。因此，行业组织的政策支持也是促进县级职教中心服务乡村振兴的重要因素。

1. 强化教育行业组织的支持

教育方面的行业组织包括职教学会、教育学会，以及相关科研机构等，这些组织拥有很多政府资源、社会资源，有活动组织、竞赛评比、科研课题等权力。如果在现有的行业组织活动中列出县级职教中心专项，或者组织城市职业学校对口支援县级职教中心，全面提升县级职教中心的发展实力、服务乡村振兴能力，那就是有力的支持。

如果将教研机构、教育评估机构、教育设备管理机构等纳入行业组织范围，制定专项政策，开展专项活动，对促进县级职教中心的发展建设和提升服务能力就更加有力了。

2. 强化产业行业组织的支持

职业教育与产业的关系是血肉关系，产业行业组织不仅拥有政府背景，更拥有大量企业资源，因此有政策、有技术、有基地、有设备、有专家，是非常难得的资源库。如果这些组织能够将县级职教中心纳入工作核心视野，予以区别、专门对待，虽然不能给予很多钱、财、物的硬性支持，但技术、政策、智力支持是非常显著的，将会极大提升县级职教中心服务乡村振兴的实力。

3. 强化其他行业组织的支持

能够支持县级职教中心发展建设、服务乡村振兴的行业组织很多，比如各级科学技术协会、妇女联合会、文化艺术联合会等，这些组织手中有资源、有政策、有活动，很多都是服务乡村振兴的有效资源。但他们一般不擅长或者不专注于服务乡村振兴，一般也不会与县级职教中心产生固定的联系。如果这些组织能够利用自身优势支持县级职教中心服务乡村振兴，往往可以收到意想不到的效果，比如乡村文化振兴、科技振兴、人才振兴等方面。

案例 39：

政府有要求，部门有协作

为进一步落实乡村振兴战略，服务"三农"，××县职业技术教育中心积极发挥技术培训优势，大胆探索，走出一条科技服务之路。

根据县委、县政府的工作要求，××县职业技术教育中心协助××农业农村局，在本校建立河北农业大学专家工作站，为河北农业大学乡村振兴团队提供服务。

分析：

这所职教中心建立专家工作站，为乡村振兴团队提供服务，发挥技术培训优势，走出一条科技服务之路的动力来源于政府，是"根据县委、县政府的工作要求"，是协助农业农村局，这就是政策的力量。

二、部门协调

乡村振兴是乡村的全面振兴。服务乡村振兴，需要多种政策支持、多种资源支撑。县级职教中心是县域职业教育服务乡村的综合体，起核心作用、统筹作用，因此，需要相关部门的协调支持、配合，这些部门主要是县级相关部门。

（一）统筹管理

服务乡村振兴是县政府统筹下的各行各业的分工行动，但在具体实施过程中，县域内往往出现各自为政的情况，在县级职教中心服务乡村振兴中就发现技能人才培训、技术服务、文化服务这些工作很多部门都在做，很多重复的，并且掌握政策、资金等重要资源的往往是各个部门，但开展活动最有力的往往是县级职教中心。如果各个部门能协同、支持、配合县级职教中心服务乡村振兴，是双赢，但要实现这种协调，就必须加强统筹管理。

由县级政府来统筹和整合职业教育的各类资源，打破政府、行业、部门、学校、涉农研究机构之间的界限，把县级职教中心的职业教育纳入政府的服务范畴，让各类资源向县级职教中心集中，完善管理体制，增加投入，改善办学条件。

建设县、乡、村三级职业教育网络。以县级职教中心为龙头，以乡镇农民文化技术学校为主场域，以村成人文化学校为基础，构建融合职业教育、成人教育、社区教育于一体的县（区）、乡（镇）、村三级办学体制。深化人才培养的改革，推行中高职"3+2"、应用型本科"3+4"等贯通培养模式。促进成人教育、普通教育、职业教育的融合发展，开展劳动教育、职业生涯教育、老年教育、技术技能培训等，培养新型职业农民。

统筹管理的方式很多，常见做法有：一是建立县域职业教育联席会议，定期召开以县级职教中心为核心的建设发展专题研讨会、工作会，设立专项研究课题，探索建设发展路径；二是创建集教育口、农业口、人社口、科研口等多部门联动的乡村振兴服务基地，提升服务效能；三是整合职教中心、职业学校、职业培训机构和乡镇成人校、社区教育中心等资源，通过平台共建、数据共享、职责共担，实现县级职业教育对乡村振兴的融合赋能；四是优化县内职业教育专业结构，支持办好涉农职业教育，深入调研县级乡村经济社会发展人才需求，对照新的专业目录和已有办学条件，科学论证涉农专业设置的可行性、必要性及其教学要求，做好涉农专业教育教学和培训的统一标准，指导职业学校服务乡村振兴的人才培养培训工作；五是充分利用县域内有限资源，调动各部门共同服务乡村振兴战略的主动性和积极性，从而真正形成政府各部门、行业企业、学校多元主体协同服务乡村振兴战略的和谐格局。

案例 40：

政府统筹的县域职业教育框架

着力构建"一县一校一中心"县域职业教育机构框架，建立由县级政府主要负责同志担任主任的县（市、区）职业教育中心，统筹县域内教育、人社、农业、民政、乡村振兴、工会、妇联等部门职业教育培训资源，打造县域内通用平台。截至目前，全省已有54个县（市、区）政府正式发文，成立了政府主要领导担任主任的职教中心，建成"乡村振兴学院"5个，3所职业院校入选全国乡村振兴人才培养优质校。[1]

分析：

这就是典型的在县级政府统筹下，以县级职教中心为核心的职业教育服务乡村振兴模式。

（二）统筹资源

资源是服务乡村振兴重要的"战略物资"，打仗用兵，物资先行。乡村振兴是大战略，需要更多的物资支持。现有服务乡村振兴的物资并不少，但分散于部门、行业、企业、社会，并没有形成合力，这对拥有资源更少的县级职教中心来说行动必然受到制约。

统筹资源管理，一是统筹培训资源，将各部门的培训资源统筹管理，在乡村振兴背景下进行农村人力资源开发，形成由政府、学校和涉农企业共同组成的多主体参与、相互补充的职业教育培训体系，从而使农村人力资源开发能够顺利、高效进行。协调涉农职业培训机构、涉农职业学校，形成涉农培训协同加竞争的良性互动关系。二是统筹企业资源，强化政府和企业的在场作用，建立深度校企合作、产教融合关系，形成政府、职业学校、企业组成的人才培育共同体。三是统筹乡村资源，有效合理分配县域乡村振兴示范点、试点村、重点户，使县级职教中心有能力、有机会、有条件、有重点开展服务。四是统筹活动资源，统一规划设计县域乡村振兴活动，包括节庆活动、促销活动等，明确县级职教中心在活动中的角色、任务。

同时，我们应该看到，只有统筹资源，遵循乡村地域的客观发展规律，融入乡村生态、地域文化，彰显县级职教中心的区域特色，才能推动乡村振兴。统筹资源有利于拓展职业教育对乡村的跟踪服务功能，集培养、培训、服务于一体；有利于形成完善的职业教育资源链，提升人才培养培训效益，提升学校吸引力。

---

[1] 职业教育助力乡村振兴成效显著，陇南教育，2021-12-11。

（三）统筹行动

落地在行动，实施在行动。服务乡村振兴，与县域相关的各种机构、要素都在行动，但这些行为往往是孤立的、分散的，没有形成系统的、缺少执行结果的行动。县级职教中心服务乡村振兴的大量行动都是自己组织，或者临时应约开展，因此成本与效能不成比例。统筹行动，特别是县域内的行动，将有效改善这种状况。

一是统筹各部门服务乡村振兴行动，将县级职教中心纳入行动范畴，使其服务乡村振兴行动合法化、合理化，尽量避免重复。二是统筹一年四季服务乡村振兴的行动，做到季节有针对，时节有应对。三是统筹区域服务乡村振兴行动，使县域内各区域均衡、合理，避免一个村"屡遭扰袭"，一个村无人问津的情况出现。四是统筹同一类行动，比如乡村旅游节庆活动，做到有序、有分类、有层次，各单位有分工。

统筹行动还有一个重要的板块就是对县域内技能人才培养培训行动的统筹。坚持培养培训并举，提升服务能力。乡村振兴不仅需要构建职业教育培养体系，培养大批新生力量或后继农民，更需要关注以县级职教中心为核心的培训体系构建。长期以来，我国涉农职业教育、职业培训发展滞后。为满足新型职业农民培养的需要，县级职教中心、涉农企业、社会培训机构、乡镇社区学院等在农村职业教育、职业培训中都扮演着重要角色，必须基于一二三产融合趋势，完善以县级职教中心为核心的城乡融合的职业教育培训体系，为乡村培养更多适用人才。

一是城乡职业教育培训统筹规划，功能统整，协同发挥人才培养的服务功能；二是城乡职业教育培训优势互补，以城带乡，城乡互动；三是城乡职业教育培训资源统一安排，充分流动；四是在微观领域，实现城乡职业教育培训协同发展，包括课程开发、教材建设、教学研究等。

案例41：

多部门协同共建乡村振兴研究中心

2021年1月，在贵州省教育厅关心支持下，贵州省高校乡村振兴研究中心落户安顺学院。5月18日，贵州省高校乡村振兴研究中心正式揭牌，"全国乡村振兴与农业农村现代化理论研讨会"顺利召开，贵州省高校乡村振兴研究中心与中共安顺市委、市政府，中国社会科学院社会学研究所、北京市陆学艺社会学发展基金会、中国社会学会农村社会学专业委员会共同发布"乡村振兴·安顺宣言"，倡议高校在乡村振兴战略中担当作为。

分析：

贵州省高校乡村振兴研究中心的成立，有贵州省教育厅的关心支持，有中共安顺市委、市政府，中国社会科学院社会学研究所、北京市陆学艺社会学发展基金会、中国社会学会农村社会学专业委员会的协同，统筹了政府、高校、社会组织多种资源，形成了共同行动，是典型的多部门协同服务乡村振兴行动。

案例 42：

多部门协调合作 助力乡村振兴

2022 年 8 月 10 日—8 月 16 日，彭水苗族土家族自治县农村致富带头人"精品班"在西北农林科技大学开班，来自全县 39 个乡镇的 59 名学员参加了此次为期 7 天的培训。本次培训由彭水县乡村振兴局主办，彭水苗族土家族自治县职业教育中心与西北农林科技大学共同承办。出席开班仪式和结业典礼的领导有西北农林科技大学副校长罗军，西北农科技大学继续教育学院副院长赵锁劳，彭水县县委常委、副县长王锦生，副县长刘钰，彭水县教委副主任陈代全，彭水县信息化扶贫服务中心主任陈清韵，县职教中心副校长陈家斌、吴永强。

开班式上，赵锁劳副院长对彭水县乡村振兴局和彭水苗族土家族自治县职业教育中心的组织培训工作表示衷心的感谢，对全体到校学员表示热烈的欢迎；向全体学员介绍了陕西的人文历史和杨凌区的农业发展历史以及西北农林科技大学的发展情况、学科设置、人才培养、技术优势等；并预祝此次培训取得圆满成功。陈家斌副校长宣读了班委并强调了培训纪律以及疫情防控注意事项。刘伟洪科长介绍了本次培训班学员构成情况，并要求全体学员提高思想站位，珍惜学习机会，找准角色定位争当产业"领头雁"，立足发展谋位把握机会取长补短。

结业式上，彭水苗族土家族自治县职业教育中心罗军副校长介绍西北农林科技大学的办学理念、办学特色、办学目标。会上，还举行了西北农林科技大学农民发展学院彭水分院揭牌仪式，西北农林科技大学副校长罗军授牌，彭水县县委常委、副县长王锦生，副县长刘钰揭牌，农民发展分院挂牌于彭水县职业教育中心。王锦生常委在授牌仪式上发表讲话，重点介绍了"世界苗乡·养心彭水"的苗族文化、盐丹文化、黔中文化和红色文化及文旅融合发展战略思想；他讲道："本次西北农林科技大学农民发展学院在彭水设立分院，挂牌于彭水县职业教育中心，与我县在乡村人才培养、现代农业、产业合作等方面深化合作，做优文旅精品、农特产品、健康食品等'三品'招牌，实施乡村人才培养计划，着力培育本土人才、致富带头人和新型职业农民，不断提升农业科技水平，大力发展村级集体经济，打造山地乡村振兴样板、重庆市乡村振兴国际合作示范点，更好巩固拓展脱贫攻坚成果、推动乡村全面振兴。"

分析：

本次活动组织者是：彭水县乡村振兴局主办，彭水苗族土家族自治县职业教育中心与西北农林科技大学共同承办。

本次活动参与者有：西北农林科技大学副校长，西北农科技大学继续教育学院副院长劳，彭水县县委常委、副县长，彭水县教委副主任，彭水县信息化扶贫服务中心主任，县职教中心副校长。

这是一次典型的多部门协调配合服务乡村振兴的活动，整合了高校、政府、职教中心三方资源，县级部门有县委、县政府、教委、乡村振兴局、扶贫服务中心。正是这些部门的协调配合，确保了此次活动高端、高效地开展。

三、考核导向

考核是具有中国特色且非常有效的推动工作手段，是政府促进工作实施的法宝，也是各级各类企事业单位高度重视的工作指南。俗话说"指哪打哪"，用在这里就是考核什么干什么。县级职教中心服务乡村振兴就需要这种方向性的、政策性的、强制性的考核，才有利于服务行动的合法化、常态化，是县级职教中心服务乡村振兴的重要动力。

（一）针对考核

这里主要指针对县级职教中心的整体考核。现在没有针对县级职教中心的考核办法，现有各类考核是所有中职学校通用的标准和办法，包括国家级、省市级中等职业教育改革发展示范学校建设、高水平学校建设、双优校建设等大项目，也包括重点特色专业、实训基地建设、现代学徒制试点等小项目，还包括各类常规评估评审、督导检查。因此，需要制定专门针对县级职教中心的考核标准和考核办法，或者在现有考核中通过增加、改变、删除等方式体现对县级职教中心的特别要求，或者设立特别条款，体现出县级职教中心"因农""为农"的特色。在这样的考核中，自然会有对县级职教中心服务乡村振兴工作的具体考核指标。

（二）定向考核

这里主要指对县级职教中心服务乡村振兴工作的定向考核。现在各级政府对服务乡村振兴工作，考核的部门主要是政府所属各级政府部门，并没有对县级职教中心服务乡村振兴工作进行考核。因此，应该在县级人民政府考核乡村振兴工作时将县级职教中心包括进去。将县级职教中心建设发展纳入乡村振兴考核的重要内容，建立多元化、常态化的监管、考核、责任落实和问责机制，建立针对性的评价机制。要把县级职教中心涉农专业建设、课程建设、人才培养方案、各类公益培训质量、服务乡村振兴的能力、服务乡村振兴的效果等作为考核评估的重点。要将县级职教中心教师的薪酬待遇、福利水平和社会地位与服务乡村振兴工作挂钩，使其更坚定、更愿意、更主动为乡村振兴工作服务。

（三）专项考核

指对县级职教中心服务乡村振兴的几项主要工作进行专项考核，以促进学校步入正确的建设发展轨道。一是针对涉农专业开设情况的专项考核，要鼓励、要求县级职教中心开设、做大涉农专业，这是服务乡村振兴的根基所在；二是针对涉农培训进行专项考核，要考核涉农培训的场次、数量、种类、学员实践操作效果；三是针对涉农专业人才进行考核，鼓励、要求县级职教中心培养、留住涉农技术技能人才，逐步壮大人才队伍，提高人才质量，给予涉农专业人才更多机会、更好待遇。四是针对涉农基地、平台建设情况进行专项考核，要鼓励县级职教中心建设涉农基地、平台，通过基地、平台整合资源，提升服务质量。

第二节 能力提升机制

县级职教中心服务乡村振兴能力提升有外部力量、内部力量，外部是辅助，内部是根本。因此，从县级职教中心自身入手，切实提升服务乡村振兴的能力才是可行之道。这里主要从深化认知、文化引领，健全机制、组织保障，开发资源、夯实基础三个方面阐述县级职教中心自身如何提升服务乡村振兴的能力。

一、深化认知，文化引领

人们常说管理有三个层次，以人为本进行管理、以法为本进行管理、以文化为本进行管理，靠人来管是最低层次，以文化来管是最高层次。文化管理的核心是思想引领。要提升县级职教中心服务乡村振兴的能力，首先必须统一思想认知，让全校领导干部、师生员工认识到服务乡村振兴是本职工作，是县级职教中心的应有职责，应该自觉、主动、积极投身服务乡村振兴工作。要实现这一目标，关键在深化认知、文化引领。

（一）树立扎根乡村大地办职教的理念文化

2021年3月22日，在福建武夷山市星村镇燕子窠生态茶园考察时，习近平总书记嘱托科技工作者要坚持把论文写在田野大地上，继续带着农民干、帮着农民赚，让农业科技在泥土里生根，让科技在田野里绽放力量。这对县级职教中心的干部教师同样适用，要从思想上、从学校办学理念上不忘初心、坚持扎根乡村大地办职教。

首先，要深化认知，切实认识到县级职教中心扎根乡村办职教对国家、对区域、对学校自身发展建设的重要性。民族要复兴，乡村必振兴，这是数千年来的中国历史、近百多年来的中国革命史证明了的真命题。从现实和未来看，乡村振兴是支撑和完善国内循环的关键环节，也是实现共同富裕的重要途径。产业兴农、科技兴农、文化兴农，基础在于人才。在乡村振兴过程中，既需要高素质、高端的农业科技人才，也需要中端人才，更需要大量的高素质农民。北京教科院终身所终身教育研究室主任赵志磊指出，政府应大力发展面向农业农村的职业教育，构建农村职业教育与培训的优质资源体系。据估计，职业院校70%的学生来自农村，县级职教中心90%以上的学生来自农村，其余均来自县域城镇，这些学生毕业后成为县域乡村建设的重要力量，有力推进了新型城镇化进程，成为脱贫攻坚和乡村振兴的生力军。

"乡村要振兴，职教必进村"。全面实施乡村振兴战略要把握五点关键，一是以县域经济社会发展为立足点，二是以农村生产生活条件全面改善为归宿点，三是以农村产业发展为重点，四是以农民收入增加为着力点，五是以村民可持续致富能力为难点。各类社会组织、社会资源服务乡村振兴的难题是"最后一公里"，县级职教中心是衔接城市资源和乡村需求的最合适载体，是解决这一难题最有效的力量。

其次，要文化引领，在校园文化中要融入服务乡村振兴的理念。具体包括：一要明确学校功能定位，回归县级职教中心"为农而教"的初衷，发挥和彰显职业教育服务乡村振兴发展的功能与价值；二要明确学校特色亮色，扎根县域乡村大地，通过服务乡村振兴彰显职业教育的类型定位，展示县级职教中心的优势特色；三要明确成果成效方向，多出服务乡村振兴的成果，包括人才培养成果、具体实践成果、科技理论成果，使职业教育积极融入乡村振兴战略，实现"双促进"协同发展，为乡村振兴和学校发展聚才、赋能、提质、增效。

案例43：

在学校发展目标中融入乡村振兴理念

立德树人、文化育人、履责惠人。作为全国民族团结进步示范校和重庆市双优项目建设学校,彭水苗族土家族自治县职业教育中心强化党建引领发展全局,突出思政工作创新创优,推进人才培养模式改革,促进教育链、人才链与产业链、创新链有机衔接,全方位培养高素质人才,助推地方经济发展和乡村振兴战略。一批批热血青年从校园走出,在乌江之畔播洒着汗水和智慧,为苗乡腾飞贡献着激情与力量。

分析:

"助推地方经济发展和乡村振兴战略""为苗乡腾飞贡献着激情与力量",这是学校简介里的内容,也是学校对外的宣言,对内的激励,乡村振兴成为学校重要的育人追求和办学价值体现。

(二)构建与服务乡村振兴融合的学校文化体系

1. 明确面向乡村培养实用人才的育人主流价值

校园文化关键是育人的价值追求,有什么样的育人价值追求,就有什么样的办学、教学行为。县级职教中心因"三农"而生,以服务乡村振兴为己任,因此面向乡村培养实用人才就应该成为学校育人的主流价值,其重点就是培养"新农人","新农人"的核心是具有爱农村、爱农民、懂农业的"两爱一懂"素质,及融合一、二、三产服务乡村发展的技术技能。唯有如此,才能凸显县级职教中心育人和服务两大主要功能。具体体现在:一是学校的办学目标描述,育人目标上;二是各专业人才培养方案,及专业课程体系;三是学校各大育人活动的目标导向,如创新创业教育、社团活动等;四是体现在学校对外合作中,如校企合作、校校合作等。

2. 构建服务乡村振兴的多元融合内容体系

文化的载体是内容。县级职教中心"面向乡村培养实用人才"的育人价值追求确定了其校园文化内容的多元性,一是职业技术技能的特质文化,即工匠精神、创新创业精神、职业道德、职业素养;二是区域主体文化,即乡村文化、民族文化、非遗文化、地方文化;三是教育文化,即立德树人、三全育人、工学结合、教学做合一等;四是产业企业文化,即行业精神、职场文化、8S 文化、质量文化等。这些文化里，都要融入乡村文化内容，如工匠精神在"三农"中的体现重点是劳动精神、勤俭节约的品德，以及因地制宜、因时施种等。乡村文化应该成为学校文化内容的主体之一，其他文化可以有机融合，以此打造自己的文化特色。

3. 构建校园文化育人的具体举措

校园文化不是静止的、镜面的文化，是活的、立体的文化。育人功能的最终发挥还是要落实到具体举措中，县级职教中心应该构建富有职教特色的文化育人的组合举措。一是要开展设计服务乡村振兴的系列活动，包括校内和校外活动，校内以宣传教育、竞赛、展示展览为主，校外以深入乡村、田间地头为主，要打造富有县域特色、学校特色、职教特色的服务乡村活动系列。二是建设服务乡村振兴文化阵地，包括宣传栏、展馆、广播、报纸杂志等，要开辟专栏、建立专门的阵地用于展示乡村文化，如乡村振兴展馆、农耕文化展厅等。三是开发系列服务乡村振兴的文化工具，包括乡村振兴读本、"三农"讲堂、"三农"双创基地等。

案例 44：

"四元融合"文化育人　　打造民族特色品牌

坐拥摩围山、七曜山等生态屏障，美丽乌江穿流而过，与古朴苗寨汇出一幅美丽的乡村画卷；苗家刺绣、银饰制作、民族歌舞，丰富的苗族文化、民俗风情令人陶醉……

如何发挥好区域生态和文化资源优势？近年来，彭水大力实施"旅游+"发展战略，深入推进文化和旅游产业深度融合，建设渝东南武陵山区文旅产业融合发展示范区，成为中国特色旅游休闲度假胜地。

在此过程中，彭水职教中心全情投入，着力用好本土优秀传统文化资源，办好职教课堂。学校突出"四元融合"，以党建引领，开展育人模式改革，明确育人目标与民族文化相融合的发展思路；育人载体与民族文化融合，构建公共基础模块、专业模块、素质拓展模块三大课程体系；育人方式与民族文化融合，打造"工作室—教室—实训室—双创基地"立体大课堂，实施"研

—学—产—展—销"五位一体教学模式；育人平台与民族文化融合，实现平台的多元协同。

学校牵头成立全国首家"非遗传承与保护产教联盟"，构建民族文化传承与人才培养产教融合发展格局；创立"苗韵""一绣倾城"民族文化品牌公司，让学生在"做中学""学中做"，把作品转化为商品；建立"天下九黎""乌江画廊"双创孵化基地，培养学生的创新创业思维和商业经营理念；借助淘宝、抖音等建立新媒体销售平台，实现民族文化产品线上与线下多维立体的共展共赢……

数据显示，彭水职教中心民族文化旅游专业群本科上线率已连续3年居重庆市第一；获得民族实用专利4项、知识产权保护20余项；学生技能等级中级以上过关率超过91%，多证书获取率超过95%。

分析：

文旅融合、文旅教融合成为这个学校乡村振兴校园文化体系建设的重要抓手，文化育人、文化产品、文化影响等方面都取得了显著成果成效。

二、健全机制，组织保障

要改变服务乡村振兴工作临时、零散的现状，就必须加强机制建设。成立相应的组织，确保有人理、有人管、有人做；制定相应的制度，确保有计划、有步骤、有要求、有考核。具体可以从以下方面入手。

（一）构建学校服务乡村振兴的治理体系

最好的办法是在学校现有的、统一的治理体系中，融合学校治理和服务乡村振兴的双重功能，不必另建一个体系。

在组织机构方面，县级职教中心应该构建一个由学校（顶层）、处室（中层）、系部（底层）构成的三级服务乡村振兴体系，顶层起决策、统领和监督作用，中层起策划、实施和评估作用，底层起调研、实施和建议作用。这个组织要在原有组织体系的基础上进行改造，或者添加服务乡村振兴工作任务，使其具有学校治理主要功能的同时，还具有服务乡村振兴的辅助功能。也可以成立学校服务乡村振兴领导小组,设立1~2个兼职的服务乡村振兴部门(或乡村振兴办),成立多个服务乡村振兴工作小组。

在制度建设方面,县级职教中心应该构建由工作规划、计划、制度、职责组成的服务乡村振兴制度体系,或者在原有学校制度体系中增加服务乡村振兴的相关内容,对服务乡村振兴的内容、程序、要求和考核进行规定。同时,要制定专门的服务乡村振兴工作规划、计划、制度、职责,要将服务乡村振兴工作纳入学校、处室、系部、教师的考核评价。

(二)打造服务乡村振兴的多种平台

平台的功能是促进工作基地化、常态化、聚合化,平台的作用是聚集资源、凝聚力量、专项攻坚、辐射推广。县级职教中心可以借助县域乡村振兴、区域产业企业、相关科研院所等多种要素,打造这些要素多元融合的学校平台。平台的搭建可以由学校独立自主完成,也可以是多个部门、社会组织、院校联合共建。平台可以在校内,也可以在校外;可以是实物性平台,也可以网络虚拟平台,还可以是组织形式的平台。平台的名字可以是中心、联盟、集团等,平台的种类包括以研究、创新为主的研究中心,以攻坚、项目建设为主的发展中心,以合作交流为主的校际、校企联盟,以共建共享为主的职教集团等。

(三)培养服务乡村振兴的师生队伍

队伍是执行者、实施者。县级职教中心服务乡村振兴落实落地还得靠队伍,这些队伍应该包括专职和兼职两类。县级职教中心的干部教师比一般职业学校要多一种能力要求,那就是要熟悉农村、农业、农民,有乡村情怀,懂"三农"政策,最好能拥有一门"助农"技能。由于县级职教中心过去"离农""向城"的办学方向,导致没有这样的队伍,或者有但水平不高,因此需要通过一定的时间、用一定的精力去培养。要通过学习、实践等多种方式培养一支有意愿、有能力、有技术的服务乡村振兴队伍,要鼓励干部学习、掌握一门农业技术。

第四章 县级职教中心服务乡村振兴的策略：实践机制

案例 45：

建体系　搭平台　多方位服务乡村振兴

安顺学院[1]党委行政聚焦乡村振兴提出了八个"围绕"的工作思路：一是学校顶层设计围绕乡村振兴来布局，二是围绕乡村振兴加强党建引领，三是围绕乡村人才振兴强化人才培养，四是围绕乡村教育和产业振兴开展社会服务，五是围绕乡村文化振兴推动文化传承创新，六是围绕乡村生态振兴践行生态文明，七是围绕乡村振兴理论推进科学研究，八是围绕乡村振兴增进合作交流。

具体如下：

第一，统筹谋划、高位推动，围绕乡村振兴布局顶层设计。

一是加强服务乡村振兴的战略布局。在学校党代会报告和"十四五"规划中明确提出打造乡村振兴办学特色。二是高位推动服务乡村振兴战略实施。制定了贵州省高校乡村振兴研究中心建设规划，实施"一项融合工程、一家研究机构、一个专题智库、一批咨政文章"等"十个一"工程。三是加强服务乡村振兴的激励和考核评价机制。制订了《贵州省高校乡村振兴研究中心成果奖励办法》。同时，学校还将服务乡村振兴工作纳入年度考核。

第二，更高标准、更大力度，围绕乡村振兴加强党建引领。

一是形成党建引领服务乡村振兴三级联动机制。学校党委以党史学习教育为契机，在顶层设计中把服务乡村振兴作为学校重点工作进行战略部署，二级学院党委负责制定服务乡村振兴的具体举措，基层支部和师生党员执行党委部署的工作任务，形成了全校师生围绕本职工作服务"乡村振兴"的新局面。二是建强服务乡村振兴队伍。高校乡村振兴研究中心的四个方向负责人都是党员领导干部。三是深入基层开展乡村振兴服务。选派优秀党员干部担任驻村第一书记，组织师生党员开展关爱农村留守儿童的"心心相依、伴你成长"项目，组织师生党员参与安顺乡村旅游的规划和从业人员培训。四是做实做好校农专班。成立"黔货出山"安顺学院电商运营中心，直播带货，助力农民增收。组织师生党员，特别是博士党员教师，深入县区，开展农作

---

[1] 人民网精选资讯官方账号，2022-06-13，《安顺学院："八个围绕"实现服务乡村振兴与学校高质量发展同频共振》。

物的品种改良，组织"三农"专业知识培训班。五是组织研究团队开展乡村治理研究。组建乡村治理研究团队，组织23名专家学者，面向贵州乃至西南地区开展乡村治理研究。

第三，为党育人、为国育才，围绕乡村振兴强化人才培养。

一是面向县区开展乡村振兴产业技术培训。已完成培训200余人次。二是将乡村振兴融入人才培养全过程。将"乡村振兴"列入课程体系。包括第二课堂、社会实践活动、毕业论文、科技竞赛、创新创业教育环节。编写乡村振兴通识课程讲义。开设《乡村振兴概论》公选课。三是将乡村振兴教育延伸到联合培养研究生教育和继续教育。在联合培养的研究生课程安排、论文选题等方面融入乡村振兴内容，举办安顺市劳务协作与乡村振兴培训班。

第四，主动担当、主动作为，围绕乡村振兴开展社会服务。

一是服务农村产业革命。30余个乡村振兴产学研基地挂牌运行。4个"四新""四化"专班、6个服务农村产业革命专班成果丰硕，面向基层开展实用技术培训2万余人次。录制电视栏目"致富之路"。二是服务乡村教育振兴。领办全省最大的易地搬迁安置点"关岭自治县第三中学"。三是为乡村振兴贡献"特殊"教育力量。

第五，守正创新、继往开来，围绕乡村振兴推动文化传承创新。

一是突出地方特色文化。创作原创歌曲《云山谣》，编剧并拍摄音乐微电影《有一座屯，名叫云山》，深入乡村开展亚鲁王研究。二是传承民族民间文化。创新设计乡村民族工艺品、编辑民族民间工艺品培训教材、举办民族民间工艺品展览。三是丰富校园文化。以"引领乡村新文化、焕发乡村新风貌、弘扬乡村新风气"为主题，开展美化校园井盖绘画活动，共绘制井盖画作100余幅。四是弘扬乡风文明。开展2021年乡村振兴暑期调查暨大学生志愿者暑期文化科技卫生"三下乡"社会实践活动。28个团队项目（国家级团队3支、省级11支、校级14支）立项，各实践团队分赴全省市州县区，影响约2万余人。

第六，创新理念、准确理解，围绕乡村振兴践行生态文明。

一是打造生态文明特色品牌。二是注重成果转化。三是创新生态文明教育模式。学校通过对学生生态文明的教育，以期在未来将生态文明教育成果转化为毕业生践行乡村生态文明的具体行动。

第七，丰富理论、建言献策，围绕乡村振兴推进科学研究。

一是强化平台引领。贵州省高校乡村振兴研究中心相继获批"2011协同创新中心""2021年度贵州省哲学社会科学十大创新团队""贵州省人文社科示范基地"等省级平台。二是办好《安顺学院学报》"乡村振兴研究"专栏。三是积极推出乡村振兴论著成果。出版完成乡村振兴学术著作、科普读物、调研报告。四是打造"娄湖智库"平台。建强省级研究平台，培育乡村振兴新型智库，为政府建言献策。

第八，互学互鉴、互融互通，围绕乡村振兴增进合作交流。

一是成功举办高水平会议。依托中心平台举办"全国乡村振兴与农业农村现代化理论研讨会""贵州省屯堡文化年会"等3次高端会议。二是积极参加国际交流。通过参加广西2021年度乡村振兴论坛等会议，全年围绕乡村振兴共举办学术讲座6场，合作交流1 800人次。

分析：

安顺学院建立了由党委领导下的服务乡村振兴组织体系，成立了"三下乡"服务队等机构，搭建了乡村振兴产学园区等平台，使服务到了田间地头，培训搬到了田间地头，促进了乡村产业振兴和美丽乡村建设。

这虽然是高校的案例，但其做法完全值得县级职教中心学习、借鉴。

案例46：

成立乡村振兴领导小组

为助农增收，学校党委专门成立了乡村振兴领导小组，各级党组织分工负责，扎实开展"我为群众办实事"实践活动，并与彭水县多个乡镇签订了乡村振兴合作协议，先后开展了送教下乡、民族技艺培训、生态旅游培训及餐饮培训等服务，极大带动了当地居民就业和收入提升。

据悉，接下来，彭水职教中心将继续以双优学校建设为契机，推动民族文化与职业教育的有机融合，同时加强政校企多方联动，开发一批特色产业、培养一批技术技能人才、服务一批中小微企业，助力乡村振兴战略，推动地方经济发展。

分析：

该校党委专门成立了乡村振兴领导小组，并且向下延伸到了各级党组织，形成了服务乡村振兴的组织体系，推动了服务乡村振兴工作的务实开展。

三、创新举措，夯实基础

乡村振兴是新事物，过去是乡村建设、脱贫攻坚，乡村振兴则是面向新时代的高质量、高水平、现代化的全面振兴。服务乡村振兴同样也是县级职教中心面临的新任务，没有经验，没有模式，因此需要创新举措，探索前行。总体来看，可以从以下几个方面进行突破。

（一）构建服务乡村振兴专业体系

1. 开设直接涉农专业

县级职教中心是县域职业教育主体，也是服务县域经济社会发展的主体，更是服务县域乡村振兴的主体，而这种主体作用最直接、最显性的体现就是开设直接涉农专业。没有直接涉农专业，就不是合格的县级职教中心。直接涉农专业就是国家专业目录中的"农林牧渔"大类（代号61），包括农业类19个专业、林业类5个专业、畜牧业类4个专业、渔业类3个专业。直接涉农专业是县级职教中心服务乡村振兴的根，是学校的底色。没有直接涉农专业，县级职教中心就失去了"县级"的标志，与其他学校无异。在目前的经济社会背景下，县级职教中心直接涉农专业不在多，在于有，在于精，在于特。

2. 建设间接涉农专业

间接涉农专业就是在国家专业目录中属于"农林牧渔大类"之外的专业，但又具有服务乡村产业发展的功能，培养的人才一样可以在乡村各行各业就业、创新，这样的专业我们称为间接涉农专业。由于乡村振兴是建设现代化的、新时代的乡村，是一、二、三产融合发展的乡村，是职业化、产业化、工厂化的乡村，不是过去纯粹的"农耕"乡村。因此，大量原有的面向二、三产业的专业完全可以经过改造成为间接涉农专业，并且这些专业也是县级职教中心现有专业的主体。将非农专业改造为间接涉农专业，是县级职教中心服务乡村振兴、服务社会多种需求最有效、最好实施、成本最低的做法。间接涉农专业具有服务乡村和城市的两面性，建设难度不大，因此应当成为县级职教中心以专业建设服务乡村振兴的主要突破口。

3. 促进三产专业融合

县级职教中心服务乡村振兴的主要途径还是培养培训面向乡村的实用人才，但现在大量的学生学员存在"离农""去农"现象，并且目前我国的主要就业岗位还是在城市。因此，培养培训多方向发展的实用人才是县级职教中心目前的最好选择，而对应这一选择的主要途径就是建设"大专业"，具体地说就是要促进一、二、三产相关专业融合。这样做的好处还有，一是顺应了"三农"、乡村建设的现代化、产业化需要，顺应一、二、三产业融合的乡村发展趋势；二是顺应了产业边界逐渐模糊的趋势。具体做法就是在每个专业中发掘服务乡村振兴的人才培养元素，增加一定的涉农基因。

（二）构建服务乡村振兴的人才培养体系

1. 确定"两爱一懂"人才培养目标

人才培养体系的第一要素是人才培养目标，县级职教中心因"三农"而生的县级属性决定了其人才培养的基本方向，就是面向乡村培养实用人才，具体地说就是"两爱一懂"（爱农村、爱农民、懂农业）人才。县级职教中心培养培训的人大部分会在人生的某个阶段回到县域就业，是县域经济社会发展的主体。即使留在城市、工厂就业，只要有"三农"情怀，一样可以为乡村发展做贡献。

2. 创新校村融合人才培养模式

培养培训服务乡村振兴人才，用现行的人才培养模式肯定不行。套用一句老话就是"黑板上开拖拉机""黑板上种地"肯定不行。县级职教中心应该走校村融合的培养模式，学校与乡镇、乡镇企业（包括农场、林场、牧场、合作社、养殖场等）共建专业，开设乡村振兴学院、田间学院、兴农学校，建设乡村育人的劳动基地、实践基地。

3. 打造培养乡村振兴人才的育人平台

县级职教中心作为育人主体，在现实条件下很难培养出服务乡村振兴的"两爱一懂"人才，因为本身受乡村资源、环境、条件限制。因此，需要将乡村作为育人的另一主体，构建学校和乡村共同育人的"双育人"模式。具体可以打造"双育人"平台，比如开办"乡村讲坛"，建立乡村振兴学院，建立乡村实践基地，建立乡村服务流动站，建立服务乡村社团，建立校乡村联盟，等等。

（三）构建服务乡村振兴的社会服务体系

1. 构建服务平台

平台是县级职教中心服务乡村振兴的基地，平台可以聚集资源、人力、技术，可以提高服务的效力。从层次上看，包括学校服务平台、教师服务平台、学生服务平台和综合服务平台；从形式上看，包括协会式平台、共建式平台、课堂式平台、基地式平台，等等；从内容上看，包括讨论平台、会议平台、学习平台、实践平台，等等；从名称上看，包括联盟、学院、课堂、站点、队组，等等。具体如"服务乡村振兴联盟""乡村振兴学院""校村党建共驻共建""田间学院""乡村课堂""乡村实践流动站""服务乡村志愿队""四送下乡服务队"。

2. 培养服务师生

师生一定是服务乡村振兴的主体。县级职教中心需要大力培养师生服务队伍，从少到多，从小到大，逐渐发展。要有计划地对全体教师、学生进行"两爱一懂"教育引导，要组织全体教师深入乡村开展实践活动，要将师生到乡村实践、实训、实习、服务纳入考核评价内容。只有这样才能避免少数人服务乡村振兴、外聘技术人员服务乡村振兴、领导服务乡村振兴的不正常现象。

3. 开发服务活动

活动是服务乡村振兴的重要载体。县级职教中心服务乡村振兴的活动类型要多样，比如技术支持类活动、文化宣传类活动、劳务支持类活动、物资支持类活动、组织共建类活动等；内容要丰富，尽量涵盖产业振兴、人才振兴、文化振兴、生态振兴、组织振兴五大振兴；针对性要强，一是针对乡村需求，二是针对师生培养，三是针对政策规定，四是针对政府要求。

案例 47：

"校城合作"履责惠人　助力乡村产业振兴

乡村要振兴，产业必先行。乡亲要致富，人才是支柱。

位于彭水的蚩尤九黎城是目前中国最大的苗族传统建筑群落，堪称彭水最闪亮的旅游名片。

回顾"蚩尤九黎城文旅项目"建设之初，城内旅游、酒店、文化展演、民族工艺品制作等企业急需大量综合型技能人才，而在当时，彭水县并不完全具备这部分人力资源。人才的缺口，成为项目推进的一大困扰。

作为农村职业教育的关键力量，为切实履行服务乡村振兴的重要职责，彭水职教中心党委先后组织学校教师和有关专家到湖南、贵州多地和重庆市内其他区县多所职业院校、行业企业开展细致的调研工作，在助推九黎城建设的同时，走出了一条产教融合发展之路。

2016 年，学校与九黎城内多家企业签订合作协议，组建以旅游服务与管理、服装制作与生产管理专业为核心，民族工艺品制作专业、中餐烹饪与营养膳食、电子商务为支撑专业的文旅专业群。同时，校城携手，挖掘民间工艺品制作工艺、地方歌曲、传统饮食等系列资源，研发《手工刺绣》《郁山酥肉》等极具地域色彩的旅游实训项目，推出《苗祖·蚩尤》等系列文化主题产品，为项目发展提供了充足的人才保障，助力乡村产业振兴。

分析：

该校以专业为途径，以人才培养为核心服务乡村产业振兴，走出了一条可行有为之道。学校紧扣核心产业，旅游服务与管理、服装制作与生产管理、民族工艺品制作、中餐烹饪与营养膳食、电子商务等多个专业参与其中，研发了实训项目开发了主题产品，提供了人才保障，探索出了县级职教中心服务乡村文旅综合发展的有效之道。

案例 48：

院校合作

定兴县职业技术教育中心食用菌技术研究所积极对接河北农业大学专家团队，寻找对接切入点，拟以食用菌产业为导向，以提升乡村集体经济效益为中心，激活村集体发展动力；将食用菌产业发展作为杠杆增加集体和农民收入，促进县域乡村集体经济与食用菌产业协同发展。职教中心食用菌研究所将在河北农业大学专家团队的帮助下，依托北柳卓实训基地，食用菌研究所实训基地为技术支撑，落实职业院校实施学历教育与培训并举的职责。

分析：

该校锁定当地食用菌特色产业，对接高校，建研究所，开展技术服务，有实体，有做法，有效果。

案例 49：

集团化聚集资源

昭平县职业教育中心紧扣乡村振兴战略，积极探索"教、学、研、产、销、创"一体化及"名校+名校""名校+名企"职业教育集团化的办学模式，努力建设成为"茶香校园、精神家园、成长乐园、创业孵园"的现代化职业学校。

分析：

该校搭建了职业教育集团平台，以平台聚集资源，开启了服务乡村振兴有效之路。

案例 50：

跨省资源

顺应时代发展要求，借力"鲁渝"协作平台。2021 年 11 月 20 日，经山东省烟台市人民政府、重庆市巫山县人民政府批准，鲁东大学、烟台市乡村振兴学院与重庆市巫山县职业教育中心两地三方在巫山职教中心挂牌成立巫山（烟台）乡村振兴学院。

乡村振兴学院的成立，是巫山职教中心贯彻落实乡村振兴战略的具体实践，是深化"鲁渝"协作的创新之举，对于加快推动实现农村美、农业强、农民富具有重要意义。

巫山（烟台）乡村振兴学院将着力打造高质量产业发展服务平台，构建科普教育云平台，加快知名餐饮服务研发基地落地，开发消防、地震、禁毒、心理健康4个乡村振兴科普研学基地，建设14个乡村旅游服务示范点，优化"县乡村"三级培训网络，不断完善现代职业教育体系，进一步提升服务"三农"能力。

分析：

该校借力"鲁渝"协作平台，搭建了乡村振兴学院服务平台，构建科普教育云平台，整合了跨省资源，立体化、系统化地服务乡村振兴。

第三节 效力提升机制

县级职教中心服务乡村振兴效力不高，是通病，是难题，是大家一直在努力探索却一直没有突破的堡垒。如何提高服务效力是摆在县级职教中心、相关政府部门面前的一道坎。制约县级职教中心服务乡村振兴效力的因素很多，政策的、资源的、人员的、经费的、技术的、专业的，等等。这里重点从县级职教中心自身服务乡村振兴的做法上提升服务效力的策略进行阐述。

一、全面融合，凝心聚力

（一）学校服务要素融合，构建有序阵列，形成合力

县级职教中心服务乡村振兴的学校要素很多，如果不加以融合，形成有序阵列，就会出现混乱无序、效率低下的现象。按照有序阵列的要求，所有要素要组合，要按照一定的结构、一定的顺序进行组合，然后形成一个有机整体。对学校而言，至少可以构建三纵三横阵列。三纵分别是：学校从上到下的组织要素序列，学校从领导到干部到教师再到学生的人员序列，学校从文化建设到治理体系到专业建设再到课程建设的育人序列。三横分别是：从规划到计划到职责到标准到财务管理再到考核的制度序列，所有直接涉农专业、间接涉农专业组成的专业序列，所有直接涉农课程、间接涉农课程组成

的课程序列。三纵三横相互交叉构成"田"字阵列，形成牵一发而动全身、稳定且互相支撑的学校服务要素集合，这样的结构有机、有效、有力，会大大提高学校服务乡村振兴的效力。

这里还须注意，要跳出县级职教中心讨论服务乡村振兴，将政府、院校、企业、研究机构等要素进行融合，充分发挥其积极作用；要推动校企协联动、校校联动、校政联动，为乡村振兴战略实施提供人才保障、技术支撑和智力支持。

案例 51：

多元化融合　针对性服务

立足牛、羊、菜、果、薯、药等六大特色产业需要[1]，优化专业设置，建设一批乡村振兴急需专业。

面向农民工、高素质农民、乡村干部、基层农技人员、"两后生"等开展涉农领域培训共计 32 415 人次。

面向新型职业农民群体开展花卉果树种植、家禽家畜养殖等项目培训 4 554 人次，培育种植养殖"技术能手"。

面向农民工、农村富余劳动力、脱贫劳动力群体开展焊工、电工、中式烹调、果蔬种植、药材种植、保育员等项目培训 10 640 人次，让劳动力具备"一技之长"。

面向农产品公司职工开展企业管理、农产品深加工等项目培训 1 304 人次，为农企发展"保驾护航"。

面向"两后生"群体开展家政服务、拉面等项目培训 637 人次，实现"成功一人，致富一家"。

面向职业院校学生和毕业生群体开展农业技术、就业创业等项目培训 11 120 人次，将技术技能培训"前置化"，储备乡村振兴人才。

把握"三新一高"要求，开展农村电商、新媒体运行等培训 928 人次，应对互联网经济新模式。

提高干部治理能力，开展县乡村干部农村实用技术推广应用能力提升等

---

[1] 职业教育助力乡村振兴成效显著，陇南教育，2021-12-11.

项目培训 3 232 人次，培养一批"广视野、懂经营"的乡村振兴干部。

分析：

这个案例，从表面上看是有针对性地、分门别类地开展服务，而要实施这些服务，背后一定是多元要素融合进行的。首先是六大特色产业对应的专业设置，需要学校上下多个部门、人员协同；其次是八类培训，需要大量的调研、分析、分类，分别组织学员、教师、培训基地，这些都必须多要素融合才能完成。所以，高质量的服务一般都是多要素融合的服务，多要素融合的服务一般也是高质量的服务。

（二）乡村振兴需求融合，构建综合场域，形成合聚

乡村振兴的需求是多元化、多样化的，如果每次服务都针对一个具体的点，就会造成服务成本高、效力低的结果，因为乡村需要的具体点太多。因此，将乡村的需求进行融合，构建需求的综合场域，就会形成服务的聚合效应。场域就是有一定范围一定区间的，具有某些共同特点的区域。具体地说，就是把乡村振兴的需求进行阶段性、区域性、领域性融合，构建一个限于一定区域、一定时段、多种需求的综合场域，学校就可以针对这个场域进行综合服务，从而大大提高服务效力。比如，将某个村的蜜柚特色产业发展中的秋季收获时段作为一个场域，那么县级职教中心就可以在一个月左右的时间，组织蜜柚技术专家、蜜柚专业技术人员、电商营销专业师生、旅游专业师生开展蜜柚护果、增甜、采摘、乡村旅游、直播、销售的综合服务。这样的服务形成了一个链条，服务了一个产业，有技术支持，有销售成果，前后衔接，形成了聚合效应，相对于单一的、单个的、零散的服务，效力大幅提升。

在具体服务中，可以综合构建要素融合、需求融合、资源融合的场域，实现立体服务。例如：

构建"产业富农"的经济服务场域。县级职教中心以产教融合、校企合作为特色模式，直接对接乡村主导产业、特色产业，开展种植、管护、销售的技术、信息、渠道、人力一条龙服务，推动产业转型升级和产业链整体迭代提升，提高产业发展质量和效益。

构建"人才助农"的教育服务场域。以学历教育、社会培训为主战场，

以职业技术技能教育、职业素养教育、创新创业教育提升农民群体的发展能力，"扶志""扶智""扶业"一起进行，培养更多年富力强、能够扎根农村、懂现代农业的多能型、专业型人才。

构建"科创兴农"的技术服务场域。针对县域乡村所需的技术，加强涉农专业建设、农科教融合和产教对接，把产教融合中形成的技术成果和应用性科研成果应用到乡村。加强互联网平台的使用，推广新品种、传授新技术。加强数字工具的使用，提供现代农业种植养殖技术、农产品加工、精准营销、品牌推广提升、物流服务优化、客户关系管理等全产业链的技术技能服务。

构建"文化强农"的治理服务场域。通过文化传承、创新、推广，培养与新型农村、现代文化相适应的新型农民，助力乡村文化振兴。提升农民科学文化水平和素养，培养工匠精神、劳模精神和劳动教育，丰富农民的精神世界，引领乡村风尚，推进乡村治理。

（三）多种社会资源融合，构建立体资源库，形成合围

县级职教中心在服务县域乡村发展中，有枢纽、平台作用，对外、对上多种社会力量、社会资源都可以借助县级职教中心服务乡村振兴，比单个直接服务更省时省力。因此，县级职教中心要主动整合多种社会资源，并将其有机融合，构建服务乡村振兴的立体资源库，形成大家齐心协力服务乡村振兴的合围之势。这个资源库称为立体，是因为其包括了行业（至少学校专业对应的行业可以整合）、企业（至少学校合作的企业可以整合）、科研机构（教育科研机构、专业科研机构、社会学术团体等）、职业院校（高职院校、技工院校、兄弟学校等）等各种社会实体，有物质资源、技术资源、信息资源、人力资源、就业岗位资源等多种资源种类。这样的资源库，随时可以更新、补充、升级。在具体服务中，可以根据需要调取资源，特别是在针对乡村需求场域的服务中，可以方便抽取资源组成资源单元整体服务场域需求，服务效力就会大幅提升。

多种社会资源融合也是在深化县级职教中心面向乡村振兴的职业教育供给侧改革，具体地说就是依据县域乡村的情况调动学校的现有资源，整合多种社会资源，特别是要盘活存量、激活增量、应对变量、锚定质量，形成多

要素、多资源、多场域联动服务乡村振兴的格局。这里要特别注意两个方面，一方面是要根据新时代特征，强化数字化在农业新业态中的应用，另一方面要根据"新农人"的时代要求，强化对外服务镇村干部、乡村振兴人才、农村实用人才、高素质农民的短期培训。

案例 52：

多要素融合服务乡村振兴

奉化职教中心将德育、劳育、美育融入人才培养全过程，有序组织学生志愿者到方桥街道上三村开展各类教育实践活动。奉化职教中心、方桥成校职成协同，服务乡村振兴，建设"水墨荷韵、情系上三"美丽乡村。

分析：

该校将德育、劳育、美育融合，与兄弟学校融合，与各类教育实践活动融合，共同服务乡村振兴。

案例 53：

多要素多资源立体融合服务乡村振兴

昭平县职业教育中心紧扣乡村振兴战略，积极探索"教、学、研、产、销、创"一体化及"名校+名校""名校+名企"职业教育集团化的办学模式，努力建设为"茶香校园、精神家园、成长乐园、创业孵园"的现代化职业学校。

"茶叶生产与加工是我们的特色专业和品牌专业。"邱绍伟介绍，中心围绕"美丽昭平、长生福地"的发展定位，主动把茶叶生产加工产业和黄姚古镇旅游及农业生态旅游产业对接，将现有茶叶生产与加工技术、旅游服务与管理、电子商务、计算机应用等专业进一步衔接优化，打造服务生态文明建设和县域经济发展的省级茶叶特色品牌专业链，实现专业集群创新发展。

昭平县职业教育中心积极推进"校企合作"，通过搭建完善专业建设平台、社会服务平台、合作纽带平台，实现校企深度合作、产教融合，企业充分参与学校人才培养过程。该中心与当地有实力的企业建设"电子商务校企合作技术服务中心"，共开发 6 项产品外观设计，成功申报了 3 项专利并用于产品销售，为本地多家企业创收达 1 708 万元。

昭平县职业教育中心还积极开展各种社会服务活动，主动对接新农村建设项目，开展新型职业农民培训班、"红领电商"培训班、疫苗追溯信息系统培训班等，累计培训达 2 569 人次。近年来，该中心社会服务收入从 2017 年的 13.5 万元增加到 2020 年的 30 多万元。

分析：

该校教、学、研、产、销、创融合，茶叶生产与加工技术、旅游服务与管理、电子商务、计算机应用多专业融合，专业建设平台、社会服务平台、合作纽带平台融合，整合资源、要素，形成合力，立体化服务乡村振兴，效果显著。

二、深入实践，成果导向

（一）面向乡村，打造实体成果

什么是实体成果？看得见、摸得着、有产值、有效益的成果就是实体成果，实体成果是相对于虚空成果而言的。职业院校在服务乡村振兴过程中乡村获得的大量成果是虚空成果，如入户访谈、环境卫生、宣传教育、文化下乡、通识性培训、技术咨询等，这样的成果职业院校做起来容易，但消失也快，做多了在村民中反而产生不好影响，甚至引起反感。乡村老百姓真正需要的是实体成果，能够产生长远影响的也是实体成果。

实体成果主要包括五类：一是产业实体成果，如种植园、养殖场、农家乐，试验田、试验地、试验场，示范基地、示范中心、示范村社等；二是人才实体成果，如就业创业初见成效的中高职毕业生、培训学员，或者能凭所学技术技能挣钱养家乃至小富的技术类人员，或者当上乡村干部、致富带头人的学生学员；三是文化实体成果，如乡村景点、文化走廊、展厅展室、学习中心、图书馆、健身广场、非遗工坊等；四是生态实体成果，如生态园林、湿地公园、自然保护区、植树造林、病虫害防治等；五是组织实体成果，派驻第一书记、驻村队员、科技干部等。

实体成果产生的服务效力很高，但打造难度很大，需要县级职教中心用心用力。一是要选好项目，有针对性实施。主要是选择乡村迫切需要，学校有能力打造，最好一两年内能见效。二是要对症施策，有的放矢。需要什么资源、人力、政策，学校有针对性地进行整合。三是要集中精力，全力攻坚。

选好的项目不宜多，一旦做了就要确保成功，不轻言放弃，否则造成的负面影响比不做更大。比如，县级职教中心招收一名贫困家庭学生，许诺用心培养成才，然后高水平就业，结果中途被开除了。又如，帮助村民种植果树，结果辛辛苦苦种植两年后发现不结果。这些都会对老百姓造成极大伤害。

（二）面向教育，打造理论成果

县级职教中心是学校，我们的初衷是在促进乡村建设发展中促进学校可持续发展，实现"双发展""双促进"，只有这样才能保证县级职教中心有持续服务乡村的能力。因此，打造教育教学成果以促进学校发展也很重要，而教育教学成果除人才培养外，还包括获奖、荣誉、理论成果、实践成果等，但获奖、荣誉是组织给予的，实践成果是工作中产生、自己认定的，理论成果则是需要重点打造、作用大、影响广的成果类型。

县级职教中心服务乡村振兴的理论成果可以分为五类，一是科技类，如种养殖技术、劳动生产技术、环境保护技术等。二是科研类，如服务乡村振兴的科研论文、资政报告、课题研究等。三是教研成果，如开发教材、开发资源、开发课程、教学案例、教研论文、教学设计、精品课程。四是创新成果，如发明专利、著作权、商标等。五是竞赛成果，教学技能大赛、乡村振兴技能竞赛、案例比赛等。

理论成果的打造，主要是利用乡村资源、服务乡村的素材，开展科学研究、科技研究、教育教学研究及改革，提升教育教学质量，提高师生能力水平。打造这样的成果，需要注意几点。一是将服务乡村振兴与教育教学紧密结合，形成跨界的新的理论、做法、模式、经验、技术，不能两张皮；二是围绕职业教育提质培优、教育教学提质增效进行，突出核心价值，要做有用的成果，有效的成果；三是务实求真，结合学校实际、区域实际，不空谈，不假说。

（三）面向社会，打造舆论成果

好酒也怕巷子深。县级职教中心在发展建设过程中，遇到很多难题，社会认可度低，家长学生就读意愿不高，企业行业支持力度不大，等等。因此，加强正面宣传、扩大社会声誉、提高美誉度、认可度，是县级职教中心不可不做的事。而最重要的方法就是打造舆论成果，让社会认识职业教育、认可职业教育。

这里要转变一个思想，中国的传统文化是"做好事不留名"。但在县级职教中心服务乡村振兴这件事情上，加大宣传报道力度，打造舆论成果，是正面且有益的事。一是通过宣传报道，舆论影响为学校发展迎来支持、机会、资源，营造有利于学校发展的社会环境。二是可以通过社会、媒体的舆论来监督学校工作，迫使学校真做、实做、做真、做实，从而提升服务乡村振兴的效力。

舆论成果主要包括媒体宣传报道、领导赞誉肯定、简报美文推送、展示展览等，其中学校自己能够主动作为的主要是媒体宣传报道、简报美文推送、展示展览，要完成这三种成果的打造，县级职教中心应该是"得心应手"的，但要注意策略方法。一是服务活动与简报美文相伴，尽量每次活动都有简报美文，简报对平级和上级，美文对内部和社会，既可以作为过程记录，也可以作为学校宣传工作的一部分，还能鼓舞士气。二是重大活动有媒体报道，包括纸质媒体、电视媒体、新媒体、网络媒体，重点是网络媒体。三是有阶段性、总结性媒体宣传，定期对这一段时间段服务乡村振兴工作的做法做一个提炼，对取得的成绩做一个总结，以专栏、专题、专版等形式进行集中、重点宣传。四是要充分利用学校、市县重大活动，展示展出学校服务乡村振兴的成果成效，包括实物、图片、文字等成果类型。

案例 54：

共绘文化墙

职教中心美术专业百名学生绘制了上三村"荷文化"主题墙。数十个小团队，各自负责一块墙面，有序分工、高效工作。发挥了艺术专业的素养与创新意识，设计了贴近村庄风土人情的作品，参照效果图，规划布局、交流构思、勾线调色，丹青妙笔绘出荷塘景色，打造出"墙中荷"亮丽风景线，受到村民的一致好评。

荷文化墙绘活动与新农村建设相得益彰，对改善上三村人居环境、传播荷文化、建设美丽乡村有显著的正向推动效果。

分析：

美术专业学生共绘文化墙，留下了看得见、摸得着的实体，美化了村民生活环境，自然会得到一致好评，这比那些"虚空"的服务效果明显好很多。

案例 55：

舆论推动

据介绍，实践活动产生了"荷文化"主题墙及若干农产品，并发表各级信息报道 4 篇。今后，职教中心将立足新阶段、担当新使命，继续推动劳动实践基地建设，开展集实用性、趣味性、教育性于一体的特色实践活动，继续组织师生走进上三村。以劳育能、以劳育美、以劳育德，提高职业教育人才培养质量，实现职业教育优质资源共建共享、优势互补，为上三村提供智力、技术支撑，建设"水墨荷韵"的美丽上三，接续助力乡村振兴。

分析：

该校学生打造了主题墙后，随即发表 4 篇报道，既有村民的"实惠"，又有社会的"美誉"，两相结合形成了立体成果和影响，服务的效果、影响比单一的成果大了很多。

案例 56：

展示展览

大会还组织了帮扶农产品展示、机器人、非遗作品等乡村振兴工作成果展示和体验活动，从"技术兴农""以工强农""艺术赋农""培训助农""以商富农"五个角度全面展示了近年来我校通过定向培养、产教融合、技术咨询、创新创业等方式服务乡村振兴的实践成果。

分析：

该校借助"大会"展示了服务乡村振兴的成果，有实物，有体验，全面而生动，其服务乡村振兴的质量不得不让人信服。

三、构建模式，重点突破

模式就是可以复制、借鉴的范式，范式就是有示范性、榜样性的样式。模式的作用就是让工作更有条理，更有效率，更省心省力。县级职教中心服务乡村振兴是前所未有的工作，就需要模式来提升服务效力，而模式更主要来源于学校自我总结提炼。

（一）总结经验，构建模式

模式的构建主要来源于经验，如果凭空构建一个模式，就很可能出现"不接地气""药不对症"的情况。因此，加强对平常服务乡村振兴工作的总结，是提高服务质量的重要手段。从总结中提炼模式的做法多种多样，短篇幅很难讲清楚，这里重点以案例的形式加以说明。

案例 57：

以学科设置服务乡村新产业新业态发展需求

产教融合、校企合作是职业院校办学的根本途径，服务乡村振兴同样需要产教融合、校企合作，其中一个有效的手段就是以专业设置服务乡村新产业新业态发展需求。

在专业设置上，可考虑实施"1+N"融合发展模式，"1"是对接乡村主导产业的主导专业，"N"是与主导产业关联的若干专业，按照"产业群—职业群—专业群"的产业与教育耦合逻辑组建专业群。比如电子商务为主导专业，以计算机平面设计、旅游服务与管理专业作为辅助专业，组建"农村电商专业群"，以此推动乡村旅游和农产品产销提升。

在培养方式上，探索形成"学校+企业+乡村"的合作育人模式，开发"项目+创新+创业"的行动育人载体，延展"校园+庭园+田园"的联动育人课堂，培养有知识、善管理、懂经营的高素质技术技能人才，服务农业农村现代化。

分析：

这里有四个模式，一是"1+N"融合发展模式，是专业设置服务乡村振兴的基本做法；二是"学校+企业+乡村"的合作育人模式，这是人才培养模式；三是"项目+创新+创业"的行动育人载体，这是育人载体构建模式；四是"校园+庭园+田园"的联动育人课堂，这是课堂模式。在这样的模式下开展服务乡村振兴工作，质量有保障，效果可期盼，形式可复制。

这些模式具有一些共同特征，一是名称精练，高度概括，醒目易懂；二是内涵丰富，涵盖面广，值得推广；三是可操作，可实施，能通用。

（二）运用模式，打造特色

有了模式就要运用，运用的目的是提高效力，如果能运用模式打造学校自己服务乡村振兴的特色，那效力就会更高。我国乡村地域辽阔，差异巨大，几乎每个县域都有自己的特色产业和特色做法，因此，需要县级职教中心根据县域乡村特色形成自己的独特做法。

案例58：

三轮驱动

近年来，巫山职教中心面对职教发展的新要求，肩负起新时代职业教育的使命与担当，服务地方经济社会发展和国家重大战略，将乡村振兴作为学校重要任务大力推进。更主动作为，与鲁东大学、烟台乡村振兴学院合作共建巫山（烟台）乡村振兴学院，构建"三农"人才培育大平台，通过创新办学机制、丰富办学内涵，打造了县域经济发展"新引擎"和"鲁渝"协作新样板，"三轮驱动"为乡村全面振兴贡献了职教智慧与力量。

这三轮分别是：成立乡村振兴学院，搭建高质量服务新平台；培育技术技能人才，注入发展新动能；聚力产品研发，挖掘项目新潜能。

分析：

该校根据自身实际合作共建乡村振兴学院，开展技术技能人才培养，开展产品研发，形成了具有自身特色的"三轮驱动"服务乡村振兴模式，效果显著，影响广泛。这就是借助模式打造特色的有效做法。

（三）创新模式，提升效力

县级职教中心一旦构建了自己服务乡村振兴的模式，就要不断创新，不断提升，不能躺平，不能停止，好的模式是通过反复修改创新形成的。同时，乡村在发展，模式也需要发展更新。最有效的办法就是聚集政校企行及专家资源，探索形成政企教合作的多元化服务模式，有效赋能乡村人才培养、农业产业发展、乡村公共服务、乡村治理。

比如：县级职教中心通过创新不同专业的人才培养模式，融合农民职业启蒙教育、职业准备教育、在职培训和职业继续教育等环节，打造种、养、文、旅、商等不同类型的"新型农民技能"，实现人才培养模式的个性化、多样化。针对新型职业农民、农村退役军人和新成长劳动力都可以有不同的培养模式，以更有针对性的模式开展多层次的职业技能培训，有效帮助低收入农民群体提升就业、创业的能力。

在模式创新中，要积极构建县级职教中心科技创新体系，推动产学研用深度融合，用专业知识服务农业科技创新。要特别重视数字变革，把数字化改革贯穿到乡村振兴全过程全领域，探索区块链、大数据、物联网、人工智能等数字技术在乡村"三农"中的应用，逐步在乡村推广"互联网+""农业+"，形成互联互通、共建共享、协同共进的发展格局，以科技创新放大和增强县级职教中心服务乡村振兴的效力。

案例：59：

有产值　有产出

昭平县职业教育中心还积极开展各种社会服务活动，主动对接新农村建设项目，开展新型职业农民培训班、"红领电商"培训班、疫苗追溯信息系统培训班等，累计培训达 2 569 人次。近年来，该中心社会服务收入从 2017 年的 13.5 万元增加到 2020 年的 30 多万元。

分析：

该校开设了"红领电商"培训班，这也是一种模式创新，将电商培训赋予一定的含义，形成一种特色模式。由此可见，模式可大可小，凡事皆可模式。

Chapter 5
第 五 章
县级职教中心服务乡村振兴的策略："五链合一"融合行动模式

第一节 "五链合一"融合行动模式内涵

一、"五链合一"融合行动模式的基本内容

（一）"五链合一"的基本内容

1. "五链"的基本内容

"五链"指的是县级职教中心的五大要素组成的学校发展"五个链条"，这五大要素是：学校治理体系、学校文化建设、学校专业结构、学校人才培养、学校社会服务。学校建设发展的要素很多，但主要是这五大要素。

（1）学校治理体系。

指学校治理的所有要素组成的系统化结构，是学校存在、建设、发展的基石。很长一段时间，学校治理被称为学校管理，最近十年来，学校治理的说法逐渐普及。由学校管理到学校治理，这是思想理念的转变。学校管理重点在于"管"，有很浓厚的"官本位"思想。学校治理重点在于"治"，更倾向于主动建设、发展，体现了"服务"思想，是现代社会治理理念、民主思想在学校的具体体现。在服务乡村振兴行动中，学校的"服务"意识、自我发展意识需要激发和增强，因此，用"学校治理体系"来对应"服务乡村振

兴"更符合社会发展的时代特点、乡村振兴的现实需求，更符合学校建设发展理念转变的实际。

学校治理体系主要包括学校治理组织系统、人员系统和制度系统。县级职教中心的组织系统一般由四条线组成：一是党委、党委办公室、党支部组成的党的系统，主要负责政治建设、思想建设、方向把关；二是校长办公会、行政会、各处室（科室）、各系部、各教研组、各专业组、各工作室、各项目团队组成的学校运行、建设、发展系统，主要负责学校日常运行保障、教育教学、建设发展；三是学校工会、教职工代表大会、妇女代表会、工会小组组成的民主监督系统，主要负责职工权益保护、学校民生监督事宜；四是由团委、学生会、学生社团等组成的学生自治组织，主要负责学生管理、学生发展、学生活动等事宜。这四条线是相互协作、融合、制约的有机体，实际运行中并不能完全分开和割裂。这四条线又分别对应了相应的人员系统、制度系统，他们相对独立，又相互交叉、相互依托。

县级职教中心的学校治理体系在服务乡村振兴实践中逐步探索、完善，构成了服务乡村振兴的"学校治理链"。

①由四个层级组成了纵向链条：学校层级、处室层级、系部层级、学生层级，详见表5-1。

学校层级是规划层、决策层、领导层、监督层，包括了党委、行政、工会三个方面；处室层级是谋划层、执行层、联络层，包括了党委、行政的各个处室，是学校的中层；系部层级是执行层、落实层，是学校的二级管理单位，包括了各个专业系部，有的学校还包括了党支部；学生层级是执行层、落实层，是学生组织，一般在学校的指导、监督下由学生自治，包括团委、学生会和各个社团、协会。

在服务乡村振兴中，学校层级主要是对整个工作进行远景规划，事项决策，组织领导，资源整合，实施情况的考核监督；处室层级主要是对某个方面的工作进行谋划，为领导决策提供依据，执行学校层级的决策决定，在学校层级与系部层级之间、学校层级和村社之间、学校层级与学生层级之间起联络作用，为学校各部门、板块服务乡村振兴提供人力、物质、资金等保障；系部层级主要是执行、落实学校服务乡村振兴具体事项的决策决定，开展服

第五章 县级职教中心服务乡村振兴的策略："五链合一"融合行动模式

务乡村振兴具体活动，在服务乡村振兴中起主力军的作用；学生层级主要是执行、落实学校层级关于服务乡村振兴的决策决定中需要学生参与、完成的事项，参与、协助处室层级、系部层级服务乡村振兴活动，在服务乡村振兴中一般起辅助作用，在某个方面或者某个时段或者某项活动中起主体作用。

表 5-1 "学校治理链"纵向链条情况

层级	组成	在服务乡村振兴中的作用
学校层级	党委、行政、工会	工作规划，事项决策，组织领导，资源整合，考核监督
处室层级	各中层部门	对某个方面的工作进行谋划，为领导决策提供依据，执行学校层级的决策决定，在学校层级与系部层级之间、学校层级和村社之间、学校层级与学生层级之间起联络作用，为学校各部门、板块服务乡村振兴提供人力、物质、资金等保障
系部层级	学校二级管理单位（专业系、专业部）、党支部	执行、落实学校服务乡村振兴具体事项的决策决定，开展服务乡村振兴具体活动，在服务乡村振兴中起主力军的作用
学生层级	团委、学生会和各个社团、协会	执行、落实学校层级关于服务乡村振兴的决策决定中需要学生完成、参与的事项，参与、协助处室层级、系部层级服务乡村振兴活动，在服务乡村振兴中一般起辅助作用，在某个方面或者某个时段或者某项活动中起主体作用

② 每个层级分别由若干链块组成了横向链条。

学校层级包括党委、校长办公会、行政办公会、工会、教职工代表大会等链块，在服务乡村振兴中构成了分工合作、紧密联系、团结一致的链条。党委由党委书记牵头、党委委员组成，对重大事项进行决策，比如将"服务乡村振兴"作为学校特色，纳入学校五年规划，成立专门组织等。校长办公会是由校长牵头、分管副校长参加、相关部门负责人列席的会议组织，是学校重大事项提交党委决策的策划、论证、提交机构，是学校较大事项的决策机构，是党委决策的执行机构，比如服务乡村振兴重大活动的组织领导、服务乡村振兴具体机构的管理、具体人员的安排等。行政办公会是由校长或分管副校长牵头，所有行政干部、学校二级管理组织负责人参与的会议组织，是学校一般行政事项的讨论、决策组织，是对党委、校长办公会决策决定的具体计划、实施部署组织，比如服务乡村振兴活动开展的方案制定、人员分工等。工会是由工会主席牵头、工会主要成员组成的组织，主要组织全体工会会员开展服务乡村振兴活动，倡导、发动、带领全体教职工参与学校服务乡村振兴具体活动，对学校服务乡村振兴工作进行民主监督，为学校开展相关工作提供意见建议。教职工代表大会是在学校工会组织下，召开的全体教职工代表会议，是教职工维护自身权益、参与学校治理的重要平台，主要职能是审议并通过学校重要制度性文件、教职工提案，学校服务乡村振兴的重要制度性安排可以通过教职工代表大会予以确定，如列入学校发展规划、将为服务乡村振兴作出重要贡献的教职工给予评职评先的奖励等。通过教职工代表大会确定的事项具有更强的群众基础，能够得到更广泛的认可，因此实施起来更有效。

处室层级以党委办公室、行政办公室、后勤处、学生处、教务处、教科室、生产实习处、校企合作办公室、培训处、招生就业处等学校所有中层部门为链块，在服务乡村振兴中它们构成了分工合作、职责分明、功能各异的链条。党委办公室、行政办公室一般是牵头部门，若无专门的机构负责乡村振兴工作，这两个部门就应该一起或者分别承担起服务乡村振兴的任务发布、事项召集、资料收集、宣传报道、上下联络、情况通报等工作。后勤处主要负责服务乡村振兴的后勤保障，包括物资、交通工具、资金等的采购、准备、核算、验收、使用监督检查等，有的还包括采购村社农产品、援建村社基础设施等。学生处、教务处主要负责组织教师学生参与服务乡村振兴的具体活动，通过班级文化建设、课程开设等途径宣传打造校园乡村文化、宣传乡村振兴政策，通过教学活动、德育活动培养乡村振兴人才，此外教务处还具有开发服务乡村振兴专业、课程等任务。教科室主要负责开展学校建设发展、教育教学、人才培养等与服务乡村振兴协同实施的研究，包括课题研究、论文撰写、专项调研、课程开发、资源开发等，还可以组建专门的研究中心、

第五章 县级职教中心服务乡村振兴的策略:"五链合一"融合行动模式

工作室做专项研究。生产实习处和招生就业处主要负责组织学生参与服务乡村振兴的见习、实习、就业、创业等工作,让学生投入到具体的乡村环境中去学习、实践。比如到乡村的田间地头、商业运营店铺、产业企业中去见习、实习,甚至就业创业。培训处主要负责开展乡村振兴各类培训,以及培训基地建设、培训课程开发、培训师资队伍建设等工作。校企合作办公室主要负责与行业、企业共同合作开展服务乡村振兴活动,或者与乡村企业合作,助力乡村企业发展,有的还会负责乡村振兴学院、乡村产业学院的建设和管理。

系部层级主要以各专业系部、党支部等学校二级管理单位为链块,在服务乡村振兴中它们构成了平等协作、独立运行、分片实施的链条。专业系部一般会对接一个村社开展乡村振兴综合服务活动,或者根据专业性质对接相应产业、乡镇企业开展专项服务活动。比如电商类专业开展农村电商服务,旅游类专业开展乡村旅游服务等。专业系部还承担各处室分配的服务乡村振兴任务,比如贫困学生培养帮扶、涉农课程开发及教学实施、涉农技能培训、便民服务等。党支部一般会对接一个村社的党支部,主要方式有共驻共建、联合共建、互动交流等,主要职责一般会围绕党建进行,然后结合学校服务乡村振兴活动开展相应的一些事项。专业系部、党支部是学校服务乡村振兴的具体实施落地主体,是决定服务乡村振兴质量、效果的关键。有的学校专业系部与党支部是"一体两翼"的设置方式,即一个专业系部建一个党支部,二者联合运行,这种方式更有利于教育教学和党建,更符合职业学校特点,也更有利于开展服务乡村振兴工作。

学生层级主要以团委、学生会、社团(协会)为链块,在服务乡村振兴中构成了联合联系、共同运行、适当分离的链条。在服务乡村振兴中,团委、学生会、社团(协会)一般是在团委、学校部门、专业系部、党支部的领导、指挥下,共同组织、共同参与。学生层级参与服务乡村振兴主要是以教学活动、社会实践、志愿者活动进行。教学活动包括教学见习、实习、生产实践等,主要与专业、课程、教学有关,既有利于学生学习,也有利于乡村条件的改善,如村社居住环境改造设计、农机具使用与维护实践等。社会实践包括乡村调查、乡村劳动、乡村文化建设等,一般与专业、课程、教学没有紧密的联系,主要是培养学生的综合素养、社会意识、精神情操等,如乡村特色产业调查、春耕劳动、村居彩绘等。志愿者活动包括便民服务、"三下乡"（文化、科技、卫生）等，主要是根据村社需要开展志愿服务乡村的活动，在活动中培养学生的"懂乡村、爱乡村、有乡情"的情感意识和奉献乡村的责任意识，如便民家电维修、生态环保宣传、乡风文明演出等。

③形成了"纵为纲横为体"的服务乡村振兴"学校治理链"。

这里"纲"指纲绳，是牵头、牵引的意思。"体"指主体。纵向四层级是"学校治理链"的主"纲"，上下贯通、环环相扣，牵引着学校服务乡村振兴的整体工作。四个层级分别组成的四个横向子链条，在服务乡村振兴工作中各自承担相应职责，相对独立，又相互联系，是学校服务乡村振兴的有机组成部分，是服务乡村振兴的主体，详见表5-2。

表5-2 "学校治理链"基本情况

纵向主链条	横向子链条				
学校层级	党委	校长办公会	行政办公会	工会	教职工代表大会
处室层级	党委办公室	行政办公室	后勤处	学生处	教务处
	教科室	生产实习处	校企合作办公室	培训处	招生就业处
系部层级	专业系部1	专业系部2	专业系部3	专业系部4	专业系部5
	党支部1	党支部2	党支部3	党支部4	党支部5
学生层级	团委	学生会	社团		

（2）学校文化建设。

指学校文化建设系统，即校园文化系统，主要包括精神文化、制度文化、环境文化、活动文化。校园文化是学校的重要组成部分，是学校办学理念、育人理念、价值取向、精神意志的集中体现，是学校治理、育人的重要手段，常有"润物无声""让墙壁说话""环境育人"等说法。人们常常把一个学校、

第五章 县级职教中心服务乡村振兴的策略："五链合一"融合行动模式

一个企业的治理分为人为治理（人治）、制度治理（法治）、文化治理（善治）三种层次，其中文化治理（善治）是最高层次。一所好的学校一定是校园文化底蕴深厚、特色突出、育人效果明显的学校，县级职教中心一般都有自己专门打造的校园文化。在服务乡村振兴实践中，县级职教中心校园文化是不可缺少的重要组成部分，能起到重要的价值传导、引领浸润作用，在培养"一懂两爱"（懂农业、爱农村、爱农民）人才中具有不可或缺的作用。可以说，没有体现"乡村振兴"的校园文化，就不可能做好服务乡村振兴工作，就不能坚持长久地服务"三农"、服务乡村，或者说服务乡村振兴只是停留于表面和暂时。因此，打造好"学校文化链"是开展服务乡村振兴工作的重要内容之一。

校园文化的组成有很多种说法和分类，但一般以精神文化、制度文化、环境文化、活动文化为主。其中，精神文化包括办学育人理念、校风校训、教风学风等精神、价值内容，以文字为主要表现形式；制度文化包括学校的各项规章制度，以章程为首，有岗位职责、管理制度、工作流程、考核评价制度等，一般学校以《制度汇编》为主要表形式；环境文化主要包括校园内看得见的所有文化符号，如道路楼宇名称、花园、雕塑、标语、宣传栏、展厅等，是可见的；活动文化主要包括学校开展的各种育人活动，如体艺节、体育比赛、技能比武、赛课活动、作品展览、报告讲座等，以师生集中、集体活动为主要表现形式。

在服务乡村振兴实践中，精神文化、制度文化、环境文化、活动文化构成了"校园文化链"的主链条，每种文化又分别由若干链块组成子链条。

①"校园文化链"主链条基本情况。

主链条以精神文化为统领，以制度文化为规范，以环境文化、活动文化为支撑，上下链接、环环相扣、互相支撑。精神文化主要体现学校服务区域经济社会发展、服务"三农"、服务乡村的价值取向，展示学校服务乡村振兴的决心，引导、浸润、感染师生。制度文化主要将服务乡村振兴工作纳入学校章程、规划、制度予以制度化，制定学校服务乡村振兴工作流程、明确分工及职责、强化工作要求并予以规范。环境文化主要展示学校服务乡村振兴理念、做法、成果，宣传乡村振兴政策、案例、事迹等，以此引导、浸润、感染师生。活动文化主要开展服务乡村振兴活动，提升师生服务乡村振兴能力，激发师生服务乡村振兴热情，打造服务乡村振兴成果，有效助力乡村振兴，详见表5-3。

表5-3　"学校文化链"主链条情况

层级	典型代表	在服务乡村振兴中的作用
精神文化	办学理念、校风、校训、教风、学风	体现学校服务区域经济社会发展、服务"三农"、服务乡村的价值取向，展示学校服务乡村振兴的决心，引导、浸润、感染师生
制度文化	章程、岗位职责、管理制度、工作流程、考核评价制度	将服务乡村振兴工作纳入学校章程、规划、制度予以制度化，制定学校服务乡村振兴工作流程、明确分工及职责、强化工作要求并予以规范
环境文化	导视系统、文化阵地、墙壁文化、路园文化	展示学校服务乡村振兴理念、做法、成果，宣传乡村振兴政策、案例、事迹，引导、浸润、感染师生
活动文化	德育活动、体艺活动、社团活动、双创活动、技能活动	开展服务乡村振兴活动，提升师生服务乡村振兴能力，激发师生服务乡村振兴热情，打造服务乡村振兴成果，有效助力乡村振兴

②"校园文化链"主链条详细情况。

主链条由精神文化、制度文化、环境文化、活动文化四个子链条组成。

精神文化子链条包括办学理念（育人理念）、校训、校风、教风、学风等链块。在服务乡村振兴中，精神文化一般都没有明确、具体的体现。县级职教中心作为建立了二十年左右的学校，一般都有比较成熟的校园文化，虽然每所学校基本都有近二十年服务"三农"、脱贫致富、精准脱贫、乡村振兴的历史，但是一般的县级职教中心都没有将服务"三农"、服务"乡村"纳入校园文化之精神文化中，只是随着工作的步步推进，在制度文化、环境文化、活动文化中逐步加入服务"三农"、服务"乡村"的内容。加之精神文化主要体现理念、价值内容，高度概括，因此也很难将服务"三农"、服务"乡村"的内容加入进去。所以在服务乡村振兴中，更好的办法是"旧事新说"，对精神文化进行重新解读。比如"德能并举"的校训，就要将"爱农之德""兴农之能"加入进去。又如"勤学笃行"的学风，就要将"学习'三农'知识技能"、开展服务乡村振兴实践活动纳入其中。

制度文化子链条包括学校各种规章制度，主要分为学校章程、岗位职责、管理制度、工作流程、考核评价制度五个方面。在学校章程方面，可以将"服务乡村振兴"作为学校特色、价值追求、办学理念写入其中，也可以在相关解读中写入。由于章程是学校总体性纲领、学校的"宪法"，写入"服务乡村振兴"内容肯定更能彰显学校服务乡村振兴的决心。在岗位职责方面，对于专职从事服务乡村振兴工作的教职工应该制定专门的岗位职责，比如派驻村社的专兼职第一书记、工作人员，学校分管领导、分管部门负责人；对于其他兼有固定或经常性服务乡村振兴任务的部门、人员，可以在相关岗位职责中加入服务乡村振兴内容，比如培训处应该有"开展涉农培训""开发涉农培训课程"等职责，学生处可以加入"组织学生开展服务乡村振兴社会实践活动"等职责，教务处可以加入"开发涉农课程、教学资源"等职责；对于其他临时性服务乡村振兴工作的部门、人员，在岗位职责中可以不写入相关内容。在管理制度方面，分两种情况，一种是专门的服务乡村振兴管理制度，比如《服务乡村振兴管理办法》《涉农培训管理办法》《"三下乡"管理办法》《校村党建共驻共建管理办法》等，对服务乡村振兴工作、活动进行规定、规范；一种是混合管理制度，就是在其他制度中加入服务乡村振兴内容，比如在《职称评审办法》中加入"专职从事服务乡村振兴工作的人员相关经历视为班主任工作经历"，在《差旅费报销办法》中加入"到村社开展服务乡村振兴活动交通费实行据实报销"。在工作流程方面，主要对服务乡村振兴相关工作进行程序性规定，确保"程序合法"。一种是专项工作流程，就是专门制定的服务乡村振兴工作流程，比如《开展服务乡村振兴"四送"活动工作流程》《服务乡村振兴专兼职工作人员选拔程序》《服务乡村振兴专项活动经费申请办法》等；另一种是混合工作流程，就是在规定其他工作的流程中加入服务乡村振兴事项，比如在《年度优秀教育工作者推荐程序》中加入服务乡村振兴优秀专兼职人员的推荐办法，在《学校专项经费申请程序》中加入服务乡村振兴经费申请内容；第三种是在管理制度中加入相关工作流程，而不制定专门的工作流程，比如在《学校评优评先管理办法》中加入服务乡村振兴专职人员评选流程，在《党建共驻共建管理办法》中加入校村党建共驻共建工作流程。在考核评价制度方面，主要是对服务乡村振兴工作进行考核总结，既是监督，也是激励。一种是专项考核评价制度，对经常性开展的、比较典型的、比较重要的服务乡村振兴工作进行考核评价，比如《服务乡村振兴考核办法》《校村共驻共建考核办法》《驻村队员考核办法》；另一种是混合考核评价办法，就是在其他考核评价中加入服务乡村振兴内容，比如在《专技人员年度考核办法》《师德考核办法》中加入服务乡村振兴条款。

需要说明的是，从理论上说，制度文化一般包括学校章程、岗位职责、管理制度、工作流程、考核评价制度五个方面，但在实际的运行中，很多学校并没有严格区分管理制度、工作流程、考核评价制度，而是混合在一起，因此有必要对三者进行解释。工作流程是对开展某项工作的程序进行规定，说明先干什么、后干什么。管理制度是对开展某项工作的范围、要求进行规定。考核评价制度是对开展某项工作的结果进行规定，说明干到什么样算好、干到什么样算差、干好了怎么奖励、干差了怎么处罚。三者中，制度是约束相关人员的行为规范、行为准则，流程是做事的先后次序，考核评价是做事的评价准则。制度是流程得以执行的保证，是制度的延续。流程管理就是保证制度贯彻落实的一系列活动，评价则是对流程、制度执行的保证。在服务乡村振兴中，学校相关人员的岗位职责、相关活动的工作流程、工作制度和工作效果的考核评价都很重要，直接关系服务乡村振兴工作的质量、效果，应该予以重视。

环境文化子链条包括导视文化、阵地文化、墙壁文化和路园文化。对校园环境文化的分类，有多种说法，这里根据服务乡村振兴的实际，按所在位置区域把它分为以上四种。

① 导视文化主要指学校的导视系统，包括文化设计的基本色调，校徽、校旗、校歌、校服，建筑、道路、重要节点的命名、标识标牌，办公室、功能室、教室、寝室等的标识标牌。导视文化一般比较固定，很少改动，所以很难中途加入乡村（"三农"）元素。有的典型涉农学校（如农校）的导视文化则有鲜明乡村元素，比如取乡村色（乡村绿、稻谷黄）、乡村物（麦穗、牛、

犁）植入导视系统。有的学校则是在个别导视元素中植入乡村文化，比如命名中"爱农路""乡间小径""乡愁园"等。县级职教中心是否需要在导视文化中植入服务乡村振兴元素要根据学校的实际情况确定，不宜强加硬加。

②阵地文化主要指学校相对固定、集中展示的文化区域，包括展厅展馆、展板展区等，是县级职教中心服务乡村振兴文化建设的重要形式和抓手。阵地文化从形式上一般分为专门阵地、综合阵地两种。专门阵地如"乡村振兴展览馆""农耕文化展览馆""'三农'双创中心"等，是专门集中展示、举行乡村振兴政策、历史、文化、做法、活动、成果的地方。综合阵地如"校史荣誉室""文化长廊"等，是在其中用一部分区域展示、举办乡村振兴内容、活动。阵地文化从内容上可以分为展示阵地和活动阵地两种。展示阵地只是起陈列、展示作用，只可以看和听，如"乡村振兴展览馆""校史荣誉室"；活动阵地则既可以展示，也可以活动，能看、能听、能动手，如"'三农'双创中心""农村电商服务中心""乡村文化体验中心"。一般来说，有没有专门的服务乡村振兴的文化阵地是衡量一个职业学校服务乡村振兴意识、成果成效水平的重要内容之一。

③墙壁文化主要指校园墙壁上的标语、图画、绿植等文化载体，包括大楼墙壁、廊道墙壁、教室墙壁、寝室墙壁、食堂墙壁等，这些都是学校文化建设的重要区域。由于墙壁文化会有经常性的变化，也是人群必看必经之地，具有可操作性和强大的影响力，因此是植入乡村振兴元素的重要区域。一般来说，一个以服务乡村振兴为己任的学校会有一副以上专门的大幅标语，若干"墙壁文化点"。比如在教室走廊适当分散布置一些"美丽乡村""乡愁记忆"图画，在综合楼、实训楼展示一些服务乡村振兴活动、人物，在食堂展示一些珍惜"粮食"的名言警句，每期在教室文化园地办几期乡村振兴专题，等等。墙壁文化的灵活性和普及性决定了其是县级职教中心服务乡村振兴文化建设的必须、必要、经常之地，值得高度重视和多花精力。

④路园文化是这里新创的一个名词，主要指校园道路文化和园区文化。道路文化包括道路的绿化、美化、"文"化（加入文字语言），园区文化包括校园内"小公园""小节点""小景观"。路园文化是每个学校都有的，是校园的风景线、景观点，路园是师生的重要休闲活动区。在服务乡村振兴实践中，

路园文化有很多种"乡村"元素植入方式。比如，在道路绿化中采用"梯田造型"，种植地方特色水果，设置"绿水青山就是金山银山""爱我家乡"之类标语牌。又如在"小公园"、运动场、休闲区等"园区"建设"儿时记忆""山涧清泉""外婆桥""麦浪"等景观景点，设置"懂农业爱农村爱农民""建设家乡奉献社会""扎根大地顶天立地"等标语标牌。

活动文化子链条包括节庆活动、社团活动、社会活动、特色活动等。校园活动内容多、形式多、头绪多，很难用一种标准进行分类并说清楚。比如按地点可以分为校内活动、校外活动，按课程可以分为体艺活动、专业活动、双创活动，按管理部门可以分为学校活动、系部活动、班级活动，等等。为了更清楚简洁地说明在服务乡村振兴中活动文化的组成及作用，这里用列举的办法列出了节庆活动、社团活动、社会活动、特色活动四个重要活动形式。节庆活动指节庆时开展的活动，一般分为普通节庆和专门节庆。普通节庆指五一节、国庆节、元旦节、体艺节等大众节庆，一般学校都会开展相关活动，比如比赛活动、展演活动，在这些活动里都可以植入乡村振兴元素。比如，在"五一国际劳动节"举办农业劳动摄影展、趣味农耕劳动比赛，在国庆节、元旦节增加乡村文娱节目表演、乡村文化展等。专门节庆指职业学校专门节庆、学校专门节庆，主要包括职教展示周、技能周、双创活动周、系部特色文化周等。职教展示周是教育部统一规定的职业教育全国性活动，宣传范围广，社会影响大，是展示职业教育服务乡村振兴做法、成果成效的重要平台，县级职教中心应该在这个时候将一年来服务乡村振兴的主要成果成效作为重要部分全面展出。在其他的节庆活动中一般都是针对服务乡村振兴的某一方面进行，比如技能周可以举办服务乡村振兴技能比赛（农产品电商销售、农机维护与修理等），校园双创活动周中举办服务"三农"创意大赛等。社团活动是职业学校的一大特色，服务乡村振兴的社团活动有两类，一是专门的服务乡村振兴社团，这种比较少；二是学校社团开展一些服务乡村振兴活动，这种比较多，比如专业社团下乡到村服务、文艺社团送文化下乡等。社团活动服务乡村振兴的好处是容易组织、便于开展、易于产生效果，社团成员一般比较固定、社团方向明确、社团成员有一定专长。比如直播社团下村入户直播带货，很容易产生经济效益。社会活动也是一般中职学校都会经常性开

第五章 县级职教中心服务乡村振兴的策略："五链合一"融合行动模式

展的活动，如志愿者活动、社会调查、社会实践等。在服务乡村振兴中，可以密切关注本地乡村各类活动，主动对接这些涉农活动开展学生社会实践，如参与或联合举办"农产品销售节""乡村旅游节""丰收节"等活动，组织学生承担部分任务、参加服务。特色活动是学校针对服务乡村振兴专门设计的活动，比如举办"'三农'双创实践活动"，组织师生到乡村开展实地调研、创意；举办"服务乡村振兴作品展"，组织师生创作服务乡村振兴的专业作品、文艺作品；举行"一懂两爱朗诵比赛"，组织学生开展乡村文学作品朗读；开展"四送活动"，组织师生送产业、服务、技术、文化等到村；开展"联建活动"，组织师生对接村社开展党建团建联建。服务乡村振兴的校园活动可以丰富多彩，这是师生参加服务乡村振兴实践的主要平台，需要高度重视、精细设计和组织。"学校文化链"横向子链条基本情况详见表5-4。

表5-4 "学校文化链"横向子链条基本情况

纵向主链条	横向子链条				
精神文化	办学理念	校训	校风	教风	学风
制度文化	学校章程	岗位职责	管理制度	工作流程	考核评价制度
环境文化	导视文化	阵地文化	墙壁文化	路园文化	
活动文化	节庆活动	社团活动	社会活动	特色活动	

（3）学校专业结构——专业链。

县级职教中心作为职业学校，专业、课程是学校一切教育活动的核心、关键、主要载体，决定了学校办学方向、人才培养方向、人才培养标准和质量。在服务乡村振兴中，专业、课程同样具有重要作用。但是，在过去很长一段时间，或者在很多人的认知里，专业、课程被忽视了。因为很多学校专业、课程设置变动很少，专业设置大都是根据社会趋势"人云亦云"，课程设置都是根据"国家标准"，鲜有主动思考、个性化设置。现在国家要求职业院校要根据服务区域经济社会发展需要及时调整专业设置、课程体系，两年一大调，一年一微调。"学校专业链"基本情况参见表5-5。

县级职教中心负有服务乡村振兴的使命，应根据乡村振兴的需要及时主动调整专业和课程体系，使之更好地服务乡村振兴。因此组建服务乡村振兴的学校专业链是必要的，也是重要的。

表 5-5 "学校专业链"基本情况

纵向主链条	横向子链条			
专业结构	专业集群	特色专业	专业方向	培训专业
课程体系	专业课程	培训课程	选修课程	其他课程
课程资源	教材	资源	网络课程	微课程

学校专业链包括由专业结构、课程体系、课程资源三大链块组成的纵向主链条，以及各自形成的专业结构链、课程体系链、课程资源链三条横向子链条。专业结构决定了学校人才培养的大方向，课程体系决定了学校人才培养的知识技能结构，课程资源决定了学校人才培养的具体内容，三者由宏观到中观到微观，层层细分。

专业结构链由专业集群、特色专业、专业方向、培训专业四个链块组成，不同的学校也可以根据自身实际设置不同的链块。

专业集群指由若干具有某种内在联系的专业组成的专业集合。近年来，在高职院校出现了专业群的概念和建设要求，在部分省市中职也出现了专业群的概念和建设要求。这是根据现代产业转型升级、重新分工后出现集群化的现实状况决定的，集群化的产业需要集群化的技能人才，也就是具有跨界知识、技能、素质的人才，具有综合能力、综合视野的技能人才。专业集群就是针对产业集群培养技能人才的。专业群里面的专业需要具有某种内在联系，比如面向同一岗位群，或者面向相近岗位群，或者专业基础相同、相近，等等。专业群里面的专业一般3~5个，不宜太多。在乡村振兴中，涉及的专业很多，相互之间联系有紧有松，有时专业之间的跨度很大，很难用"专业群"来界定，因此提出了专业集群的说法。在服务乡村振兴中，县级职教中心可以按以下三种方式组建专业集群。

第一种是传统式。传统式就是保持现有专业结构基本不变，组建专业集群，并以专业集群组建学校二级管理单位，可以称为专业系或者专业部，然后每个专业系部对接若干村社，形成服务乡村振兴的实体。这样的好处是服务乡村振兴的针对性更强，组织力更强，责任更明确，更容易落到实处。缺

第五章 县级职教中心服务乡村振兴的策略："五链合一"融合行动模式

点是难以发挥专业优势，比如服务类专业集群对接一个村社就很难为这个村社提供农机农技类服务，制造类专业集群对接一个村社就很难为这个村社提供电商、乡村旅游类服务。因此，这种实行方式需要有针对性地对接村社，或者在具体服务中要相互交叉配合、资源共享共用。

第二种是专项式。专项式就是组建专门的涉农专业集群，形成学校二级管理单位，在服务乡村振兴中发挥专门作用。比如将种植专业、养殖专业、农机农具专业组建一个专业集群，集中技术、人力资源服务乡村振兴。这样的好处是专业针对性强，技术集中度高，服务效果更直接明显。缺点是排除了其他众多专业，缩小了学校服务乡村振兴的范围。如果实行这种模式，就需要进行一定的组织改造，以"涉农专业集群"为主牵引、带动其他专业集群分工合作开展服务乡村振兴工作，最大限度发挥全校力量。

第三种是核心式。核心式就是打破学校现有专业结构，针对区域支柱产业或者将要发展的未来支柱产业组建专业集群，每个专业集群组成一个学校二级管理单位（专业系部），每个专业系部成立一个党支部，每个专业系对接一个村社。这种方式是第一种传统式的升级版。由于县级职教中心都是服务所在县域的经济社会发展，而乡村振兴的核心就是县域经济社会发展，所以县域经济社会的核心产业、支柱产业在理论上也应该是服务乡村振兴的，或者与乡村振兴紧密相关的。从这个意义上说，服务县域支柱产业就是服务乡村振兴支柱产业。这种模式的好处是，一个专业集群对接一个支柱产业，从学校发展、社会服务、乡村振兴各个角度看，都是合理的，综合效益更高。在具体实施中，由于组建了党支部，因此服务乡村振兴的功能更强大，范围更广。缺点还是对接一村一社时存在专业错位现象，需要灵活协调、相互配合。

特色专业指学校为服务乡村振兴打造的专门专业，是学校服务乡村振兴的尖刀，能起到"快准狠"的效果。比如针对区域乡村电商产业建设"农村电子商务专业"，针对区域乡村牛羊养殖产业建立的"特色养殖专业"，等等。特色专业建设有三个基本要求：一是要有针对性，就是针对区域乡村的某个产业设置、开展教育教学；二是要有服务性，就是本专业的人才培养主要为本区域产业服务，不是普适专业；三是要有产业性，就是专业建设的过程要尽可能与产业接轨、结合，最好是产教一体、产学一体、产研一体。

专业方向指对学校大部分与"三农"无关的专业开设服务乡村振兴的专业方向。县级职教中心虽然依"县"而生、因"农"而起，但相当长一段时间却脱离了"县"和"三农"，开办了大量甚至是全部"城市化""工业化"专业，能精准对接县域产业的专业是少数，"涉农"专业几乎没有，专业"离县""离农"现象严重。在服务精准脱贫的过程中，各县级职教中心加大了服务"三农"社会培训专业、课程的开发，起到了积极作用，但学历教育服务"三农"的专业依然很少，而乡村振兴是持久的、深层次的社会运动，恰恰需要学历教育专业的持续、高水平、高质量的服务，不是社会培训的短平快的服务。因此，加强学历教育专业服务乡村振兴能力建设就显得必要且重要了。就目前的情况看，县级职教中心要直接开设服务乡村振兴的学历教育专业难度很大，一是转型难，专业调整涉及师资、实训条件、课程等很多问题；二是社会适应性问题，学生家长主流是"离农"的，学校评价主流是"城市"的，办学资源大量是"工业化"的。在这种情况下，调整县级职教中心学历教育专业方向，增强服务乡村振兴的能力，是最好的选择。

具体操作方式就是，保持专业原有基础不变，针对县域支柱产业、乡村特色增加"涉农"专业人才培养方向，增添一些服务乡村振兴的课程和教学内容。比如：旅游类专业，可以增设"乡村旅游"培养方向，增加农家乐管理与营销、田园休闲旅游管理与营销、乡村旅游导游服务等课程，供学生选修；智能制造专业，可以增设"现代农机具使用与维护"方向，根据县域特色增加"山地耕地机的使用与维护""山区水果烘干机的使用与维护"等课程；物联网专业，可以增设"现代农耕园物联网技术应用"方向，增加"现代农耕园自动检测技术应用""现代农耕园自动管理技术应用"等课程。

在学历教育专业增设服务乡村振兴方向的好处，一是逐步提升学校服务乡村振兴教育教学基础能力，为开设专门化服务乡村振兴专业积累经验，奠定基础；二是营造服务乡村振兴的文化、环境、教学氛围，培养师生服务乡村振兴意识，引导师生关注"三农"，为今后大量学生"从城市走向乡村"奠定基础；三是为有意愿服务乡村振兴或者了解乡村的学生提供一个学习的机会，他们可能会直接服务乡村振兴，或者间接服务乡村振兴，这样的学生肯定会越来越多，必须要为他们提供学习的机会。

第五章 县级职教中心服务乡村振兴的策略："五链合一"融合行动模式

培训专业指学校社会培训开设的专业，包括技能培训和其他社会培训。县级职教中心一般都是当地中短期技能培训的重要主体，设立独立的培训机构和专职人员。县级职教中心的培训主要包括四个部分：一是中短期技能培训，主要承接政府部门的"有经费"技能培训任务，如"扶贫培训""雨露计划""移民培训""创业培训""致富带头人培训"等；二是社会培训，主要承接政府、企事业单位委托的各类公益培训，如机关单位礼仪培训、计算机操作通识培训、保安培训等；三是技能鉴定，过去作为国家技能鉴定机构下设点、中心、站为学校师生及社会人员开展技能鉴定，现在作为"社会评价组织"对学校师生及社会人员开展技能鉴定；四是学校自发公益培训，主要针对所服务的乡镇村社开展公益培训，如乡村振兴政策培训、党史教育学习、乡风文明培训等。在以上培训中，专业、课程往往很难区分，这里的专业并不是学历教育的"专业"概念，而是泛指带有专业、课程性质的"培训包"。在中短期技能培训中，这个"培训包"一般是"课程包"，如职业技能标准规定的课程包、政府委托培训的课程包。在社会培训中、学校自发培训中这个"培训包"一般是学校开发的单一培训课程。在技能鉴定中，这个"培训包"一般不存在，就是一个考试考核过程。

由上可见，"培训专业"在专业结构链中并不是很"专业"，是一个宽泛的概念。但是，在服务乡村振兴中它是非常重要的主体，甚至起到了绝对主力作用，事实上大部分县级职教中心在服务精准脱贫、乡村振兴的"经验""总结""成果成效"中"社会培训"都是分量最重的一部分，一部分学校甚至只有这一部分。因此，精心打造"培训专业"（培训课程）是构建服务乡村振兴专业链的重要内容。

"培训专业"（培训课程）的打造，一般包括四个类型：一是常设专业（课程），主要是针对乡村普遍存在的需求开设的专业（课程），这类专业（课程）比较稳定、开设时间长，比如农机具使用与维修、蔬菜种植、田间管理、生猪养殖，等等。二是特色专业（课程），主要是针对本地乡村特色产业开设的专业（课程），这类专业（课程）与产业契合度高、针对性强、互动频繁，比如高山中药材种植、生姜种植、柑橘种植、山羊养殖，等等。三是临时专业（课程），主要是针对临时需要开设的专业（课程），这类专业（课程）存续时间短、变化快，如乡村垃圾分类与处理、新乡村新乡风、农产品商标注册与管理、农村家庭清洁卫生常识，等等。四是法规专业（课程），主要是政策、法律法规的宣讲，这类专业政策性强、规范性要求高，如乡村振兴政策宣讲、党史宣讲，等等。以上四个类型，常设专业（课程）、特色专业（课程）主要是技能类培训，培训时间相对比较长；临时专业、法规专业主要是普适性培训，时间相对较短，但都很重要，只是所起的作用有区别，因此都要重视。

课程体系链，包括专业课程、培训课程、选修课程、其他课程四个链块。一般来说，县级职教中心的课程体系包括每个专业的课程体系和每个培训项目的课程体系两类。每个专业的课程体系是由专业人才培养目标所决定的，各个学校之间相差不大，由公共基础课、专业核心课、专业方向课、选修课组成，课程一般20门左右。每个培训项目的课程体系是由培训任务决定的，各个学校、各个培训项目之间相差较大，灵活性较强，课程一般在1~5门左右。专业课程指学历教育专业课程体系里面的课程，包括涉农课程、非涉农课程两类。涉农课程就是与"三农"有直接关系的课程，主要是涉农专业里面的涉农课程和非涉农专业里面增加的涉农课程，如种植、养殖、农机具之类的课程。涉农课程直接培养涉农技术技能人才，可以为乡村提供直接的技术技能咨询、培训等服务，但这类课程在县级职教中心很少。非涉农课程就是涉农课程之外的所有课程，包括语数外等公共基础课。在服务乡村振兴中，非涉农课程一样可以为乡村振兴服务，其方法就是对课程内容进行融合、改造、增加。比如，《语文》是典型的非涉农课程，在县级职教中心的语文课程中，就可以融入乡村情感情、乡风文明、乡村记忆等内容，在应用文写作中可以增加乡村契约之类的文体，这对于培养"一懂两爱"学生很有好处。又如，《建筑制图与识图》是非涉农课程，可以以农村基础建设、乡村建筑为例进行教学。县级职教中心非涉农课程大量存在，因此，改造非涉农课程内容是培养乡村振兴技能人才的重要举措。

培训课程是指学校社会培训的课程，包括涉农课程和非涉农课程。由于县级职教中心的社会培训包括技能培训、创业培训等多种类型，因此其课程很多很广很杂。涉农课程主要是直接与农业有关的课程，比如种植、养殖、农机具之类的课程，在县级职教中心这类课程一般都有，在脱贫攻坚中就已

第五章　县级职教中心服务乡村振兴的策略:"五链合一"融合行动模式

经开发成熟,并且起到了非常重要的作用。培训课程中的非涉农课程就是与农业没有直接关系的课程,但大部分都是服务乡村振兴的课程,因为县级职教中心培训的对象基本都是县域人民群众,而"县域"就是"乡村",培养县域内的技能人才、产业人才就是培养乡村振兴人才。或者可以说,涉农课程主要是培训农业技术技能人才的,非涉农课程主要是培训乡村技术技能人才的,乡村包括县域内的城镇、街道、社区、企业,也包括县域内的乡镇、村组、农庄、种养殖场。因此,县级职教中心培训课程在服务乡村振兴中起到了绝对主力,甚至是中坚作用。

选修课程指学校专业课程体系、培训课程体系之外的选修课程。在服务乡村振兴的实践中,部分县级职教中心开发了学校服务乡村振兴的通用选修课程,这类课程独立于专业之外,属于学校的特色课程。比如,开设乡村阅读课程,编印乡村优秀文章、政策法规发给学生阅读学习,增强乡村情感;开设农产品直播课程,供部分学生选修。服务乡村振兴选修课程要针对学校师生实际、县域特色产业实际、乡村需求实际,做到有的放矢,使学生学有所获。

其他课程指县级职教中心在服务乡村振兴实践中开设的专业课程、培训课程、选修课程外的课程。县级职教中心往往承担了县域内政府服务乡村振兴培训的主要任务,也是县域内企事业单位、乡镇村社在有培训需求、技术技能需求时首先想到的单位,因此一般会有很多意想不到的临时性任务,包括培训、指导、咨询等,因此也会开发相应的课程。比如,村干部的办公基础能力培训、人口调查统计培训、安全检查培训,等等。这类课程具有零散、临时的特点,需要县级职教中心具有较强的课程开发能力、资源整合能力和较强的服务意识、奉献精神。

以上四类课程在服务乡村振兴中,专业课程具有长远性,层次更高,要求更严;培训课程是主体,具有阶段性,是学校服务乡村振兴的重要抓手;选修课程体现了学校的特色,容易打造成亮点;其他课程时效性强,一般能较好地解决乡村需求。专业课程与培训课程相比,专业课程更规范,要素更齐全,要求更严格,培训课程相对比较粗浅,更注重实践操作。如果按照服务效果排序,首先应该重视培训课程建设,其次是专业课程、选修课程、其他课程。如果按照对学校的发展影响排序，影响最深远的是专业课程，其次是特色课程、培训课程、选修课程。因此，县级职教中心在专业链的建设中，要根据学校实际各有侧重、区别对待。

课程资源横向子链条包括教材、资源、网络课程、微课程四个链块。课程资源是一个学校人才培养的重要载体，广义地说包括了教育教学的所有要素，如师资、设备、课程、合作企业等。这里的课程资源是狭义的教学资源，是职业教育通用的说法，根据服务乡村振兴实际主要列举了教材、教学资源、网络课程、微课程等四种。教材这里主要指教学用的课本，包括学历教育的课本、社会培训的课本。在服务乡村振兴中，教材主要分为正规出版的课本、学校自编自印的课本两类。县级职教中心在服务乡村振兴实践中，学历教育所用正规出版的课本作用非常有限，除非是涉农专业；社会培训所用正规出版课本作用较大，因为一般都是有针对性地选用。能够起到服务乡村振兴切实作用的一般都是学校自编课本，它们根据乡村实际需求编写，针对性强，内容的深度、广度把握较准，教师自编自讲。因此，县级职教中心在服务乡村振兴中，应该高度重视学校校本教材的开发，特别是活页式教材、操作手册式教材、说明书式教材。

资源包括了各类教学辅助材料，如教案、PPT、讲稿、演示动画、仿真软件、项目书、任务单、工单、试题库，等等。县级职教中心在服务乡村振兴中，一定会用到大量的教学资源，特别是在乡村技术技能人才培养培训中。因为相关的专业、课程最终都要落脚于教学中，而资源是除教材外重要的教学材料。服务乡村振兴的教学资源一般要依靠教师根据培养培训对象、村镇具体需求进行收集、整理、开发，通常不能照搬，很少能借鉴。在"三农"技术技能人才培训中，PPT、讲稿等资源比教材更重要，因为教材具有普遍性，而乡村具有特殊性。比如，柑橘种植培训中，一般每个区县的气候、光照、土壤等地理环境不一样，每个地方的品种、种植习惯、销售对象都可能不一样，不同培训班农民的基础也不一样，因此除了教材外，培训教师重点要针对性地撰写讲稿、制作 PPT。根据不同的专业、课程、对象，资源的重要性也不一样，如果对象是学历教育学生，那么各类资源要求就比较全面；如果是对农民进行实用技术培训，那么 PPT、演示动画类资源就比较重要；如果是技能等级类培训，那么讲稿、PPT、项目操作书、试题库就比较重要。总之，在服务乡村振兴中，要根据实际情况进行资源的开发利用，讲求实效，注重实用。

网络课程就是可以利用网络平台进行学习的课程，它是服务乡村振兴特别是人才振兴的新武器。在服务脱贫攻坚、精准脱贫中，开发的网络课程很少。在服务乡村振兴中，县级职教中心开发的网络课程也不多，主要原因有二：一是开发技术要求高，难度大；二是接受程度低，应用推广难。但是，由于信息技术的快速普及，5G推广力度加大，新生代接受新事物能力强等因素影响，加之网络课程学习不受时间地点限制，可以反复学习，因此网络课程在服务乡村振兴中越来越重要，越来越受欢迎。

网络课程具有三个特点，一是以自学为出发点，可以不需要教师现场讲授；二是以智能为立足点，可以不受时间空间的限制；三是以实用为落脚点，不务虚，少理论，不浪费时间。因此，在服务乡村振兴中，县级职教中心开发网络课程要注意以下几点：一是精要，就是开发的课程不要一哄而上，要少而精，在成熟的基础上再逐步增加。同时内容不要繁杂，不要随意发散，将必须掌握的东西讲清楚，课题小一点，篇幅少一点。二是方便，进入、学习、测试都要简洁、方便，大众化，最好是傻瓜式操作，页面简洁、操作简便、步骤简单，让一般农民都能轻松掌握。如果要经过认真培训才能掌握的网络课程一定不符合乡村振兴需要。三是有趣，网络课程的编排、内容一定要注意深入浅出、化繁为简、化难为易、化抽象为形象，让学生、村民学起来有趣。要多利用图画、动画、表格，尽量少用文字、理论讲解。四是有用，网络课程一定要注意实用，让学生、村民学有所获、学了能用。如果学了没用，或者用处不大，那就没人愿意学。

微课程是指微型课程，与一般"微课"不同。通常所说的"微课"是指现场录制、动画编制的5分钟左右的讲课视频，一般一个微课讲一个知识点、技能点，或者演示一个操作。微课程是本书中特别提出的新概念，指课时一般在2～5节，能讲清一个完整的项目、一个完整的任务的课程，不像普通课程那样规范、完整、成体系、课时多。普通课程首先有课程标准，其次有开发流程、有教材、有资源、有实训条件，再次有审批、评价、考核。而微课程相对比较简单、灵活，开发时间短，教学时间短，不追求完整、系统。在服务乡村振兴中，需要大量这种具有灵活性、实用性的微课程。比如柑橘种植，一门完整的柑橘种植课程要很长时间才能上完，与村民的时间、接受能力都有冲突。如果根据时令顺序，开发若干微课程，在冬春交替季节讲柑橘管护微课程，在挂果时讲固果微课程，在销售时讲柑橘包装微课程，那效果就要好很多。又如，开发"乡村诗歌""乡村散文""乡村家庭礼仪""乡村家庭文化"等微课程，供学生、学员、村民灵活学习，一定会很受欢迎，效果会更好。再如，针对乡村组织振兴，开发"村民委员会组织常识""村民会议举办常识""村社制度制度制定常识"等微课程，可以有效弥补大规模规范化培训的不足。

微课程的提出是基于乡村变化多、人员分散、学习时间有限、学习精力有限等实际情况，因此，在开发微课程的过程中一定要注意以下几点：一是短小精悍，不能耗时太多；二是灵活多样，不追求系统完整；三是针对性强，因需而设，不牵强附会；四是实用实效，不搞假大空。

（4）学校人才培养——培养链。

人才培养是职业学校实现办学目标、体现办学功能的主要手段，是职业学校的主要业务和主体工作。县级职教中心的人才培养相对于普通教育学校具有综合性、复杂性，相对于高等职业院校具有更加明确的针对性和特殊性。

首先，县级职教中心的人才培养具有综合性、复杂性，主要指培养对象包括农村学生（主体）、城镇学生、农民、企业员工、就业再就业人员等，培养方式包括在校学习、田间地头工厂企业实践，培养评价包括考试、鉴定、评估、考核等。分类众多、方式灵活、地点不定、内容变化，所以既综合，又复杂。

其次，县级职教中心人才培养具有针对性、特殊性。县级职教中心与城市职业学校的人才培养过去有一个很大的误区，那就是县级职教中心以城市职业学校标杆、为榜样、为追求，专业设置、课程开设、培养方式、文化建设一味向城市职业学校看齐，结果不停地追赶，不断地落后，不断地失望。其原因很简单，县级职教中心与城市职业学校相比，培养对象不同、所处环境不同、服务区域不同、拥有资源不同，因此人才培养也应该不同，应该有明确的区别。县级职教中心培养对象主要的来自乡村的与"三农"密切相关的学生、农民及其他社会人员，城市职业学校培养对象主要来自城市、企业及其他从事城市服务、生产经营的各类人员；县级职教中心所处的环境是乡村，虽然学校大部分设置在县城，但县城还是乡村的一部分，是乡村的纽带，是服务乡村振兴的核心，乡村不是农村，乡村本身就包含了县城、乡镇、村社；城市职业学校所处的环境是城市，包括了众多的企业、工业园区、城市组织、各类经营场所。县级职教中心服务的区域是以县城为中心的广大农村地区，城市职业学校服务的区域是以城市为中心的城市及城市周边区域。县级职教中心拥有的资源主要是县级政府部门的各类政策、措施，县级的各类企事业单位，乡村的各类经营主体，乡村的各类实践实训资源，这些资源的核心或者说绝大部分都是"服务乡村振兴"的；城市职业学校拥有的资源主要是城市发展建设的各类政策、措施，城市的各类企事业单位，城市的各类工业园区，城市的各类中心、商圈、园区，这些资源的核心是现代工业、现代商业、现代服务业。由上可见，县级职教中心与城市职业学校之间有明显的不同。因此，在人才培养方面，县级职教中心具有明确的"乡村"针对性和服务"乡村"的特殊性，这就要求县级职教中心在培养目标、培养内容、培养方式等方面都要体现"服务乡村振兴"的明确特点和特殊要求。

具体地说，县级职教中心的人才培养不仅包括学历教育，还包括短期中期技能培训、社会培训，以及技能鉴定（社会评价组织）。正是由于县级职教中心人才培养具有综合性，因此才使得县级职教中心在服务乡村振兴中能发挥更大的作用。乡村振兴既是一项长久的工作，也是一项眼下急迫的工作。乡村振兴所需要的人才包括组织治理人才、技术技能人才、经营管理人才、文化建设人才等多种。从目前来看，这些人才大多数不是学校学历教育能够培养出来的，更多是在"三农"工作中、在实践锻炼中通过实践、学习、领悟、尝试等多种途径培养出来的。因此，培养乡村振兴人才的主要途径应该是实践中的学习、学习中的实践。第一，实践中的学习，主要针对现有各类"三农"人员，包括乡村治理的、乡村产业发展的、乡村文化建设的等，他们有乡村管理干部，有农民，有下乡"支援"的各企业事业单位人员，有到农村承包经营、开发生产的各类企业社会人员。这类人员，有的从各类大学毕业，有的具有初高中文化，层次不一，专业不一，类型不一，服务乡村振兴的能力和本事相差很大，因此，需要对他们开展有针对性的培养培训。对这类人员的培养，更多是中短期培训，包括技能、政策、文化、理念等内容，根据他们的实践工作、实践活动进行培养，让他们在实践中学习、提升。这就是实践中的学习。第二，学习中的实践，主要针对在校学生。从近二十年的数据分析，县级职教中心80%以上的学生来自农村，其中至少三分之一今后将回到农村（一部分直接从事农业生产、经营、管理，一部分以季节性务工方式在城镇和农村之间流动），三分之一今后将从事与"三农"相关的工作（一部分在乡镇、县城从事与"三农"相关的管理、服务、生产经营活动，一部分在城镇企业从事与"三农"相关的服务、生产经营活动），也就是县级职教中心有三分之二的学生将直接或间接服务乡村振兴。因此，对县级职教中心的学生进行一定的有针对性的培养，引导他们树立服务乡村振兴的理想信念，教会他们掌握一定的服务乡村振兴的知识技能就显得特别重要。对在校学生进行服务乡村振兴的培养，主要包括内容、方式两个方面。内容上主要包括理想信念塑造和知识技能掌握两个方面。理想信念塑造解决的是"心"的问题，要认可乡村、愿意服务乡村、回到乡村。知识技能解决的是"能"的问题，要有服务乡村的能力、本事。方式上主要包括教育和教学两个方面。教育主要是通过文化、德育等途径解决"心"的问题，教学主要通过课程、课堂、实训等途径解决"能"的问题。但不能什么内容、方式，都要坚持"学习中实践"的基本原则，即学中做，做中学，也就是在学校学习中一定要让学生参与到服务乡村振兴、"三农"活动的实践中去，不能停留于书本、课堂、嘴上、纸上、本上，要发现、开发、设置大量学生可以参与的服务乡村振兴的实践活动，在实践活动中培养服务乡村振兴的学生。

在实践中，县级职教中心人才培养应该遵循以下要求：县级职教中心服务乡村振兴人才培养的目标核心是"两爱一懂"、内容核心是"德能并举"、方法核心是"做学合一"、评价核心是"德才兼备"。

一是县级职教中心服务乡村振兴人才培养的目标核心是"两爱一懂"。"两爱一懂"主要指"爱农村、爱农民、懂农业"，就是要培养一大批"爱农村、爱农民、懂农业"大学生、学员。这里"爱"包括三个层次，就是认可、愿意、能够。首先要认可农村、农民，认可存在的合理性，认可为国家、民族所做的贡献，认可其在国家、民族建设发展中的重要地位，不是否定、反感；其次要愿意为农村、农民服务、贡献，愿意从事与乡村相关的工作、生产经营，树立为农村、农民服务的意识，而不是选择逃离、躲避；第三是要能够为农村、农民服务，具有服务乡村的知识、能力、本领，而不是空口说白话、文不得武不得、停留在嘴上纸上。

二是县级职教中心服务乡村振兴人才培养的内容核心是"德能并举"。这里的"德"指的是具有"服务乡村振兴"之德，"能"指的是具有"服务乡村振兴"之能。"服务乡村振兴"之德主要包括热爱乡村、奉献乡村的高尚精神，踏实肯干、吃苦耐劳的劳动精神，精益求精、开拓创新的工匠精神，因此要有针对性地开展相应的德育活动、文化建设、主题教育。"服务乡村振兴"之能主要包括服务乡村的知识、技术、技能、经验，主要通过课程学习、实践训练获得。服务乡村振兴之德之能不能截然分开，就如同教育教学不能截然分开一样，要在培养能中育德，在育德中提能，最好的途径就是"课程思政"，最好的方式就是"如盐在水"，在乡村的环境中、在"三农"的实践中、在"乡村振兴"的服务活动中实现"德能并举"。从操作层面来说，最好的方式就是在德育活动和教学活动中，通过新增、改造、借用等途径，增加涉及乡村的内容、活动、项目，使得县级职教中心的教育教学活动具有"乡村"的特色和烙印。

三是县级职教中心服务乡村振兴人才培养的方法核心是"做学合一"。如何培养乡村振兴人才是一个大话题，很难用一个逻辑体系，或者一个框架结构说清楚，但"做学合一"是其基本的、核心的方法。"做"主要指学生学员所做的事（工作）、所训练的项目、所发生的行为，"学"主要指学生学员所学习的课程、教材、内容。"做学合一"就是要求县级职教中心在培养服务乡村振兴人才的时候，能够遵循以下几个基本要求。第一，在服务乡村振兴中学习，要学生学员实实在在地参与到服务乡村振兴中去，不能脱离服务乡村振兴的实际学习，不能脱离"三农"的实际需求和环境学习，不能在黑板上"耕田"，不能在书本上"种地"。第二，在学习中服务乡村振兴，要用学到的知识技能去服务乡村振兴，要不断提高自我服务乡村振兴的本领，要用新技术、新方法、新工艺、新设备服务乡村振兴，要促进乡村的改革创新、效率效能提升、发展进步，不能用"原始"的技术技能服务乡村振兴，不能用"落后"的技术技能服务乡村振兴，不能凭"本能"服务乡村振兴。第三，在服务乡村振兴中成长，学校人才培养的最终目的是促进学生学员成长，不是直接促进乡村振兴，学生学员要在服务乡村振兴中学习。在学习中服务乡村振兴，其目的是更牢固地树立服务乡村振兴的理想信念，更好地掌握服务乡村振兴的知识技能，最终成长为服务乡村振兴的可用之才，因此学生学员要通过与乡村紧密融合的"做学合一"中实现自我成长。

四是县级职教中心服务乡村振兴人才培养的评价核心是"德才兼备"。什么样的人才是服务乡村振兴的合格人才？怎么评价县级职教中心培养的学生学员是否是服务乡村振兴的合格人才？这是很难回答但又不能不回答的问题。没有评价就没有结果，人才培养的质量就无从谈起。综合国家要求、操作实际和现实需求，我们认为服务乡村振兴人才评价的核心是"德才兼备"，这主要从评价的内容（或者说是标准）方面说的。"德"主要指具有服务乡村振兴的价值追求、情感态度、行为习惯，"才"主要指具有服务乡村振兴的知识、技术、技能、经验，德才必须兼备才能算是合格人才。从这样的"德才兼备"出发，在学生学员的评价中就具有操作性了，学生学员是否具有服务乡村振兴的价值追求、情感态度、行为习惯，这是从日常表现中可以看得出来的，完全可以通过常规的德育评价方式进行评价；学生学员是否具有服务乡村振兴的知识、技术、技能、经验，这在课程学习中可以表现出来，完全可以通过常规的考试、考核等学业评价方式进行评价。这里要避免两个误区，一是评价的泛化，脱离具体的学校、学习、课程、专业去评价学生学员服务乡村振兴的"德才"，放大范围，放宽要求，放长时间，最终导致无法评价；二是评价的窄化，脱离具体的乡村、"三农"现实、实践活动去评价学生学员服务乡村振兴的"德才"，从学生学员的口头表现、学校教室里的训练操作进行评价，最终导致评价的片面化、无效化。总之，在服务乡村振兴人才的评价中，我们要遵循实事求是、可操作、有信度的要求，有所取舍，不追求高大全，也不能落入低劣浅。

学校人才培养的培养链包括培养方向、培养层次、培养类型、培养模式四个链块，每个链块又组成了各自的子链条，形成了主链条、子链条纵横交叉的人才培养体系，详见表5-6。

表5-6 "学校培养链"基本情况

纵向主链条	横向子链条		
培养方向	直接涉农	间接涉农	不涉农
培养层次	本科	专科	中职
	高级及以上	中级	初级
培养类型	学历教育	技能培训	其他培训
培养模式	中高职联合培养	中职独立培养	多主体联合培养

培养方向是指学校人才培养的技术技能方向，密切关联着今后的服务方向、工作方向、就业方向，其主要是通过相关的课程体系来实现的，不同的培养方向有不同的课程体系。从服务乡村振兴的角度看，在县级职教中心，人才培养的方向主要分为直接涉农方向、间接涉农方向、不涉农方向。因此，培养方向子链条包括了直接涉农、间接涉农、不涉农三个链块。

直接涉农方向就是培养的方向是直接服务"三农"的。对学历教育来说就是所开设的专业在专业目录里面属于"农林牧渔大类"（61）。在新版职业院校专业目录里面"农林牧渔大类"里面包括了6 101农业类、6 102林业类、6 103畜牧业类、6 104渔业类，共有31个专业，其中农业类有19个专业，林业类有5个专业，畜牧业类有4个专业，渔业类有3个专业。在实际工作中，我们把这31个专业统称为直接涉农专业，这些专业的培养方向就是直接服务乡村振兴、服务"三农"的。从目前的实际情况看，县级职教中心开设的直接涉农专业不多，直接涉农专业的教师、学生数量都少，具体原因是多方面的，但主要原因还是社会的现实状况所决定的，这很难以人的意志为转移。对中短期培训来说就是培训的课程是直接服务"三农"的，比如种植、养殖、农业经纪人等，这类培训方向在县级职教中心非常普遍，课程多、规模大、效果好，很受欢迎，是县级职教中心服务乡村振兴的主要通道。

间接涉农方向就是培养方向与"三农"有一定关系，既可以服务现代制造业、现代服务业、现代商贸业等城市发展建设需要的技术技能人才，也可以服务现代农业、农村发展建设需要的技术技能人才。对学历教育来说，就是所开设的专业具有两面性，既可以服务城镇化建设，也可以服务乡村建设。比如汽车制造与维修专业，可以以常规的汽车为学习内容，服务于常规汽车的制造与维修，也可以增加涉农汽车（拖拉机、耕地机等）的学习内容，服务于农用汽车来机械的制造与维修。建筑工程施工专业，可以以常规的建筑工程为学习内容，服务于常规建筑行业，也可以增加"三农"的水利、道路、乡间民居方面的建筑内容，服务于乡村的建筑行业。旅游服务与管理专业，可以以专业旅游服务为学习内容，培养成专业旅游服务人才，也可以增加"乡村旅游""农家乐""渔家乐""林家乐""田园综合体"等内容，服务于乡村旅游。电子商务专业，可以以城市电商为内容，服务于城市商贸，也可以增加"农特产品"销售内容，服务于乡村商贸流通。实际上，绝大部分县级职教中心所开设的专业都具有两面性，只要增加服务乡村振兴的内容，都可以作为间接涉农专业。而现实中，县级职教中心的旅游类专业、电商类专业基本都进行了涉农改造，将培养服务乡村振兴人才作为重要方向。在目前情况下，对现有专业进行"涉农改造"培养乡村振兴人才，是县级职教中心实现招生、教学、服务区域经济社会之间平衡的重要手段，也是有效手段，从而避免了为服务乡村振兴而开设一些专门的涉农专业导致招生、教学困难的情况发生。在中短期社会培训中，间接涉农的不多，也没有必要，因为中短期培训的针对性很强，完全可以直接开始涉农课程。

不涉农方向就是纯粹服务于城市建设发展，与乡村关联不大的人才培养。从学历教育来看，比如幼儿保育、石油钻井、护理、播音与主持等专业性很强的专业与乡村关联不大，没有必要、也难以进行涉农改造，这些专业可以归为不涉农方向。在中短期培训中，针对企业人员、服务人员开展的电子装接培训、护理培训等属于不涉农方向。

培养层次包括两个子链条，一个是学历层次，包括本科、高职（专科）、中职；一个是技能等级，包括高级及以上、中级、初级。从学历层次看，县级职教中心本身是中职阶段的学历教育，但由于大多数县级职教中心是县域综合性职业学习、进修的平台、中心，具有多样化、多元化的办学功能。因此，很多县级职教中心都是一些高等院校的函授、学历进修站点，可以开展本科、专科层次的学历教育。同时一般的县级职教中心都会通过"3+2"等联合办学形式与高职院校开展中高职衔接的联合办学，因此可以在一定形式、一定程度上培养高职学历技能人才。这样县级职教中心就形成了以中职学历教育为主体，本科、高职学历教育为补充的三个学历培养层次。中职针对的主要是在校生，高职（专科）、本科主要针对的是社会人员，特别是成年的乡村人员、"三农"人员，包括管理、生产、经营人员，是新生代农民学历提升的主要渠道。从技能等级看，县级职教中心可以对中职学生开展初中级技能等级的培训、鉴定，同时也可以取得人社部门相应资格后对社会人员开展初级、中级、高级、技师、高级技师的培训、鉴定。在"1+X"推行后，县级职教中心开展了以若干X证书的培训、认证工作。因此，从技能等级看县级职教中心的人才培养层次建立了以初级为基础、中级为主体、高级及以上为辅助的培养体系。对乡村振兴而言，培养层次本身并不重要，但以培养层次提升乡村振兴人才的知识技能、能力水平则很重要。

培养类型链包括学历教育、技能培训、社会培训三个链块。学历教育是县级职教中心的主体，前面已经说了包括本科、高职（专科）、中职三个层次。技能培训则是县级职教中心的另一大功能，党的十九大报告提出职业院校要"完善学历教育与培训体系，深化产教融合校企合作"，将县级职教中心的功能定位于学历教育和社会培训两个主要方面，而县级职教中心往往是县域内最大、最主要的社会培训机构，承担了地方政府社会培训的主要任务。县级职教中心的社会培训一般包括两个主要方面，一是技能培训，二是社会培训。技能培训主要是以技术技能为主要内容的培训，主要教会学员掌握一门具体的操作技术，形成具体的操作技能为主，针对的是某个具体地生产岗位、工作岗位、生产种类，如乡村旅店服务员、柑橘种植养护技术、生猪养殖技术、农业经纪人等。这种培训一般是政府以指标的形式下发，在政府监管下进行，由政府专项资金买单，也就是政府向县级职教中心购买服务。社会培训主要是以通识性培训为主，如礼仪培训、信息技术培训、老年人培训、社区培训等，这种培训一般是公益性质，或者应部门、社区、企事业单位的邀请进行。由于县级职教中心拥有多类人才、多个专业，以及各类实训基地和培训场所，因此，县级职教中心往往会成为县域内企事业单位、街道社区、乡镇村社各类通识培训的主要承接机构。而种类培训主要是公益性质，是体现县级职教中心服务县域社会发展的重要形式。培养类型链条方面，从数量看，学历教育人数固定数量较少，技能培训人数浮动数量较大，其他社会培训变化最大数量最多；从深度看，学历教育培养最深，花费的功夫最多，技能培训次之，其他社会培训则更浅。

　　培养模式链条包括中高职联合培养、中职独立培养、多主体联合培养三个链块。培养模式是职业院校人才培养的重要元素，也是国家多年要求改革创新的重要内容。培养模式具有复杂性、多元性，一般包括培养的要素、主体、时间阶段、场所、典型特征等内容，在学历教育中，通常以"XX+工学结合"的人才培养模式为基本要求。这里针对县级职教中心服务乡村振兴的人才培养，我们选择了从培养主体视角划分培养模式的类型。首先是中高职联合培养，从目前看，县级职教中心与高职联合培养人才主要有"3+2"分段培养、五年制贯通培养、高职委托培养三种方式。"3+2"分段培养是最常见的方式，在省市教育主管部门的审批下，中职培养三年，然后通过转段考试进入对应的高职学习两年。五年制贯通培养是少数，经省市教育主管部门的批准，将高职的部分招生计划下发给中职学校，中职学校在高职的监督指导之下开展五年一贯制培养，最后由高职颁发学历文凭。高职委托培养则是个别现象，高职将个别专业、个别班级委托给中职学校进行日常管理，由双方联合进行人才培养。这种方式对高职的成人扩招是一个很好的尝试，将某些乡镇村社需要学习提升的"新农人"集中起来，委托给县级职教中心组班管理，由高职指导，中高职联合培养，这样既方便了"新农人"，使其学习生产两不误；又降低了高职的管理教学难度，发挥了中职的资源地域优势。同时，这种方式也适合个别特殊专业的人才培养，比如特色农业的人才培养，某个县域有柑橘、花椒、特种猪之类的种养殖产业，需要培养高层次人才，那么县内的县级职教中心就可以和高职联合，由高职委托县级职教中心开展高职层次的专门人才培养。中高职联合培养是县级职教中心今后培养乡村振兴人才的重要途径，原因有三，一是社会发展需要高层次人才，中职学历已经不能满足乡村现代化发展的需要；二是县级职教中心具有区域、环境、资源优势，可以有效补充高职院校培养乡村振兴人才的不足，是培养高层次乡村振兴人才的重要主体；三是高职院校具有师资、课程、专业优势，具有培养高

第五章 县级职教中心服务乡村振兴的策略:"五链合一"融合行动模式

层次乡村振兴人才的资格,具有县级职教中心不具备的实力,也是培养高层次乡村振兴人才的重要主体。

中职独立培养模式是目前县级职教中心培养乡村振兴人才的重要形式。对学历教育来说,一是中职学校独立培养后学生通过"对口高考"升入高等院校继续学习,二是中职学校培养后学生进入生产生活岗位就业。以前以直接就业为主,且多数是在城市、企业、工厂就业,很少直接回乡村就业。现在以升学为主,学生读完大学后再就业。对社会培训来说,中职独立开展培训的占有一定比例,主要是与校内专业一致的培训课程一般都是独立进行。

多主体联合培养模式主要是县级职教中心、企业、事业单位、政府部门、乡镇村社等联合进行人才培养。对学历教育来说,主要是校企双主体联合培养,比如规模化的某个农场、农业加工生产企业需要一定数量的员工,就可以和县级职教中心联合开展订单培养,双方分工合作,按需培养,大体有"校企双元制""现代学徒制""新型学徒制"、订单培养、定向培养、定制培养、冠名培养等形式。对社会培训来说,多主体联合培养就比较普遍,比如服务村社特色产业的"柚子栽培技术"培训班、"奶牛养殖"培训班、"花椒种植"培训班、"乡村旅游服务"培训班,等等,一般都是由乡镇村社、县级职教中心、政府部门联合开办的,大家按师资、教学、实训基地、组织管理等进行分工合作。

在培养模式子链条中,中高职联合培养适合培养高层次乡村振兴人才,符合乡村振兴未来发展的需要;多主体联合培养适合中短期技能培养、社会培训,是培养急需的、实用的初中级乡村振兴人才的重要形式;中职独立培养适合开展县级职教中心优势专业、特色专业的人才培养。中高职联合培养是未来培养乡村振兴学历人才的主要模式,多主体联合培养是中短期培训乡村振兴人才的主要模式,两者都很重要,需要县级职教中心高度重视,不断探索完善。

学校培养链的四个子链条之间既独立又相互联系、交叉,在实际中难以明确分割,因此要在总体把握的情况下,具体问题具体分析,不能教条式操作。服务乡村振兴人才培养本身是一个综合性的课题,也是一个复杂性的课题,需要县级职教中心长期地、反复地探索、总结、完善。

（5）学校社会服务——服务链。

社会服务是职业院校的基本功能，是服务区域经济社会发展的重要体现。县级职教中心是一县之职业教育、技能培训、技能鉴定的主体，因此更应该有效开展社会服务。《中华人民共和国职业教育法》（1996年5月15日第八届全国人民代表大会常务委员会第十九次会议通过　2022年4月20日第十三届全国人民代表大会常务委员会第三十四次会议修订）用了专门一条说明县级职教中心："第二十二条　县级人民政府可以根据县域经济社会发展的需要，设立职业教育中心学校，开展多种形式的职业教育，实施实用技术培训。教育行政部门可以委托职业教育中心学校承担教育教学指导、教育质量评价、教师培训等职业教育公共管理和服务工作。"可见，县级职教中心的社会服务功能是法律赋予的权利和义务。

县级职教中心社会服务包括很多方面，比如上面说到的实用技术培训、县内职业学校的教育教学指导、教育质量评价、教师培训等，但更多的是针对县域经济社会开展的各类服务，如技术服务、人力服务等。由于县域经济社会的主体是乡村振兴，因此县级职教中心社会服务的主体也是乡村振兴，包括组织振兴、产业振兴、人才振兴、文化振兴、生态振兴各个方面。

县级职教中心的社会服务具有三个特征，一是公益性，二是广泛性，三是选择性。所谓公益性，主要是指县级职教中心的社会服务，特别是服务乡村振兴是公益的，不以营利、牟利为目的。县级职教中心都是政府部门举办的公益性事业单位，其资源、资金、人力是具有"国有"性质，因此在服务乡村振兴中更应该担国之重任、急国之所急、解国之所难，为政府分忧解难，不能以服务乡村振兴来赚钱盈利，并且更多时候是付出，包括人力、资金、资源的无偿付出。所谓广泛性，主要是县级职教中心在服务乡村振兴中范围广、内容广、时间长，要人出人，要力出力，要服务乡村党建、乡村产业、乡村文化、乡村环境建设，要服务农民、农业企业、农村建设、村社组织建设，要服务春耕秋收、移风易俗、环境卫生，县级职教中心要根据自身专业多、学生多的优势广泛开展乡村振兴服务工作，而不要拘泥于具体的事项，局限于固定联系的乡村。所谓选择性，则是指县级职教中心在服务乡村振兴的过程中坚持公益性、广泛性的前提下要有所选择，不能来者不拒、不能大

第五章　县级职教中心服务乡村振兴的策略："五链合一"融合行动模式

小不分。比如，需要大量资金的服务项目，这就不是县级职教中心所能承担的，一定要理性拒绝；严重影响正常教育教学的项目，也一定要理性拒绝，社会服务是在做好本职工作前提下进行的，不能本末倒置。总之，严重超出学校能力的社会服务一定要理性拒绝，反之，学校本身能力之内的社会服务一定要主动承担。

县级职教中心的社会服务包括范围很广、种类很多，很难用统一的维度进行划分，这里根据县级职教中心服务乡村振兴实际工作，用列举的方式组建了服务链，具体包括技术服务、人力服务、资金服务、资源服务、综合服务五个链块，每个链块分别形成了子链条。

第一是技术服务，技术服务就是县级职教中心以专业技术服务乡村振兴，这是职业学校的优势和特长。县级职教中心本身具有专业技术积淀，同时也拥有对外整合专业技术的优势，完全可以通过自身的专业技术、整合兄弟院校企业行业的专业技术来服务乡村振兴。技术服务是县级职教中心服务乡村振兴的首选项、必选项、重点选项，所以应予以高度重视。技术服务子链条包括技术咨询服务、技术输出服务、技术支持服务三个链块。

第二是人力服务，指学校以师生"人力"服务乡村建设，比如派驻驻村队员，开展志愿者活动、义务劳动、农忙帮扶，开展文化宣传、教育引导等，主要是"出人出力"。人力服务子链条包括长期派驻服务、定期帮扶服务、临时支持服务三个链块。

第三是资金服务，指学校为乡村建设提供资金支持，比如捐资助学，捐资助力村社基础设施建设，捐资助力产业发展，为特困户提供一定资金帮扶，帮助村社申请项目资金、贷款、投资，入股参加村社产业发展等。资金服务子链条包括资金资助服务、资金筹措服务、资金投资服务三个链块。

第四是资源服务，指为乡村提供各类资源支持，比如为乡村提供物质资源、信息资源、技术资源，为乡村争取政策、项目，为乡村开发课程、搭建平台等。资源服务子链条包括资源输出服务、资源争取服务、资源开发服务三个链块。

第五是综合服务，指为乡村提供带有复合性质、整体性质的服务，比如帮扶特色产业发展，帮助"薄弱党组织"建设，帮助打造"田园综合体"，帮助打造特色乡村文化等。综合服务子链条包括组织振兴服务、产业振兴服务、人才振兴服务、文化振兴服务、生态振兴服务五个链块。

在具体实践中，以上五个板块其实很难区分，大多数时候是交叉进行的，只是为了学理梳理才进行这样的划分，详见表5-7。

表5-7 "学校服务链"基本情况

纵向主链条	横向子链条				
技术服务	技术咨询服务	技术输出服务	技术支持服务		
人力服务	长期派驻服务	定期帮扶服务	临时支持服务		
资金服务	资金资助服务	资金筹措服务	资金投资服务		
资源服务	资源输出服务	资源争取服务	资源开发服务		
综合服务	组织振兴服务	产业振兴服务	人才振兴服务	文化振兴服务	生态振兴服务

2."五链合一"的基本内容

"五链合一"指学校治理链、文化链、专业链、培养链、服务链"五大链条"融合一体形成合力，共同助力乡村"五大振兴"。"五链合一"核心是"合一"，关键是避免五链各自为政、相互分离，好处是统一行动、省时省力、凝心聚力、效果显著。

"五链合一"的主要内容有三大板块：

（1）统一规划设计。

县级职教中心服务乡村振兴的学校治理链、文化链、专业链、培养链、服务链五大链条是学校工作的有机组成部分，是一个整体，只是在具体实施中相对独立地分为五个板块。要使五大链条有机、有力、有效地服务乡村振兴，就需要进行统一规划设计，不能各自为政。

五大链条统一规划设计包括四个基本步骤、四个注意要点。

第五章 县级职教中心服务乡村振兴的策略:"五链合一"融合行动模式

四个基本步骤:

第一步,确定学校服务乡村振兴的目标举措。县级职教中心服务乡村振兴是应尽之职,但是还是应该有具体的目标举措。因为不同的学校、不同的区域、不同时段在服务乡村振兴中有不同的要求、追求,所以目标举措也会有不同。

县级职教中心服务乡村振兴的目标举措主要由以下因素决定。一是政府需求。在我国目前形势下,十年、二十年内,乡村振兴都会是县级人民政府的主要的、长期的、艰巨的工作,县级人民政府肯定会对县级职教中心提出服务乡村振兴的相关要求。二是学校追求。县级职教中心作为县域内具有标杆意义的综合性职业学校,一定要有自己的价值追求,学校发展成什么样、打造什么特色、塑造什么品牌、作出什么贡献、体现什么价值都是县级职教中心发展建设过程中必须要考虑的问题,而服务乡村振兴则是其中的重要、关键内容。三是乡村需求,县域内乡村发展的程度、特色、方向、优势不同,其需求也会不同,县级职教中心服务乡村振兴要做到有用、有力、有效,就必须结合乡村需求。

拟定目标举措之前,需要确定目标举措完成的时间阶段,不能过长,一下拟出十年要完成的目标举措明显不具有操作性;也不能过短,每年拟定一次目标举措也太繁琐,不具有连续性。一般来说县级职教中心服务乡村振兴以三年、五年为一个阶段较为合适,三年、五年要达成的目标,要实施的举措一般还是可以预测的。

县级职教中心服务乡村振兴的目标举措设计包括总体目标、具体目标、主要举措三个方面。总体目标是概述学校在服务乡村振兴中想要达成的心愿,想要实现的价值,想要体现的追求,是从学校全面的、总体的视角进行描述,不以五链为具体叙事对象。

具体目标则是在总体目标之下,以五链为单位,逐一叙述想要达成的目标。具体目标的拟定既要具体明确,又要有一定的概括性、凝练不虚,防止杂乱罗列、事无巨细、赘述交叉、层次不清、逻辑混乱。其表述方式可以以治理链、文化链、专业链、培养链、服务链为单位描述,也可以一链多条进行描述,还可以是混合式描述方式。

例：

  以链为单位的描述方式：

  ① 治理链具体目标：

  ② 文化链具体目标：

  ③ 专业链具体目标：

  ④ 培养链具体目标：

  ⑤ 服务链具体目标：

  一链多条的描述方式：

  ① 治理链具体目标：①②③

  ② 文化链具体目标：①②③

  ③ 专业链具体目标：①②③

  ④ 培养链具体目标：①②③

  ⑤ 服务链具体目标：①②③

混合式描述方式：

  ① 服务有用。治理链……；文化链……；专业链……；培养链……；服务链……。

  ② 服务有力。治理链……；文化链……；专业链……；培养链……；服务链……。

  ③ 服务有效。治理链……；文化链……；专业链……；培养链……；服务链……。

  主要举措则是根据具体目标列出主要做的事项。不同的具体目标表述方式可以有不同的主要举措表述方式，但建议还是以五链为单位进行表述，这样清晰明确、方便实施。每个具体举措要表述清楚，相对独立，相对成事，不能太大，也不能太小，不要将多个举措组合，或者将一个举措进行分解。具体举措的设计一定要遵守上面的基本原则，即满足政府要求、学校追求、乡村需求，不能脱离实际。

  例：

  ① 治理链具体举措：①②③

  ② 文化链具体举措：①②③

③ 专业链具体举措：①②③
④ 培养链具体举措：①②③
⑤ 服务链具体举措：①②③

县级职教中心拟定服务乡村振兴的目标举措切忌假大空、唱高调、说大话，最后实施不了，严重影响学校的社会声誉和服务乡村振兴的积极性。

第二步，确定学校服务乡村振兴的时间阶段。如果县级职教中心服务乡村振兴的目标举措设定的是三年，那就可以按一年一个阶段将三年划分为三个阶段，每个阶段先进行定性描述，然后再进行定量描述。比如，划分为启动阶段、实施阶段、总结提升阶段，或者是规划阶段、实施阶段、提升阶段，或者是初级阶段、深入阶段、提升阶段等都可以。划分阶段的目的是理清县级职教中心服务乡村振兴的思路，使服务活动有步骤、有计划、有层次，便于推进和提升。阶段划分得合理，实施就有效；阶段划分得不合理，实施就会困难重重。怎样才能合理划分阶段呢？一是要结合需求，分类实施。政府的要求、乡村的需求都要考虑，着急的事先做，基础的事先做，容易的事先做，条件成熟的事先做。二是要量力而行、循序渐进。能做的就做，难做的分解做，超出学校能力的不做，脱离实际的不做，虚的假的不做。三是前后联系、逐步提升。三年为一个整体，在整体的基础上再划分为若干阶段，各阶段之间有机衔接，且步步深入、逐步提升。

时间阶段的划分可以采取以下形式：

阶段	时间	主要目标	主要举措	责任人
第一阶段	年 月 日— 年 月 日	1. 2. 3.	1. 2. 3.	
第二阶段	年 月 日— 年 月 日	1. 2. 3.	1. 2. 3.	
第三阶段	年 月 日— 年 月 日	1. 2. 3.	1. 2. 3.	

拟定这个表格的时候需要注意，主要目标来自第一步的具体目标，可以直接采用，也可以将具体目标按年度进行分解。主要任务来自第一步的具体举措，一般来说是将具体举措分散到三个阶段中，相互之间一般不交叉，但可以重复。因此，在拟定时间阶段的时候可以对第一步的具体目标举措进行补充、修订、完善。

县级职教中心服务乡村振兴的时间阶段划分切忌拍脑袋、纸上谈兵，阶段过细不利于管理，阶段过粗不利于实施，阶段与目标举措不匹配会导致空心化，都会直接影响具体实施。

第三步，制定学校服务乡村振兴的具体任务。县级职教中心服务乡村振兴能有一个具体的任务清单最好，这不仅能规范学校服务乡村振兴的行动，使之更有计划、成体系，也能提升服务的效果。从目前看，很少有学校能有计划、有清单地服务乡村振兴，大多数都是有一个粗线条的框架，然后做一步看一步，看一步做一步，很多事情都是临时起意，这也是县级职教中心服务乡村振兴效果不好、影响不大、作用不明显的主要原因。

具体任务可以用以下形式进行制定：

阶段	时间	主要目标	主要举措	具体任务	责任人
第一阶段	年 月 日— 年 月 日	1. 2. 3.	1. 2. 3.	1. 2. 3. 4. 5. 6.	
第二阶段	年 月 日— 年 月 日	1. 2. 3.	1. 2. 3.	1. 2. 3. 4. 5. 6.	

第五章 县级职教中心服务乡村振兴的策略："五链合一"融合行动模式

续表

阶段	时间	主要目标	主要举措	具体任务	责任人
第三阶段	年 月 日— 年 月 日	1. 2. 3.	1. 2. 3.	1. 2. 3. 4. 5. 6.	

拟定上面表格时要注意四个问题，一是每个具体举措与每个具体任务之间可以有对应关系，也可以没有对应关系，但整体上具体任务与具体举措之间要有对应关系；二是每个具体任务要有对应的责任人，这样才能做到任务清楚、分工明确、责任到人；三是每个具体任务都要体现两面性，既要有乡村实际需求的一面，也要有学校实际能力的一面，不具有两面性的任务都是无效任务；四是每个任务都要有结果指向，做了事要有结果，不能只有事没有果，也不能只有果没有事，人事果要相互关联，这个果是成果更好，没有成果有效果也行，没有成果、效果至少应该有结果。我们发现部分学校在服务乡村振兴工作中，派出了很多人，做了很多事，就是没有结果，走过场、做形式、应付上级，这既给学校造成不好的影响，也给师生一个负面导向，严重影响县级职教中心自身的社会声誉和可持续发展。

第四步，制定学校服务乡村振兴的行动路线。县级职教中心服务乡村振兴最终看行动，所以一定要制定行动路线图。行动路线图就是具体服务过程中应该怎么做、什么时候做、什么人做、做什么、做成什么样、得到什么果的规划设计。好的行动路线图可以有效指导服务的实际行动，不好的行动路线图会误导服务的实际行动。

行动路线图的制定可以用下面的表格形式进行：

阶段	时间	主要目标	主要举措	具体任务	任务完成时间节点	任务完成验收要点	分管领导	责任人	参与部门（人）
第一阶段	年 月 日—年 月 日	1. 2. 3.	1. 2. 3.	1. 2. 3. 4. 5. 6.					
第二阶段	年 月 日—年 月 日	1. 2. 3.	1. 2. 3.	1. 2. 3. 4. 5. 6.					
第三阶段	年 月 日—年 月 日	1. 2. 3.	1. 2. 3.	1. 2. 3. 4. 5. 6.					

第五章 县级职教中心服务乡村振兴的策略:"五链合一"融合行动模式

这个行动路线图增加了四个内容:任务完成的时间节点、任务完成验收要点、分管领导、参与部门(人),这四个内容就将完成任务的时间、人员、标准、管理协调人罗列清楚了,每个任务就可以具体实施了。任务完成的时间节点锁定了时间范围,什么时候启动、什么时候完成就有了规定。任务完成的验收要点规定了应该做哪些事、怎么完成任务,杜绝了潦草、敷衍或者随意。设置分管领导的目的是明确监督人、管理人、协调人,不至于自我行事、无人管无人问。设置参与部门(人)是将具体要完成任务的团队组建起来,一个任务务必有一个团队来完成,不能临时抓人、临时组队,这样会严重影响任务完成的效果。

完成了行动路线图,县级职教中心服务乡村振兴的规划设计也就基本完成了,但是制定规划设计要注意四个要点:

第一点,突出重点。县级职教中心服务乡村振兴任务重、内容多,但时间有限、精力有限、资源有限,县级职教中心本职的工作、首要的工作还是人才培养,因此我们进行规划设计的时候一定要突出重点。一是将政府强烈要求的、乡村急迫需求的作为学校的价值追求,花大力气重点做;二是将学校拿手的、能立竿见影、具有示范辐射意义的重点做;三是有选择地做,有轻重缓急的区分,不面面俱到,不平均用力。如果县级职教中心在服务乡村振兴中贪大求全,没有重点、没有选择,就会导致事事都没做好、手忙脚乱。

第二点,联系实际。规划设计一定要实事求是,在充分调研、分析的基础上做,不能纸上谈兵,脱离实际的规划设计一定会导致实施的质量严重下降。超出学校实际,会导致任务完不成、目标达不成;超出乡村实际,会导致任务无法实施,村民反感。脱离实际好高骛远,任务会难以完成;脱离实际低调保守,任务会轻松完成,但效果不佳。因此,联系实际是确保任务能完成、目标能达成、效果最佳的重要方法。联系实际包括两个方面,一是学校的实际,学校有条件、有能力完成,最好是努力能完成,不能过高或过低;二是乡村的实际,乡村有需求、有条件、可以实施,村社、村民能满意。在具体实践中,我们看到一些学校说得天花乱坠,做得一塌糊涂;有些学校自身资金周转困难,还图虚名,拿出大笔钱去"帮扶振兴";有些学校搞"三名工程",虚名、空名、假名,导致师生反感,百姓反感。这些都是脱离实际的表现。

第三点，具体可行。规划设计是用来实施的，不是用来上报、上墙、上榜的，因此一定要具体可行。目标要能实现，任务要能完成，人员要能落实，条件要能支撑，地点要明确，要具有操作性、可行性。这一点是县级职教中心在服务乡村振兴中常犯的错误。比如，某学校要帮助某个村发展柚子产业，结果几年下来花了大量的资金、人力、物力，占用了大量的土地，却不结果，导致村民怨声载道，究其原因，原来柚子种植中这是一个常见的现象，在一个地方能正常开花结果的柚子树到了另外的地方就可能开不了花、结不了果，具体与气候、土质等地理条件有关。又如，一个学校帮助一个村种植特色西瓜，规划种植方形西瓜，预计市场售价 100 元一个，而当地西瓜一般售价是二十多元一个，这严重不符合市场规律。这些都是不具有可行性的表现，还有大量活生生的正反例子，需要县级职教中心认真思考，一个反面的例子可能毁掉的就是一个学校的形象声誉，本来是以服务为学校增光添彩，结果却给学校抹黑毁誉。

第四点，体现特色。县级职教中心服务乡村振兴一定要体现自己的特色，全国的县级职教中心都在服务乡村振兴，大家不可能走一样的路，做一样的事，最好是百花齐放、百家争鸣，打造各自的特色，丰富县级职教中心服务乡村振兴的做法。如何做出特色呢？一是做不一样的事，或者同样的事有不一样的做法，或者同样的做法产生不一样的效果，这都是特色。二是做得比别人好，可以选择一件事、一个方面深入地、持续地做，做到省市乃至全国最好就是特色。

打造特色说起来容易，做起来难，这里提供几个方法。一是将重点打造成特色，规划设计里的重点花费的时间、精力、资源最多，将其打造成特色最容易。二是结合区域特色做特色，一般的乡村都有自己的特色，特色产业、特色资源、特色做法等，以这些特色为基础做服务，就很容易打造学校自己的服务特色。三是集中资源做特色，既然是特色就需要集中学校自身、政府、企业、社会等多种资源来做。四是创新求异做特色，乡村振兴不能原地踏步，需要大量地、大胆地改革创新，要解放思想、敢于想、敢于做、敢于尝试。五是成体系地做、在理论指导下做，将学校的发展规划、教学科研、人才培养与服务乡村振兴有机融合，在科研的带动下，有研究、成体系、建平台，而不是散乱的、零星的。在现实中，这样成功的例子也很多，有的学校以校村党建共驻共建为突破口服务乡村振兴，有的学校以校村电商联营服务乡村振兴，有的学校以集团化新农人培训服务乡村振兴，有的学校以"四送"活动（送技术到村、送服务到村、送文化到村、送产业到村）服务乡村振兴，这些都是具有特色的做法，值得借鉴。

（2）统一组织领导。

县级职教中心的五大链条服务乡村振兴要形成合力，统一规划设计之外，还要有统一的组织领导，才能确保形成合力。统一组织领导包括四个基本内容、四个注意要点。

四个基本内容：

第一，有既统一又分工的组织结构。简单地说，就是建立学校服务乡村振兴的组织体系，这是县级职教中心服务乡村振兴的组织保障。这个组织体系的一般结构是这样的：

名称：××学校服务乡村振兴领导小组

组　　长：党委书记或校长

副组长：各分管副校长或校级领导

成　　员：各处室、部门主任（科长）、副主任（副科长），各系部主任。

领导小组下设办公室（一般设在行政办公室、对外合作办公室、产教融合办公室），设办公室主任、副主任、成员（一般是兼任）。

具体职责：

组长：全面负责学校服务乡村振兴工作，具体负责学校服务乡村振兴工作与政府、乡镇、企事业单位的沟通协调，负责审批和服务乡村振兴工作的最后决策。

副组长：全面负责学校服务乡村振兴某一方面的工作，具体负责这一方面工作的协调沟通、组织管理、监督执行，负责这一方面工作的初步审批，为学校党委的最后决策提供建议。

成员：具体负责学校服务乡村振兴某项工作的计划、组织、实施、总结及过程管理，负责落实学校的决策部署，负责向学校进行说明、汇报、提出建议意见。

办公室：全面负责学校服务乡村振兴工作的任务发布、监督执行、过程管理、协调沟通、宣传报告、总结提炼，在学校领导与任务实施团队之间起到沟通、桥梁作用。

以上是仅供参考的样本，各职教中心在具体的执行过程中，要结合自身实际进行灵活处理。但有几点需要说明，一是一般以党委书记为组长，因为县级职教中心服务乡村振兴工作是学校的大事，涉及到许多重大决策，同时在服务乡村振兴的过程中一般都离不开组织振兴、党建共建方面的内容，所以由党委书记牵头更恰当。二是相关成员一般都是兼职，不设专职人员，因为服务乡村振兴工作必须与学校的教育教学工作紧密结合、相互促进，不是两张皮，不能相互抵消，只有相互促进的服务乡村振兴活动才能长久持续，才是县级职教中心服务乡村振兴的正确选择。三是人员的确定要周密细致，该同志学校的本职工作与服务乡村振兴的某方面工作要有密切的相关性，同时还要有时间、有精力、有资源、有能力，不能挂名、不能敷衍。

第二，有明确的管理制度。学校服务乡村振兴的制度体系，是县级职教中心服务乡村振兴的制度保障。这个制度体系一般包括组织领导制度、定期会议制度、决策审批制度、经费管理制度、考核奖惩制度等。这些制度的制定可以按照初拟试行、修订试行、正式执行三个步骤进行，但最终一定要党委会议通过，强化其权威性。县级职教中心制定服务乡村振兴的制度时，一般要注意以下几点，一是粗细适宜，过粗不便于执行、没有效力，过细会限制手脚、不便于工作发挥创新，因此要反复修改，寻找平衡点。二是实用实效，少说空话、套话，多结合工作实际。三是及时修订，服务乡村振兴工作本身是一个不断探索、尝试、创新的工作，变化大、变数多，因此要及时修订相关制度，确保以制度促进工作，而不是工作被制度束缚。

第三，有清晰的行事规则。行事规则就是做事的基本规范，很多县级职教中心存在行事规则不清晰的问题。没有规则，做事就会五花八门、效果没有保障，也会带来众多矛盾和问题。县级职教中心在服务乡村振兴工作中，由于涉及到长期进出村社，经常与农民打交道，很多事项难以进行评估、考核、监督管理，因此更需要有行事规则。一般来说包括但不限于以下规则：

活动规则：活动有方案，方案要报批，过程有佐证，结果有总结，考核以方案为标准。

经费规则：事前有预算，预算要报批，执行有佐证，运用有结果，报销资料要齐全。

下乡规则：下乡有计划，计划要报批，过程有佐证，效果有资料，回校要销假。

在实际工作中，不按规则行事容易出现的问题主要有：借下乡服务乡村振兴开小差、办私事，逃避学校教育教学工作或其他工作；以服务乡村振兴为名乱用学校资金、资源，给学校造成损失；服务工作无计划、无章法，随心所欲，给学校造成不良影响。

第四，有规范的考核办法。一般来说，上级对县级职教中心服务乡村振兴工作虽然有要求，但是没有具体明确的考核。但学校对各部门、相关人员服务乡村振兴工作则必须要有考核，没有考核就没有效果。考核主要包括任务完成的时间、效果两个方面，基本做法就是按照"服务乡村振兴路线图"逐一考核。考核的方式主要是总结、评估、调查，总结包括团队自我总结、分管领导的总结，评估主要是对任务完成的全过程及相关结果进行综合定性评价，调查主要是走访村社、农民、相关人员听取意见。考核评价的结果一定要纳入学校整体工作，与评优评先、绩效发放、提拔重用等挂钩。

县级职教中心服务乡村振兴五链的统一组织领导要注意四个要点：

第一，责任明确。一是从学校到部门到系部再到教师的各个层级人员、部门的责任要明确，责任到人，任务到人，人事对应，尽量不要有交叉、重复。二是同一个团队里面，各个成员的责任要明确，分工要明确，不能形成相互推诿、相互扯皮、各自逃避的局面。三是责任、分工的描述要清晰、准确，不能模棱两可，不能有遗漏，不能模模糊糊。

第二，开拓创新。统一组织领导的目的是加强工作的组织管理，强化服务的力度，提升服务的效果，而不是束缚大家的手脚，限制大家的行为。县级职教中心服务乡村振兴是一项新的工作，需要开拓创新，需要有敢闯敢试的精神。因此，我们制定相关制度的时候一定要充分考虑如何能引导、激发大家创造性地开展工作，创新性地设计活动，只有创新县级职教中心才能更好地找到服务乡村振兴的方法路径。

第三，奖优罚劣。没有调查就没有发言权，同样，没有奖惩就没有效果。没有调查对服务乡村振兴工作就不能作出实事求是的评价，有了评价没有奖惩，大家可能就会失去信心和追求，慢慢地做事就没有效果。服务乡村振兴工作是一项长期的任务，不能靠一时的动员，一时的热情，大家的自觉行为去保障服务的质量，必须靠制度的约束，靠不断兑现考核来强化，才能确保服务的质量和效果。

第四，协调总控。总控就是了解总体情况、把握整体节奏、总结全局工作，协调就是平衡各板块、人员之间的关系、资源、工作量，调解矛盾，处理问题。县级职教中心服务乡村振兴涉及五大链条、全校各个部门、所有教师、大部分学生，一年四季随时都在开展，地点包括校内校外、乡镇村社，因此需要强有力的总控和协调机制。如果学校不能从总体上进行把握和控制，及时协调沟通，就容易造成各个板块的失衡，进而引发矛盾，带来大量的问题。而这个总控和协调主要包括两个层面，一是学校党委书记（或校长）的全面总控能力、协调能力，二是分管领导的板块总控能力、协调能力。

（3）板块分步实施。

前面都是强调的统一，而统一后的实施则是五大链条也就是五大板块各自进行、分步实施。为了确保分步实施的效果必须注意以下四点：

第一，遵守行动计划。既然制定了行动计划，那就要按照行动计划进行实施，并且一般情况下不得改变行动计划。因为行动计划制定时考虑了全局，经过反复修订，是大家共同制定的，一般来说更科学合理。当然，由于乡村振兴工作本身具有较大的不确定性，乡村、"三农"不像企业工厂那样有规律性、讲规则，因此出现情况变化、条件变化、人员变化很正常，当这些变化影响到任务实施时，经过团队的讨论、分管领导的审批可以做适度调整，只不过这种调整一定要谨慎，涉及到重大调整一定要经过领导小组、学校党委研究决定。

第二，建立沟通机制。五大链条在分别实施的过程中，一定要建立相互沟通的机制，一是互通信息，二是协调行动，三是整合资源。几个组能够共同完成的任务大家就要统一行动，一起实施，不必各自为政，浪费时间、精力和资源。能够互用共享的资源一定要互通有无，能够协调配合减少村社、农民负担的一定要协调配合，能够共建共享的一定要共建共享。五大链条本身是学校工作的有机整体，相互之间很难一刀切割，只不过为了发挥大家的作用，突出重点特色，人为地分成了五个链条。但在具体实施中，一定要建立协调沟通机制。

第三，定期总结汇报。县级职教中心服务乡村振兴有两个难点，一是任务零碎，因为五大振兴涉及乡村的方方面面，大多数事项学校都可以参与，而又难以系统参与，所以零碎；二是探索前行，乡村振兴虽然百年前有前辈探索，几年前有精准扶贫，但面向"中华民族伟大复兴"的全面振兴却是从未有过。基于以上原因，县级职教中心在服务乡村振兴过程中要建立定期总结汇报机制，一是及时发现问题，将服务中出现的问题、矛盾、难点、教训及时收集上来，集中研究，寻找解决之道；二是及时总结经验，将各版块、各小组在服务中的好做法、好经验收集上来，在全校推广，提高服务质量；三是及时调整，根据工作开展情况，结合出现的新问题、新需求、新条件、新经验、新技术，对服务工作进行及时的调整、优化。定期总结汇报机制既是总结、反思、调整、优化的手段，也有监督、协调、考核、评价的作用。

第四，及时考核评价。考核评价的目的是促进工作，形成常态化监督机制，而考核评价要真正起到作用，就必须及时。考核评价一般学校都能做到，但及时评价很少有学校能做到，其根本原因是认识问题。很多职业学校服务乡村振兴工作都是开头轰轰烈烈，中途拖拖拉拉，最后偃旗息鼓。产生这种现象的原因除学校组织问题外，就是教职工积极性丧失，做了工作得不到肯定，于是就产生惰性。所以及时考核评价对促进服务乡村振兴工作长期高质量进行具有重要意义，值得坚持。

3."五链"融合的基本内容

"五链合一"融合行动就是学校服务乡村振兴的"五链"融合为一，共同与乡村"五大振兴"融合，在融合中服务乡村振兴。其融合服务示意图见图5-1：

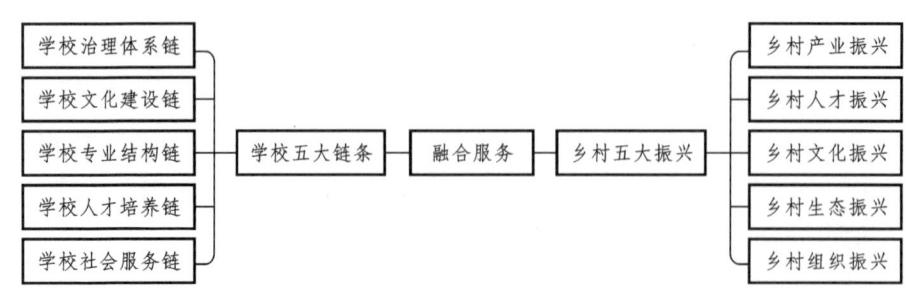

```
┌─────────────┐
│ 学校治理体系链 │─┐                                      ┌─│ 乡村产业振兴 │
├─────────────┤ │                                      │ ├─────────────┤
│ 学校文化建设链 │─┤                                      ├─│ 乡村人才振兴 │
├─────────────┤ │  ┌─────────┐  ┌────────┐  ┌─────────┐ │ ├─────────────┤
│ 学校专业结构链 │─┼──│ 学校五大链条 │──│ 融合服务 │──│ 乡村五大振兴 │─┼─│ 乡村文化振兴 │
├─────────────┤ │  └─────────┘  └────────┘  └─────────┘ │ ├─────────────┤
│ 学校人才培养链 │─┤                                      ├─│ 乡村生态振兴 │
├─────────────┤ │                                      │ ├─────────────┤
│ 学校社会服务链 │─┘                                      └─│ 乡村组织振兴 │
└─────────────┘                                          └─────────────┘
```

图 5-1 "五链融合"与"五大振兴"关系图

这里有两个误区需要说明：第一，学校的"五链"与乡村的"五大振兴"不是一一对应关系。学校的"五链"是学校办学的五个主要要素，乡村的"五大振兴"是乡村振兴的五个具体要求，二者之间没有逻辑上的、内容上的一一对应关系。在具体的服务实践中，学校"五链"的每一链都可以服务"五大振兴"中的多个振兴，因此称为融合行动。第二，"五链合一"不是融合一体，学校的"五链"在服务乡村振兴过程中，既分离又融合，每一个链条都有独特的服务乡村振兴的功能、内容、做法，但又相互联系，因此"五链合一"是总体管控中的合一，而具体实施中是五链。

"五链合一"融合行动的逻辑起点是县级职教中心办学的"五链"在服务乡村振兴过程中出现了不适、不应、不妥，严重制约了县级职教中心服务乡村振兴工作的开展、推进和质量提升，因此需要构建一种全新的将学校"五链"与乡村振兴有效衔接的服务模式，于是就提出了县级职教中心服务乡村振兴"五链合一"融合行动模式。这种模式将学校的"五链"从乡村振兴的角度进行重构，使学校的"五链"与乡村振兴从内容上、机制上吻合、对应，也就是内在机理上的吻合，从而有效构建县级职教中心服务乡村振兴的管理体系、内容体系、工作体系，形成一种"高效的融合行动模式"。

"五链合一"融合行动具体内容包括以下五个方面。

（1）学校治理体系与乡村振兴融合。

现实问题：县级职教中心的治理体系与服务乡村振兴工作存在脱节。一是县级职教中心现有治理体系都是按照一般职业学校的通用治理结构，是面向技能人才培养而建立的，本身并没有考虑到县级职教中心全面服务乡村振兴的实际。二是没把乡村振兴作为县域职业学校的重要任务和发展的重要契机，因此相关助农机制都有临时性特点，难以持续发挥应有功能。这样的治理体系造成学校服务乡村振兴的机制具有临时性，导致服务"三农"运行不畅，难以持续。

解决办法：构建面向技能人才培养的具有通用职业学校功能，同时又具有服务乡村振兴功能的县级职教中心新的治理体系。

融合内容：

第一，构建具有双重功能的学校治理体系。县级职教中心现有的治理体系一般是：党委（党委会、党委书记、党委副书记）、校长（校长办公会、副校长）、中层部门（行政办公会、中层干部）、专业系部（系部主任、副主任）、群团组织（工会、共青团、学生会）。其中体现职业教育特色功能的主要是中层部门，里面设有校企合作办公室、生产实习处、招生就业处等，以及专业系部。根据县级职教中心服务乡村振兴的要求，可以进行这样的改造：

一是将中层部门的校企合作办公室改为对外合作与服务办公室，增设服务乡村振兴专干，使其具有服务乡村振兴的功能。或者直接添设乡村振兴服务办公室，也可以兼设在学校党政办公室。

二是对专业系部进行改造。首先，以群建系。根据服务县域乡村振兴的需要（如商贸、旅游、乡村建设、农业机械化、农业信息化、种植养殖等），将学校所有专业整合成若干专业集群，每个专业集群组建成一个专业系部，形成若干二级管理单位，这样一个专业系部就可以大致对应乡村振兴的一个人才需求方向。其次，将党支部建在系部上。每个专业系部建一个党支部，每个党支部对接一个村社，形成党建共驻共建关系。这样每个党支部就可以对接一个或几个村社党支部。

这样的治理结构更好地对应了乡村振兴帮扶项目和村社，组织更有力，行动更顺畅，责任更明确，服务更专业。

第二，明确具有双重性的治理功能。学校治理体系改造后，大部分的治理结构没有变，但功能必须增加和明确，实行"一岗双能"，每个岗位既有原来的功能，也具有服务乡村振兴的功能。比如党委书记、校长既要全面领导学校技能人才的培养，也要全面领导学校服务乡村振兴工作，并且要将二者有机融合形成合力，而不是相互冲突，形成阻碍。所有岗位的双重性要靠学校的相关制度来明确和界定，不能以口头表述为准。

第三，构建服务乡村振兴的治理链。虽然前面改造了学校治理体系，明确了具有双重性的岗位功能，但还是必须构建一个独立的服务乡村振兴的治理链，因为这毕竟是县级职教中心的重要工作和发展的重要契机。

一是成立学校"服务乡村振兴领导小组"。以党委书记、校长为组长，党委副书记、其他校级领导为副组长，中层干部、专业系部主任为成员，全面领导、组织、管理、协调、监督、考核学校服务乡村振兴工作。

二是成立学校"服务乡村振兴办公室"（可以兼设）。设立主任、副主任、专干，具体服务学校服务乡村振兴的任务发布、档案资料、会议组织、总结宣传、过程监管等工作。

三是建立对接乡村振兴的专业系部和党支部。每个专业系部对应一个乡村振兴人才方向，每个党支部对接一个或几个村社党支部，组建以专业系部、党支部为平台的服务乡村振兴"治理实体"。

四是建立教职工服务乡村振兴台账。采取定户帮扶、定生帮扶、定产帮扶、定村帮扶（"四定"），通过组织保障建立服务乡村振兴固定模式。学校全体党员干部对应帮扶若干户村民，以文件固定并备案，实行"三固定一灵活"帮扶政策，即：固定人员、固定帮扶项目（生活、生产、健康、教育）、固定形式（走访慰问、环境整治、电话微信交流）、帮扶时间灵活（春耕农忙、重要节气、重大活动等）。全体教师固定帮扶若干名农村学生，以党委文件固定，主要是学习帮扶、生活关心、身心关爱。各个支部定向帮扶若干村社，报组织备案，主要是治理能力帮扶、产业发展帮扶、乡风文明帮扶、美丽乡村帮扶。

五是完善服务乡村振兴制度。将服务乡村振兴作为学校、学校党委的中心工作之一，列入学校"五年规划"、年度计划，列入年度考核目标任务；将服务乡村振兴纳入学校"提质培优""高水平建设"等各个建设项目，使之落地落实；制定服务乡村振兴制度，将党委书记作为第一责任人，明确各级领导、处室部门服务乡村振兴的工作职能。

六是搭建若干服务乡村振兴平台。如创立乡村振兴学院，建立乡村振兴技能人才培训基地，建立"美丽乡村服务团"，建立"乡村振兴技术技能人才培养研究中心"，建立乡村振兴专业服务中心，成立服务乡村振兴联盟等。以平台为载体，融合学校"五链"服务乡村振兴。

七是设立服务乡村振兴专员。可以是学校自主设立派遣，也可以通过县组织部门认可，以县组织部文件公示派遣。具体操作办法是，选拔学校思想政治素质好、工作作风过硬、服务乡村振兴意愿强烈的优秀干部任驻村第一书记，选拔素质好、工作踏实认真、愿意服务乡村振兴的优秀教师任驻村队员，明确驻村年限、工作职责、考核机制、待遇奖励政策，鼓励队员长期驻村服务乡村振兴。

（2）学校文化建设与乡村振兴融合。

现实问题：县级职教中心的现有文化是追随城市职业学校构建的文化体系，虽然文化特色、文化名称不一，但文化倾向都是面向的"工业文化""城市文化""都市职场文化"，与乡村振兴难融通。县级职教中心虽然身处农村区域，但育人理念、育人行为、育人制度、专业设置及环境文化等与城市职业学校区别不大，主要以面向制造业、服务业的都市工业文化为主，与以"三农"文化为核心的乡村振兴相去甚远。

解决办法：重塑校园文化链，构建与乡村相吻合，富有"三农"特色，兼顾职教特色的文化体系，使学校文化与乡村振兴融合。

融合内容：

一是重构校园精神文化。将培养"两爱一懂"（爱农村、爱农民，懂农业）人才纳入学校办学目标，将"懂乡村、有乡情、感乡恩"纳入师生精神文化教育内容。具体实施方式主要有：组织学生有计划阅读乡村系列文章文献、举办乡村振兴讲坛、开展主题宣传、组织收看乡村振兴相关专题片等。

案例 60：

强化文化浸润

重庆市云阳职业教育中心编印了包括国家乡村振兴政策、乡村振兴具体内容、乡村振兴典型案例的《美丽乡村、幸福农民》读本，以及包括爱家乡为重要内容的《颐养实心之向阳》读本，发放给每个学生，实行每天个人读一段、每周系部集体读一篇，由学生处纳入"三全育人"德育考核。

举办讲坛，强化宣传带动。每月举办一次面向全体师生的乡村振兴讲坛，其中包括乡镇书记镇长、县级部门领导、各级劳动模范、村社干部、农村致富带头人等，内容包括乡村振兴对人才的需求、乡村振兴的具体做法、乡村振兴发展规划、技能带动村民致富、创新创业服务乡村发展等。

主题宣传，强化情感熏陶。每期举办 1~2 次大型主题宣传活动，包括动员会、成果展等，组织师生收看乡村振兴专题片、宣传片，从心灵上打动学生，从情感上熏陶学生。

二是重构校园活动文化。主要办法有：将学校原有活动进行改造，增加"乡村""三农"元素；增加新的服务乡村振兴系列活动，丰富校园活动类型；组建学校服务乡村振兴学生社团、教师工坊，推动服务乡村振兴活动阵地化。

案例 61：

重构校园活动文化

重庆市云阳职业教育中心根据服务乡村振兴行动计划设计系列活动，包括组织开展服务"三农"的社会实践活动、创新创业体验活动、电商营销活动等，将服务"三农"、服务乡村振兴意识植根师生心灵深处。

主动服务，开展"四送"活动。一是送技术下乡，重点是种养殖技术、电商营销技术、农机农具使用维修技术；二是送产业下乡，重点是产业引导、产业指导、农产品销售、农耕助力等；三是送文化下乡，重点是文明新风、美丽乡村的宣传宣讲；四是送服务下乡，重点是家电维修、便民服务、生产生活安全、健康医养等。

创新形式，举办服务"三农"创新创业体验活动。一是组织师生深入农户、农家乐、农耕园、养殖场、种植园进行现场调研，发现问题，了解需求，对农机农具等设施设备进行现场创新设计，改善生产生活条件，提高生产效率，将成熟的作品提交对方参考使用，将部分作品申报专利。二是根据农村产业情况，组织学生开展创业点子创意，辅导学生将好的创意整理、加工出来进行创业实践，并参加"渝创渝新"等创业大赛。

深入实践，举办乡村电商服务营销活动。一是与企业、乡镇一起举办"农耕园乡村旅游节""赶年节""农产品电商节""消费助农购"等活动。二是到田间地头、果园、农家乐等现场为农民直播带货，销售推广农产品、季节性果蔬。三是建乡村振兴电商服务中心，组织师生对外开展咨询服务、技术服务、信息服务、培训服务。四是参与管理维护校企合作电商平台，并开设网店，立体推广销售农特产品。

三是重构学校环境文化。主要办法有：整体打造富有区域民族特色、乡村文化特色的校园环境文化，突出"职教""区域""乡村"三大特点；建立乡村文化、农耕文化阵地，如展板、文化墙、雕塑、标语等；在校园墙壁、走廊、教室、寝室有机融入乡村文化，从细节入手，全方位植入。

案例62：

重构校园环境文化

重庆市云阳职业教育中心在校园环境文化中植入"三农"元素、乡村振兴元素，营造乡村振兴氛围，立体宣传乡村振兴。

建乡村振兴宣传阵地。设置乡村振兴宣传标语、宣传专栏，及时将国家、市县乡村振兴政策、热点、事件推送给师生，使大家了解时事，关心时事。

建乡村振兴展览馆。内容包括各级政府乡村振兴政策及规划，学校师生服务乡村振兴成果成效，培养乡村振兴人才办法举措。以图片、文字、实物、影像方式展示。

建"三农"双创中心。设置三大功能区，包括路演讨论区，组织师生开展研讨、交流活动，进行作品路演；成果展示区，展示双创文化，展览师生作品、专利、获奖等；实践操作区，包括创意孵化、创意设计、作品制作等。

（3）学校专业结构与乡村振兴融合。

现实问题：县级职教中心现有专业主要面向二、三产业，与乡村振兴难契合。县级职教中心的主要专业是制造类专业、服务类专业、财经商贸类专业，涉农专业几乎没有，服务"三农"的专业缺失。

解决办法：重构专业链，增设直接涉农专业，改造间接涉农专业，增加、改造涉农课程，推动专业结构与乡村振兴融合，增强专业服务乡村振兴的能力。

融合内容：

一是组建专业集群。根据县域乡村生存生活实际，将现有专业组建成可以服务乡村振兴的专业集群。首先确定骨干专业，然后以此为核心组建专业集群，以服务乡村振兴的一个方面。详参表5-8。

表 5-8 专业集群基本情况

专业集群	核心专业	支撑专业	服务方向	建设水平
电子商务专业群（现代服务专业集群）	电子商务	计算机平面设计、旅游服务与管理	农村电商、乡村振兴商贸流通	市级高水平专业群
智能制造专业集群	机电一体化	数控加工技术、模具制造技术	农机农具使用维修	学校重点专业群
大数据专业集群	信息技术	电子电器应用与维修、物联网技术应用	信息技术和机电技术推广普及	学校重点专业群
工程与设计专业集群	建筑工程施工	工程造价、数字空间设计	美丽乡村建设	学校重点专业群

案例 63：

组建专业集群

重庆市云阳职业教育中心组建现代服务专业集群、智能制造专业集群、大数据专业集群、工程与设计专业集群，分别服务乡村振兴商贸流通、农机农具使用维修、信息技术和机电技术推广普及、美丽乡村建设。其中，在现代服务专业集群中组建了一个精准化服务农村电子商务的专业群：电子商务专业群，并成为学校高水平建设专业群。详见图 5-2。

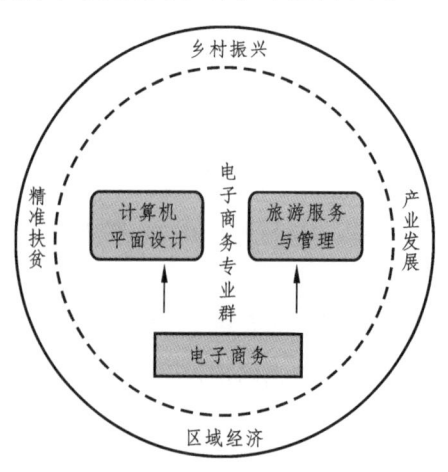

图 5-2 电子商务专业群功能与结构

二是调整社会培训专业（项目）。调整社会培训专业（项目）结构，增加直接服务乡村振兴的培训专业。详参表5-9。

表5-9 服务乡村振兴中短期培训专业情况

培训专业类别	对接板块	培训形式	具体方向	属性
种植养殖培训	农业生产	理论+实践操作	柑橘种植、花椒种植、奶牛养殖、山羊养殖、生猪养殖等	改造
农村经纪人培训	农业产业化	理论+实践演练	专项培训（农业合作社经营管理、农产品代理、农民劳务经纪等）	改造
农村致富带头人培训	创新创业	理论+实践演练	专项培训（产业园开办、种植养殖发展、中小企业开办等）	新增
电子商务培训	农产品销售	理论+实践操作	农产品包装开发、网店运营、直播带货等	新增
旅游服务与管理培训	乡村旅游	理论+实践操作	农家乐餐饮服务、住宿服务，乡村旅游组织与管理、导游讲解、活动设计	新增

案例64：

增加"三农"培训项目

重庆市云阳职业教育中心对应农业生产的种养殖培训增加种养殖培训项目，对应农业产业化的农村经纪人培训增加经纪人培训项目，对应创新创业的农村致富带头人培训增加农村致富带头人培训项目，对应农产品销售的电子商务培训增加农村电商培训项目，对应乡村旅游的旅游服务与管理培训增加乡村旅游培训项目。

三是开展乡村振兴高等学历教育。县级职教中心一般都是区域函授站点、成人教育站点，同时与高职院校有紧密的联系，因此，可以联合高校开展针对乡村成人的学历教育。详参表 5-10。

表 5-10　乡村振兴高层次人才培养情况

载体	学习形式	学历层次	联办高校	专业方向
乡村振兴学院	线上线下混合	高职专科	重庆市城市管理职业学院	社会工作
函授站	面授+函授	专本科	三峡学院	经济管理、汉语言文学、医药卫生等

案例 65：

中高职共建乡村振兴学院

重庆市云阳职业教育中心与重庆城市管理职业学院、云阳县政府联合共建乡村振兴学院，利用国家高职扩招计划，开设乡村振兴专科学历教育班，培养乡村振兴高技能人才。以本校为阵地，负责日常组织管理、部分基础课教学和实践活动。以高职为主体，负责学籍管理、主要专业课教学、质量保障。目前已有泥溪镇的 35 名村社学员入籍，以送课到乡、线上线下结合的方式学习。

学校同时与高校合作建立函授站，对相关涉农人员开展专本科函授教学，培养乡村振兴高层次人才。目前开设有经济管理、汉语言文学、医药卫生等专业，现有学员 600 余人。

四是开发服务"三农"校本课程。直接针对乡村振兴广泛、重要需求，开发针对性强、实用的校本课程，培养学生、学员服务"三农"专门知识技能。开发前，对"三农"需求深入调研、清晰认识、准确定位。教学中，对本地乡村实际情况要非常熟悉，掌握大量实际案例，以技能传授为主，辅以意识培养、精神塑造。详参表 5-11。

表 5-11 "三农"校本课程开发情况

课程种类	课程名称	针对需求	适用对象
商贸类	农产品电商	农产品的商品化开发、包装、推广、销售	电子商务专业、平面设计专业、旅游服务与管理专业学生选修,农村电商培训学员必修
	农业经纪	农村产业合作社组建、经营、管理	农村准备或正在组建、经营、管理农村产业合作社的培训学员
	农产品营销	一般农产品、特色农产品的开发、包装、销售	一、二、三产融合发展的农户,农产品经营者,农产品中小企业主
服务类	云阳旅游	本地乡村旅游、特色旅游、休闲旅游的管理、服务、营销	旅游服务与管理专业、电子商务专业学生选修,乡村旅游相关培训学员必修
	养老护理	村镇养老院经营、护理	村镇养老院经营者、管理者、护理人员
	特色餐饮	农家乐、乡村旅游、民宿等餐饮加工	农家乐、乡村旅游、民宿等餐饮工作人员
生产类	生姜种植	本地生姜的育种、种植、管护	耀灵镇生姜种植户(镇特色产业)
	花椒种植	本地花椒的种植、管护、采摘、粗加	高阳镇、渠马镇、双龙镇花椒种植户
	奶牛养殖	奶牛配种、繁殖、饲养、产奶、防疫、防病	江口镇马乐村奶牛养殖户(村特色产业)
	柚子种植	柚子育苗、嫁接、管护、病虫害防治	江口镇双义村柚子种植户村特色产业

案例 66：

开发"三农"培训课程

重庆市云阳职业教育中心现已开发《农产品电商》《乡村旅游》《生姜种植》等 10 门校本课程，供在校生和培训学员使用。

五是整理社会培训课程。将原有社会培训课程进行整理、改造，根据本区域"三农"实际需求开发新的课程，建立新的乡村振兴社会培训课程库。主要包括三类：第一类是专业技能课程，主要提升农民的专业技能，增强就业创业能力，如母婴护理、餐饮厨师、维修电工、电子商务等；第二类是特色产业课程，主要提升农民的种植养殖技能，助力特色产业发展，如柑橘种植、生猪养殖、生姜种植、花椒种植、奶牛养殖、柚子种植等；第三类是创业经营课程，主要提升农民的小微企业、农业合作社的经营管理能力，帮助发展农业商贸经济，如农业经纪、创业孵化、农产品营销等。详参图5-3。

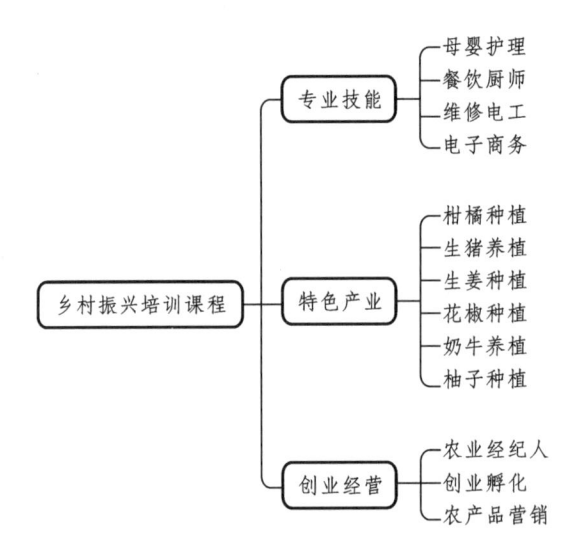

图 5-3　乡村振兴培训课程结构

案例 67：

建设"三农"培训课程

乡村振兴社会培训课程库中，生姜种植、花椒种植、奶牛养殖、柚子种植等是根据本地精准脱贫特色产业开发的新课程；农业经纪、创业孵化等是在原有三峡移民技能培训课程基础上改造的课程；母婴护理、维修电工、柑橘种植等则是原来已有的课程。

（4）学校人才培养与乡村振兴融合。

现实问题：学校人才培养包括培养方向、培养层次、培养类型、培养模

第五章 县级职教中心服务乡村振兴的策略："五链合一"融合行动模式

式四个链块，原来县级职教中心的人才培养出发点是服务城市化、工业化，人才培养的方向主要是面向现代工业、现代服务业、现代商贸业，很少有面向现代农业的。培养模式也主要是基于"工业、城市"的工学交替、做学合一，很少有深入乡村的工学结合。这就造成了县级职教中心的人才培养与乡村振兴的人才需求脱节。

解决办法：重构学校人才培养链，增加服务乡村的目标方向、培养模式，构建服务乡村振兴的培养链。

融合内容：

一是调整学历教育专业人才培养方向。对学校原有专业进行梳理，根据本区域"三农"实际进行整合，调整专业人才培养方向，增加服务乡村振兴教学内容。详参表 5-12。

表 5-12 专业人才培养方向调整具体情况

专业	对接产业	具体培养方向
电子商务专业、计算机平面设计专业	农村电商	网店营销、直播营销、产品视频图片广告制作等
旅游服务与管理专业	对接乡村旅游	农家乐经营与管理、乡村景区服务与管理、乡村旅游节服务与管理等
建筑施工专业	对接美丽乡村建设	乡村基础设施建设（路、网、坎、坝、田、地、库、池），民居民建技能人才（园舍、房屋、庭院、园林园艺）
物联网专业、信息技术专业	对接智慧农业	信息技术应用、通信技术应用（电脑操作、网络通信、果园等视频监控、定时施肥浇水等物联网管理）、无人机洒药
服装设计与制作专业	对接乡风文明	民族服饰设计制作、绿色环保服饰开发应用
机电一体化专业	农机农具使用与维修	农机农具（耕田机、粉碎机、切割机等）使用、维护、维修

案例 68：

调整专业人才培养方向

对接乡村振兴产业调整专业人才培养方向，增加服务"三农"功能。主要调整了 8 个专业，对接了乡村振兴 6 大板块，产生了 6 个具体的乡村振兴人才培养方向。

二是挖掘课程服务乡村振兴功能。对课程内容进行梳理、挖掘、发现、改造、增加相关服务"三农"的教学内容，将大量乡村生产、生活中的知识技能应用案例以"举例"的方式融入平常教学中。首先是挖掘所有课程的"乡村振兴思政元素"，广泛进行"两爱一懂"思政教育。其次是挖掘公共基础课的涉农知识、文化、艺术元素，适度开展"三农"文化教育。再次是挖掘专业课程中涉及乡村振兴的知识技能，提升学生学员服务乡村振兴的专业能力。最后是在社会实践课程中增加"三农"实践活动。详见表 5-13。

案例 69：

表 5-13　重庆市云阳职业教育中心挖掘现有课程乡村振兴相关内容的情况

课程类别	挖掘内容	举例
思政课程	"两爱一懂"（爱农村、爱农民、懂农业）、"一懂一有一感"（懂乡村、有乡情、感乡恩）思政元素。	"三农"相关的社会、经济、道德、法律、法规	农林牧渔产权、经营权、使用权，"涉农"经营鼓励支持政策，劳务合同等
公共基础课程		"涉农"知识、文化、文学、艺术	民俗文化、民间艺术、非遗传承、乡风民俗、24 节气等
专业课程		"三农"设施设备、知识、技术、资源	农机农具、农产品开发与销售、农业现代化技术应用等
实践课程		"涉农"项目、活动、阵地	乡村节庆、田园综合体建设、美丽乡村建设等志愿者活动、考察调研活动

三是丰富服务乡村振兴的培养层次和类型。乡村振兴需要的人才层次丰富，从高中、高职到本科，或者从初级工、中级工到高级工及以上。乡村振

第五章 县级职教中心服务乡村振兴的策略:"五链合一"融合行动模式

兴需要的人才类型多样,管理型、生产型、经营型、文化型、复合型。乡村振兴需要的人才层次和类型一部分是"未来人",在现有学生中培养,主要途径是学历教育;一部分是"现实人",在现有成人中培养,主要途径是中短期培训。因此,县级职教中心应该积极拓展面向成人的学历教育层次,开发面向学员、学生的各类校本课程,以满足乡村振兴人才对层次和类型的需要。

四是构建服务乡村振兴的培养模式。职业教育的培养模式基本前提是"工学交替",比较推崇的成熟的培养模式是"现代学徒制",服务乡村振兴的培养模式就应该是"工农学交替",也就是在原有培养模式的基础上增加乡村、"三农"的实训实习实践,在学校学习、企业实习实训的同时,应该有在乡村或者是模拟乡村的环境中实习实训的学习活动,应该有结合乡村的"做学合一",应该将乡村的广阔天地、丰富实践场景融入人才培养的过程。而不是纯粹的学校学习、企业实习,学校主体、企业主体。

(5)学校社会服务与乡村振兴融合。

现实问题:县级职教中心现有的社会服务具有随机性,政府需要什么服务什么,企业需要什么服务什么,社会需要什么服务什么,没有重点、倾向和集中度,更没有为服务乡村振兴建立一个服务链条,因此服务乡村振兴就显得粗浅、仓促、零散。

解决办法:搭建服务乡村振兴的服务平台,以平台为基础开展系列服务活动,从而构建县级职教中心服务乡村振兴的服务链。

融合内容:

一是搭建服务乡村振兴共享研究平台。作为学校,最好是研究先行,实践紧跟。县级职教中心可以独立或者联合相关机构、同类学校共同组建服务乡村振兴研究平台,可以是研究中心、研究室、研究联盟等名称。在此平台上,开展专门研究,收集相关文献资料,进行政策梳理,提出服务路径方法。

案例 70:

牵头组建协同创新平台

重庆市云阳职业教育中心学校牵头成立了"中等职业学校服务乡村振兴区域协同创新联盟",由本校任理事长单位,成员包括万州职教中心、开州职教中心、梁平职教中心、垫江职教中心、丰都职教中心、奉节职教中心、巫山职教中心、巫溪职教中心、城口职教中心、四川小河职教中心、四川开江职教中心等13个中职学校。聘请市职教学会会长张荣、重庆工程职业技术学院二级教授谭绍华、重庆市教育评估院职成教所所长黄承国、西南大学职教研究所所长林克松为指导专家。联盟主要开展职业教育服务乡村振兴的合作、交流、研究活动。

2020年10月举办了首届乡村振兴论坛，谭绍华、林克松、黄承国等3名专家发表了主旨演讲，市职教学会、云阳县领导到会祝贺，联盟各成员学校交流了服务乡村振兴的想法做法。

学校牵头成立了市职教学会主管的乡村振兴技能人才培养研究中心，由本校任主任单位，万州职教中心、开州职教中心任副主任单位，搭建了渝东北县域职业学校服务乡村振兴的协同研究平台。

二是搭建多元产教融合创新平台。产教融合校企合作是职业教育的基本办学模式，在服务乡村振兴过程中，同样需要借助企业、行业、产业的资源，将这些资源以平台的形式整合起来，就能够更好地服务乡村振兴。

案例71：

建立"三农"双创中心

重庆市云阳职业教育中心将创新创业教育特色用于服务乡村振兴，建立了"三农"双创中心，搭建创新创业服务平台。中心可供50名师生同时活动，主要有三个功能：一是用于师生开展"三农"双创的研讨、创意设计、创新制作、小型培训等；二是展示师生的创新创业作品、获奖等成果；三是呈现"三农"双创文化，起教育、宣传作用。

申请了"云之浓""云之绿"商标，是学校专门为服务乡村振兴、农特产品销售申请的公益性商标。"云"代表云阳，"之"有职教、支援两种意思，"浓"有浓情、"三农"两种意思，"绿"指绿色发展、农村大地。"云之浓"表示云阳职教中心支持、服务"三农"的浓情厚谊，"云之绿"表示云阳职教中心支持、服务"三农"绿色发展、生态振兴。

建立了"云之浓"乡村振兴电子商务服务基地，搭建服务平台。基地有近500平方米，设有农特产品展示销售中心、电商运营中心、直播中心、物流专柜、产品拍摄室、会议室等功能区，开展了电商运营、生产性实训，既销售农特产品，又是服务全县电商的基地，还是学生实习实训的基地。

三是搭建多样服务创新平台。以平台服务乡村振兴的效果要远远高于没有平台的"随意"服务活动，多样服务创新平台可以是乡村振兴学院、田间学院，也可以是兴农学校、"三农"培训中心。

案例 72：

搭建培训平台

重庆市云阳职业教育中心建立乡村振兴人才培训基地（乡村振兴学院），搭建培训平台。整合各类培训资源，拟定培训清单，组建培训团队，开发培训课程，开展涉农技术技能培训、乡镇村社干部培训、农民工培训、驻村干部培训、乡村振兴政策宣讲等。五年来，培训涉农学员 65 000 人次，年均 13 000 人次。

建立乡村电商服务站，搭建实践平台。在全县各乡镇依托当地电商经营户挂牌建立了 50 个乡村电商服务站，主要用于服务当地电商经营户、当地农产品的电商销售。

四是搭建校村互动平台。建立校村党建共驻共建、校村联姻联盟、校村乡村振兴示范基地等平台，形成校村互动的常态化机制，推动服务乡村振兴的常态化。

案例 73：

校村共驻共建

重庆市云阳职业教育中心 4 个支部分别与四个村社建立共驻共建关系，挂牌宣告，定期开展党员学习教育、主题党日活动、关爱帮扶活动、政策宣讲活动，帮助提升村社治理能力、完善治理体系、助推乡风文明、助力美丽乡村建设和产业发展。共开展活动 120 余次，派驻第一书记 8 人次，帮扶一个县级"软弱涣散"党支部"转正"。

五是搭建服务行动平台。组建服务团、志愿队、天使团等组织，形成人员相对固定、机制相对固定、服务内容形式相对固定的稳定模式，定期、常态化开展服务活动。

案例 74：

成立美丽乡村服务团

成立美丽乡村服务团，以师生志愿者为主体成立"美丽乡村服务团"，到村社开展"四送"活动：送乡风文明下乡、送服务下乡、送产业下乡、送培训下乡。帮助村民搞家庭卫生、环境整治，进行新民风民俗宣传，为村民维修农机农具、家用电器，助力春耕农忙，为产业发展、农产品销售献计献策。五年来，开展活动 500 余次，参与师生 5 000 余人次，涉及 49 个村社，惠及 3 000 多户农民。

（二）"五链合一"融合行动模式的基本结构

根据县级职教中心的治理结构，乡村振兴的五大内容，以及县级职教中心服务乡村振兴的五大行动，我们构建了"五链合一"融合行动模式的基本结构，以便更清楚展示各要素的相互关系，详见表 5-14。

表 5-14 "五链合一"融合行动模式的基本结构

五链	合一	融合	行动
学校治理链	服务乡村振兴行动	乡村五大振兴	建机制
学校文化链		产业振兴	建队伍
学校专业链		文化振兴	建平台
学校培养链		组织振兴	建资源
学校服务链		人才振兴 生态振兴	建渠道

1. 四大板块

五链：指学校办学的五大关键要素组成的链条体系。学校治理链包括学校层级、处室层级、系部层级、学生层级四个层级；学校文化链包括精神文化、制度文化、环境文化、活动文化四类文化；学校专业链包括专业集群、特色专业、专业方向、培训专业四个层次；学校培养链包括培养方向、培养层次、培养类型、培养模式四个方面；学校服务链包括技术服务、人力服务、

第五章 县级职教中心服务乡村振兴的策略："五链合一"融合行动模式

资金服务、资源服务、综合服务五种类型。

合一：指学校办学的五大关键要素组成的五大链条（学校治理链、学校文化链、学校专业链、学校培养链、学校服务链）在服务乡村振兴过程中要形成合力，进行统一规划、组织、实施，共同构成县级职教中心服务乡村振兴的有机组成部分，而不是独立的、单项、分割的服务活动。

融合：指乡村振兴的五大振兴产业振兴、文化振兴、组织振兴、人才振兴、生态振兴的融合，具体指县级职教中心在服务乡村振兴的过程中，一般不单一地指向某个方面的振兴，而是对多个振兴的融合进行。同时，在看待、设计、活动、评估中，要将五大振兴作为一个有机融合的整体对待，不能搞条块分割。

行动：指县级职教中心服务乡村振兴的五大行动，包括建机制、建队伍、建平台、建资源、建渠道。这是服务乡村振兴的行动路径，也是服务乡村振兴的具体着力点。

2. 分合有序

"五链合一"融合行动模式的基本结构一个重要特征就是分合有序。

"分"包括三个部分：一是县级职教中心服务乡村振兴的主体建设、要素分析要分为五大链条去进行，不能过泛，也不能太窄；二是乡村振兴的内容要遵从国家的五大振兴要求，从五个方面去设计、评估，不能太笼统，也不能太细致；三是行动实施要从五个方面去进行，包括建机制、建队伍、建平台、建资源、建渠道。

"合"包括三个方面：一是县级职教中心服务乡村振兴的五大链条要形成合力，分合有度，不能各自为政；二是乡村振兴的五大振兴要融合服务，不能条块分割，有利于整体实施和效果保障；三是服务行动要有机融合、相互衔接、相互支撑。

"有序"指五链、合一、融合、行动四大要素的顺序不能变，这个顺序体现的是县级职教中心服务乡村振兴的内在逻辑。县级职教中心服务乡村振兴必须先从五链入手，然后将五链合一实施，实施过程中要将五大振兴融合对待，最后的落脚点是五大行动。这个顺序是工作规划设计的认识顺序、思考顺序，也是行动顺序。

3. 行动导向

"五链合一"融合行动模式的基本结构另一个重要特征就是行动导向。

县级职教中心服务乡村振兴的目的是促进学校发展，促进乡村振兴，落脚点、着力点、关键点都在行动。没有行动，是纸上谈兵；行动不力，是虚假服务；行动无效，是形式主义。服务乡村振兴的效果、质量，能否达到预期目标，关键在行动。因此，"五链合一"融合行动模式强调的是行动导向，从"五链"建设到最终服务，行动贯穿了整个模式的始终。

行动导向是判断县级职教中心服务乡村振兴工作落实的非常重要的标准，主要涉及两方面：一是是否有行动，二是行动效果如何。

二、"五链合一"融合行动模式的主要特点

（一）学校发展与乡村振兴同向同行

1. 县级职教中心与乡村振兴同向同行的价值

县级职教中心是我国职业教育的一个特殊现象，是国家专门设立的中等职业教育的一个类型，是我国以县为基础进行乡村治理的行政治理体系的反映，也是我国发展促进"三农"、促进乡村建设的一个重要手段。县级职教中心从诞生之初就负有为县域经济社会发展，为当地"三农"发展、乡村发展培养技术技能人才的重任，因此，服务县域经济社会发展，在当下服务县域乡村振兴是县级职教中心的当然使命。

但是县级职教中心从开始设立以来，一直存在一个发展误区。那就是不断追随、模仿城市职业学校的发展模式，一直走的是城市职业学校的发展道路，一直把为第二、三产业服务作为主要甚至是全部任务，一直以把农村孩子培养成现代工业、现代商贸业的职业人作为追求和荣耀。因此，我们看到，从治理体系、学校文化、专业结构、人才培养、社会服务等方方面面与城市职业学校几乎相同，难以区分。这样做的结果是，县级职教中心一直在拼命追赶城市职业学校，却始终追赶不上。技能大赛、校企合作、就业创业、专

第五章　县级职教中心服务乡村振兴的策略："五链合一"融合行动模式

业建设、课程开发等方面都难与城市职业学校相提并论，有些省市甚至出现技能大赛的省级一等奖、国家级奖几乎被城市职业学校包揽的局面。县级职教中心在近二十年的发展中，一直处于劣势地位，一直被视为"二流"职业教育的代表。为此，部分县级职教中心甚至放弃了竞争，走向升学教育、文化教育、素质教育了。

出现上述情况的原因很清晰，一是资源不同，城市职业学校拥有丰富的第二、三产业资源，包括学校环境、师资、实训条件、产业资源、企业资源、历史积淀等，这些是县级职教中心不能比的；二是区位不同，城市职业学校处于城市或工业园区，现代社会的信息、技术、设施设备高度集中，而县级职教中心地处乡村环境，优势在"三农"，二者的特点、强项不同。因此，县级职教中心与城市职业学校比拼服务二、三产业，就是拿自己的短板与别人的强项比，自然会输。

基于这种情况，县级职教中心应该正视现实，正本清源，回归初心，重新认识自己的使命、存在的价值，重新定位学校的发展方向和目标。县级职教中心作为县域技能人才培养的主体，同时也是乡村振兴所需实用人才培养的主体，在新时代国家乡村振兴战略大背景下，完全可以有一番大作为。乡村振兴战略是时代赋予县级职教中心的新使命[1]，为县级职教中心在新时代存在的合理性、价值感提供了全新的注释，为其发展壮大提供了重要机遇，为干部教师搭建了一个大舞台，这是县级职教中心经历几十年发展变迁后重生的重要契机。因此，县级职教中心应该立足县域特色和实际，树立为乡村振兴战略服务的理念，强化为县域乡村振兴战略服务的责任感、使命感，并以此为契机，推进自身发展走向新境界、新高度。

毫无疑问，以培养乡村实用技能人才为中心，服务县域经济社会发展、服务县域乡村振兴战略才是县级职教中心的使命所在、价值所在。

"五链合一"融合行动模式的最大特点就是促进县级职教中心与乡村振兴同向同行，也是本模式的最大价值。

---

1 柯婧秋，石伟平. 乡村振兴背景下县级职教中心功能定位的困境与出路[J]. 教育与职业，2020（2）：12-19.DOI：10.13615/j.cnki.1004-3985.2020.02.002.

2. 县级职教中心与乡村振兴同向同行的表现

"五链合一"融合行动模式促进县级职教中心与乡村振兴同向同行的具体表现主要有三个方面。

一是县级职教中心与乡村振兴都以乡村为起点和终点，方向一致。"五链合一"融合行动模式实施的前提是重新审视县级职教中心的功能、定位，树立以服务县域乡村振兴战略为核心的方向和目标，因此其办学、建设、发展的起点是基于乡村，而目标终点也是服务乡村，促进乡村振兴，这与乡村振兴的起点和终点完全一致。县级职教中心与乡村振兴都是基于乡村、服务乡村、发展乡村，方向一致。

二是县级职教中心的五大办学要素与服务乡村五大振兴同频共振，相互关联。"五链合一"融合行动模式的核心是围绕县级职教中心办学的五大要素打造服务乡村振兴的五大链条，这五大链条融合为一，共同服务乡村五大振兴。也就是说，县级职教中心的主要办学要素要与乡村振兴的五大振兴形成关联，乡村振兴需要什么，县级职教中心就针对性构建什么、提供什么，同频共振。

三是县级职教中心发展与乡村振兴紧密联系，伴随而行。"五链合一"融合行动模式强调了学校发展与乡村振兴的内在关系，构建起了二者之间的内在逻辑关系，使学校的教育教学活动与乡村振兴紧密联系、相互伴随、难以分割。

（二）学校发展与乡村振兴相互促进

"五链合一"融合行动模式的目的是促进县级职教中心与乡村振兴正相关，而且是高度正相关。

一是县级职教中心在服务乡村振兴中必须实现学校发展。县级职教中心经历了二三十年的发展迷茫期，近几年处境困难，招生难、校企合作难、产教融合难、大赛获奖难、经费少、管理难。现在，国家乡村振兴战略为县级职教中心大展宏图提供了广阔舞台、难得机遇，因此，县级职教中心应该将自己的命运与乡村振兴紧密联系，将学校的发展与国家战略紧密联系。"五链合一"融合行动模式的初衷就是让县级职教中心在服务乡村振兴中发展自己、壮大自己，也只有如此才能更好地服务乡村振兴。如果服务乡村振兴造成了县级职教中心的倒退，降低了办学质量，阻碍了学校发展，那这种服务的方向路径、方式方法就错了。必须清醒地认识到，县级职教中心服务乡村振兴是给自身的发展创造机会，而不是相反。

二是县级职教中心的发展程度必须与服务乡村振兴的力度紧密相关。县级职教中心在服务乡村振兴中实现自身发展还不够，还必须使自身发展的程度与服务的力度紧密相关。这就要求精心设计服务的模式，将学校办学的关键要素与乡村振兴的关键要素联系起来，形成相关促进、相互伴随、同频共振的关系，这就是"五链合一"融合行动模式的本质。学校发展的五大要素治理体系、校园文化、专业结构、人才培养、服务体系要根据县级职教中心基于乡村振兴战略目标进行重构、再造，使其在服务乡村振兴中焕发活力、彰显特色、提升内涵，从而促进学校发展壮大。

三是探索形成一种县级职教中心与乡村振兴同步发展、相互促进的良性可持续路径。国家乡村振兴战略是中华民族伟大复兴、走向强盛的长期战略，是基于我国数千年农业文明史，以及农业农村农民在国民经济中的重要地位提出来的，是我国各县级人民政府长期的、重要的、艰巨的任务。乡村振兴也将是中华民族实现伟大复兴、走向富强的重要战略支撑。服务乡村振兴对县级职教中心来说意义重大、使命光荣，同样是一项长期的、艰巨的任务，要完成这一任务，就必须探索出县级职教中心与乡村振兴同步发展、相互促进的良性可持续路径。不能有临时思维，不能有短视行为。这也是"五链合一"融合行动模式的重要任务之一。

（三）学校服务乡村振兴的价值增益

县级职教中心服务乡村振兴在实现学校发展的同时，要实现价值增益，包括学校内在、外在两个方面的价值增益。价值增益是指价值增加、提升。

1. 学校内在价值增益

学校内在价值是指学校对内的价值体现，包括对学校内在教育教学质量提升的价值体现、对学校管理能力提升的价值体现、对教职员工发展的价值体现、对学生成长的价值体现等。

县级职教中心服务乡村振兴实现学校内在价值增益，主要体现在：第一，促进教育教学质量提升。学校要将人才培养的内容、过程、模式、评价与乡村振兴紧密结合起来，强化教育教学的乡村指向性、实用性、时效性，促进教育教学与乡村的"产""做"紧密融合，增强学习的目的性、趣味性、多样性，使工学结合更紧密，产教融合更紧密，学做合一更紧密。第二，学习管理能力提升。基于服务乡村振兴战略的学校理念、定位重塑，可以有效增加学校的凝聚力；基于服务乡村振兴实践的治理体系重构，可以有效增强学校的战斗力；基于服务乡村振兴实效的评价，可以有效增加学校的执行力。第三，教职员工发展能力提升。服务乡村振兴的实践活动，可以增强教师的使命感、荣誉感，进而增强教师学习工作的积极性、主动性，同时服务乡村振兴给教职员工提供了发挥、发展的广阔舞台。第四，学生成长的提速。在服务乡村振兴的实践活动中，学生有深度的实践体验，有强烈服务他人后的荣耀感，有书本知识、教室技能得以施展、检验的获得感，有"行万里路"的大收获，因此，其成长必然会提速。

2. 学校外在价值增益

外在价值是指学校对外的价值体现，包括人才培养、社会贡献、社会影响、服务企业行业产业的价值体现。

县级职教中心服务乡村振兴实现学校外在价值增益，主要体现在：

第一，人才培养的价值增益。原来县级职教中心人才培养与城市职业学校一样，面向第二、三产业的城市、工厂、企业，缺乏优势，缺乏特色。现在面向乡村振兴培养人才，不论是学历教育还是社会培训，人才培养的内容指向、实用性、模式都大为改善，人才的价值得到拓展和提升，人才培养的质量得到提升，因此人才培养的价值是明显增加的。

第二，社会贡献的价值增益。县级职教中心将精力主要集中在服务乡村振兴方面，将对县域以乡村为主的经济社会发展作出较大贡献，对县级人民政府的重大战略作出较大贡献，对以乡村人员为主体的人民群众作出较大贡献，与原来相比，社会贡献度会显著增加。

第三，社会影响的价值增益。县级职教中心只要将自身发展与乡村振兴融合一体，定将实现自身的良好发展和壮大，并且由于服务乡村振兴的面广、时长、影响大，因此，在县域内，不论对政府、部门、乡镇，还是对人民群众都会产生极大的社会影响。

第四，服务企业行业产业的价值增益。一直以来，县级职教中心服务企业行业产业的能力很弱，备受垢病，不是学校不作为，而是县域内第二、三产业、行业、企业一般都很弱，难以找到良好的服务对象和机会。现在以服务乡村振兴为核心，有庞大的以第一产业（农业、牧业、林业）为主体的乡村产业支撑，服务对象丰富，服务需求庞大，服务形式多样，服务的价值自然就会增益。

三、"五链合一"融合行动模式的运行机制

对于运行机制，有多种解释，但公认的是指在人类社会有规律的运动、活动、工作中，影响其过程的各种因素，这些因素的结构、功能和相互关系，这些因素产生影响、发挥功能的作用过程和作用原理，以及运行过程的路径、方式、方法。

基于此，这里从因素、结构、功能、关系、路径五个方面对"五链合一"融合行动模式的运行机制进行阐述，详参表5-15。

表5-15 "五链合一"融合行动模式的运行机制

五链	合一		融合	行动路径
治理链	统一规划设计 统一组织领导 板块分步实施	服务乡村振兴行动	乡村振兴五大目标：产业兴旺、生态宜居、乡风文明、治理有效、生活富裕	建机制
文化链				建队伍
专业链				建平台
培养链			乡村振兴五大振兴：产业振兴、文化振兴、组织振兴、人才振兴、生态振兴	建资源
服务链				建渠道

（一）两方面因素有机对接

"五链合一"融合行动模式包括两方面因素，一是学校发展的五大因素，二是乡村振兴的五大因素。学校发展要素组合成有机体，整体服务乡村振兴要素，形成有机对接机制。

1. 学校发展五大因素

县级职教中心的发展要素可以分为内部要素和外部要素[1]。有人认为，内部要素主要包括：组织要素（教学部门、行政部门、后勤部门）、人员要素（校长、教师、学生）。外部要素包括：环境要素（政治、经济、文化、科学技术）、资源要素（行业、企业、实训实践基地）、需求要素（人才需求、培训需求、服务需求）。这种分类逻辑严密、标准统一，但很难对现行县级职教中心的发展建设提出建设性意见、建议，缺乏现实操作性和解决实际问题的针对性。

从各级对职业学校的评估来看，国务院教育督导委员会办公室印发的《中等职业学校办学能力评估暂行办法》（国教督办〔2016〕2号）里面明确规定：对包括普通中专、职业中专和职业高中（含职教中心）在内的全日制中等职业学校的评估，评估内容包括学校基本办学条件、师资队伍、课程与教学、校企合作、学生发展和办学效益等六个方面。其中，基本办学条件主要考察学校年生均财政拨款水平，教学仪器设备配置，校舍及信息化教学条件；师资队伍主要考察学校教师配备与结构；课程与教学主要考察学校校内外实践教学条件，课程开设结构；校企合作主要考察学校教师的企业实践时间，企业为学校提供教学设备情况；学生发展主要考察学校在校生巩固率，毕业生就业情况，毕业生获取职业资格证书情况及计算机应用能力；办学效益主要考察学校专业设置和主干专业与区域产业匹配程度。以上内容中，基本办学条件主要控制权不是学校，师资队伍的数量与结构学校的控制权也有限，校企合作主要受制于外部环境。因此，县级职教中心自身所能有主要控制权的就是课程结构、在校生巩固率、就业升学情况、获取证书情况、计算机应用能力、专业与产业的匹配度。

---

[1] 游美琴. 职业学校发展现状与可持续发展对策研究[D]. 江西师范大学，2005.

第五章 县级职教中心服务乡村振兴的策略："五链合一"融合行动模式

基于以上分析，结合一般学校发展规划的结构，"五链合一"融合行动模式提出了县级职教中心发展建设的五大自控要素：学校治理体系、校园文化、专业结构、人才培养、社会服务。这五大要素就是本模式中学校的五个因素，虽然它们不具备严格的分类标准和逻辑关系，没有涵盖学校发展建设的方方面面，但是，它们确实是目前阶段县级职教中心发展建设的关键要素，并且能够主要控制的作用，在服务乡村振兴过程中功能进行有效改造、重构，能够有力推动学校在现行政策环境和经济环境下良好发展的着力点。

学校治理体系是学校发展的机制保障，包括组织体系、人员体系、制度体系、运行机制。校园文化是学校发展的精神动力，包括精神文化、环境文化、活动文化、制度文化。专业结构体现学校发展的具体方向，包括开设专业的类型、专业集群组成、课程设置等。人才培养体现学校发展的方向、模式，包括人才培养的方向、培养模式、培养层次、培养类型等。社会服务体现学校的社会贡献，包括对政府的服务、对行业的服务、对企业的服务、对乡村的服务、对社会的其他服务。

2. 乡村振兴的五大因素

习近平同志2017年10月18日在党的十九大报告中提出了乡村振兴战略。十九大报告指出，农业农村农民问题是关系国计民生的根本性问题，必须始终把解决好"三农"问题作为全党工作的重中之重，实施乡村振兴战略。同时，提出了乡村振兴战略的总要求：产业兴旺、生态宜居、乡风文明、治理有效、生活富裕，其主要内容是坚持党管农村工作，坚持农业农村优先发展，坚持农民主体地位，坚持乡村全面振兴，坚持城乡融合发展，坚持人与自然和谐共生，坚持因地制宜、循序渐进。保持土地承包关系稳定并长久不变，加强农村基层基础工作。《中华人民共和国乡村振兴促进法》第二条规定，全面实施乡村振兴战略，开展促进乡村产业振兴、人才振兴、文化振兴、生态振兴、组织振兴。因此，通常把产业兴旺、生态宜居、乡风文明、治理有效、生活富裕称为我国乡村振兴的总目标和总要求，把产业振兴、人才振兴、文化振兴、生态振兴、组织振兴作为乡村振兴的主要内容。

基于此，本模式将产业振兴、人才振兴、文化振兴、生态振兴、组织振兴作为乡村振兴的五大因素。第一是产业振兴，目的是推进农业的高质量发展，一方面要深入推进农业供给侧结构改革，质量兴农、绿色兴农、品牌兴农的主旋律，推动农业由增产导向转向提质导向；另一方面，要加快培育乡村产业、乡土产业，促进农村一、二、三产业融合发展，实现农民增收富裕农村经济繁荣。第二是文化振兴，目的是为乡村振兴提供思想保障，弘扬社会主义核心价值观，深化中国特色社会主义与中国梦宣传教育，传播民族精神，打造时代精神，深化民族团结进步教育。第三是人才振兴，目的是为乡村可持续发展培养各类人才，特别是实用型人才，鼓励社会各类人才投身农村、建设农村。第四是生态振兴，目的是打造良好环境，促进乡村绿色可持续发展。生态振兴是乡村振兴的重要支撑。乡村振兴，生态宜居是关键，要坚持人与自然和谐共生，走乡村绿色发展之路。第五是组织振兴，目的是为乡村振兴的提供组织保障，培养造就一批坚强的农村基层党组织和优秀的农村基层党组织书记，建立更加有效、充满活力的乡村治理新机制。

（二）四大结构单元有机融合

"五链合一"融合行动模式包括四个部分，学校发展"五链"、五链"合一"、乡村振兴五大振兴的"融合"、服务乡村振兴的路径四个部分。学校发展的"五链"是由学校发展建设的五大要素重构形成的五个链条，包括学校治理链、校园文化链、专业结构链、人才培养链、社会服务链。五链"合一"是将学校的五大链条有机整合，形成统一规划设计、统一组织管理、统一实施的融合机制。乡村振兴五大振兴的"融合"是指县级职教中心在服务乡村振兴过程中，将五大振兴看成有机整体进行融合，包括需求、内容、做法等，学校综合服务五大振兴，不分别服务五大振兴。服务乡村振兴的路径包括建机制、建队伍、建平台、建资源、建渠道，是县级职教中心服务乡村振兴的基本行动策略。

"五链合一"融合行动模式的四个结构单元具有方向上的单向性、运行上的有机性、组成上的综合性，分分合合是常态，有机运行是关键。

（三）五大功能分别实施

这里的五大功能是指"五链合一"融合行动模式中县级职教中心服务乡村振兴的功能定位，而这个功能定位主要取决学校的功能、乡村振兴的需求两个方面。从学校的功能看，人才培养、社会培训、社会服务是主要功能。从乡村振兴需求看，产业兴旺、生态宜居、乡风文明、治理有效、生活富裕是总要求，产业振兴、人才振兴、文化振兴、生态振兴、组织振兴是主要内容。两相对应，县级职教中心服务乡村振兴的主要功能就主要体现在五个方面。

1. 助推产业兴旺

产业兴旺是乡村振兴的第一要求，服务产业兴旺是县级职教中心调整、提升、发挥自身专业优势的重要契机。

（1）主要途径。

一是搭建平台，推广现代化农业技术，提供"三农"信息、产业资源。比如建"乡村振兴学院""兴农学校""田间学院""校村产教联盟""特色产业共同体"等，进行现代化农业生产技术、加工技术、经营技术、管护技术、农机技术、农业物联网技术等技术的收集、整合、开发，进而向乡村推广。

二是加强培训，提升农业生产技术、经营管理能力、创业创新能力。针对县域乡村特色产业、种养殖业、特色农产品营销等需求，通过中短期技能培训、社会培训、定制培训、专项培训，提升乡村群众（村民、下一代村民，服务乡村的市民、职工、工人，参与乡村治理发展的机关事业单位、大学生志愿者等各类人群）的生产能力、经营能力、创新创业能力。

三是改善教学，培养大批有技术、有特长、爱乡村的新农人。乡村振兴是一个长久的过程、乡村产业振兴也不是一朝一夕的事，因此从现在的中职生开始，不间断地培养有知识文化、有技术技能、有理想情怀、有创新创业精神的新农人这是县级职教中心最应该做的，也是最拿手的事。这里的新农人包括新型职业农民，新时代乡村治理人员，从事乡村建设发展、生产经营的企事业单位等其他各类人员，这些人有可能是公务员、企业家、农场主、科研技术人员、工人、农民，但他们一定是生活在乡村（包括村社、乡镇、县域城镇），从事与乡村相关的产业、职业、事业。

四是合作参与、出谋划策、入股引领、牵引激励，助力乡村产业起步、发展、壮大。县级职教中心还可以以技术、资源、人力、资本等出资参与乡村企业、合作社等产业发展实体的建设、生产、经营、管理，为乡村产业发展承担一定的风险责任，起到引导、助力、帮扶、带动的作用。

（2）主要作用。

一是提供技术，包括传授技术、技术支持、技术咨询、技术服务等。

二是提供资源，包括人力、资金、设施设备、场地等。

三是提供信息，包括生产、加工、经营，以及经验、教训、典型案例等。

四是提供人才，包括专业技术人员、管理人员、专家等。

五是策划引导，包括前期论证、考察调研、规划设计等。

案例 75：

成立产业学院开展综合服务，助推乡村产业发展

重庆市巫山职教中心与山东省烟台市联合成立的乡村振兴学院。学院通过培训、指导、咨询等方式助推了乡村产业发展。

一是开展指导咨询服务。指导乡镇、村社科学规划生态农业、生态旅游、生态康养、电子商务等，为实现"一村一品、一乡一特"做努力；在下庄、曲尺、双龙建立了"脆李""柑橘"管护基地，指导"脆李""柑橘"种植养护以及营销；围绕特色农产品品牌建设、农产品加工业、农产品质量安全、数字农业的发展，积极开展科技咨询与支撑服务，推动农业科技创新，以科技创新引领农业高质量发展。

二是开展培训鉴定服务。近一年时间，培训挖掘机学员90人，新素质农民590人，巫山烤鱼、重庆火锅、休闲农业服务等技能300余人、驾驶员300余人，鉴定技能等级1 500余人，助推了乡村产业发展。

三是开展科技研发服务。巫山（烟台）乡村振兴学院结合巫山乡镇已有产业，聘请专家住校指导，解决了"巫山脆李"因天气和疫情的原因造成果子滞销，以及开裂果的深加工。学院成立果酒研发中心，对巫山脆李、葡萄、猕猴桃、柑橘等果品进行果酒研发，取得积极进展。

（《重庆日报》）

案例 76：

培养高技能人才　　助推特色产业发展

广西昭平县职教中心毕业的学生左宗龙说："在县职教中心读书，我接受了很好的教育，学校还给我提供了升入大专的机会，让我现在有一份不错的工作。"他 2018 年毕业于昭平县职业教育中心茶叶生产与加工专业一班，2018 年 9 月升入广西职业技术学院深造，大学毕业后放弃在城市工作的机会，回到家乡就业，现任广西昭平县某茶叶公司总经理助理，积极为家乡的茶产业发展贡献自己的力量。

（中国教育新闻网）

2. 助力生态宜居

生态宜居是乡村振兴的第二要求，是农村现代化的重要条件。

（1）主要途径。

一是加强宣传，提高环境保护、绿色生态意识。通过组织宣讲活动、宣传阵地建设、标语口号张贴等形式，向乡村宣传国家绿色发展理念，帮助树立环保意识、生态意识。

二是协助改善，提供生态环境保护的知识、技术，帮助整治人居环境、乡村环境。通过送知识、送技术、送服务等方式，帮助村民整治居住环境、村容村貌，建设清洁家园、卫生家庭、绿色村庄。

三是提供支持，整合专业技术、资源帮助打造集生产、观光、休闲于一体的美丽乡村。通过帮助规划设计、布局选点、参与建设等途径，帮助乡村打造一批美丽乡村示范点、示范带、示范户，带动宜居、宜游、宜产的新型乡村建设。

（2）主要作用。

一是宣传教育，包括政策宣传宣讲、文化宣传宣讲等。

二是提供知识，包括清洁卫生知识、生态保护知识、法律法规知识等。

三是提供技术，包括卫生防疫技术、生态保护技术、绿色生产生活技术等。

四是提供资源，包括人力资源、设施设备资源、专家技术资源等。

案例 77：
　　　　驻村工作队整合资源　改善乡村人居环境

　　淮南市职业教育中心驻八公山乡赵台村工作队按照乡、村人居环境整治工作要求，配合村两委干部、志愿者、保洁人员，积极参与村内人居环境集中整治活动，他们身体力行，割除杂草、修剪枯枝，清扫路面、装运垃圾，全程参与了村环境集中整治。

　　一是加强宣传发动。他们利用经常走访的有利时机向村民宣传发动，发放宣传资料，走村入户拉家常、讲道理，以此作为解决村内环境卫生综合治理的突破口，带动广大群众共同参与人居环境整治行动，积极营造提升人居环境的行动氛围。

　　二是参与整理行动。他们积极配合、参与投放垃圾桶，设置垃圾投放点，协调有关部门及时运送，推进厕所革命，引导村民新建住房时配套建设无害化卫生厕所，建设公共厕所。

　　三是协调整合资源。他们积极协调有关部门，修建村内通组、户水泥路，解决村内道路泥泞、村民出行不便等问题。他们积极协调有关部门全面完成村建设规划编制，同时与县乡土地利用总体规划、土地整治规划、村土地利用规划等充分衔接，做到农房建设有规划管理、村有村庄整治安排、生产生活空间合理分离，优化村庄功能布局，实现村庄规划管理基本覆盖。

　　三年多以来，学校两任驻村工作队积极配合乡、村，协调上级有关部门，现在帮扶村环境优美、生态宜居的美丽乡村画面正逐渐呈现，群众的生活也将更加健康、美好和幸福。

(《潇湘晨报》)

3. 助推乡风文明

乡风文明是乡村振兴的人的素质提升，是学校、教师比较擅长的事。

（1）主要途径。

　　一是加强培训，提高乡村人民文明素质，推行良好行为习惯。在成人村民中，通过中短期技能培训中的附带培训、专门的文明礼仪培训等形式广泛提高村民文明素质，纠正不良陋习，树立良好的卫生习惯、文明的谈吐衣着、规范的行为举止。

二是加强教育，提高乡村学生"两爱一懂"（爱农村、爱农民，懂农业）意识，提高乡村新一代综合素质。对在校学生，通过文化熏陶、教育引导、示范引领、纠错纠偏、强化训练等方式全面提高他们的思想道德素质、文明礼仪修养。

三是加强宣传，传播社会主义核心价值观、传播中华优秀传统文化、传播时代新风尚新风俗，提高乡村人民精神风貌，促进乡风文明。通过共建活动、服务活动、宣传推广、文化阵地建设，围绕道路自信、理论自信、制度自信、文化自信等核心，全面提升村民的精气神。

四是打造文化，整合专业技术、人力资源，协助乡村打造特色文化、民俗文化、农耕文化，挖掘地域文化，促进乡村文化兴盛。通过村容村貌改善、乡村文化阵地打造、乡村特色文化建设等途径，深入乡村，紧跟国家、各级政府规划路径，帮助建设乡村特色文化。

（2）主要作用。

一是宣传教育，包括培训、讲解、多形式宣传等。

二是传播文化，包括联合开展文化活动、送文化下乡、建文化阵地等。

三是打造文化，包括挖掘、改造、构建乡村特色文化等。

四是移风易俗，包括宣传新风、批评陋习等。

案例78：

发挥专业技能　改善乡村人居环境

泰安市岱岳区职教中心在学校党委的领导和支持下，组织8名美术教师和13名学前专业学生组成志愿者团队，赴马庄镇王家大坡村开展手绘文化墙"乡村振兴"文明实践活动。

活动现场，志愿者们不怕寒冷，各尽所能，各展风采。他们因地制宜、以墙为纸，精心丈量、构思，全神贯注地构图、起稿、上色，一幅幅形象生动、色彩鲜明的作品跃然墙上。此次文明实践活动，为学生提供了专业技能实践的机会，进一步激发了青少年学生为乡村文明建设做贡献的热情。

志愿者们用色彩缤纷的墙绘美化环境，进一步提升了街道的"颜值"，得到了村民的高度评价。手绘文化墙不仅美化了街道，扮靓了村庄，同时成为一种传递文明、增添涵养、美化环境的途径。作为一道靓丽的风景线，为振兴乡村建设增添别具一格的色彩。

（东岳判官资讯）

4. 助推治理有效

乡村治理从来都是难题，在如今农民向村民、市民转型，新型职业农民还没有成长成熟起来的时候，乡村自治更是难题，县级职教中心大可以主动作为、积极作为。

（1）主要途径。

一是党建联姻，建立共驻共建、友好支部等关系，通过学习、培训、实践等活动提高乡村干部（管理人员）政治意识、综合素质、文化水平和工作能力。通过学校党支部与村社党支部建立联建、联合、联盟等形式，将学校良好的政治思想意识、自治法治善治的治理经验传导给乡村，实现示范引导、共同提升。

二是组织培训，对乡村干部开展政策水平、工作方法等方面的专题、专门培训，提高治理能力。通过与政府部门、乡镇联合培训，学校、系部、支部定向培训等方式，向村社输出治理的知识技能、意识理念。

三是加强宣传，宣传党和国家的方针政策，推广居民自治和村民自治，以及法律法规等方面的相关知识，提高乡村人民法律意识、自治意识。通过文化宣传、活动开展、阵地建设等途径，加强村民的法律普及，及时传递国家政策、时事，促进乡村与国家、城市同步同频。

（2）主要作用。

一是组织联建，包括党支部共驻共建、系部与村社联盟等。

二是宣传引导，包括文娱宣传、活动宣传、阵地宣传等。

三是法治普及，包括送法律法规书籍读本、宣传宣讲等。

案例 79：

共驻共建 助力乡村治理

重庆市云阳职教中心通过校村组织共建，助力乡村治理取得显著成效。学校与两个脱贫村、一个普通村、一个街道社区建立了党组织共驻共建关系，实现了4个1。即，学校1个教师支部对接1个村社支部，1个共驻共建点由

1名学校党委委员牵头负责，1个共驻共建点挂牌建立1个党建共驻共建活动阵地，1个月开展一次党建活动。学校党委与共建村社支部共同承担村社相关重要责任和任务，实实在在促进党组织建设和发展。

他们通过党员共育，学校实现了定期学习，建立了学校支部党员与村社支部党员定期学习制度。2020年，云阳职教中心党委被重庆市教育委员会表彰为先进基层党组织，双义村、马乐村、活龙社区、白云社区4个村社支部多次获得各级党委政府表彰。

（《重庆日报》）

5. 助力生活富裕

村民生活富裕是乡村振兴的终极性目标，是实现国家共同富裕的硬骨头、关键点，也是县级职教中心常常觉得力不从心的地方。其实生活富裕是一个相对概念，也是一个长期任务，所以不能以实现眼前的富裕、立竿见影达到富裕来衡量这一任务。县级职教中心的任务是为新农人奠定生活富裕的思想素质、文化知识、技术技能、创新创业的基础，而不是帮助他们直接富裕。

（1）主要途径。

一是提高教育质量，提升乡村学生技术技能水平、文化综合素质、创新创业能力，增强其职业生涯的发展能力、发展后劲，为其走向富裕生活奠定坚实基础。对在校生，通过提高教育教学质量来增强下一代新农人的职业发展能力，是县级职教中心应做的关键和核心。

二是提高培训质量，赋予成人村民一技之长，教给他们致富创富的路径方法，培养一批致富创富典型。对乡村成年人，通过多样化培训，提高他们实现生活富裕的思想、能力，为他们尽快富裕提供方法技术，这也是县级职教中心中短期社会培训的重点。

三是普及高中教育，为乡村学生提供就读高中阶段的学位，提供接受高等教育的机会，助力乡村教育公平，为乡村后代摆脱贫困奠定基础。县域内普及高中阶段教育，实现教育对农民的最大公平，是县级职教中心的当然责任，也是可为责任，是县级职教中心助推村民生活富裕的普及性、基础性行为。

四是加强宣传教育，推广致富典型案例，引领广大村民坚定致富信心，树立不等不靠、敢闯敢拼的奋斗精神。通过宣传、引导，激发新农人致富的欲望，树立艰苦奋斗、吃苦耐劳的思想意识，这是当下乡村后扶贫时代的重点、难点，让各级政府头疼之点，县级职教中心应该有所作为。

（2）主要作用。

一是提高乡村学生发展能力，包括综合素质、文化知识、技术技能、职业规划、创新创业能力等。

二是提高乡村村民致富能力，包括知识技术、信息获取、经验总结等。

三是助力教育公平，包括普及高中阶段教育、就读高等院校等。

四是加强宣传引导，包括致富欲望、创业精神、现代农业意识等。

县级职教中心服务乡村振兴的主要功能详见表5-16。

表5-16 县级职教中心服务乡村振兴的主要功能

功能	途径	作用
助推产业兴旺	1. 搭建平台，推广现代化农业技术，提供"三农"信息、产业资源 2. 加强培训，提升农业生产技术、经营管理能力、创业创新能力 3. 改善教学，培养大批有技术、有特长、爱乡村的新农人 4. 合作参与，出谋划策、入股引领、牵引激励，助力乡村产业起步、发展、壮大	1. 提供技术 2. 提供资源 3. 提供信息 4. 提供人才 5. 策划引导
助力生态宜居	1. 加强宣传，提高环境保护、绿色生态意识 2. 协助改善，提供生态环境保护的知识、技术，帮助整治人居环境、乡村环境 3. 提供支持，整合专业技术、资源帮助打造集生产、观光、休闲于一体的美丽乡村	1. 宣传教育 2. 提供知识 3. 提供技术 4. 提供资源

第五章 县级职教中心服务乡村振兴的策略:"五链合一"融合行动模式

续表

功能	途径	作用
助推乡风文明	1. 加强培训,提高乡村人民文明素质,推行良好行为习惯 2. 加强教育,提高乡村学生"两爱一懂"(爱农村、爱农民,懂农业)水平,提高乡村新一代综合素质 3. 加强宣传,传播社会主义核心价值观、传播中华优秀传统文化、传播时代新风尚新风俗,提高乡村人民精神风貌,促进乡风文明 4. 打造文化,整合专业技术、人力资源,协助乡村打造特色文化、民俗文化、农耕文化,挖掘地域文化,促进乡村文化兴盛	1. 宣传教育 2. 传播文化 3. 打造文化 4. 移风易俗
助推治理有效	1. 党建联姻,建立共驻共建、友好支部等关系,通过学习、培训、实践等活动提高乡村干部(管理人员)政治意识、综合素质、文化水平和工作能力 2. 组织培训,对乡村干部开展政策水平、工作方法等方面的专题、专门培训,提高治理能力 3. 加强宣传,宣传党和国家的方针政策,推广居民自治和村民自治,以及法律法规等方面的相关知识,提高乡村人民法律意识、自治意识	1. 组织联建 2. 宣传引导 3. 法治普及

续表

功能	途径	作用
助力生活富裕	1. 提高教育质量，提升乡村学生技术技能水平、文化综合素质、创新创业能力，增强其职业生涯的发展能力、发展后劲，为其走向富裕生活奠定坚实基础 2. 提高培训质量，赋予成人村民一技之长，教给他们致富创富的路径方法，培养一批致富创富典型 3. 普及高中教育，为乡村学生提供就读高中阶段的学位，提供接受高等教育的机会，助力乡村教育公平，为乡村后代摆脱贫困奠定基础 4. 加强宣传教育，推广致富典型案例，引领广大村民坚定致富信心，树立不等不靠、敢闯敢拼的奋斗精神	1. 提高乡村学生发展能力 2. 提高乡村村民致富能力 3. 助力教育公平 4. 加强宣传引导

案例 80：

学技术　能致富

巫山职教中心坚持学历教育与社会技能技术培训两条腿走路，"有技术能致富"是巫山职教工作者赋予职校学子致富的秘诀与妙招。

大昌镇石里村村民，1995 年出生的脱贫户崔光炎说："我早就想学习挖掘机技术，但学费对于我来说是一笔大支出，当在村委会晓得农村脱贫户、低保户还可以参加挖掘机培训的消息后，我就来报名了。"

巫山（烟台）乡村振兴学院承办的"2022 年度重庆市巩固拓展脱贫攻坚成果同乡村振兴有效衔接技能培训（挖掘机操作）"，参与培训的还有另外 29 名村民。此次技能培训采取理论和操作相结合的方式，对机械的基本结构、作用效能、操作流程和注意事项等进行详细讲解，让受训村民收获颇丰。

（《重庆日报》）

(四) 两种关系有效衔接

县级职教中心服务乡村振兴的"五链合一"融合行动模式里面有两种主要关系,一是"合一",二是"融合"。

1. 合一

"合一"是指县级职教中心服务乡村振兴的"五链"要合一,即学校治理链、校园文化链、专业链、人才培养链、社会服务链在服务乡村振兴的行动中要"合一",包括统一规划设计、统一组织领导,实施过程中要相互联系、相互协调,形成统一的行动,形成合力。

因此,这个"合一"是学校五大要素之间的相互关系,目的是凝聚、扩大服务的力量。

2. 融合

"融合"是指乡村振兴中的五大振兴要融合,即产业振兴、文化振兴、人才振兴、组织振兴、生态振兴要融合成一个整体,一般情况下不能孤立看待。这是县级职教中心服务乡村振兴的行动要求,希望学校服务乡村振兴不要单一地、孤立地去服务某个振兴,而是将乡村振兴看成一个整体,把五大振兴融合起来,综合服务。

这其实反映了一个观点,即乡村振兴是整体振兴,而不是单一振兴。虽然某个地方、某个时段是某个振兴先发展起来,带动了其他振兴,但乡村振兴的基本要求是整体、全面振兴,不是希望这个村有钱、那个村有文化、另外一个村有生态。乡村振兴不是片面振兴,而是全面振兴。因此,县级职教中心在服务乡村振兴的过程也要树立这种思想,尽可能融合服务五大振兴。

(五) 五种路径层层推进

路径是行动、做事的路线、方向,很多时候也有方式方法的意思。五种路径就是县级职教中心服务乡村振兴的基本路线、基本方法。

1. 建机制

机制建设是学校服务乡村振兴的前提和基础,是实现学校发展和乡村振兴同频共振的基础保障。

主要内容：一是成立服务乡村振兴领导小组，设立组长、副组长、成员、办公室，并明确分工。二是制定服务乡村振兴制度，包括规划设计制度、财经制度、活动审批开展制度、考核评价制度、人员派遣制度等。三是改革组织机构，使之既能满足学校建设发展，又能服务乡村振兴，比如设立专门机构，改革二级管理模式，建立专业集群等。

案例 81：

组建行动工作领导小组　稳步推进服务乡村振兴工作

为落实"百家单位帮百村"工作，神木职教中心成立了学校行动工作领导小组。2022 年 1 月 9 日，行动工作领导小组组长、神木职教中心党总支书记、校长丁中唐带领副校长李锡功、党总支副书记李忠智、校团委负责人郭小军一行赴结对帮扶的锦界镇黄土庙村进行了实地考察调研。

调研组一行先后参观了该村村委会办公场所、村民活动场所及村容村貌，详细调研了村民年龄结构、劳动力结构、主要产业、基础设施建设情况、发展困难及当前需求等一手信息。

调研组现场针对该村村委会与外界信息化互联互通设备陈旧老化，不能满足村民集体学习培训等问题确定了初步帮扶的切入点和方向。

据悉，神木市"百家单位帮百村"行动规划期限为三年，神木职教中心将按照先易后难、稳步推进、逐步深入的原则，紧贴该村发展情况和不断变化的实际，及时调整帮扶方向、同步跟进帮扶措施，力争帮扶取得实实在在的成效。

（西部网-陕西新闻网）

2. 建队伍

服务乡村振兴关键在人，重点在队伍。县级职教中心在服务乡村振兴中，队伍建设往往是难点、疑点，一是需不需要建队伍？二是建什么样的队伍？

首先看需不需要建队伍。认为不需要的人的观点是，学校所有人都应该服务乡村振兴，大家一起行动、分工进行，有特长的发挥特长，有技术的发挥技术，没有特长技术的出人出力，这有点像精准脱贫期间一样，随遇随行，不必专门建队伍。认为需要建队伍的理由是，服务乡村振兴是一项长期工作，最好有专门的人做专门的事，不要分散其他人的精力。

"五链合一"融合行动模式的实施最好是要建队伍，理由有三：一是服务乡村振兴是县级职教中心发展建设的一项中心、核心、长期工作，是促进学校良好可持续发展的重要机遇，因此，应该有专门的队伍来做。二是服务乡村振兴工作有很强的政策性、技术性、系统性，需要有一定的思想、知识、技术、资源做支撑，不是随意做的事，因此需要打造一支队伍。三是县级职教中心服务乡村振兴的"五链合一"融合行动模式核心是促进学校、乡村双方正向发展、高强度正相关发展，没有一支专门的队伍是做不好的。

建队伍主要从以下方面入手：

一是有专兼结合的管理队伍，一方面要设置专职管理人员，其主要工作就是分管、具体负责乡村振兴服务工作，有1~2人即可；另一方面有更多的兼职管理人员，包括学校的党委书记、校长等所有管理人员，都应该兼有乡村振兴的工作。

二是专兼结合的工作队伍，一方面设置专职队伍，可称为专员，包括在学校做乡村振兴工作的专员和驻守村社的乡村振兴工作专员；另一方面要配置大量兼职负责服务乡村振兴各个具体项目的工作人员，每个项目（五链）都要有若干兼职人员组成的团队。

三是兼职的技术支持队伍，县级职教中心服务乡村振兴技术支持是很重要的组成部分，包括生产技术、营销技术等，而这部分人一定是学校的教学骨干，或者在其他院校、机构、企业聘请的技术专家，他们只能是兼职。

四是兼职兼学的活动队伍，兼职的活动队伍主要是教职工，一般来说，应该是所有的教职工都应该参与其中；兼学的活动队伍主要是学生学员，一般情况下，县级职教中心所有的学生都应该参与乡村振兴的实践活动，所有的"涉农"学员都应该参与乡村振兴实践活动。

案例 82：

建专业化队伍 服务乡村振兴

巫山职教中心乡村振兴学院通过搭建"培训导师库""科普辅导员库"，依托县内、校内名师资源，聘请重庆市、山东烟台等地合作高校知名专家，进一步充实学院培训导师与科普辅导员队伍，为开展多层次多门类"三农"培训与科普活动提供智力支持。同时抽派青年教师加强培训工作力量，打造出一支"甘奉献、能吃苦、擅服务"的专职班主任队伍。

（《重庆日报》）

成立志愿服务队 系统服务乡村振兴

迁安市职教中心认真贯彻落实市委、市政府乡村振兴工作的安排部署，充分发挥专业技术人才优势，选拔爱农为农的技术能手，成立白杨乡村振兴志愿服务团队，积极投身乡村振兴，共建美丽家园。

为扎实、有效、持续、深入开展乡村振兴志愿服务活动，该服务队在服务内容上包括果树种植、蔬菜种植、畜牧养殖、农产品畜产品销售和乡村礼仪宣讲五大方面；在服务方式上包括集中宣讲、科技到家、线上专栏和咨询特约四种类型。集中宣讲方面，主要是建立5个镇级宣讲点、10个村级宣讲点，专业技术讲师们走进宣讲点，通过集中辅导、座谈交流、现场教学、发放科技知识手册等形式，与大家进行面对面的宣讲与交流，普及政府惠民政策、提高农民技能水平。科技到家方面，主要是志愿队每月第一个星期去一家大棚温室、第二个星期去一家果园、第三个星期去一家养殖场，将科技知识和生产技术送到家，帮助农民进行科学管理、提高产量、增加收入。线上专栏方面，主要是在迁安职教中心公众号设置"乡村科技知识专栏"，每月按时节发送惠民政策、林果、蔬菜、畜牧等周年管理小知识，使农民能够利用线上学习方式，利用碎片化的时间，随时随地都能学习。咨询特约方面，主要是志愿服务团队随时接受农业组织或个人的特约，可进行现场指导，也可电话或微信视频交流，全程免费等服务方式助力农业农村绿色发展，促进农民增产增收，提升农民幸福指数。

（《潇湘晨报》）

3. 建平台

若无平台，服务乡村振兴就是零散的、临时的，县级职教中心要长期地、良好地服务乡村振兴，就需要平台。

第五章 县级职教中心服务乡村振兴的策略:"五链合一"融合行动模式

从目前看服务乡村振兴平台主要包括以下几类:一是多校协同创新平台,成立服务乡村振兴联盟,开设乡村振兴论坛;二是多元协同研究平台,成立乡村振兴技能人才培养研究中心;三是产教融合实践平台,建立"三农"双创空间,建立农村电子商务服务基地、乡村电商服务站;四是多样化服务平台,包括乡村振兴人才培训基地、校村共建联合党支部、成立美丽乡村服务团等。

案例 83:

建乡村振兴学院 服务乡村振兴

2021年11月20日,经山东省烟台市人民政府、重庆市巫山县人民政府批准,鲁东大学、烟台市乡村振兴学院与重庆市巫山县职业教育中心两地三方在巫山职教中心挂牌成立巫山(烟台)乡村振兴学院。

巫山(烟台)乡村振兴学院将着力打造高质量产业发展服务平台,构建科普教育云平台,加快知名餐饮服务研发基地落地,开发消防、地震、禁毒、心理健康4个乡村振兴科普研学基地,建设14个乡村旅游服务示范点,优化"县乡村"三级培训网络,不断完善现代职业教育体系,进一步提升服务"三农"能力。

学院还紧紧围绕国家战略决策,聚焦乡村振兴"二十字方针"和"五大振兴",把深化"三农"研究、深耕"三农"事业作为学院建设核心,在管理体制、办学机制、课程设置、人才培养模式等方面积极探索创新,培养一批用得上、干得好、留得住的一线人才,打造政府离不了、产业离不开、群众都说好的特色职业教育。

乡村振兴学院的成立,是巫山职教中心贯彻落实乡村振兴战略的具体实践,是深化"鲁渝"协作的创新之举,对于加快推动实现农村美、农业强、农民富具有重要意义。

(《重庆日报》)

案例 84:

建送教平台 助力乡村振兴

固阳县职业教育中心在下湿壕镇新建村委开展包头市农牧区"送教下乡、助力乡村振兴"教学示范课和实用技术实地指导活动,将农牧业专业知识和实用技术送到田间地头。

农学专业教师张玉秀老师就测土配方施肥，施用微生物菌肥，套种等技术详细地讲解给村民，并结合当前农业生产实际，着重讲解了玉米和大豆的套种方法和注意事项，深入到玉米田地，就玉米与大豆如何套种进行了实地讲解和指导。牧医专业教师吴霞老师就动物疫病防治讲解，特别是针对固阳县羊布病的流行进行细致的分析，深入养殖户实地指导羊布病防治方法及其生产中的注意事项。

（固阳县教育局）

4. 建资源

服务乡村振兴需要大量资源，主要有以下几类。

一是政策资源。主要包括国家、各级政府、各个行业主管部门对乡村振兴、"三农"的文件、讲话、法律法规等。一般来说，这些资源政府有，乡镇有，但是学校在进行有效分类、筛选、定向输送、传达方面有优势。

二是信息资源。主要包括产业发展、典型做法、经验教训等各类信息，这些信息五花八门、纷繁复杂、数据庞大，学校需要根据乡村实际定向收集、整理然后传送给村社、村民，而不是一股脑儿地胡乱收集，这样是费力不讨好。

三是项目资源。主要是各级政府涉及乡村振兴的项目。由于我国现阶段主要治理模式就是以"项目"引领发展，因此项目成为资源分配、资金分配的重要抓手，而项目又有一定的专业性，村民一般是看不懂、弄不了，所以县级职教中心作为一个经常开展项目建设的学校是有优势和实力的。

四是技术资源。主要包括技术咨询、技术培训、技术支持等，涉及乡村发展、"三农"的方方面面，特别是现代化的新农村建设，需要整合大量资源，比如"乡村旅游""田间物联网""农业无人机"、农产品电商等。

五是人力资源。主要包括宣讲的人、组织的人、培训的人、参与活动的人，还有就是乡村开展大型营销活动、推广活动、节气活动、农忙生产活动的时候，需要大量的师生参与。

六是企业资源。乡村建设城镇化、乡村产业特色化、乡村生产经营企业化等乡村建设方向，田园综合体建设、现代农场建设、农村合作社建设等实体,都需要大量的企业参与、支持,所以企业资源是乡村振兴日益需要的重要资源。

案例 85：

整合培训资源　助力乡村振兴

河北衡水市故城县职教中心开展了对脱贫户、防贫户中的新成长劳动力为期 15 天的"雨露计划+"职业技能培训。"雨露计划+"就业促进行动是"雨露计划"的升级版,旨在通过职业教育,提升建档立卡脱贫户增收致富的能力,更好地发挥"扶智扶志"的作用。故城县职教中心此次培训,进一步提升了雨露计划学生技能水平,将增强就业技能,拓宽就业渠道落到实处,共同推动实施"雨露计划+"就业促进行动,对巩固脱贫成效、实现共同繁荣发展、助力乡村振兴工作具有重要意义。

（中国视窗）

5. 建渠道

县级职教中心服务乡村振兴应该有渠道,如果没有渠道,工作就无法开展。一般来说,主要有以下渠道：

一是政府分配的渠道。在脱贫攻坚工作中,政府将县级职教中心作为重要主体,分配具体帮扶的村社、农户,下达具体任务。在乡村振兴中,大部分县级政府采取了相同的办法。县级政府建有服务乡村振兴的多种渠道,这些渠道政策性强,任务具体,工作力度大。

二是自主联姻的渠道。绝大部分的县级职教中心与村社都有联姻关系,有的是党建联建,有的是产业联建,有的是定期联谊,等等。这种学校与村社的联姻关系,可以定制设计,灵活性大,自主性强,值得重视和发掘。

三是中介引导的渠道。县级职教中心一般与当地的企事业单位、行业都有合作关系,由于县域经济社会以乡村为主体的现实,所以这种关系大部分都会与乡村相关联。比如学校合作的企业涉及乡村产业、人员的,学校的主管部门教委、人社等都有乡村振兴任务,县内的各行业组织都会有大量涉及乡村的活动,这些都是学校参与乡村振兴的渠道。

四是学生归属的渠道。县级职教中心的学生基本来自乡村,要么是直接来自农村,要么是来自乡镇,他们与乡村有天然的联系,利用学生的渠道也是学校服务乡村振兴的有效手段。影响一个学生就会影响一个家庭,对每个学生一次家访可能就把全县的大部分村社都走了一遍,每个学生做一件服务乡村振兴的工作,基本就覆盖了大部分县域乡村。

案例86:

政行校联合　建新农学校　服务乡村振兴

6月23日,重庆市中华职业教育社助力巫山职业教育高质量发展签约暨新农学校授牌仪式在巫山举行。双方将围绕共建友好学校,搭建技术技能人才培养平台,深化校校合作、校地合作,助力巫山职业教育高质量发展,服务巫山乡村振兴。

市人大常委会副主任、民建重庆市委会主委、市职教社主任沈金强,市教委一级巡视员、市职教社副主任邓沁泉,市人力社保局副局长、市职教社副主任苏静,市委统战部二级巡视员、市职教社常务副主任林勇等,以及县委书记曹邦兴,县委副书记、县长付嘉康,县人大常委会主任邓昌君,县政协主席柴承刚,县委副书记熊伟,县委常委、统战部部长刘海燕等出席签约仪式。市委统战部常务副部长王庆主持。签约仪式上,宣读了成立新农学校的相关文件,并为新农学校授牌,颁发新农学校校长聘书。当天,沈金强一行还前往巫山机场、巫山云雨康养旅游度假区和荣科供应链科技有限公司,实地调研巫山交通发展、生态康养产业、农产品销售龙头企业培育等工作。

(巫山网)

案例87:

校政携手　服务乡村振兴

日前,河北省唐县职教中心在唐县教育与体育局职业与成人教育发展中心的邀请下,派出园艺专业高级教师和涛,深入雹水乡中大洋村、东雹水村进行为期两天的果树栽培技术指导,帮助果农科学种植。在东雹水村委会组织的座谈会上,和涛老师围绕病虫害防治、水肥管理、品质提升等专业技术问题,同当地果农进行了深入交流讨论,并提出具体指导意见。在大洋村枣树园区、东雹水村核桃园区的栽培地头，和涛老师手把手教授农户科学种植、春季修剪及施肥浇水等实用技术，现场解答果农提出的各种问题，并留下联系方式方便后续沟通。

近年来，唐县职教中心紧紧围绕乡村产业振兴、人才振兴和文化振兴寻找契合点，充分发挥现有专业、人才等资源优势，在服务助力乡村振兴、提高地方经济核心竞争和产业高质量方面作出了积极贡献。

（河北新闻网讯）

第二节 学校治理体系与乡村振兴融合策略

一、学校治理体系与服务乡村振兴融合的基本内容

（一）学校治理的基本内涵

学校治理指的是学校的相关利益主体，依据国家的相关法律、法规和学校的章程，通过民主、共治、协调来实现学校共同目标的活动过程。"学校治理链"与服务乡村振兴融合的基本内容详见表5-17。

学校治理和学校管理有区别。一是目的不同。学校管理主要强调既定目标的实现；而学校治理不同，它更侧重于强调治理的过程。二是职能不同。学校管理关注的是作出决策的计划、组织、指挥、控制、协调等；而学校治理则关注规范既定权利和责任，关注责任体系是否明确、决策指导是否科学。三是依据不同。学校管理的依据是校内的层级关系，学校治理的依据则是现行的有关法律法规。由此，从学校管理转变为学校治理，是教育观念的一种重大的理论创新、实践创新。可以说，学校治理是能实现学校利益最大化的学校管理的延伸与创新。

表 5-17 "学校治理链"与服务乡村振兴融合的基本内容

纵向主链条	横向子链条					核心作用	主要融合点	融合的基本内容
学校层级	党委	校长办公会	行政办公会	工会	教职工代表大会	决策	决策融合	规划、设计、决策、协调、统筹、监督、考评、总结、宣传
处室层级	党委办公室 教科室	行政办公室 生产实习处	后勤处 校企合作办公室	学生处	培训处	实施	实施融合	制度制定、方案制定、工作实施、活动组织、过程管理、效果评估、项目拓展、资源开发
系部层级	专业系部1 党支部1	专业系部2 党支部2	专业系部3 党支部3	专业系部4 党支部4	专业系部5 党支部5	执行	执行融合	组织实施、活动开展、任务落实
学生层级	团委	学生会	社团			参与	参与融合	活动参与

学校治理不只要实现学校的教育目标，更要实现学校对于社会的责任和价值。对学校内部而言，通过治理让学校各项制度更健全，更符合社会进步的需要；通过治理可以让教师的专业素养得到提升，可以对学生的成长和发展有更加积极的促进作用。它可以分为内部治理与外部治理，学校内部治理主要说的是学校内部的结构性治理，学校的外部治理则更多地描述来自校园外部的功能性治理。功能性治理，则是解决来自学校外部资源配置和分配的问题。这里我们说的学校治理，主要是说学校内部的结构性治理，实际上是解决学校内部各方的权力分配与支配的问题。[1]

由上可见，学校治理在学校管理的基础上更注重管理的过程化、科学化、法治化，同时注重学校教育目标的实现和社会责任、价值的达成。因此，县级职教中心的治理体系完全可以通过改造，使治理过程、治理依据、治理效果更符合乡村振兴的需要。

（二）县级职教中心治理体系与服务乡村振兴融合的主要内容

县级职教中心的治理体系可以经过改造，形成既能服务学校建设发展，又能服务乡村振兴的学校治理链，每一个子链条、链块在学校治理、服务乡村振兴中都有其具体的作用、功能，服务乡村振兴则集中体现在服务乡村振兴的内容上。

学校治理链分为四个层级：学校层级、处室层级、系部层级、学生层级，下面分别对其与服务乡村振兴融合的基本内容进行分析阐述。

1. 学校层级：决策融合

学校层级的核心是学校发展建设的决策与服务乡村振兴的决策融合，主要作用是提高认识、形成共识、凝聚力量、形成合力、深化落实、突出实效，具体内容包括服务乡村振兴工作的规划、设计、决策、协调、统筹、监督、考评、总结、宣传等。

学校层级包括党委、校长办公会、行政办公会、工会、教职工代表大会等组织。党委是学校最高决策机构，是学校人事、财务、项目建设等"三重

---

[1] 刘红，刘华，陈正勇.《以服务为核心的职业学校治理体系研究》，电子科技大学出版社，2020.

一大"（重大事项决策、重要干部任免、重大项目投资决策、大额资金使用）工作的决策组织。在所有决策中，党委要始终把服务乡村振兴工作纳入学校常规工作进行考虑，使教育工作、教学工作、服务乡村振兴工作成为学校工作的三大板块，并有机融合。党委决策主要体现在三个方面，一是在学校发展建设、教育教学的决策中有机融入服务乡村振兴工作，不形成两张皮；二是专项研究、决策服务乡村振兴工作，解决服务乡村振兴工作中的重大问题、长期问题、难点问题；三是对服务乡村振兴工作的成果成效进行考核评估，对学校建设发展与服务乡村振兴工作相互促进的效果进行评估，在此基础上形成、完善学校治理体系服务学校发展和服务乡村振兴"双重功能"的构建。过去及目前出现的主要问题：一是服务乡村振兴工作没有有意识地纳入学校党委固定、常规工作，被作为临时性工作对待；二是学校党委没有在服务乡村振兴方面形成共识、形成合力，导致学校服务乡村振兴工作成为个人领导、个别时段、个别部门的事，严重弱化和制约了学校服务乡村振兴工作和在服务乡村振兴中实现自我发展的效果。

校长办公会是校长召集，校长及部分相关人员参与的学校重点工作的议事、决策、工作布置机构，重点在议事决策。行政办公会是学校全体行政干部参加的学校一般工作、常规工作的议事、决策、工作布置、情况发布机构，重点在工作布置。服务乡村振兴工作是学校的重点工作，也是常规工作，因此相关事项应该由校长办公会、行政办公会进行讨论、决策、布置、发布。现在的状况是，一般的县级职教中心都会或多或少地将服务乡村振兴纳入以上两会，但是，一是没有形成系统性的工作机制，没有定期的研究、考核评估，没有固定的系统的工作举措、具体活动；二是边缘化严重，没有有机融入教育教学、日常工作，没有从学校建设发展与服务乡村振兴"双促进""双发展"去思考、开展工作。

工会是学校的群众组织，主要功能是民主监督、团结并服务广大教职工。教职工代表大会是学校的议事、表决组织，主要是对学校的非常重大的、长期性、制度性事项进行讨论决策。这两个组织的作用不可忽视，有时还显得特别重要。比如，将服务乡村振兴纳入学校五年发展规划，纳入教师职称评聘考核细则，发动、组织教职工参与服务乡村振兴工作中，举办乡村实践活动等。现在存在的主要问题：一是一般的学校工会都会组织一些服务乡村振兴活动，比如"农产品专项消费"、乡村旅游消费等，但缺乏系统的、目的意义明确的、主动的服务活动；二是一般的学校都没有将服务乡村振兴工作纳入教职工代表大会的议事表决中，更没有纳入学校长期规划和形成"法制性"安排。

2. 处室层级：实施融合

处室层级的核心是学校教育教学工作的实施与服务乡村振兴的工作实施融合，主要作用是整合资源、统筹兼顾、提高效率、上下协调，主要内容包括制度制定、方案制定、工作实施、活动组织、过程管理、效果评估、项目拓展、资源开发。

处室是学校的中层，也是中坚，是学校层级与系部层级联系的纽带，在学校建设发展和服务乡村振兴中都具有重要作用。处室层级主要工作策略：

一是分工合作，就是所有的处室都有服务乡村振兴的任务，但分工不同、轻重不同，在分工中配合，在合作中实施。一般来说，有一个统筹的部门，可以是党政办，也可以是培训处，具体负责学校服务乡村振兴工作的规划设计、组织实施、信息处理、协调统筹。同时还应该有若干专项实施部门，如社会培训处，主要负责"涉农"培训；或者乡村振兴学院，主要负责具体活动的实施、开展；或者党建办，主要负责校村党建共建。目前存在的普遍问题是，学校个别部门负责，其他部门不闻不问，分工不合作。

二是统筹兼顾。处室涵盖了学校各方面工作，事务繁杂，具体深入，因此，日常工作与服务乡村振兴工作要统筹兼顾，要把服务乡村振兴有机融入日常工作，重点从内容融合、形式融合、活动融合入手。比如教学部门，将涉农课程、乡村实践、乡村文化融入教学内容，将学校课堂与乡村课堂、学校实训与田间实训融合。又如学生管理部门，将学生活动与乡村联系，将服务乡村振兴融入主题班会，将"三农"情怀纳入德育考核。目前存在的普遍问题是，服务乡村振兴成了"格外"的工作，是负担，是点缀，对教育教学产生时间、精力的冲击，形成了负面效应。

三是开拓创新。对职业学校来说，学校日常工作与服务乡村振兴融合是一个新的课题，没有可供借鉴的成熟、系统经验，因此需要处室有开拓创新的精神。包括内容创新、方法创新、举措创新，不能因循守旧、墨守成规。比如，由于历史和现实的原因，现在的县级职教中心一般都没有"直接涉农专业"，我们就可以开发"间接涉农专业"，在非涉农专业中植入涉农方向、课程、教学内容。又如，教师学生不能经常性到农村去实地服务、实践，我们就可以开设线上服务平台，农民反映的问题、需要帮助的事项在平台留言，一般问题通过线上语音解决，复杂问题通过视频解决，线上不能解决的到现场解决。

3. 系部层级：执行融合

系部层级的核心是学校教育教学工作的执行与服务乡村振兴工作的执行融合，主要作用是服务乡村振兴工作的具体实施、落地落实，主要内容包括组织实施、活动开展、任务完成。

系部是学校的基层组织，也是县级职教中心的二级管理机构。一般的县级职教中心都实行"学校+系部"的二级管理治理结构，学校主要是规划、决策、监督、考核、奖惩机构，系部主要是实施、执行、落实机构。系部一般以专业集群的方式组建成专业部或专业系，设主任（部长）、教学副主任（副部长）、德育副主任（副部长）等管理职位。因此，学校服务乡村振兴的很多工作主要靠系部落实、实施。其主要工作策略包括以下三点。

一是因实施策。就是要根据自己的实际情况采取具体的实施办法，不能机械照搬、千篇一律，就是要结合专业特点、课程特点、教师特长、学生特点开展服务乡村振兴工作。如旅游专业与乡村旅游结合，建筑专业与美丽乡村建设结合，电子商务专业与农特产品营销结合，女生多做宣传类服务，男生多做体力类服务，善于讲的教师多做宣传类服务，有技术专长的教师多做技术咨询、培训方面的服务。专业系部一定要深入分析、研究专业与乡村融合的知识点、技能点、素养点、活动点，将教育教学与服务乡村振兴有机融合。

二是全面融合。就是要将服务乡村振兴融入系部的各项工作，成为教育教学的一部分，不是一项独立的工作。这首先就是要解决认识的问题，要从思想上树立县级职教中心的主要功能、主要社会责任就是服务乡村振兴，就是服务县域经济社会发展。其次要解决方法问题，要借鉴全员、全过程、全方位的"三全育人"思路，借鉴课程思政"如盐在水"的方法，将服务乡村振兴与教育教学全面融合。然后要解决细节问题，就是如何"融"、如何"有机"的问题，这就需要群策群力想办法、开新路。这里可以举两个具体例子，一是在每天的晨会晨训中播放"在希望的田野上"之类的歌曲，呼喊乡村振兴的口号，进行"乡村情感"培养；二是要求教师在每个教学设计（一般两课时一个）中有一个乡村案例，传授相关技术技能。

三是虚实结合。就是要求具体服务乡村振兴中要有虚有实，灵活多样。具体地说就是线上和线下结合，校内和校外结合，理论和实践结合，教师和学生结合，课内和课外结合。比如，服务乡村产业振兴，可以发动教师学生收集、整理、编写资料，提供信息服务、技术咨询服务，这就是虚；也可以到现场进行技术指导、培训、实践操作，这就是实。又如，学生编写家乡美文、讲解稿宣传家乡，这就是虚；到田间地头从事生产劳动，到村村寨寨维修家电，这就是实。

4. 教师学生层级：参与融合

教师学生层级的核心是学校教育教学的主体、学习主体与服务乡村振兴的参与主体融合，主要作用是培育乡村情感、培养提升"三农"技能，主要内容包括接受乡村文化教育，参与服务乡村活动。

教师学生是服务乡村振兴的主体，是最基础也最关键的要素。没有教师学生的参与，服务乡村振兴就是空洞的口号，就是空中楼阁，就是过眼烟云。但现实中，很多学校就是这样，只要少部分人参与到服务乡村振兴工作中，很多人知道但没参与，或者听说过但没有参与，这对于县级职教中心是极不正常的。教师学生的主要工作策略包括以下三点

一是学用结合。学以致用，教师学生都要学用结合，要因服务乡村振兴而学习，要将所学用于乡村振兴。只要树立了一二三产融合、现代乡村与现代城市互通共用、农业产业化、农民职业化、农村城镇化思想，县级职教中心教师学生的所学基本上都能与乡村振兴结合起来。

二是工学交替。这里的"工"指乡村实践，包括到县域乡村的工厂企业、

乡镇村社机构、田间地头进行调查、劳动、服务、生产等实践活动。工学交替就是学校的学习要和乡村的实践要交替进行，比如一个月、一学期进行多少次乡村实践，或者每周学校学习，周末回家后要有规定的乡村实践任务。工学交替可以促进学用结合，也可以保障乡村实践长期坚持。

三是有序有效。教师学生服务乡村振兴切忌无章法、无成效或者低成效，必须强调有序、有效。有序就是有计划、有系列、有流程，不是临时起意，不是杂乱无章。有效就是服务效果明显，看得见、摸得着，农民得实惠，不是走过场，搞形式。这是很多职业院校服务乡村振兴的通病，为了赶时髦，为了宣传，为了应付项目需要，形成了热热闹闹一阵子、具体服务嘴巴子、新闻媒体上杆子的现象，在乡村造成了恶劣影响。

二、学校治理体系与服务乡村振兴融合的基本原则

（一）双向促进

双向促进就是构建具有服务学校建设发展和服务乡村振兴"两面性"的治理体系，实现学校发展与服务乡村振兴相互促进、共同发展。县级职教中心因"三农"而生，为"乡村"而存，服务县域以乡村为主的经济社会建设发展是其当然功能，因此构建具有"两面性""双向促进"的治理体系是其必需功课，这也是县级职教中心与其他职业院校的明显区别。

在坚持双向促进的原则下，学校建设发展与服务乡村振兴还是主次有别，不能平均用力、同等对待。学校建设发展一定是学校治理体系的主业，社会服务一定要服务于学校建设发展、人才培养。当然，学校建设发展、人才培养也是为了更好地服务乡村振兴，二者具有对立统一、密切联系的关系。

（二）有机融合

学校治理体系"双向促进"的双重功能是相互联系、相互依赖、不可分离的，二者必须有机融合，不能形成两张皮，不能相互拖累、相互抵消。要实现学校治理体系服务学校发展和服务乡村振兴二者有机融合，就必须使二者建立高度正相关关系，其基本做法就是将学校发展目标、人才培养目标与

服务县域乡村振兴高度统一起来，使服务乡村振兴成为学校发展、人才培养的方向、目标、价值追求。有了这一基础，有了思想认识、目标价值的统一，学校治理体系服务学校建设发展和服务乡村振兴"双向促进"的双重功能就能实现有机融合。

（三）保障为主

学校治理体系在服务乡村振兴中的主要作用是规划、决策、监督、考核，其本质是保障。学校治理体系与服务乡村振兴融合的关键是调动和利用学校资源服务乡村振兴，协调教育教学活动与服务乡村振兴之间的关系。而保障的核心就是机制建设，从组织、制度层面保障服务乡村振兴与学校建设发展的统一，保障服务乡村振兴活动与教育教学活动的有机融合。

三、学校治理体系与服务乡村振兴融合的基本路径

（一）构建"一体两面"的学校治理链

"一体"是指打造一个统一的学校治理体系，"两面"是指这个治理体系具有治理学校和服务乡村振兴的双重功能。

从组织方面，县级职教中心应该构建一个由学校（顶层）、处室（中层）、系部（底层）构成的三级治理体系（链条），顶层负责决策、统领和监督，中层负责策划、实施和评估，底层负责调研、实施和建议。这个组织一方面具有学校治理的主要功能，另一方面具有服务乡村振兴的辅助功能。在服务乡村振兴方面，学校（顶层）成立服务乡村振兴领导小组（或党委兼），确保服务乡村振兴有人领导；处室（中层）设立兼职服务乡村振兴部门（或乡村振兴办），确保主要处室都能对接服务乡村振兴的具体板块；系部（底层）成立党支部（或服务乡村振兴工作小组），以党支部作为服务乡村振兴的主要组织。

从制度层面，县级职教中心应该构建由工作规划、计划、制度、职责组成的治理体系（链条），并且要有机融入服务乡村振兴的内容、要求和考核，学校整理工作、综合性文案中要有服务乡村振兴的板块，要制定专门的服务乡村振兴工作规划、计划、制度、职责，要将服务乡村振兴工作纳入学校、

处室、系部、教师的考核评价。

（二）打造"多元融合"的学校发展平台

县级职教中心的发展是综合力量推动的结果，必须借助县域乡村振兴、区域产业企业、相关科研院所等多种要素，并打造这些要素多元融合的学校发展平台。平台的作用是聚集资源、凝聚力量、专项攻坚、辐射推广，平台的搭建可以是独立自主，也可以是联合共建。平台的形式可以是中心、联盟、集团，平台的种类包括以研究、创新为主的研究中心，以攻坚、项目建设为主的发展中心，以合作交流为主的校际、校企联盟，以共建共享为主的职教集团等。

（三）培养"一专多能"的治理队伍

县级职教中心的治理队伍比一般职业学校要多一种能力要求，那就是要熟悉农村、农业、农民，有乡村情怀，懂"三农"政策，最好能拥有一门"助农"技能，这就是"一专多能"的治理队伍。这样的队伍不是生来就有，而需要通过一定的时间、用一定的精力去培养。要在党委中心组集中学习中增加"三农"、乡村振兴的内容，要开展经常性的深入乡村调研、走访、帮扶等实践活动，要鼓励干部学习、掌握一门农业技术。

四、学校治理体系与服务乡村振兴融合的主要举措

（一）建组织体系

1. 学校层面

前期可以成立学校服务乡村振兴工作领导小组，全面统筹、规划、协调、管理学校服务乡村振兴工作。当服务乡村振兴工作有机融入学校建设发展体系之后，就不用成立专门的组织。

2. 处室层面

成立专门的职能部门专项负责服务乡村振兴工作，具体负责规划策划、计划制定与实施、上传下达、信息收集处理、宣传报道、协调统筹等工作。可以党政办、对外合作办、社会服务处兼，也可以设立乡村振兴办公室、乡

村振兴学院等独立处室。

3. 系部层面

构建、完善以"专业集群"为系部的学校二级管理体系，将党支部建立在专业系部，以系部对接村社，以系部党支部对接村社党支部，实现服务乡村振兴的专业化、团队化、阵地化、一体化。

（二）建制度体系

1. 规划类制度

一是在学校发展规划中明确纳入服务乡村振兴内容，包括目标、任务、主要举措。二是在学校工作计划中纳入服务乡村振兴内容，包括学校工作计划、各处室工作计划、各系部工作计划。三是在建设项目中纳入服务乡村振兴内容，包括学校整体建设项目、专项项目，如双优校建设中的特色项目、党建项目中的校村共驻共建、专业建设中的社会服务等。

2. 流程类制度

一是决策审批流程，如建设乡村振兴学院事项的要不要建、怎么建、谁来建、谁来管等。二是工作实施流程，如电商助力农产品销售的方案制定、活动审批、人员组织、物资准备、现场实施、效果评估、宣传报道等流程规定。三是财务报销流程，如师生下乡入户账单的财务初审、部门审核、分管领导审批、校长审批等流程规定。

3. 职责类制度

一是分工，将学校服务乡村振兴工作任务全部分解到学校各级部门、个人，包括校级领导的分工、处室部门的分工、系部分工、相关人员的分工。二是职责，包括处室部门、系部、个人与分工对应的服务乡村振兴工作职责。

4. 考核类制度

一是考核标准，即评判服务乡村振兴工作成果成效的指标体系，用于判断划分不合格、合格、良好、优秀的等级。二是奖惩办法，即服务乡村振兴工作达到什么等级给予什么样的惩罚、奖励规定。

（三）建队伍体系

1. 专职队伍

县级职教中心作为服务县域乡村振兴的教育主体，应该设有专职人员。一般包括两类，一是中层专职干部，主要负责学校服务乡村振兴全面工作；二是派驻村社工作人员，包括驻村第一书记、驻村队员等。

2. 兼职队伍

校级层面应该设有兼职分管领导，中层层面应该在负责服务乡村振兴主要工作的社会培训处、教务处、学生处、对外合作处、校企合作办、生产实习处等设置兼职干部，在教师层面应该将那些有"三农"技术技能、懂乡村文化、精通乡村产业、熟悉乡村组织之类的教职工作为兼职人员。

3. 外聘队伍

主要是外聘专家队伍，针对县域乡村产业发展、人才培养、生态建设、文化建设、组织建设的个性化需求，从校外聘请专门人员开展专项服务。一般来说，技术技能类从高校、科研院所聘请得多，文化类从社会、文艺行业协会聘请得多，组织党建类从党校、政府部门聘请得多。

第三节 学校文化建设与乡村振兴融合策略

一、学校文化体系与服务乡村振兴融合的基本内容

（一）学校文化建设的基本内涵

学校文化也称校园文化，是学校办学理念、群体精神、价值追求的综合体现，是学校的灵魂。学校文化有多种分类方式，最常见的是按精神文化、制度文化、环境文化和活动文化分类，详见表5-18。

第五章　县级职教中心服务乡村振兴的策略："五链合一"融合行动模式

表 5-18　"学校文化链"与服务乡村振兴融合的基本内容

纵向主链条	横向子链条				核心作用	主要融合点	服务乡村振兴基本内容
精神文化	办学理念	校训	校风	教风	学风	凝聚人心	目标融合	明确培养"两爱一懂"师生，明确乡村振兴人才目标，明确学校建设发展与乡村振兴同发展、互促进理念
制度文化	学校章程	岗位职责	管理制度	工作流程	考核评价制度	制度保障	规则融合	确定服务乡村振兴工作分工、职责、流程、考核、奖惩
环境文化	导视文化（命名、标识标牌）	阵地文化	墙壁文化	校园文化		营造氛围	情境融合	宣传乡村，展示文化
活动文化	节庆活动	社团活动	社会活动	特色活动		实践体验	行为融合	开展乡村文化学习、体验，宣传活动，开展服务乡村志愿者活动，开展乡村劳动实践活动。

· 309 ·

精神文化一般包括办学理念、校训、校风、教风、学风五个部分，通常称为"一训三风"，是校园文化的核心、精髓、统领，是学校办学、教育、教学的核心要求。制度文化一般包括学校章程、岗位职责、管理制度、工作流程、考核评价制度、民主监督制度等，是学校开展工作和各种教育教学的行为准则。

制度文化与学校治理体系里面的制度建设是一个内容，只是在校园文化里将其上升到文化的高度，以此希望得到全校师生的内心认可，成为大家的自觉行为。制度从治理体系转移到校园文化，其实质是从强制要求到自觉行为的转变，从外部强加到内心认可的转变，是学校治理水平提升到一个新高度的结果。

环境文化包括以楼宇道路命名、标识标牌为主的导视文化，以展板、校园广播站、校史荣誉室为主的阵地文化，以标语、张贴画为主的墙壁文化，以道路、公园、休闲廊亭为主的景点景观文化等。环境文化遍布学校各处，公共场所、教室、寝室、办公室无处不有，是校园环境育人的重要阵地。同时，环境文化形式多样、内容丰富、点位众多，可视可感，历来受到学校的高度重视。

活动文化指学校以人为主体的各类活动，由于其具有系列性、主题性、多样性，师生参与面广，对学生的教育作用明显，受到大家的高度重视和欢迎，成为一种文化现象。校园活动文化一般包括节庆活动、社团活动、社会活动和特色活动。

县级职教中心的校园文化具有一般职业学校的校园文化特征，一是以"德""能"为主，育人与育技结合，明显区别于普通教育学校；二是融入了行业文化、企业文化、职场文化，具有典型的职业性；三是融入了专业文化，几乎所有教育教学行为、办学行为都与专业有关。除此之外，有些学校融入了军事文化，实行半军事化管理；有些学校融入了区域文化，体现了区域特色。但这些都与普通职业院校没有区别。从现有县级职教中心的校园文化中，很难辨识出这就是服务乡村、因农而生的县级职教中心。因此，打造具有县级职教中心鲜明特色的校园文化，并以此促进学校发展和服务乡村振兴工作具有重要意义。

（二）学校文化体系与服务乡村振兴融合的基本内容

县级职教中心的学校文化应该具有育人和服务乡村振兴双重功能，并将二者有机融合，形成一个整体。从具体构建角度说就是在学校原有文化中植入"农耕文化"、乡村文化，打造具有乡村特色的职业学校文化体系。

总体看，学校文化体系与服务乡村振兴融合的主要作用是育人和文化传承，育人重点是培养具有乡村情结的"两爱一懂"师生；文化传承重点是学习、继承、发展、创造农耕文化、乡村文化、民族特色文化。

学校文化链包括精神文化、制度文化、环境文化、活动文化四个子链条。

1. 精神文化：目标融合

精神文化的核心是目标融合，包括办学目标和育人目标。其主要作用是凝聚人心，形成共识。基本内容包括明确培养"两爱一懂"师生、乡村振兴人才目标，明确学校建设发展与乡村振兴同发展、互促进理念。

县级职教中心的精神文化主要体现在办学理念、校训、校风、教风、学风方面，通常以培养德能并重的技术技能人才为培养目标，以服务区域经济社会发展为办学目标，以工匠精神、务实求实作风、职业道德为行为规范。要体现县级职教中心服务乡村振兴的精神追求，就必须在精神文化中融合服务乡村振兴的内容，具体策略有以下三点。

一是更新办学理念，融入服务以乡村为主的县域经济社会发展的办学目标，以及培养具有"两爱一懂"情怀的技术技能人才的培养目标。这里需要强调的是，办学目标不应局限于服务乡村、"三农"发展，而应聚焦于服务县域经济社会发展，兼顾服务区域经济社会发展，同时也不能无限扩大，造成无所适从。培养目标也是一样，不能局限于培养乡村人才、"三农"人才、新农人，而应聚焦于培养能在各自岗位、各个场所都不忘乡村、服务乡村的"两爱一懂"人才。

二是融入"三农"情怀，在校训、校风、教风、学风的具体解释中，体现社会发展为了谁、依靠谁、发展成果由谁共享的根本问题，体现生于乡村、建设乡村、奉献乡村的理想情操。

三是要融入"农民精神"。在校训、校风、教风、学风的具体解释中，体现纯朴善良、勤俭持家、勤劳勇敢、任劳任怨、艰苦朴素的优良传统，弘扬珍爱土地、珍爱生命、珍惜粮食的美德。

2. 制度文化：规则融合

制度文化的核心是规则融合，其主要作用是为服务乡村振兴提供制度保障，基本内容是确定服务乡村振兴工作的分工、职责、流程、考核、奖惩等。

县级职教中心的制度文化基本内容就是学校治理体系中的制度体系，在治理体系中强调的是制度的完善、科学、合理。在校园文化里，制度文化则强调制度的认同感、认可度，制度实施的自愿性、自觉性，制度执行效果的有效性。把制度上升到文化层面，是学校治理高水平的体现，是以人为本的治理理念的体现。

县级职教中心的制度文化服务乡村振兴的作用主要体现在规则的融合，即学校各项规则要融入服务乡村振兴的要求，这在治理体现里已有阐述。这里要强调的是基于文化的规则融合要注意以下问题。

一是强化正面引导。制度里对服务乡村振兴的要求尽量用鼓励、激励的语言、方式，以正面引导为主，减少或避免强制性、命令式、惩罚式表述。要形成以服务乡村振兴为荣的氛围，将表现优秀的师生派出服务乡村振兴，而不是将服务乡村振兴作为对表现不好师生的惩罚。

二是体现适度适当。制度里对服务乡村振兴的要求，不能脱离实际，盲目从严，或者任意放宽。而要结合学校实际、师生实际、乡村实际提出切实可行，大家可接受、能实施的规则要求。

3. 环境文化：情境融合

环境文化的核心是情境融合，其主要作用是营造氛围、环境育人，基本内容是宣传乡村、展示文化。

县级职教中心的环境文化与普通中小学区别明显，首先是文化的内容除教育、学习、做人等常见文化外，还有弘扬技术技能的，有企业文化、专业文化、职场文化、工匠文化，有鼓励就业创业的；其次是文化的形式，除常见的标语、展板、张贴画、雕塑外，还有机床、游标卡尺、测量仪、缝纫机等生产工具实物或者抽象后的雕塑、雕刻。但这些都与一般职业院校没有区别，不能体现县级职教中心"农""乡""村""县"的特色标签，因此需要在环境文化的内容和形式上融入乡村、"三农"元素，以营造出具有浓郁工匠、职场、专业、乡村文化氛围的育人情境。主要策略如下：

一是融入乡村、"三农"文化元素。在保留原有文化精华的基础上，有机融入以传统农业器具、生产劳动场景展示为主的农耕文化，以勤劳、节俭、吃苦等精神为主的良好农民形象，以田园、山坡、树林、作物为主的乡村景象，以粮食供应、生态保持为主的"三农"奉献精神，等等。我国有几千年的农耕文化传承，是农业大国，乡村文化元素非常丰富，因此需要从培养"两爱一懂"师生的角度出发去精挑细选，有机融合。

二是以氛围营造、情境融合为主。培养"两爱一懂"乡村人才关键在于动情、动心，而不是动嘴、动笔。县级职教中心位于乡村，师生基本来自乡村，对乡村熟悉到视而不见，很难发现乡村的美，体会乡村的重要意义。因此，在校园环境文化建设中，乡村文化的融入一定要精心挑选、精心加工，一般不以原始状态、直接口号的形式直白呈现，最好按照构建情境、营造氛围的要求，以潜移默化、熏陶感染的方式出现。比如：体现"乡愁"的诗、画、文，体现生产劳动场景的雕塑、图片，体现美丽乡村的田园风光，体现劳动精神的农民形象，等等。

三是体现县域特色、时代特色、历史传承。县级职教中心服务乡村、对接乡村是有区域、地域限制的，那就是"县域"乡村，而不是全国乡村、全球乡村。而一般的职业院校，包括现在的职教中心实际服务的区域很广，典型的就是服务"北上广"，合作的企业来自"北上广"区域，学生实习就业的区域大多是"北上广"，这在服务乡村振兴中要特别注意。因此，在校园环境文化中融入乡村文化元素，需要体现县域的乡村特色，比如县域特色产业、特色民族文化、特色耕作技艺等；需要体现时代特色，比如乡村振兴要求，农业产业化，农民职业化，农村景区化；需要体现历史传承，比如古代田园诗歌、历代农耕方式变迁、历史上有名的农特产品。

4. 活动文化：行为融合

活动文化的核心是行为融合，其主要作用是实践体验，基本内容是开展乡村文化学习、体验、宣传活动，开展服务乡村志愿者活动，开展乡村劳动实践活动。

活动文化从内容、形式上看就是学校课堂教学外的教育教学活动，主要有社团活动、志愿者活动、文体活动、生产劳动、社会实践等课外活动。县级职教中心同其他职业院校一样，有大量的课外活动。但是，有活动不一定有活动文化，将课外活动上升到文化的高度，其意义和做法就有了质的变化。活动文化与一般活动的主要区别有三个方面：一是活动的设计序列化、主题化、教育化，简单地说就是围绕教育主题构建系列活动，避免活动零碎、无序、随意、低质；二是活动的开展规范化、大众化、公开化，就是要按照规范的流程、规定的动作开展活动，要面向大众，扩大参与面，要公开，要宣传报道，要接受监督和观摩，提高活动的质量，扩大活动的影响力；三是活动的效果考核化、成果化、档案化，就是活动开展完后，要形成成果，进行效果评估考核，要建立活动档案，避免活动结束什么后没效果、没资料、没印象。

基于以上认识，县级职教中心在活动文化中融合乡村文化元素，建议采取以下三种策略。

一是强化教育性。这里的教育指热爱乡村的思想教育，包括认同增强、情怀塑造、理想树立、行为养成等。乡村文化元素丰富多彩，其意义、作用、形式、内容往往差异巨大，在校园活动文化中植入乡村文化元素，一定要强化教育性，认真筛选和组织，避免形式主义、无意义、浅意义的课外活动。课外活动教育性的体现，可以是思想教育、感悟体会，也可以是行为训练、实践体验，其关键是要起到培养乡村情怀、增强热爱"三农"情感、树立奉献乡村理想的作用。以"田园诗歌朗诵比赛"活动为例，如果只强调其语言的表现，就成了语文技能训练活动，没有体现"思想教育"；如果在活动中增加本地乡村的背景，如以乡村风景为背景图，将乡村情怀融入主持者的导入语，在评分标准中增加乡村情感表达，颁发的奖状奖证附上乡村文化元素，从内容到形式上引入乡村元素，这个活动就有了明显的"乡村思想教育"作用。

二是突出实践性。县级职教中心培养的是实用型人才，课内课外的教育教学活动都强调动手操作、做学合一，因此在校园活动文化中要突出实践性。

这里的实践性是一个相对概念，不是绝对的。比如，读书育情怀活动，如果只是泛泛读一下，仅限于"动口"，就缺乏实践性；如果读了又讲了、比了，还写了，动了口、动了手、动了脑，实践性就明显增强。校园活动文化的实践性主要体现在"动口""动手""动脑"的结合上，有条件的尽量要深入乡村田间去实践，没有条件的要尽量动手尝试、操作，总之就是尽量调动学生的"口手脑"多要素参与活动。

三是凸显大众性。县级职教中心校园乡村活动文化要尽可能组织更多的师生参与，使之成为学校的主体活动，体现学校"乡村"特色、"三农"特征。当前很多学校由于怕麻烦，为了降低组织难度，在服务乡村振兴的活动中往往组织少量的师生参与，使得与乡村有关的活动成了边缘活动，这就违背了县级职教中心的目标、理念、价值追求。大众性包括三个方面，即参与人员的大众性、知晓人员的大众性和涉农范围的大众性，因此在活动设计中要从这三个方面考虑。

二、学校文化体系与服务乡村振兴融合的基本原则

（一）教育性

县级职教中心服务乡村振兴是基于"双促进、双发展"的基本理念，其教书育人的本质不能改变。因此，学校文化体系与服务乡村振兴融合，主要是在校园文化中植入乡村文化元素，营造校园乡村情境，使之起到对师生潜移默化的教育作用，培养师生热爱乡村的情怀、增强奉献乡村的思想意识。这就要求避免机械地展示乡村文化、简单地呈现乡村元素，学校不是乡村，不是田野。要始终牢记县级职教中心的主要任务是培养服务县域经济社会发展的人，校园文化的根本任务也是育人。

（二）针对性

在县级职教中心校园文化与服务乡村振兴融合的过程中，主要是将乡村文化元素植入校园文化体系，使之具有培养人、教育人的作用。但数千年的农耕文明、广阔的农村地区为我们留下了丰富多彩的乡村文化、"三农"文化，

因此就需要学校进行选择，选择的基本标准就是体现县域地方的乡村特色、民族特色、历史传承。这样打造出来的县级职教中心校园文化才各具特色，才能起到针对性的教育作用和服务作用。

（三）多样性

县级职教中心有三个标签，一是"职教"，二是"三农"，三是"县域"，因此其校园文化应该具有体现这三个标签的多样性，具体说应该包括职业性、专业性、企业性、工匠性、乡村性（"三农"）、县域性。职业性、专业性、企业性、工匠性是职教特点的体现，一般职业院校都有。乡村性（"三农"）、县域性是县级职教中心特有，乡村性（"三农"）就是要有乡村文化、"三农"文化元素，能起到"两爱一懂"的教育作用；县域性就是要有地方特色，包括地方乡村特色、地方民族特色、地方历史文化特色，能起到传承地方文化、培育地方人才的作用。

三、学校文化体系与服务乡村振兴融合的基本路径

（一）明确培养"新农人"的育人价值追求

校园文化的核心是育人理念，关键是育人的价值追求，有什么样的育人价值追求，就有什么样的办学、教学行为。县级职教中心因"三农"而生，以服务乡村为己任，因此培养"新农人"就应该成为自己的价值追求。"新农人"的核心要求有两个，一是具有爱农村、爱农民、懂农业的"两爱一懂"基本素质，二是具有服务乡村建设发展的技术技能。

（二）构建"工匠+乡村+"的多元融合内容

文化的载体是内容。县级职教中心"新农人"的育人价值追求确定了其校园文化内容的多元性，一是职业技术技能的文化，即工匠精神；二是区域主体文化，即乡村文化；三是教育文化；四是产业企业文化，等等。但工匠精神、乡村文化是主体，其他文化可以有机融合，以此打造自己的文化特色。

（三）构建"活动+阵地+工具"的具体举措

校园文化育人功能的最终发挥还是要落实到具体举措中，县级职教中心应该构建富有特色的"活动+阵地+工具"的组合举措。一是要开发系列活动，包括校内和校外活动，校内以宣传教育、竞赛、展示展览为主，校外以深入乡村、田间地头为主，主要活动要围绕乡村振兴进行，要打造富有县域特色的服务乡村活动系列。二是建设阵地，包括宣传栏、展馆、广播、报纸杂志等，要开辟专门的板块或建设专门的阵地用于展示乡村文化，如乡村振兴展馆、农耕文化展厅等。三是开发系列文化工具，包括校本教材、App、宣传读本等，如乡村振兴读本、"三农"讲堂等，为校园文化活动添彩。

四、学校文化体系与服务乡村振兴融合的主要举措

（一）开发资源

乡村文化、"三农"文化虽然很多，但融入校园文化，一般需要进行精选、改造、整合、加工，我们称为资源开发。

1. 开发文化教育资源

文化教育资源一般包括纸质资源和媒体资源两种类型，纸质资源包括诗歌、散文、政策文件、故事、案例、人物介绍等，一般在校园报纸、杂志、读本使用，具体如"美丽乡村"专刊，"乡村振兴"读本；媒体资源包括诗歌、歌曲、散文、政策文件、故事、案例、人物介绍等，一般在校园电视台、校园广播中使用，具体如"田园诗歌鉴赏"，"田园歌曲欣赏"等。文化教育资源类型详见表5-19。

表5-19　文化教育资源类型

序号	资源类型	资源使用场景	资源举例
1	纸质资源	报纸、杂志、读本	诗歌、散文、政策文件、故事、案例、人物介绍
2	媒体资源	校园电视台、校园广播中需要用到的素材	诗歌、歌曲、散文、政策文件、故事、案例、人物介绍

2. 开发文化展示资源

文化展示资源一般包括语录类资源、图像类资源、案例类资源、政策类资源四种类型。语录类资源在校园标语、展板、文化走廊、墙报、黑板报等场景使用，如名人名言、经典语录、宣传口号、文件选摘等。图像类资源在校园标语、展板、文化走廊、墙报、黑板报、道路、景观节点、绿化区等场景使用，如图片、绘画、雕塑、剪纸、手工等。案例类资源在校园标语、展板、文化走廊、墙报、黑板报等场景使用，如袁隆平故事，乡村振兴典型案例，回乡创业、服务、就业大学生事迹，涉农劳动模范事迹等。政策类资源在校园展板、文化走廊、墙报、黑板报等场景使用，如乡村振兴文件、乡村振兴政策解读、国家地方乡村振兴发展规划等。文化展示资源类型详见表5-20。

表 5-20 文化展示资源类型

序号	资源类型	资源使用场景	资源举例
1	语录类资源	标语、展板、文化走廊、墙报、黑板报	名人名言、经典语录、宣传口号、文件选摘
2	图像类资源	标语、展板、文化走廊、道路、景观节点、绿化区、墙报、黑板报	图片、绘画、雕塑、剪纸、手工
3	案例类资源	标语、展板、文化走廊、墙报、黑板报	袁隆平故事，乡村振兴典型案例，回乡创业、服务、就业大学生事迹，涉农劳动模范事迹
4	政策类资源	展板、文化走廊、墙报、黑板报	乡村振兴文件、乡村振兴政策解读、国家地方乡村振兴发展规划

3. 开发文化活动资源

文化活动资源一般包括组织资源、物质资源、信息资源、技术资源、媒体资源五种类型。组织资源在服务乡村振兴活动组织中使用，如政府部门、行业组织、企业、事业单位、高校、兄弟学校、个体、乡镇村社等。物资资源在服务乡村振兴活动开展中使用，如车辆、设备、场地、平台、工具、材料、生活用品、网络、通信、电力等。信息资源在服务乡村振兴活动准备中使用，如产业信息、地理地貌土壤信息、人文资料、农户基本情况、气候气象资料等。技术资源在服务乡村振兴活动开展中使用，如种植养殖专业技术、销售经营技术、乡村旅游组织服务技能、农机具使用维修技术、建筑测绘设计技术等。媒体资源在服务乡村振兴活动宣传中使用，如媒体宣传、平台宣传、专题报道、短视频宣传、美文宣传等。文化活动资源类型详见表5-21。

表5-21 文化活动资源类型

序号	资源类型	资源使用场景	资源举例
1	组织资源	服务乡村振兴活动组织	政府部门、行业组织、企业、事业单位、高校、兄弟学校、个体、乡镇村社
2	物资资源	服务乡村振兴活动开展	车辆、设备、场地、平台、工具、材料、生活用品、网络、通信、电力
3	信息资源	服务乡村振兴活动准备	产业信息、地理地貌土壤信息、人文资料、农户基本情况、气候气象资料
4	技术资源	服务乡村振兴活动开展	种植养殖专业技术、销售经营技术、乡村旅游组织服务技能、农机具使用维修技术、建筑测绘设计技术
5	媒体资源	服务乡村振兴活动宣传	媒体宣传、平台宣传、专题报道、短视频宣传、美文宣传

（二）构建体系

1. 构建教育文化体系

教育文化体系主要包括乡村情感教育、乡村信念教育两种类型，一般由了解乡村、认可乡村、热爱乡村、奉献乡村四部分组成逐渐递进的教育文化体系。乡村情感教育包括了解乡村、认可乡村，了解乡村以了解、熟悉农村、农民、农业及乡村振兴政策要求为主，认可乡村以理解、认同农村、农民、农业及乡村振兴政策要求为主。乡村信念教育包括热爱乡村、奉献乡村，热爱乡村以喜欢农村、农民、农业，拥护乡村振兴政策要求为主，奉献乡村以愿意建设乡村、服务"三农"，为农民、农业及乡村振兴做贡献为主。教育文化体系内容详见表 5-22。

表 5-22 教育文化体系

序号	类型	单元	具体内容举例
1	乡村情感教育	了解乡村	了解、熟悉农村、农民、农业及乡村振兴政策要求
		认可乡村	理解、认同农村、农民、农业及乡村振兴政策要求
2	乡村信念教育	热爱乡村	喜欢农村、农民、农业，拥护乡村振兴政策要求
		奉献乡村	愿意建设乡村、服务"三农"，为农民、农业及乡村振兴做贡献

2. 构建环境文化体系

环境文化体系主要包括传统农耕文化、现代乡村文化、特色地方文化三种类型，下面由十个单元组成环境文化体系。

传统农耕文化主要展示我国数千年遗存下来的农业文明，由农耕器具、农耕劳作、农耕生活三个单元组成。其中农耕器具主要指传统农业生产、生活的工具，农耕劳作主要指传统农耕生产场景，农耕生活主要指传统农村、农民生活场景。

现代乡村文化主要展示我国乡村现代化建设的成果成效和美好期盼，由乡村产业、乡村环境、乡村文化、乡村能人四个单元组成。其中乡村产业主要指种植养殖产业、乡村企业、田园综合体、乡村旅游等产业发展情况，乡村环境主要指新农村建设、乡村民居、乡村生态、宜居宜游乡村等面貌，乡村文化主要指乡村文化标志、乡村节庆活动、乡村教育等情况，乡村能人主要指创业能人、致富带头人、返乡大学生、劳动模范等情况。

特色地方文化主要展示地方乡村、民族特色，由特色产业、特色产品、特色文化、发展规划四个单元组成。其中，特色产业主要指县域特色种植、特色养殖、涉农规模企业等，特色产品主要指县域农特产品，如脐橙、辣椒酱、鲜竹笋、山鸡等，特色文化主要指县域民族服饰、民族技艺、非物质文化等，发展规划主要指县域地方产业发展规划、美丽乡村建设规划、生态环境建设规划等。环境文化体系内容详见表 5-23。

表 5-23　环境文化体系

序号	类型	单元	具体内容举例
1	传统农耕文化	农耕器具	生产、生活工具
		农耕劳作	农耕生产场景
		农耕生活	农村、农民生活场景
2	现代乡村文化	乡村产业	种植养殖产业、乡村企业、田园综合体、乡村旅游
		乡村环境	新农村建设、乡村民居、乡村生态、宜居宜游乡村
		乡村文化	乡村文化标志、乡村节庆活动、乡村教育
		乡村能人	创业能人、致富带头人、返乡大学生、劳动模范
3	特色地方文化	特色产业	特色种植、特色养殖、涉农规模企业
		特色产品	脐橙、辣椒酱、鲜竹笋、山鸡
		特色文化	民族服饰、民族技艺、非物质文化
		发展规划	地方产业发展规划、美丽乡村建设规划、生态环境建设规划

3. 构建活动文化体系

活动文化体系主要包括校内活动、校外活动两种类型，下面由六个单元组成活动文化体系。

校内活动一般由学习活动、实践活动、竞赛活动三个单元组成，其中学习活动有美丽乡村读书活动、家乡美故事会、乡村振兴讲坛、美丽乡村建设成果展等具体活动，实践活动有"三农"创新社团、农产品直播带货、丰收节文艺演出等具体活动，竞赛活动有家乡美征文比赛、我爱我家乡摄影比赛、劳动技能比赛等具体活动。

校外活动一般也是由学习活动、实践活动、竞赛活动三个单元组成，其中学习活动有乡村振兴建设成果参观、农耕文化园游览、乡村产业发展调查等具体活动，实践活动有送服务进村、农产品现场直播、送文化下乡、农忙助力、种植养殖实践劳动等具体活动，竞赛活动有生产技能竞赛、劳动竞赛、助农电商销售竞赛等具体活动。活动文化体系内容详见表5-24。

表5-24 活动文化体系

序号	类型	单元	具体内容举例
1	校内活动	学习活动	美丽乡村读书活动、家乡美故事会、乡村振兴讲坛、美丽乡村建设成果展
		实践活动	"三农"创新社团、农产品直播带货、丰收节文艺演出
		竞赛活动	家乡美征文比赛、我爱我家乡摄影比赛、劳动技能比赛
2	校外活动	学习活动	乡村振兴建设成果参观、农耕文化园游览、乡村产业发展调查
		实践活动	送服务进村、农产品现场直播、送文化下乡、农忙助力、种植养殖实践劳动
		竞赛活动	生产技能竞赛、劳动竞赛、助农电商销售竞赛

（三）打造阵地

1. 打造教育阵地

教育阵地主要由自我学习研究阵地、对外培训教育阵地两种类型组成。其中，自我学习研究阵地有美丽乡村读书会、乡村振兴协同创新联盟、乡村振兴论坛（讲坛）、乡村技能人才培养研究中心等具体活动形式，对外培训教育阵地有乡村振兴学院、新型农村培训学校、乡村振兴产业学院、田间学院等具体活动形式。教育阵地类型及内容详见表5-25。

表 5-25　教育阵地

序号	阵地类型	举例
1	自我学习研究阵地	美丽乡村读书会
		乡村振兴协同创新联盟
		乡村振兴论坛（讲坛）
		乡村技能人才培养研究中心
2	对外培训教育阵地	乡村振兴学院
		新型农村培训学校
		乡村振兴产业学院
		田间学院

2. 打造活动阵地

活动阵地主要由技术服务阵地、共建联合阵地、综合实践阵地三种类型组成。其中，技术服务阵地有综合农业技术服务中心、农机具维护中心等具体形式，共建联合阵地有校村党建联建、校村产业联盟等具体形式，综合实践阵地有"三农"双创中心、农村电商服务中心、农特产品销售中心等具体形式。活动阵地类型及内容参见表 5-26。

表 5-26　活动阵地

序号	阵地类型	举例
1	技术服务阵地	技术服务中心
		农机具维护中心
2	共建联合阵地	校村党建联建
		校村产业联盟
3	综合实践阵地	"三农"双创中心
		农村电商服务中心
		农特产品销售中心

3. 打造展示阵地

展示阵地主要由综合展示阵地、专项展示阵地两种类型组成。其中，综合展示阵地有乡村振兴展览馆、农耕文化馆等具体形式，专项展示阵地有耕读社团、农机具变迁展厅、地方民族文化展厅、花椒产业发展展厅等具体形式。

展示阵地内容参见表 5-27。

表 5-27 展示阵地

序号	阵地类型	举例
1	综合展示阵地	乡村振兴展览馆
		农耕文化馆
2	专项展示阵地	耕读社团
		农机具变迁展厅
		地方民族文化展厅
		花椒产业发展展厅

第四节 学校专业结构与乡村振兴融合策略

一、学校专业结构与服务乡村振兴融合的基本内容

以专业服务乡村振兴是县级职教中心服务乡村振兴的重要途径，其关键是专业结构与服务乡村振兴需求的有机融合，表 5-28 重点体现了二者的主要融合点和内容。

表 5-28 "学校专业链"与服务乡村振兴融合的基本内容

纵向主链条	横向子链条				核心作用	主要融合点	服务乡村振兴基本内容
专业结构	专业集群	特色专业	专业方向	培训专业	人才培养	间接涉农专业	开设直接涉农专业，改造间接涉农专业
课程体系	专业课程	培训课程	选修课程	其他课程	人才培养	间接涉农课程	开设直接涉农课程，改造间接涉农课程，开发涉农校本课程
课程资源	教材	资源	网络课程	微课程	人才培养	涉农教学内容	开发涉农教材、教学内容、教学资源

（一）学校专业结构的基本内涵

职业学校的专业结构指专业的组成架构，具体地说包括专业大类、专业类、专业的组成情况，以及专业下的课程体系、课程资源组成情况。在 2021 年教育部发布的新版《职业教育专业目录》中，将专业结构分为专业大类、专业类、专业三个层次，并且对中等职业教育、高等职业教育专科、高等职业教育本科进行了一体化整体设计。从总体上看，设置了专业大类 19 个、专业类 97 个、专业 1 349 个，其中中职、高职、本科的专业大类、专业类数量名称相同。从层次看，设置了中职专业 358 个、高职专科专业 744 个、高职本科专业 247 个，各个层次专业名称、数量均有不同。

专业大类、专业类、专业的划分主要依据是产业、职业、岗位情况，以及专业关系、与现代产业体系对接关系等情况。

中职的专业结构情况：设有农林牧渔、资源环境与安全、能源动力与材料、土木建筑、水利、装备制造、生物与化工、轻工纺织、食品药品与粮食、交通运输、电子与信息、医药卫生、财经商贸、旅游、文化艺术、新闻传播、教育与体育、公安与司法、公共管理与服务等 19 个专业大类，涉农大类只有 1 个，即农林牧渔大类，占 5.26%；共有专业类 97 个，涉农类 4 个，占 4.12%；共有专业 358 个，涉农专业 31 个，占 8.66%。可见，中职的涉农专业很少。再看另一组数据，2021 年，全国农林牧渔业总产值 147 013 亿元，全国总产值是 1 143 670 亿元，农林牧渔业总产值占全国总产值的 12.85%。可见，涉农专业的数量与全国农林牧渔业总产值的分量不相称，与全国农村、农业、农民的规模更不相称。

深入分析发现，其实我国以农林牧渔业为主的农业涉及的专业不仅仅是涉农专业，更多的是大量非涉农专业。比如土木建筑大类中的土建施工类下面的专业，完全可以用于乡村基础设施建设、乡村房屋建设。又如旅游大类下旅游类、餐饮类下面的专业，完全可以用于乡村旅游、乡村民宿等产业。因此，我们提出了两个新的概念：直接涉农专业、间接涉农专业。直接涉农专业是属于农林牧渔大类中的专业，它们直接服务于乡村建设。间接涉农专业是非农林牧渔大类中的专业，但它们既可以服务城市产业，又可以服务乡村建设，这样的专业在中职占了绝对优势。

县级职教中心在专业结构与服务乡村振兴融合中一定要将更多的注意力放在间接涉农专业的改造、建设上，它们才是服务乡村振兴的主体。

同样的道理，我们将县级职教中心的课程也分为直接涉农课程和间接涉农广课程，在与服务乡村振兴融合中一定要将更多的注意力放在间接涉农课程的改造、建设上，它们才是服务乡村振兴的主体。中职专业大类设置情况参见表 5-29。

表 5-29 中职专业大类设置情况（2021）

专业大类	专业类	专业序号
61 农林牧渔大类	6101 农业类	1-19
	6102 林业类	20-24
	6103 畜牧业类	25-28
	6104 渔业类	29-31
62 资源环境与安全大类	6201 资源勘查类	32-34
	6202 地质类	35-40
	6203 测绘地理信息类	41-44
	6204 石油与天然气类	45-48
	6205 煤炭类	49-53
	6206 金属与非金属矿类	54
	6207 气象类	55
	6208 环境保护类	56-58
	6209 安全类	59-62
63 能源动力与材料大类	6301 电力技术类	63-67
	6302 热能与发电工程类	68-72
	6303 新能源发电工程类	73-75
	6304 黑色金属材料类	76-77
	6305 有色金属材料类	78-79
	6307 建筑材料类	80-83

续表

专业大类	专业类	专业序号
64 土木建筑大类	6401 建筑设计类	84-87
	6402 城乡规划与管理类	88
	6403 土建施工类	89-91
	6404 建筑设备类	92-94
	6405 建设工程管理类	95-96
	6406 市政工程类	97-99
	6407 房地产类	100-101
65 水利大类	6501 水文水资源类	102
	6502 水利工程与管理类	103-107
	6503 水利水电设备类	108-109
	6504 水土保持与水环境类	110-111
66 装备制造大类	6601 机械设计制造类	112-120
	6602 机电设备类	121-126
	6603 自动化类	127-133
	6605 船舶与海洋工程装备类	134-137
	6606 航空装备类	138
	6607 汽车制造类	139-141
67 生物与化工大类	6701 生物技术类	142-143
	6702 化工技术类	144-154
68 轻工纺织大类	6801 轻化工类	155-160
	6802 包装类	161
	6803 印刷类	162
	6804 纺织服装类	163-168
69 食品药品与粮食大类	6901 食品类	169-172
	6902 药品与医疗器械类	173-179
	6903 粮食类	180-181

续表

专业大类	专业类	专业序号
70 交通运输大类	7001 铁道运输类	182-190
	7002 道路运输类	191-199
	7003 水上运输类	200-207
	7004 航空运输类	208-211
	7006 城市轨道交通类	212-215
	7007 邮政类	216-218
71 电子与信息大类	7101 电子信息类	219-224
	7102 计算机类	225-235
	7103 通信类	236-238
	7104 集成电路类	239
72 医药卫生大类	7202 护理类	240
	7203 药学类	241
	7204 中医药类	242-251
	7205 医学技术类	252-255
	7206 康复治疗类	256-257
	7207 公共卫生与卫生管理类	258
	7208 健康管理与促进类	259-261
	7209 眼视光类	262
73 财经商贸大类	7301 财政税务类	263
	7302 金融类	264
	7303 财务会计类	265
	7304 统计类	266
	7305 经济贸易类	267-268
	7306 工商管理类	269-271
	7307 电子商务类	272-276
	7308 物流类	277-280

续表

专业大类	专业类	专业序号
74 旅游大类	7401 旅游类	281-286
	7402 餐饮类	287-289
75 文化艺术大类	7501 艺术设计类	290-301
	7502 表演艺术类	302-313
	7503 民族文化艺术类	314-319
	7504 文化服务类	320-322
76 新闻传播大类	7601 新闻出版类	323
	7602 广播影视类	324-327
77 教育与体育大类	7701 教育类	328
	7702 语言类	329-337
	7703 体育类	338-340
78 公安与司法大类	7804 法律实务类	341
	7807 安全防范类	342
79 公共管理与服务大类	7901 公共事业类	343-345
	7902 公共管理类	346-350
	7903 公共服务类	351-355
	7904 文秘类	356-358

（二）学校专业结构与服务乡村振兴融合的基本内容

1. 专业结构：间接涉农

专业结构与服务乡村振兴融合的核心是间接涉农专业的建设，其主要作用是培养乡村振兴需求的实用人才，其基本内容是开设直接涉农专业，改造间接涉农专业。

县级职教中心的专业链包括专业集群、特色专业、专业方向、培训专业（项目）四个链块。因为受长期定位模糊、仿学城市职业学校发展路径、照顾家长学生需求等因素的影响，其专业以制造类、服务类、财经商贸类为主，以服务城市、服务工业企业、服务现代商贸旅游业为主，几乎没有直接涉农专业，因此专业结构与"县域""乡村""三农"等标签明显不符。在乡村振兴上升为国家长期战略、县级职教中心理性回归的今天，调整专业结构，使之与服务乡村振兴融合就成为必须且紧迫的任务。

融合的主要策略包括以下六点。

一是开设一定的直接涉农专业。没有直接涉农专业，就不是县级职教中心，或者不是真正意义上的合格的县级职教中心。作为县级人民政府主办的县域职业教育的主体，必须将服务县域乡村振兴作为首要任务，而最直接、最有效的途径就是开设直接涉农专业，并将其作为重点建设专业。这些专业暂时可能规模不大，就读学生不多，但必须保留，必须重视，因为这是县级职教中心的根和魂，是服务乡村振兴的源头和基础。

二是改造大批的间接涉农专业。根据县级职教中心专业现状、师资结构、教学条件、家长学生需求，相当长时期内非直接涉农专业会占据绝对主体。同时，由于一、二、三产融合化、农业产业化、农民职业化、农村城市化的大趋势，涉农专业与非涉农专业的界限会逐渐消失，乡村振兴对专业人才的需求将逐渐与城市建设发展趋同。基于以上原因，县级职教中心应该大量打造间接涉农专业，使之在原有功能不变的情况下具有服务乡村建设发展的功能。

三是开发大批涉农专业（培训项目）。从整体看，因为地位、师资、设备、管理等原因，县级职教中心基本是县域社会培训的绝对主力，并且由于"社会培训达到在校学生的 2 倍"的国家要求，因此县级职教中心应该高度重视面向乡村振兴的社会培训，其关键是提升培训能力，其核心是涉农培训项目的开发。与涉农专业的开设不同，由于涉及时间短、针对性强、内容相对简单，因此开发涉农培训项目比开发涉农专业更容易。

四是增加专业涉农方向。就是在原有非直接涉农专业中增加涉农方向，以选修课或者专业方向课的形式开设涉农课程，培养学生一定的服务乡村发展建设的技术技能。可以是全部学生选修这个方向，也可以是部分有意愿的学生选修这个方向。

五是打造服务乡村振兴特色专业。根据县域乡村产业特色和乡村振兴实际需求，将具有针对性强、服务能力强的专业打造成服务乡村振兴的特色专业，以此带动学校服务乡村振兴的专业改造和服务乡村振兴的全面工作。

六是组建服务乡村振兴专业集群。根据县域产业、乡村产业、乡村建设发展情况，将学校专业组建成若干专业集群，一个专业集群对应一个乡村振兴需求，并以此开展相应的服务活动。如将电子商务、会计事务、计算机平面设计三个专业组成农村电商专业集群，整体服务农村电商的产业链条。

2. 课程体系：间接涉农

课程体系与服务乡村振兴融合的核心是间接涉农课程的建设，其主要作用是培养乡村振兴需要的实用人才，其基本内容是开设直接涉农课程，打造间接涉农课程，开发涉农校本课程。

县级职教中心的课程体系包括公共基础课程、专业课程、培训课程、选修课程和其他课程。县级职教中心的课程体系中几乎没有直接涉农课程，要与服务乡村振兴融合，就必须进行课程改造，打造大量间接涉农课程，使之既能服务城市建设发展，又能服务乡村建设发展。间接涉农专业改造的主要对象是专业课程、培训课程、选修课程和其他课程。

主要策略包括以下五点。

一是开设一定数量的直接涉农课程。直接涉农课程就是直接、完全传授"三农"技术技能的课程，是真正意义上的"三农"课程，主要分为三类：直接涉农专业的直接涉农课程，间接涉农专业的直接涉农课程，选修课程、校本课程中的直接涉农课程。直接涉农课程与直接涉农专业不同，直接涉农专业有"国家标准"——《职业教育专业目录》，直接涉农课程则没有标准界定，但辨识度还是很强的。在具体实施中，大量现有课程都可以改造成直接涉农课程。比如，旅游类专业的《导游实务》等课程可以改造为《乡村旅游实务》《农家乐服务与管理》，建筑类专业的《建筑施工技术》等课程可以改造为《乡村建筑施工》《乡村建筑设计》等课程。

二是打造大批间接涉农课程。随着技术发展、城乡融合，涉农课程与非涉农课程的区分度会越来越低，乡村和城市对技术技能的需求将逐渐趋同。因此，县级职教中心应该大量打造间接涉农课程，使之在原有功能不变的情况下具有服务乡村建设发展的功能。比如，物联网技术与应用专业中的大量课程都可以通过内容改编和增加、案例改编和增加，使其技术技能与乡村建设发展联系起来，应用于现代农业的物联网化、智能化、自动化。又如电子商务中的《商品拍摄与处理》课程，可以增加农产品案例，总结农产品拍摄与处理的技术特点与要求，很容易就改造为间接涉农课程。

三是开发大批涉农培训课程。这是县级职教中心应该高度重视的工作，社会培训是目前情况下县级职教中心服务乡村振兴最有力和最直接的抓手，其落地落实关键在于涉农课程。涉农课程的开发要注意三个方面的问题，首先要素要齐全，教材（讲稿）、资源、师资、实训条件都要基本具备；其次内容要有针对性，要针对县域乡村某个具体的需求，如柑橘管护、花椒存储，不能宽泛；然后重在实际操作，尽量不讲理论、少讲理论，要有具体、明白、清晰的实践操作指导和训练。

四是开发涉农选修课程、校本课程。这主要用于间接涉农专业的涉农方向人才培养，全校在校学生的涉农兴趣激发、涉农技术技能的学习训练。这类课程应该与前面说的专业教学中的直接涉农课程有所区别。首先是注重兴趣激发，因此内容要浅显易懂、实用易用，选择有一定趣味性、操作性的涉农技术技能，忌生涩、疑难；其次是注重普及应用，要选择有广泛实用性、普及程度高的内容，忌冷僻、孤偏；再次是适用混合教学，学生可以通过线上自学基本弄懂，通过老师讲授全面掌握，忌死板、严苛。

五是适当利用公共基础课程。在公共基础课中增加涉及乡村、"三农"的案例，也可以较好地培养学生的乡村情感、激发学生奉献乡村的热情、掌握一定的服务乡村的知识技能，这对于培养服务乡村振兴人才非常有效，且是其他课程难以替代的。比如，在数学中增加乡村建设中的内容，产业发展成本预测与计算、土地面积的测量、村民家庭收入的统计分析；在语文中增加农特产品说明书、广告词撰写，村社土地、产业承包合同书撰写；在德育课程中增加乡风文明、乡规民约内容，以及涉农法律法规、乡村道德规范。

3. 课程资源：涉农教学

课程资源与服务乡村振兴融合的核心是涉农教学，主要作用是培养乡村振兴人才，基本内容是开发涉农教材、教学内容、教学资源。

第五章 县级职教中心服务乡村振兴的策略:"五链合一"融合行动模式

职业学校的课程资源很多,包括教材、教学辅助内容、PPT、试题库、练习册、教学微视频、动画,等等。县级职教中心在服务乡村振兴的人才培养中,主要依靠直接涉农和间接涉农专业、直接涉农和间接涉农课程,但这些专业、课程最终需要落实到教学中,而教学的重要支撑就是课程资源。因此,开发一批涉农课程资源是教学与服务乡村振兴融合的必要手段。在众多的资源类型中,一般选择课程教材、教学内容、教学资源作为开发重点。

主要策略包括以下三点。

一是适度的教材开发。涉农教材开发要适度,切勿盲目、盲从、忙乱。涉农教材开发对于大多数县级职教中心的现实实力来说,难度很大,在我国,教材的权威性毋庸置疑,因此,涉农教材开发一定要慎重,不能因为"政绩"、宣传、"成果"、考核需要就随意开展教材编写。涉农教材的专业性很强,技术性很强,很多不是通用技术,没有多年的理论学习、实践操作很难编写出合格的教材。不能以不合格的教材误导学生,误导广大农民朋友。在不具备教材开发实力的阶段,学校可以编写参考资料、指导手册、操作手册、资料集等简单、要求相对不高的替代品。

二是适合的教学内容。这里说的教学内容主要用于两个方面。首先是直接涉农课程中的教学补充,将乡村建设中涉及的新内容、新要求、新设备、新工艺、新技术融入课程教学,将具有地方特色的内容、技术、设备融入教学;其次是间接涉农课程的改造,将乡村建设涉及、需要的知识技能、案例开发出来,融入一般课程,使之成为间接涉农课程。教学内容的开发要注重适切,就是切中县域乡村产业发展的需求,切中县域乡村环境建设发展的需求,切中县域乡村文化、组织建设发展的需求。换句话说,就是教学内容的开发不能空泛,不能普适,要聚焦县域乡村的实际需求,要突出针对性、实用性。

三是适用的教学资源。教学资源数量很多,种类也多,在开发的过程中要有所选择,不必面面俱到。教学资源的开发,首先强调的是适用,适用于县域实际需求,适用于学校实际条件,适用于学生实际水平,适用于课程实际内容。其次强调的是时效,"三农"、乡村的发展变化很快,设备工具、种子、工艺、技术、标准等更新换代都很快,切不可随便在网络、书籍中搜寻一些随意组合成教学资源用于教学,因为其中可能大量的内容都已过时。

二、学校专业结构与服务乡村振兴融合的基本原则

（一）对接产业

专业对接产业是职业教育的基本要求，是职业院校服务区域经济社会发展的基本途径。作为县级职教中心，所面向的产业主要是县域内的产业，而县域产业主要是"农业"。因此，县级职教中心的专业结构应该与县域产业结构基本吻合，其中一定要有与主要农业产业或者特色农业产业对应的专业。

由于县域产业的绝大多数都是与农业紧密相关的，要么是农业的上游产业，为农业提供生产资料、设备设施、技术信息；要么是农业的下游产业，农产品的营销、农业产品的深加工；要么是围绕农业的一体化企业，就是生产资料保障、农业生产、农产品加工、农产品销售一体化。因此，我们可以将县域产业统称为乡村产业。县级职教中心可以针对乡村产业链构建专业链，或者针对产业集群构建专业集群，实现有针对性的人才培养。在一、二、三产逐渐深度融合的今天，这样的专业结构也有利于县级职教中心多样化的人才培养。

（二）面向未来

县级职教中心在调整专业结构时，不能因循守旧，不能仅仅看到乡村现在的产业，而要有前瞻性。现在的乡村正处于大变革时期，乡村城镇化，农业产业化，农民职业化，一、二、三产融合，物联网、大数据、智能种植养殖逐渐在乡村普及，这些都是大趋势，如果我们的专业只针对目前的"纯粹农业"，这样的专业结构很快就将过时。因此，县级职教中心的专业结构应该面向未来，以城市、工业、商贸、乡村融合为主基调，打造能引领乡村产业发展，具有时代特征的专业结构。

（三）体现融合

现在的城市产业在融合，乡村产业也在融合，跨界融合成为各行各业的大趋势。很多企业，分不清是一二三产业中的哪个产业，分不清楚是工业、商业、还是农业。比如现代化养猪场，全封闭，楼层化，自动化，占地少，

人工少，其实就是一个工厂。又如农家乐，既种植养殖，又接待游客，既从事农业生产，又从事经营活动。因此，县级职教中心的专业要适应乡村的这种产业变化，在专业中体现融合思想。一是以专业群（集群）方式调整专业结构，实现群内融合；二是以大专业小方向方式调整专业结构，实现专业内的融合；三是以增设大量公共选修课的方式，体现大跨度的跨界融合。

三、学校专业结构与服务乡村振兴融合的基本路径

（一）以直接涉农专业为根

县级职教中心作为服务县域经济社会发展的职业教育主体，理所应当承担起县域乡村振兴的重任，其中最直接、最显性的体现就是开设直接涉农专业，并以此作为学校的根，学校乡村文化的根，学校服务乡村振兴、服务"三农"的根。没有直接涉农专业，县级职教中心就失去了"县级"的标志，与其他学校无异。直接涉农专业不在多，在于"有"，在于"精"，在于"特"。

（二）以间接涉农专业为主

受工业化、城市化、学生家长需求、办学传承等因素的影响，县级职教中心现有专业基本都是非农专业。但在乡村现代化，产业化，一、二、三产融合化的今天，将非农专业改造为间接涉农专业，是县级职教中心服务乡村振兴、服务社会多种需求的有效途径。由于间接涉农专业具有服务乡村和城市的两面性，并且难度不大，因此应当以此作为学校的专业主体，充分发挥其多重服务功能。

（三）以"三产"融合为要

县级职教中心的专业建设要走一、二、三产融合之路。一是因为"三农"、乡村建设的现代化、产业化需要二、三产业的融合，如田园综合体的建设，既是农业，也是工业，还是商业；二是因为科学技术的发展模糊了产业边界，如农业物联网、农业自动化、农用无人机就分不清产业属性。因此，县级职教中心要敢于、善于打破专业的产业边界，要以创新的思路、开阔的视野探

索一、二、三产融合的专业建设路径。

四、学校专业结构与服务乡村振兴融合的主要举措

职业院校以专业、专业链、专业集群服务乡村产业的情况很普遍，方式也很多，基本都是根据乡村产业的具体情况和学校的具体情况调整专业结构。因此，这里仅列举几个典型案例予以说明。

（1）针对产业集群打造专业链。

案例88：

打造特色品牌专业链

"茶叶生产与加工是我们的特色专业和品牌专业。"邱绍伟介绍，广西昭平县职业教育中心围绕"美丽昭平、长生福地"的发展定位，主动把茶叶生产加工产业和黄姚古镇旅游及农业生态旅游产业对接，将现有茶叶生产与加工技术、旅游服务与管理、电子商务、计算机应用等专业进一步衔接优化，打造服务生态文明建设和县域经济发展的省级茶叶特色品牌专业链，实现专业集群创新发展。（中国教育新闻网）

分析：

该校针对茶叶生产加工产业、古镇旅游及农业生态旅游产业调整专业结构，组建了旅游服务与管理、电子商务、计算机应用专业组成的茶叶特色品牌专业链，形成了以专业链服务产业链的格局。

（2）针对产业链构建专业群。

案例89：

以专业群支农做乡村振兴的"帮手"

聊城职业技术学院锚定乡村振兴战略，以技术链、专业链、科研链、人才链等密织服务链，在赋能乡村振兴的强度和精度上下足功夫，在助农、惠农、兴农上淬炼职业教育服务力，在做乡村振兴的助手、帮手、能手、推手上实现职业教育价值，在乡村振兴的大考中，交出让百姓满意的职业教育答卷。

学校整合40多个专业、十几个专业集群，以'工'助农、以'工'哺农，打造聊城职院强农兴农样板。一是专业集群系统集成化培训，引"工"育农。

第五章　县级职教中心服务乡村振兴的策略："五链合一"融合行动模式

学校利用集成专业群和智力优势，培育一批现代化农业技术人员。先后对 2 000 多名"一村一名大学生"进行学历和技能双提升培养培训，对 1 000 多名农村基层"两委"成员、2 000 余名退役军人就业进行专项培训，对 676 个省定兴农工作重点村现场开展各类技术培训 400 多场，为乡村振兴打下坚实基础。二是校企合作成果集成应用，以"工"助农。学校主动融入聊城现代农业转型升级，组建服务乡村振兴的专业集群；每个专业围绕乡村振兴凝练一个特色，聚焦一个产业，园艺技术、绿色食品生产与检验专业对接产供销一条龙产业链的现代农业服务专业群；畜牧兽医与机械自动化、现代信息技术融合，打造新智慧养殖；围绕生态乡村建设，园林技术聚焦园林美丽乡村。

利用乡村振兴舞台，把农场、车间变为课堂、科技成果转化的实验场，把课堂变为农场、车间和科研的延伸。

分析：

该学院组建服务乡村振兴专业集群，每个专业围绕乡村振兴凝练一个特色，聚焦一个产业，形成特色农业产业集群，以专业集群服务乡村振兴，取得显著成效，值得县级职教中心学习借鉴。

（3）利用现有专业群选择性服务产业线。

案例 90：

一对多，群对线，系列化服务乡村振兴

重庆城市职业学院发挥市场营销专业群的优势，同永川、巫溪、巫山三地多家企业签署协议，挂牌成立"农特产品营销服务基地"，免费提供营销策划、产品推销、业务培训、数据分析等系列服务，促进地区农特产品线上线下销售，巩固脱贫攻坚成果，推进乡村振兴。2021 年，学校市场营销专业群教师团队指导带领学生全年通过直播带货、社群运营、线下展销等帮扶方式，实现销售收入共计 158.6 万元。

分析：

该学院以现有市场营销专业群服务多地乡村，形成供营销策划、产品推销、业务培训、数据分析等系列服务，构建了"一校对多地""一个专业群服务一条产销线"的服务模式。

第五节 学校人才培养与乡村振兴融合策略

一、学校人才培养与服务乡村振兴融合的基本内容

学校人才培养与乡村振兴融合的关键是人才培养的要素与乡村振兴需求之间的主要融合点、融合的内容，以及所起的作用，具体见表5-30。

表5-30 "学校培养链"与服务乡村振兴融合的基本内容

纵向主链条	横向子链条			核心作用	主要融合点	服务乡村振兴基本内容
培养方向	直接涉农	间接涉农	不涉农	"三农"人才培养	兼容性涉农人才培养	开展专门性涉农培养，开展兼容性涉农人才培养
培养层次	本科	专科	中职	多层次"三农"人才培养	中级、中职乡村人才培养	培养初级、中级、高级乡村人才，培养中职、高职（专科）、本科乡村人才
	高级及以上	中级	初级			
培养类型	学历教育	技能培训	其他培训	多类型"三农"人才培养	学历教育培养乡村人才	学历教育培养乡村人才，社会培训培养乡村人才，其他培训培养乡村人才
培养模式	中高职联合培养	中职独立培养	多主体联合培养	"三农"人才培养	农学交替	中职独立培养乡村人才，中高职联合培养乡村人才，多主体联合培养乡村人才

（一）学校人才培养的基本内涵

人才培养是学校的办学目标达成的主要手段，是学校的基本功能和根本任务。县级职教中心具有学历教育、社会培训、技能评价、社会服务、教育教学研究与指导等多重任务，但核心仍然是人才培养，主要体现在学历教育

第五章 县级职教中心服务乡村振兴的策略："五链合一"融合行动模式

和社会培训两个方面。

职业院校人才培养包括培养目标、培养层次、培养类型、培养模式、培养资源等内容，其中培养目标是首要、核心和关键的部分，它决定了教育教学的基本方向；培养层次、培养类型是职业教育体系所决定的，纵向是学历教育体系，横向是社会培训体系，它们分别决定了培养的层次和类型；培养模式、培养资源是具体教育教学中的要素，培养模式是指怎么培养，培养资源是指用什么培养。

职业院校的人才培养目标，就是面向技术技能型、生产操作型岗位，培养德智体美劳协调发展的实用型技术技能人才。职业本科院校主要是培养技术型、创新型、开发型、管理型技能人才，职业专科院校（高职）主要是培养技术型、管理型、发展型技能人才，中职学校主要是培养操作型、服务型技能人才。县级职教中心主要就是面向县域经济社会中生产、建设、管理、服务第一线岗位，重点是乡村、"三农"一线岗位，培养具有一定基础知识、一定操作技能、一定实践经验，具有良好的职业道德和热爱乡村、奉献乡村情感的发展型、复合型技术技能人才。

职业院校的培养层次包括中职、高职、本科三个主要学历阶段，县级职教中心则以中职学历教育为主。县级职教中心的社会培训则是另一个培养层次序列，即初级工、中级工、高级工、技师、高级技师序列的技能等级层次。在面向乡村的培训中，大多数没有技能等级序列，其原因是我国的技能等级普遍针对的是制造行业、服务行业、商贸行业等产业化、企业化、职业化的行业、工种，对于"三农"产业的技能等级开发相对欠缺，不具有操作性。比如设置初级玉米种植工、中级养猪工、高级插秧工等，就不合常理，会贻笑大方。因此，县级职教中心面向"三农"的社会培训很多是没有"国标"意义上的层次区分的。

职业院校的培养类型包括学历教育、社会培训、技能培训等，其中学历教育是主体，社会培训是重要组成部分，技能培训是社会培训的核心。县级职教中心与此类似，略有不同。在学历教育方面，一般县级职教中心有两类，一是中职全日制学历教育，这是主体；二是高等函授学历教育，这是附加功能，县级职教中心经申请后成为高校的函授站，为社会人员提供专科、本科层次的国家认可的成人学历教育。在社会培训方面，县级职教中心往往会比一般职业学校承担的任务多。除技能培训外，它们往往要承担大量的"非技能"社会培训，比如致富带头人培训、村社干部培训、乡风文明培训等，包括产业振兴、人才振兴、组织振兴、文化振兴、生态振兴等方方面面。县级职教中心的技能培训与一般职业院校的技能培训区别主要在于，一是培训对象不同，县级职教中心多以乡村人员为主，特别是农民，一般职业院校则以城市就业人员为主；二是培训内容不同，县级职教中心多以乡村产业发展需求为主，特别是种养殖培训，一般职业院校则以工业、商贸业、服务业为主。

职业院校的培养模式主要是工学交替，具体又以现代学徒制为代表。县级职教中心以县域乡村为服务对象，因此培养模式主要以"农学交替"为主，这里的"农"不是传统意义上的与土地、种植养殖捆绑一起的"农"，而是一二三产融合的、产业化、职业化、城镇化的"农"。一般职业院校的工学交替是企业与学校共同培养，在学校学习一段时间，需要到企业去进行不同形式的岗位实习（有的可以设置在学校），二者交替进行。县级职教中心的"农学交替"则包括多种形式，对于"亦工亦农"或者"宜工宜农"的专业既要有"工学交替"，也要有"农学交替"，这个农学交替，主要是让学生到农村去体验、去调研了解、去实践、去劳动。通过这些过程提升"两爱一懂"水平，掌握一定的劳动生产技术。对于纯粹的涉农专业，就只有"农学交替"这个培养模式，包括定期到农村去实训实习、农忙到农村实训实习、农闲到农村是实训实习、季节性到农村实训实习等方式，具体要根据所对接的产业和乡村实际生产情况确定。

职业院校的培养资源很多，包括学校资源、企业资源、政府资源、社会资源，等等。县级职教中心人才培养的资源与一般职业院校有所不同，除以上资源外，县级职教中心更应该整合和利用众多乡村资源、"三农"资源。广大的乡村就是实践基地，一年四季的农业生产就是教学案例、实训实习岗位，丰富的"三农"社会生活就是社会实践场所。县级职教中心要善于从身边的乡村发展中获取、发掘、整理、开发人才培养资源，让学校、教师、学生走向乡村，让乡村走进学校、课本、课堂，让丰富的乡村生活、广阔的乡村天地成为培养实用型人才的"大基地""大工厂""大课堂""立体教材"。

第五章 县级职教中心服务乡村振兴的策略:"五链合一"融合行动模式

(二)学校人才培养与服务乡村振兴融合的基本内容

县级职教中心的人才培养与服务乡村振兴融合可以从培养方向、培养层次、培养类型、培养模式四个板块构建学校人才培养链条。

1. 培养方向:兼容性涉农人才培养

县级职教中心的人才培养方向核心是兼容性涉农人才培养,也就是培养"亦工亦农"或"宜工宜农"的实用人才;其主要作用是在现有县级职教中心"三农"人才培养缺失的基础上,增设"三农"人才培养方向,着力培养"三农"人才;其基本内容是开展专门性涉农培养方向,开展兼容性涉农人才培养。

现有县级职教中心的人才培养方向基本是面向城市、工业的,几乎没有"三农"人才培养方向。要服务乡村振兴,学校人才培养就必须与乡村振兴融合,就必须开设乡村人才培养方向。县级职教中心必须走乡村人才培养与城市人才培养融合并行之路,回归"三农"属性,立足乡村培养人才,在此基础上辐射服务各行各业。

主要策略包括以下三个方面。

一是增设专门的涉农人才培养方向。有两种途径,第一种是开设直接涉农专业,其人才培养方向自然就是涉农的;第二种是在原有专业中开设涉农方向,让有意愿服务乡村的学生选修一些涉农课程,当然这样的专业就成了间接涉农专业。在现阶段,县级职教中心应增设专门的涉农人才培养方向,但不宜成为主流,因为学校的师资、设备、学生家长的就业意愿、乡村的现实条件等都还准备不足,不能满足大规模乡村学历人才培养的需要。

二是开设兼容性涉农人才培养方向。就是在原有人才培养方向不变的情况下,增加一些涉农课程,或者在课程中增加一些涉农教学内容,使学生在掌握原有知识技能的情况下,再掌握一些乡村产业、文化、组织、生态建设发展需要的技术技能。简言之,就是培养一批既可以在城市、工商企业就业,也可以在乡村就业的实用型人才。这样的人才应该成为县级职教中心培养的重点,也是目前阶段县级职教中心有效有利的选择。

三是普及"两爱一懂"乡村人才培养。县级职教中心作为服务县域以乡村为主的经济社会发展的职业教育主体,理所应当把所有的学生培养成具有浓厚乡村情结、愿意建设乡村、奉献乡村的技能人才。因此，应该在所有人才培养方向上加入培养"两爱一懂"乡村人才的内容，使爱农村、爱农民、懂农业成为全校普及性的要求和做法。

2. 培养层次：中级、中职乡村人才培养

县级职教中心人才培养的层次是技能等级序列的中级、学历层次序列的中职；主要作用是培养多层次"三农"人才，满足乡村对各层次人才的需求。

县级职教中心的人才培养层次比较丰富，有两个序列，一个是学历层次的中职、高职（专科）、本科，一个是技能等级层次的初级、中级、高级、技师、高级教师。因为，乡村振兴是一个非常庞大的工程、市场，对各层次人才都有需求，因此，要实现学校人才培养与服务乡村振兴融合，就必须在各个人才培养层次上都有所作为，有所回应。

融合的主要策略包括以下三点。

一是以中职学历教育为主，丰富多层次学历教育。中职是县级职教中心的主体，必须坚持。但乡村振兴需要的人才是多层次的，所以必须创新办学思路，丰富办学层次。第一种办法，建立高等院校的函授站，开展国家成人教育（函授、在线开发大学），为县域乡村成人提供专科、本科学历提升的机会；第二种办法，与高职院校联合，在本地开办高职"专班"，两校联合实施教学，特别是近年高职扩招后的退伍军人、乡村干部、致富带头人等在本地组建专班，以先上线下混合学习的方式，高校、职教中心、家里三地轮学，在确保质量的情况下，让他们学习工作两不误。

二是以中级技能人才培养为主，丰富多等级技能人才培养。县级职教中心按功能定位，应该以中级技能人才培养为主。但乡村需要的人才是多层次的，因此，在乡村技能人才培养中，县级职教中心要丰富技能等级。初级能培养，高级能培养，技师、高级技师也要能培养。没有技师、高级技师的培养资格，就与其他有资格的学校联合；没有某些工种的培训资格，就要与有资格的院校联合，特别是很多涉农工种，县级职教中心没有师资、设施设备条件，就更应该加大联合培养力度。

三是打破传统人才培养层次，按需培养。职业院校习惯于传统的培养培

第五章　县级职教中心服务乡村振兴的策略："五链合一"融合行动模式

训,那就是按照"国家标准"以工种为单位进行培养培训。但目前乡村建设很"农村化",没有明确的岗位、工种说法,也没有统一的职业标准,所以很难等级化、工种化。对乡村来说,大家通过培养培训,然后能做,能做出好效果,产量能增加,产品品质能提升,能卖好价钱,就是好标准。因此,县级职教中心在对乡村的培养培训中,要敢于打破传统,不局限岗位、工种、等级这些条条框框,根据人员的实际基础、乡村的实际需求进行培养培训。可以按培养培训的时间长短确定大致的技能等级,作为学校自我衡量的标准。

3. 培养类型:学历教育培养乡村人才

县级职教中心培养乡村人才的类型核心是学历教育;其主要作用是培养多类型"三农"人才,以满足乡村振兴的多样化需求;其基本内容是以学历教育、技能培训,以及其他培训培养乡村人才。

学历教育、技能培训、其他社会培训是县级职教中心人才培养的三种主要类型。其中学历教育和技能培训是主体,学历教育是校内人才培养的主体,技能培训是校外人才培养的主体,二者不可偏废。国家明确要求,社会培训是学历教育的两倍。其他社会培训是学校教育的补充。

这里需要厘清上面提及的技能培训、社会培训两个概念。技能培训是以培训学员的技术技能为主要目的的培训,比如种养殖培训,有明确的技术技能内容。一般的社会培训则指学历教育之外的对社会开展的所有培训,包括技能培训,也包括非技能培训。非技能培训指与技术技能无关,或者关系不大的培训,如文化培训、礼仪培训、政策培训、管理培训、党建培训等。在本书中,我们将县级职教中心的培养类型分为学历教育、技能培训、其他培训。这三种类型在服务乡村振兴中具有重要作用,都需要与服务乡村振兴融合。

融合的主要策略包括以下三点。

一是突出学历教育、技能培训的主体性。学历教育、技能培训是县级职教中心服务乡村振兴的主体,要主动、全面、深度融入乡村振兴。学历教育的融合与前面有些部分做法一样,主要有三,第一是开设直接涉农专业,第二是打造间接涉农专业,第三是普及"两爱一懂"人才培养。技能培训的融合主要有二,一是开发涉农培训课程,凡是自己能开发的一定要自己开发,

· 343 ·

凡是县域主要产业、主打特色产业需要的，尽早要自己开发；二是联合开展各类涉农培训，特别是与农科高校、农业科研院所联合。

二是增强其他培训的灵活性。乡村振兴是全面振兴，包括产业、人才、组织、文化、生态，县级职教中心必须加强这些方面的培训，特别是文化培训、政策培训、乡风文明培训、乡村社会公德培训、乡民道德培训。这些培训往往是临时的，需求也是多样化的、个性化的，培训的地点可以是田间地头、院坝农家，培训的内容可能是一村一变化，培训的对象可能是从小到老，等等。因此，灵活地开展其他培训是县级职教中心更好地服务乡村振兴的基本要求。

三是丰富培养类型的互通性。所谓培训类型的互通性，就是学历教育、技能培训、其他培训之间要多维度互动、互通。第一，师资互通，学校的教师就是这些，不能分为三大类，因此只能一师多能，教学、培训都会；第二，内容互通，三种类型的教学内容（培训内容）要互相借鉴，学历教育的具有规范性，培训的具有实用性，特别是广大乡村的实际案例、新的需要、新的工艺要及时融入学历教育；第三，方法互通，学历教育的小组活动、任务式教学可以大胆用到培训中，培训中的手把手指导、灵活有趣的方式可以用到学校课堂教学中。

4. 培养模式：中职独立培养乡村人才

县级职教中心的人才培养模式核心是"农学交替"培养乡村人才；其主要作用通过与农沟通、与高校沟通的培养模式，培养"真实"的"三农"人才，服务乡村振兴需求；其基本内容是中职独立培养乡村人才，中高职联合培养乡村人才，多主体联合培养乡村人才。

培养模式有多种描述方法，对县级职教中心来说，第一种说法是"农学交替"，就是"工学交替"在县级职教中心的乡村人才培养上的实践应用。第二种说法是从人才培养主体角度描述，对县级职教中心而言，有独立培养、与高职联合培养、与其他多主体联合培养三种。在服务乡村振兴中，这三种培养模式都应该融入服务乡村振兴。

融入的主要策略包括以下三点。

一是以"农学交替"为主线。"农学交替"始终是县级职教中心人才培养模式的核心，其下又可以分为层次不同的多种类型。浅层次的"农学交替"只要学生学员有到乡村去实践的经历、过程就行，这适用于所有县级职教中心的学生学员。中层次的"农学交替"要求学生学员有多次（可以按每期、每年设计）到乡村去，开展多类型（调查、志愿服务、生产劳动、文化宣传等）的实践活动，这适合"兼容性涉农人才培养"。深层次的"农学交替"要求学生学员按照涉农课程的要求，按照季节性、农闲农忙、生产时节等要求定期或者不定期到乡村去实训、实习、实践，这适合直接涉农人才培养。

二是以独立培养为主体。这是从培养主体角度说的，就是中职学校培养乡村振兴人才要以我为主，不要等待，不要寻找依靠。因为县级职教中心是服务乡村振兴的主体，应该是最有担当、最有作为的学校，其他职业院校则不具有这一特性。因为历史原因、认识原因，县级职教中心培养乡村振兴人才的主体作用发挥确实不强。在国家乡村振兴大政方针非常明确的当下，县级职教中心再没有推诿的理由，应该从国家大局、学校发展大局出发，主动担当起培养乡村振兴人才的重任。

三是以联合培养为补充。由于乡村的广泛性、复杂性，需求的多样性、发展性，培养乡村振兴人才就变成一件非常复杂的事，需要联合多种力量。因此，县级职教中心要善于联合高校、科研院所、政府部门、企业、乡镇、村社，构建多主体培养模式，共同培养乡村振兴人才。比如与电商企业、政府商务局共同培养农村电商人才，与大数据企业、农村农业委共同培养农业大数据人才，与电子企业、通信企业共同培养农业物联网人才，等等。

二、学校人才培养与服务乡村振兴融合的基本原则

（一）着眼发展

县域乡村振兴需要什么样的实用型人才，县级职教中心就应该培养什么样的实用型人才。但乡村振兴是一个快速发展的、动态变化的过程，乡村振兴的目的是要推动乡村高速发展，尽快实现与城市同步发展，因此，其对人才的需求也必然是一个快速变化的过程。所以，县级职教中心在服务乡村振

兴的人才培养过程中，应该着眼发展，而不是固守眼前。具体说，就是要做到以下几点：一是人才培养目标、方向要跟着乡村发展的实际需求不断调整，至少做到一年一调整；二是人才培养的层次要不断提高，人才培养的类型要不断丰富，因为乡村对人才的需求只会越来越高，越来越多样化；三是人才培养的资源会更加丰富，要不断更新资源库；四是人才培养的模式要在大框架保持不变的前提下，不断创新具体操作细节，丰富内涵。

（二）农学交替

普通职业院校人才培养模式是工学交替，在乡村，农即为工，因此，县级职教中心的人才培养模式就应该是"农学交替"。这里的"农学交替"包括三个层次：一是全员普及的初级"农学交替"，只要求全体学生学员必须到乡村去实践、去服务，不做更多具体要求，主要是培养全体学生学员的"乡村情感"；二是对间接涉农专业学生学员实行的中级"农学交替"，要求大家必须每年有一定次数到乡村去，具体从事乡村社会调查、志愿者服务、实训实践，主要是培养学生学员具有浓厚的乡村情感，掌握一定的乡村建设技术技能；三是对直接涉农专业学生学员实行的高级"农学交替"，要求学生学员根据乡村农业生产季节、农忙农闲时段、课程学习要求，多次深入乡村实训实习，主要是培养学生学员具有建设乡村的理想信念，掌握熟练的乡村建设的技术技能。

（三）有据有效

县级职教中心服务乡村振兴不是应景，也不是搞形式主义，而是基于自身本质功能、学校良性可持续发展的自我追求，是学校在促进乡村振兴的过程中实现自身高质量发展的根本途径。因此，县级职教中心人才培养与服务乡村振兴融合一定要有据有效。有据就是乡村有需求，学校有基础，或者可创造基础，家长学生能引导，不能搞成空中楼阁。有效就是有实效，能培养出于乡村有用之才，学生学了有用武之地，不能是雾里看花，中看不中用。

三、学校人才培养与服务乡村振兴融合的基本路径

（一）锁定"两爱一懂"方向

县级职教中心的因"三农"而生的县级属性限定了其人才培养方向，即培养服务乡村振兴的"两爱一懂"（爱农村、爱农民、懂农业）人才。这些人今后大部分会回到县域就业，是县域经济社会发展的主体。有部分可能会在城市、工厂就业，但是只要有"三农"情结，不论什么岗位、地点都会为乡村发展作出贡献。县级职教中心要坚定不移地锁定"两爱一懂"人才培养方向。

（二）创新校村融合培养模式

职业学校人才培养应该走校企合作、工学结合模式，在县域农业就是产业，村社就是"企业"，田间地头就是岗位。因此，县级职教中心就应该走校村融合的培养模式，学校与乡镇、乡镇企业（实体）共建专业，教师与乡村干部、致富带头人、技术能手、能工巧匠交流学习、轮岗换岗，课堂融入乡村案例，甚至搬到田间地头，师生走入乡村、深入田间地头调研、实践。

（三）打造"双育人"平台

这里的"双育人"指学校育人和乡村育人。县级职教中心是育人主体，但由于资源、环境、条件等因素的影响，难以培养出服务乡村振兴的"两爱一懂"人才，因此需要将乡村作为育人的另一主体，并打造"双育人"平台予以落地落实。比如定期开办"乡村讲坛"，建立乡村振兴学院，建立乡村实践基地，建立乡村服务流动站，建立服务乡村社团，建立校乡村联盟，等等。

四、学校人才培养与服务乡村振兴融合的主要举措

县级职教中心的人才培养主要包括在校学生和培训学员两类。这是县级职教中心服务乡村振兴的最主要形式。学校人才培养与服务乡村振兴融合的举措很多，一是人才培养方案的融合，从制订人才培养方案开始就要考虑乡村产业、乡村事业、村民生活生产的诉求，在进行专业设置、课程组织、师资建设、采用教学方式、制定评价标准等方面，都要围绕乡村振兴需求进行；

二是人才培养内容的融合，要从知识结构、技能要求、职业道德、职业素质等方面来培养学生学员；三是人才培养对象的融合，要特别关注乡村还存在的大量初中毕业生、高中毕业生甚至小学毕业生；四是人才培养的范围融合，要为乡村提供终身教育，培养培训乡村各类人群的生产、生活、娱乐、康养等方面的技术技能，提高文化素质、生活品质。

职业院校人才培养与服务乡村振兴融合的具体形态丰富多彩，且一般都具有个性化特色，这里以案例列举的形式进行说明，以供县级职教中心借鉴、参考。

（1）思想教育与乡村振兴融合。

案例91：

宣讲二十大　厚植乡村情

贵州食品工程职业学院党委书记何兴发为学院师生代表宣讲党的二十大精神。当天，何兴发围绕深入学习把握党的二十大精神的核心要义、认真学习领会省委十三届二次全会精神、积极探索职业教育高质量发展的有效路径、举全院之力助推乡村振兴等方面，结合学院实际，对党的二十大提出的新思想新论断、作出的新部署新要求，作了全面系统的宣讲解读。

作为一所涉农的工科职业院校，学院把未来的发展目标定位为服务乡村振兴，即为乡村振兴提供人才和科技支撑。我们必须紧扣"一县一业"，坚持政府统筹、产业搭台、校企联动、服务"三农"，重点在人才培养、产品研发、产业孵化等方面与地方主要产业同向同行、融合发展，紧紧围绕贵州12个农业特色优势产业，推行标准化研究、专业化生产、系列化加工、社会化服务、品牌化营销，着力走出一条产出高效、产品安全、产业多类的乡村振兴之路。

分析：

高质量的乡村振兴人才必须思想政治素质过硬，必须有浓厚的家国情怀，必须做到坚守初心、矢志不渝、扎根乡村、默默奉献，才能真正把握农业规律，倾听农民心声，融入乡村发展，以"功成不必在我"的精神境界和"功成必定有我"的历史担当打赢乡村振兴持久战。该学院将宣讲党的二十大精神与培养乡村振兴人才融合，从思想上入手培育乡村情怀，值得县级职教中心学习借鉴。

（2）培养过程与乡村实际融合。

案例 92：

结合本地实际培养乡村振兴人才

2022年全国两会召开期间，北京师范大学教授、创新发展研究院院长关成华在接受央广网、腾讯可持续社会价值事业部采访时说：职业教育在乡村振兴过程中具有独特的优势，能够培育更多本地急需的应用型人才。他认为，乡村振兴所需专业技能人才要靠教育和培训，各地方职业院校在专业设置的过程中，在人才培养的过程中，可以充分结合本地实际，灵活设置一些专业，培养符合本地实际产业发展方向的技能人才。他强调，实用型人才一定要结合实践来培养。

分析：

高质量乡村振兴人才就应该了解农业、农村、农民，就应该在乡村实践中锻炼，在乡村环境中成长。从乡村发展的历史过程看，我国乡村正处于向中国式现代化过渡的时期，总体上我国农业处于快速发展阶段，乡村振兴需要解决的问题很多，要把握好我国农业发展的三产融合、主体多元、绿色发展、健康引领、装备智能、全球配置等特征，必须深入乡村，深入实践。这段话虽然不是案例，是专家建议，但对县级职教中心的启发依然宝贵。

（3）培养要素与乡村要素融合。

案例 93：

"四融四化"培养乡村振兴人才[1]

嘉兴职业技术学院围绕嘉兴城乡融合发展新要求，开展了"人才培养直通农村"的改革。

"以农建群、专业互融"，构建"模块化"课程体系。学院打破二级学院专业设置壁垒，融合园艺技术、食品质量与安全、物联网技术、电子商务、旅游管理等10个专业师资团队，改造提升现有涉农专业，拓宽传统涉农专业的边界，组建乡村振兴专业集群。专业群内开设有家庭农场经营管理、智慧农业技术等课程模块，构建"基础—专业—模块"课程体系。

---

[1] 2022-04-26，方俊良，《中国教育报》，嘉兴职业技术学院："四融四化"培养乡村振兴新农人.

"三院联动、四方共融"，打造"一体化"育人生态圈。学院与森禾种业、嘉心菜集团等大院名企共建森禾种业学院、嘉心菜农商学院等6个产业学院。依托嘉兴农民学院，联合产业学院，共同组建嘉兴市新农人培养联盟。建立"政校行企"四方协同的新农人培养联席会议制度，构建机制同频共振、校企共融共生的一体化育人生态圈。

"量身定制、双创贯融"，确立"类型化"人才培养模式。学院按照"学历+技能+创业"的培养方式，实施"忙农闲学、产学并重"的教学模式，培养留得住的"专业型"新农人。学院实施"学训分季、专创融合"的现代学徒制人才培养模式，组建现代学徒制班23个，培养学员629名。学院按照"个性定制、菜单教学"的培训方式，采取"理论授课面对面+实践教学点对点+创新创业手拉手"的教学形式，培养干得好的"技术型"新农人。

"数字赋能、资源交融"，建设"本土化"新形态教学资源。学院开发信息化教学资源库，建成集教学、咨询、推广于一体的数字化云端"课程超市"，跨时空立体化提供技术服务。校企合作编写新型职业农民培训系列3套共30册本土化特色教材，建成《凤桥水蜜桃生产技术》等新形态活页式教材16册，开发技术标准和行业规范20项；共建共享虚拟仿真学习环境教学项目20个；把示范乡村、产业园区、龙头企业、家庭农场作为实训基地，将土专家、田秀才、农创客、村干部聘为兼职教师，开辟教学资源新路径。

多年来，嘉兴职业技术学院"新农人"培养成效显著，培养乡村振兴"新农人"6 600余名，服务乡村振兴的毕业生比例由58.5%提升至77.8%。

分析：

高质量的乡村振兴人才要有综合行动能力，而这种能力来自多场景、多要素、多任务的综合培养。没有学校人才培养要素、乡村生产生活要素的多方融合，就培养不出能适应农业农村现代化发展要求的人才。县级职教中心要借鉴该学院面向农业发展系统化构建人才培养体系的做法，提升服务乡村振兴人才培养质量。

（4）培养场地与乡村空间融合。

案例94：

　　　　田间学院

重庆三峡职业学院是全国乡村振兴人才培养优质校。多年来，学校以"三农"人才实际需求为出发点，在人才培养端上改革，主动与万州、云阳、开州、忠县、道真等区县的乡镇、行企签订战略合作协议，"星火式"设置集校园双创基地、庭园双培基地、田园双生基地"三园一体"的"田间学院"16所。与西南大学教育学部建立战略合作关系，依托"乡村振兴博士工作站"，以专家工作点、大师工作室以及教授"游教"、博士驻村等多元化方式为手段，深入田间地头，持续对三峡库区乡村振兴进行针对性指导，不断深化教学改革，创新了"三农"人才培养模式，首创了"田间学院"培养"三农"人才服务乡村"五大振兴"的理论范式。

分析：

该校设立"田间学院"，将人才培养场地搬到乡村，将教室搬移到田间地头，走进山村教学，走到农民身边教学，这种人才培养与乡村无缝对接的模式是深度融合、高效高质量的乡村振兴人才培养模式。

第六节　学校社会服务与乡村振兴融合策略

一、学校社会服务与服务乡村振兴融合的基本内容

县级职教中心社会服务与乡村振兴融合的核心是服务所起的作用、融合点以及服务的内容，这些构成了学校社会服务与乡村振兴融合的基本内容，具体见表5-31。

表5-31　"学校服务链"与服务乡村振兴融合的基本内容

纵向主链条	横向子链条				核心作用	主要融合点	服务乡村振兴基本内容
技术服务	技术咨询服务	技术输出服务	技术支持服务		技术支持	技术输出	技术咨询、技术输出、技术支持

续表

纵向主链条	横向子链条					核心作用	主要融合点	服务乡村振兴基本内容
人力服务	长期派驻服务	定期帮扶服务	临时支持服务			帮扶支持	定期帮扶	长期派驻、定期帮扶、临时支持
资金服务	资金资助服务	资金筹措服务	资金投资服务			资金支持	资金资助	资金资助、资金筹措、资金投资
资源服务	资源输出服务	资源整合服务	资源开发服务			资源支持	资源整合	资源输出、资源整合、资源开发
综合服务	组织振兴服务	产业振兴服务	人才振兴服务	文化振兴服务	生态振兴服务	综合支持	有效参与	组织振兴、产业振兴、人才振兴、文化振兴、生态振兴

（一）学校社会服务的基本内涵

"以服务为宗旨，以就业为导向"是职业院校办学的方针，可见，"服务""就业"是职业院校的两大主要功能。职业院校开展社会服务意义重大，既是区域经济社会发展的客观要求，也是学校自身生存发展的主观需要。县级职教中心与县域经济社会有着共生共长、休戚与共的关系，决定了县级职教中心必须为县域经济社会培养技能人才。同时，县域经济社会也为县级职教中心提供了丰富的生源和广阔的实践空间。因此，县级职教中心服务乡村振兴意义重大。

关于社会服务，有一个著名的"威斯康辛理念"[1]，其核心是"把大学的资源和能力直接用于解决公共问题"。对于职业院校来说，同样如此，把学校的资源和能力以学校的身份直接用于解决社会问题，就是社会服务。落地到县级职教中心，就是学校、教师、学生利用学校及其自身的资源与能力去解决县域以乡村为主的经济社会的公共问题，这就是社会服务。

根据上述说法，县级职教中心的社会服务有几个问题需要理清。一是服务的主体问题，包括学校的全部要素、成员。从这个意义上说，县级职教中心服务乡村振兴不是少数人的事，不是个别部门的事，而是学校集体的事。

---

1 刘锡奇，崔承刚. 辽宁省高职院校社会服务能力提升的探索与实践[J]. 辽宁高职学报，2010，05：1-2，49.

第五章　县级职教中心服务乡村振兴的策略："五链合一"融合行动模式

二是服务的客体问题，指经济社会的公共问题，主要是县域以乡村为主的经济社会的公共问题。服务公共问题才算，服务私人问题不算，利用公共资源解决私人问题不算社会服务，如果这个"私人"带有公共属性就算，如果这个"私人"纯属私利，就不算。服务的主要是问题，没有问题就没有必要服务，切不可画蛇添足、无事生非，那样反而会给人家添乱。三是服务的资本问题，包括资源和能力，资源包括物质、资金、信息、人脉、政策等学校拥有的资本，能力包括技术、技能、文化知识等聚集在人身上本领。四是服务的方式问题，没有方式，只要不违法，不违反国家政策，不违反学校的办学属性，有利于乡村的全面振兴，所有的方式均可。

县级职教中心服务乡村振兴有广义和狭义之分。广义的社会服务，就是指县级职教中心的社会功能和角色，包括学历教育的人才培养、社会各类培训、技术创新、教育科研以及直接为社会服务等。狭义的社会服务，是指学校直接为社会所做的具体服务，如技术咨询、产业规划、政策宣传、文化下乡、劳动实践、帮扶对接、驻村团队等。

县级职教中心的社会服务有其鲜明的特征，一是聚焦县域乡村，以乡村为主体，以促进"三农"发展为要务；二是具有综合性，不单是社会培训、技术服务，还包括组织建设、文化传承创新、生产劳动、产品供销、特殊救助等；三是具有公益性，没有回报，只有付出；四是具有半官方属性，很多服务项目是政府统一规定、组织的，在村社干部群众眼里，县级职教中心与其他政府部门一样，都是"官方单位"。

县级职教中心的社会服务的主要功能有以下三点。

一是学校对接乡村的纽带。社会培训、技术咨询等社会服务，一方面可以及时有效了解乡村的人才需求、发展需求，包含人才培养的规格、人才需求的类型、发展需要的资源等，另一方面可以更好地把握乡村的最新发展方向、最新技术、最新设备等。以此为依据，建立起学校与乡村的动态调控机制，及时调整学校的人才培养目标定位与专业布局，确保学校始终与社会的发展同进度、共发展。

二是教师提升能力的途径。社会服务可以使教师深入到乡村现场第一线，近距离了解乡村现状，掌握乡村的最新技术、设备、工艺、产品，有助于提升自身工作能力和实践操作能力，有助于提升自身理论联系实际的能力，有助于提升教师开发课程的能力。

三是学生成人成才的平台。学生的成长成才离不开环境的熏陶与浸润，离不开社会实践锻炼，对于县级职教中心，对于培养服务乡村振兴的人才，乡村就是学生学员的社会环境，乡村生产劳动就是学生学员开展社会实践锻炼的舞台。学生学员学习的专业理论知识，必须内化于心、外化于行，而乡村就是其外化于行的阵地。同时，学生学员以自己的知识与能力服务于社会，可以巩固、深化所学的知识，提升所形成的能力，并在认识乡村与服务乡村中增才干、长智慧，实现自我成长。

县级职教中心服务乡村振兴的主要对策有以下四点。

一是整合各种社会资源。县级职教中心要更好地服务社会，必须全面整合各种社会资源。社会资源主要包括三个方面：第一，政策资源，学校要争取政府、社会的支持，同时在校内也可制定政策向乡村服务项目及个人倾斜；第二，企业资源，可以通过对相关涉农企业、行业的调研，了解最新发展、市场的需求及产业的结构调整、转型升级等，从而更明确、更有针对性地制定符合乡村需求的服务方案；第三，高校资源，可以利用高校科研院所的技术资源、教师资源、设备资源和实习实训基地资源来服务乡村振兴。

二是多方位进行队伍建设。增强学校干部教师的服务能力，包括教学能力、操作能力、技术开发能力等。第一，可以从行业企业中引进专家作为学校的外聘师资。第二，可以将干部教师送到乡村、高校进行学习和锻炼，让教师熟悉乡村生产生活，还可以让干部教师参加涉农企业的技术更新，增强教师技术开发、技术服务的能力。这样，就可以达到学校、乡村、企业"多向联通"。

三是打造学校服务特色。学校要充分考察当地产业结构和乡村振兴的发展规划，仔细思考所处地区的区域经济、资源的特色，找准特色领域，发展相应的专业，并以此为依据设置服务项目、选择内容和服务方式，以增强服务的职业性、实践性、开放性，特别是要关注乡村的变化，在此基础上形成学校的服务特色。

四是增强学校的服务意识。学校服务乡村振兴离不开干部、教师、学生，他们服务意识的高低往往直接影响服务的效果。在具体服务实践中，有几点要注意。第一，要有"共赢"意识。乡村要赢，学校要赢，教师要赢，学生要赢，只有这样服务才能持续。第二，学校干部、教师、学生要融入乡村，深入乡村。比如到乡村实践、考察、学习、调研，到乡村挂职，与村民同吃同劳动等，要随时要关注乡村变化和乡村振兴政策。

（二）学校社会服务与服务乡村振兴融合的基本内容

县级职教中心社会服务的内容很多，而与服务乡村振兴融合的内容主要包括技术服务、人力服务、资金服务、资源服务及其他综合服务五个方面。

1. 技术服务：技术输出

县级职教中心对乡村振兴进行技术服务的核心是技术输出，其主要作用是技术支持，基本内容是技术咨询、技术输出、技术支持。

职业院校本质是培养职业技术技能的学校，关键词是"技术技能"，或称"职业技术技能"，或称"专业技术技能"。乡村振兴关键是人才支撑，其中主要是需要"技术技能人才"支撑。因此，县级职教中心服务乡村振兴，首要的是技术服务，包括以提供咨询、信息为主的技术咨询服务，以开展技术技能培训为主的技术输出服务，以提供技术技能人才直接参与乡村生产活动为主的技术支持服务。以上服务要实现与乡村振兴需求的有效衔接，必须有机融合。

融合的主要策略包括以下三点。

一是精准对接需求。县级职教中心本身拥有的技术和技术资源很多，在技术服务中，一定要精准对接需求提供有效的技术。首先，要弄清楚乡村需求的具体环境，比如柑橘树的养护技术，是树苗的养护，还是成年树的养护，或者是老年树的养护；是春夏秋冬哪个季节的养护，还是全季节的养护；是哪个乡镇或者哪个区域的养护，因为不同的地质条件、不同坡面养护技术不一样。其次，要弄清楚乡村对技术的具体需求方式，比如是希望自己掌握还是帮他操作，或者是技术指导，是具体的操作技术还是了解技术方向。再次，就是要弄清楚乡村对技术需求的具体内容，比如生猪产期护理技术，是通用的产期护理还是特殊的产期护理，是一般的护理还是包括疾病预防与治疗的护理，等等。

二是紧密结合专业。乡村对技术的需求范围广、层次多，县级职教中心对乡村的技术服务不可能样样满足，为了保证有效性，必须紧密结合专业。

首先，对于短期、局部需要的技术服务，要优先选择自身拥有的技术，这是职业院校的专长、特长，是优势、强项，要充分发挥，首先应用。其次，对于长期且广泛需要的技术服务，如果学校有相关专业，要考虑加强专业建设，紧密对接需求；如果学校没有相关专业，要考虑开设相关专业或者专业方向。对于乡村有需求，学校无供给的技术服务，可以采取借用外力的方式解决，比如聘请专家、高校等，但对于耗时长、耗费多的技术，学校要善于拒绝，一个县级职教中心的技术是有限的，技术服务是有边界的，不能什么都提供。

三是确保技术时效。学校在服务乡村振兴中，提供的技术服务一定要先进、与时俱进、符合时代发展的趋势，不能提供过时的、落后的、陈旧的技术。这对县级职教中心是一个挑战，因为：学校的教材一般都落后社会三年以上，学校教师如果不与行业企业接轨，所掌握的技术一般也会落后社会两三年。如果以落后的技术服务乡村，不仅会耽误乡村的发展，还会影响政府与村民、学校与村社的关系，严重者会损害学校、政府的形象。因此，学校要经常组织老师深入行业、企业实践，了解行业企业的发展趋势，掌握最新的技术、工艺、规范、标准、设备，确保技术的时效性。

2. 人力服务：定期帮扶

县级职教中心为乡村提供人力服务的核心手段是定期帮扶，其主要作用是对产业、组织、人才、生态、文化振兴的帮扶支持，其服务的基本内容是长期派驻、定期帮扶、临时支持等方式。

人力服务就是提供人的综合服务，与技术服务不同的是人力服务更多是综合服务，技术服务的核心是技术，人力服务的核心是综合、常规服务，比如宣传发动、思想政治工作、组织协调工作、农忙帮扶等。

融合的主要策略包括以下三点。

一是需求明确。就是乡村有需求，并且是实在的、具体的需求，学校就可以提供人力服务；如果没有，就不要提供。近几年常常出现一种现象，职业院校为了响应国家乡村振兴的号召，为了体现服务乡村振兴的职能，为了扩大学校社会影响，派出干部、教师、学生到乡村去，具体干什么不知道、没计划，举着旗帜打着标语，热热闹闹走一遍。这种没有实效，没有针对具体、实在需求的人力服务于乡村不利,于学校不利,于社会有害,要杜绝。因此,学校提供人力服务一定要有事前的充分准备,具体到什么地方、干什么事、得到什么结果都要事前设计。

二是供给精准。学校在具体了解乡村对人力服务的需求基础上,要针对性提供服务,包括人、事、工具、资源、分工、考核都要精细化。比如,村社需要加强党员对乡村振兴内容的理解,那就应该派出具有一定政策水平、理论研究的干部教师,而不是一般的教师,更不是学生;村社需要帮助小麦收割,就要派出具有一定收割经验、能干体力活的师生,不能给村民造成粮食浪费。总之,县级职教中心在为乡村提供人力服务时要用心,要避免运动式、口号式、应付式做法。

三是供需融合。职业院校为乡村提供服务其实最难的就是供需融合。常常见到的现象是乡村有需求,学校有供给,但结果都不满意,究其原因,是供需没融合,或者融合不够。比如常见的人力服务就是派出驻村队员,包括驻村第一书记,学校出钱、出人、出力,驻村队员常年吃住在村,学校、教师很用心、付出很多。但可能村社觉得,这些驻村队员没有帮到什么实际的忙,没有解决多少实际的困难,有时还添乱。这里面原因很多,如驻村队员的教师架子、工作作风、工作方式没有改变,没有融入村社干部、农民群众,对农村的生产、生活实际了解不深,因此造成工作方法不对、脱离乡村实际、解决不了实际困难。总之,就是供需没有有效融合。要做到供需有效融合,法宝就是"从群众中来、到群众中去",具体地说就是调查研究、因地制宜、总结反思。

3. 资金服务:资金资助

县级职教中心为乡村提供资金服务的核心是资金资助,其主要作用是为有困难的村民及其子女、有困难的乡村产业发展提供资金支持,其提供服务的基本内容主要是资金资助、资金筹措、资金投资。

为乡村提供资金服务不是县级职教中心的主要任务,也不是所擅长的,但避免不了、绕不过去。学校本身就是靠政府拨款生存,并且大多数县级职教中心都存在资金不足的问题,因此为乡村提供资金服务一定要有需、有度、有效,切忌盲目。

县级职教中心资金服务与服务乡村振兴融合的主要策略包括以下三点。

一是满足真实需要、急切需要。因为县级职教中心能组织的资金有限，因此每一分钱都要用到最需要的地方。首先，要调查走访判断出真伪，对那些生活确实困难、子女入学确实困难、产业发展确实困难的给予资助，对懒汉、能自食其力的人不能轻易资助，不能助长恶习。其次，要分出等次，急需的先资助，不急的缓一缓；疾病、重病、大病先资助，其他缓一缓；失学的先资金，再读的缓一缓。然后要分清情况，强化职业学校的属性，涉及本校就读的学生、本校划分的责任范围是重点资助对象，涉及与技术技能相关的重点资助对象，涉及学校实训实践基地、专业对接村社的是重点资助对象。

二是有限度、有条件、有公开。县级职教中心的资金服务一定是有限度的，有严格操作程序的。涉及学生的资助，国家有标准的按标准执行，国家没有标准的一般根据实际自行制定标准，并且要严格按照评选条件进行评选，在全校公示。涉及对贫困农户帮扶的，首选是扶智力，其次是物质帮扶，最后才是资助。涉及乡村产业发展的，必须是有潜力、有发展前景、可行的项目，资助额度必须是严格控制，最好以投资入股的方式进行。

三是有效果，有影响，能放大。县级职教中心对乡村的资金支持有一个很大的挑战，就是有效果。调研发现，实际工作中，很多资金支持的作用不大。比如对贫困学生的资助，很多学生拿到手后大吃大喝、买手机打游戏；对贫困农户的资助，用于生活的居多，用于可持续发展的很少。县级职教中心对乡村贫困家庭、学生的资助，对产业发展的资助，主要看重的是引领、带动作用，希望能够激发他们发展的动力，帮助他们度过现实的难关走上自主发展、自力更生。因此，在资助的同时，要伴随思想引导、效果跟踪，最好能将资助的作用放大，让他们有感恩之心、发展之力，不能"一付了之"。

4. 资源服务：资源整合

县级职教中心给乡村提供的资源服务核心方式是资源整合，其主要作用是给乡村建设发展提供资源支持，其基本内容是资源输出、资源整合、资源开发。

乡村建设需要资源，包括物质的、人力的、技术的、信息的等。县级职教中心能提供的很多，但不能全覆盖；提供的方式也很多，但主要形式不多，

第五章 县级职教中心服务乡村振兴的策略:"五链合一"融合行动模式

包括以纯粹提供资源为主的资源输出,以资源综合收集利用为主的资源整合,以资源创造、建设、改造为主的资源开发。为了有效发挥资源的作用,需要将资源服务与乡村振兴有机融合。

县级职教中心资源服务与乡村振兴融合的主要策略包括以下三点。

一是提供有效资源。就是提供有价值、有作用、能产生实际效能的资源。首先,要对学校所拥有的资源进行分类、要整理,以便需要的时候能找到,能拿出。一般来说,学校的资源主要有:专业资源,包括专业技术、专业设备、专业信息、专业师资、专业学生;培训资源,包括社会培训、技能培训、技能鉴定、各类其他综合培训;组织资源,包括与政府部门、高校、行业企业、科研院所等相关的联系资源。其次,能识别资源,识别资源的类型、方向、作用、使用条件、使用程序、可能产生的负面影响等。只有识别了资源,才能精准提供。然后就是要了解需求,要根据具体需求有针对性地提供资源。

二是有效提供资源。主要指提供资源的方式方法要恰当,确保时效、实效。具体来说要注意以下几个方面。第一,注意提供资源的时机要恰当,不要搞下雨天送草帽、太阳天送雨伞的事,准确判断需要资源的时间、地点、对象,然后就能有效提供。第二,注意提供资源的方式,如果是物资资源,要确定是送到村、社、家、田地哪个地方;如果是信息资源,要确定是书籍、电子稿、打印的纸质稿,弄清需不需要解读、指导,或者提供来源;如果是专家资源,要确定是送专家到村,还是提供联系方式,是提供一个或者多个。第三,注意提供资源的包装,如果提供的资源很多,最好是整理、梳理后提供;如果提供的资源很散乱,最好是打包后提供资源包。

三是建设资源库。县级职教中心服务乡村振兴是常态,提供资源服务也是常态。乡村需要的资源,学校能提供的资源都有一个常态性的种类和数量。因此,学校要在平时做好相关准备,特别是资源储备,主要方法是建资源库。如果是物质资源,主要是整理好储备清单和采购地点、价格等准备,以便需要时能及时采购到位;如果是信息资源,就要建好信息平台或者资源包,把相关资源收集整理后放到资源包里,需要时可以及时、准确提供。总之,对经常性需要的资源,要根据不同的资源类型做好储备,其中重点是信息资源,特别是涉及产业发展、技术创新、政策法规等方面的资源。

5. 综合服务：有效参与

县级职教中心服务乡村振兴还有一个类型就是综合服务，核心是有效参与，其主要作用是为乡村各项事业发展提供综合支持，重点是季节性、活动性、临时性支持，其基本内容包括组织振兴、产业振兴、人才振兴、文化振兴、生态振兴等各个方面。

乡村振兴是一个庞大、系统、持久的工程，覆盖面广，涉及人数众多，情况极其复杂，既是我国上千年乡村发展的继续，又是我国新时代社会主义现代化建设的创新举措。因此，乡村的需求、需要的支持必然是综合性的、多样化的。县级职教中心在服务乡村振兴过程中，除上述技术服务、人力服务、资金服务、资源服务外，更多的是其他各类服务，我们将他们归纳为"综合服务"。这里面，有学校的强项，也有学校的弱项，有的有明确的需求，有的就是务虚。要做好这些服务，需要学校保持与乡村紧密的联系和热情。

县级职教中心综合服务与乡村振兴融合的主要策略包括以下三点。

一是坚持同步、同向发展。凡是损害学校发展建设的服务都是不长久的，凡是对学校发展建设有利的服务都是学校要坚持的。县级职教中心服务乡村振兴不是纯粹的贡献，不是单向输出，应该是以服务乡村振兴促进学校发展。要做好服务，特别是各类综合服务，一定是建立在学校与乡村同步发展、同向发展的基础上。例如，学校与村社实施"党建共驻共建"，既促进了村社党建工作，也提升了学校党建工作水平；学校参与农产品加工销售，在促进乡村产业发展的同时，也促进了学校专业水平的提升；学校建立乡村振兴学院，开展多角度乡村服务的同时，也促进了学校资源整合、专业水平提升、治理能力提升、社会影响力提升。县级职教中心与乡村发展同步、同向是一个大概念，在具体实施中，可以从以下方面入手：第一，保持专业与县域乡村产业的紧密对接，加强互动、合作，力争共赢；第二，保持组织与乡村的紧密联系，比如开展共建、组建联盟等，增进交流、感情；第三，保持经常性到乡村调查、实践，熟悉乡村情况，跟踪乡村发展变化、热点难点。

二是坚持有效、有意义原则。在目前的服务乡村振兴活动中，很多是形式大于内容，象征意义大于实际意义，媒体报道重于实际服务。由于县级职教中心需要长期服务县域内的乡村，不是"一时一事"，如果经常性开展形式上的、虚空的服务乡村活动，不但会引起师生的极大反感，还会引起村民的极大反感，既不利于学校内部治理，也不利于学校长远发展，对乡村同样无益。因此，坚持服务有效、有意义是县级职教中心在服务乡村振兴中应该高度重视、长期坚持的基本原则。

三是坚持改革、创新思想。乡村振兴没有固定招式，地理条件不同、文化习俗不同、发展程度不同、基础不同就会有不同的振兴方式。县级职教中心在服务乡村振兴的过程中，借鉴别成熟的做法很重要，但改革创新更重要，因为"振兴"本身就是创新。第一，坚持学校自身的改革创新，包括治理体系、专业建设、教育教学、办学模式、培养模式、教学模式、评价模式等。第二，坚持服务的改革创新，包括服务对象、服务工具、服务内容等。

二、学校社会服务与服务乡村振兴融合的基本原则

（一）突出重点

县级职教中心服务乡村振兴必须有选择、有侧重，要突出重点。一是突出技术技能特色，坚持以技术技能服务为主，其他服务为辅，这既是自身所长，也是应有功能。二是突出人才培养特色，坚持以培养"两爱一懂"人才为主，树立大乡村、大人才观，人才培养是职业院校的根本。三是突出中等职业教育特色，坚持培养初级、中级技术技能人才为主，其他高级人才为辅。

在实际工作中，有些常见的误区需要尽力避免。如：不务正业，把生产发展、组织建设等职业学校不擅长的内容作为服务重点；不分层次，脱离学校实际培养高级人才，打造"大师""大富"等；不分轻重，把与自己专业无关的服务承接过来，承诺超出学校能力范围的服务等。

（二）资源整合

作为一个职业学校，本身服务乡村振兴的能力是有限的，但乡村振兴的需求是无限的。因此，县级职教中心要善于整合资源。一是横向上整合政府各个部门的资源，县内相关企业的资源；二是纵向上整合高校、科研院所、兄弟学校的资源，各个合作企业的资源；三是对内整合学校的资源，在整合

中开发、创造新的资源。

整合资源的方式有多种多样，一是搭建平台，如建立或者加入联盟、集团、协作体，这是一种比较紧密的资源整合方式；二是建立机制，如部门协调沟通机制、派驻机制、定期会议机制、聘任机制等，这是一种比较稳定的资源整合方式；三是建立联系，如建立专家库、组建微信群等，这是一种比较松散的资源整合方式。

（三）坚守初心

县级职教中心的初心是培养乡村振兴实用人才，因此服务乡村振兴的最大作用也是培养乡村发展之实用人才，这是必须坚持和坚守的，切不可舍本求末、不务正业。有的职业院校办企业、种田地，追求经济效益，搞错了方向。职业院校的功能是育人，办企业、种田地只是育人的手段之一，并不是目的，挣钱更不是目的。有的职业院校一年承接了很多服务乡村的活动，自己也组织开展了很多服务乡村的活动，教师学生疲于应付，严重影响教育教学，这也是忘记初心的表现。

同时，县级职教中心服务乡村振兴，是积极的、正向的，要防止为乡村提供落后的服务、低劣的服务、消极的服务。在为乡村提供服务过程中，一定要坚持正确政治方向，坚守政策底线，坚持正面引导，切忌弄虚作假、造谣生事、糊弄百姓，更不可违法乱纪、借机牟利、损害老百姓利益。这样的事在过去服务精准脱贫中时有发生，在乡村振兴过程中一定要杜绝。

县级职教中心服务乡村振兴还有一个初心是促进学校、乡村共同发展。若因为服务乡村振兴扰乱了教育教学秩序，损害了学校的人才培养，或者给学校发展造成了负面影响，一定要及时停止。学校得不到良性有序发展，服务乡村振兴就是昙花一现。只有学校发展了、壮大了，服务乡村振兴才有本钱、动力和能力。

三、学校社会服务与服务乡村振兴融合的基本路径

县级职教中心服务乡村振兴的路径很多，但要根据学校的办学功能、资源优势抓住主要的、关键的路径。

（一）建平台，打基础

县级职教中心服务乡村振兴，不能随心所欲，不能凭空虚晃，必须以平台为基础扎扎实实进行。这种平台主要包括三种类型，一是学校服务平台，如"服务乡村振兴联盟""乡村振兴学院""校村党建入驻共建"，主要是学校层面在运行和参与；二是教师服务平台，如"田间学院""乡村课堂""乡村实践流动站"，主要是教师在参与；三是学生服务平台，如"服务乡村志愿队""四送下乡服务队"，主要是学生在参与。

（二）靠师生，抓根本

服务乡村振兴，师生一定是主体。县级职教中心一定要避免少数人服务乡村振兴、外聘技术人员服务乡村振兴、领导服务乡村振兴的现象，要有计划地对全体教师、学生进行"两爱一懂"教育引导，要有制度保障全体教师深入乡村开展实践活动，要将学生到乡村实践、实训、实习、服务纳入人才培养方案，作为社会实践、企业实习的内容。

（三）搞活动，找载体

县级职教中心服务乡村振兴除派驻驻村队员等常规形式外，更主要的是组织系列具体活动，以此开展服务。这些活动一般来说有五种类型，一是技术支持类活动，如技术技能培训、技术咨询等；二是文化宣传类活动，如乡风文明宣传、送文化下乡等；三是劳务支持活动，如参与春种秋收、农忙助力等；四是物资支持活动，如捐款捐物、村容村貌建设等；五是组织共建活动，如校村党建联建、村社干部培训等。

四、学校社会服务与服务乡村振兴融合的主要举措

（一）立体融合服务乡村振兴

案例95：

立体融合服务乡村振兴

重庆三峡职业学院的社会服务与乡村振兴立体融合，创新了多种模式，

形成了典型经验，取得了突出成果成效。

"五联动"融合破解"协同性"问题。学院牵头成立中国生猪产业职业教育产学研联盟、川渝统筹发展示范区职业教育联盟等 5 个，开发"三峡稻鱼米""三峡职院稻田鱼""微腊肉"等生态产品，打造田间"新农业"。

校村融合共绘"稻渔盆景"。"稻渔学院"师生开展稻鱼综合种养推广，现已应用到 3.27 万亩，库区丘陵田园上呈现出一片片靓丽的"稻渔盆景"，经济效益达 1.12 亿元，稻渔基地被评为"国家农民合作社示范社"。

产教融合共造"致富腊肉"。学院驻村第一书记率领村民创办万春腊肉加工扶贫车间，年产值实现 1 200 万元。央视《焦点访谈》栏目以"梦圆万春"为题，对田间学院的"产教育人"进行了长达 15 分钟的专题报道。

院校融合共研"大田文章"。学院与西南大学教育学部组建教学研究团队，构建了涉农高职院校服务乡村五大振兴的产业"产-教-产"互嵌式、人才"1+N"融合式、文化"三维"促进式、生态"5G"共生式、组织"三力"助推式的系统性行动框架，形成了《人才振兴：职业教育"1+N"融合行动模式探索》等系列理论研究成果。研究成果荣获教育部第六届全国教育科学研究优秀成果奖，第七届高等学校科学研究优秀成果奖。

分析：

该学院是由原来的农技校升级而成，"农"是根，"务农"是本，多年来一直坚守"农牧"本色，在服务乡村、服务"三农"中探索、创新了多种有效模式，进行了大量实践，取得了显著成果成效，为精准脱贫、乡村振兴作出了积极贡献。该学院为"农"坚守的乡村情怀，创造性服务乡村的典型做法，总结提炼形成的大量成果，都值得县级职教中心好好学习。

（二）项目融合服务乡村振兴

案例 96：

与建设项目融合

昭平县职业教育中心还积极开展各种社会服务活动，主动对接新农村建设项目，开展新型职业农民培训班、"红领电商"培训班、疫苗追溯信息系统培训班等，累计培训达 2 569 人次。近年来，该中心社会服务收入从 2017 年的 13.5 万元增加到 2020 年的 30 多万元。（中国教育新闻网）

分析：

该校针对乡村建设项目、时节需要开展服务，效果更好，更实在。在服务乡村振兴过程中，会出现大量季节性、实时性、临时性需求，县级职教中心要善于发现这些服务需求，及时开展服务。

（三）造血式融合服务乡村振兴

案例 97：

"造血式"融合 激发发展潜能

黑龙江省职业院校在服务乡村振兴中采取与乡村发展"造血式"融合，取得了不错成效。

培养乡村学子，造血促进人的发展。寒门学子李有香毕业于黑龙江农垦职业学院，在校期间，学院为她开辟绿色通道，帮助她办理学费缓交、享受国家助学金。毕业后在青冈县中医院做急诊科护士，使她的家庭经济困难问题得以缓解。

搭建平台，造血促进产业发展。该省多个涉农类职业院校与各市县、垦区各农牧场、企业、科研院所广泛合作，建设标准化核心农业科技示范园区 34 处、科技示范园 469 处、示范田 5 287 块。试验区试点单位与 105 个农场开展场县共建，推广高产栽培模式 1 032 万亩，科技进步对农业增长的贡献率超过 70%。

分析：

乡村振兴，最根本的内在的力量在乡村，社会力量、院校力量都是外力，外力只能助推。因此，外力如何助推内力发展、激发乡村发展潜力非常重要。上述案例中，职业院校将服务的着眼点放在了造血上，激发乡村发展的内在潜力，使服务的效果效力持续延伸，这才是可持续发展的服务模式，县级职教中心可以从中受到启发。

后 记

  本书是一本基于实践的专著，带有浓厚的职教和乡村情结，承载了作者对职业教育过去的回望和对今后的希望。一是多年来对职业教育的认知、探索、实践的阶段性总结；二是对职业教育的责任、追求、情怀的表达；三是对"县级职教中心"这一我国特有的职业教育模式的认识、理解和思考。

  同时，也希望本书为我国职业教育的发展改革提供有益参考。一是希望对职业教育服务区域经济社会发展功能的深化和细化提供有益参考；二是希望对我国职业教育作为类型教育的类型样态的丰富和完善提供有益参考；三是希望对我国的宝贵创新——县级职教中心的可持续良好发展提供有益参考。

  这里有两点需要说明。一是本书引用了大量文献资料，包括各类报刊、网络媒体的资料，一般都标明了引用出处，但由于个别资料出处不明，固没有标注。在引用中，部分资料在忠于原文的基础上进行了适当修改，二是在撰写过程中采用了部分学校的调研、考察资料，丰富了事实、案例。在此，对相关学校、个人一并致谢！如有不妥，敬请谅解！

  由于作者水平所限，难免有不妥不透不当之处，敬请各位专家学者、社会各界人士、同行予以批评指正。